全面深化改革领导干部学习读本

主编 黄琦 刘学军

大市场严监管

刘学军 方 艳 ◎ 主编

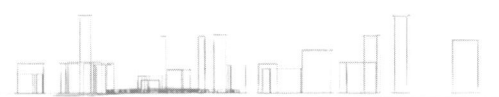

张卓元 | 吴敬琏 | 樊纲 | 贾康 | 秦晓
多位名家纵论改革大势

中国财经出版传媒集团
中国财政经济出版社

图书在版编目（CIP）数据

大市场严监管/刘学军，方艳主编．—北京：中国财政经济出版社，2017.6
（全面深化改革领导干部学习读本/黄琦，刘学军主编）
ISBN 978-7-5095-7682-3

Ⅰ.①大… Ⅱ.①刘… ②方… Ⅲ.①市场监管－中国－干部教育－学习参考资料 Ⅳ.①F203.9

中国版本图书馆 CIP 数据核字（2017）第 202424 号

责任编辑：卢关平　　　　　　　责任校对：胡永立
封面设计：田　晗　　　　　　　版式设计：齐　杰

中国财政经济出版社 出版
URL：http://www.cfeph.cn
E-mail：cfeph@cfeph.cn
（版权所有　翻印必究）
社址：北京市海淀区阜成路甲 28 号　邮政编码：100142
营销中心电话：88190406　北京财经书店电话：64033436　84041336
北京中兴印刷有限公司印刷　各地新华书店经销
787×1092 毫米　16 开　23.75 印张　366 000 字
2017 年 9 月第 1 版　2017 年 9 月北京第 1 次印刷
定价：50.00 元
ISBN 978-7-5095-7682-3
（图书出现印装问题，本社负责调换）
本社质量投诉电话：010-88190744
文章稿酬及版权联系电话：010-68457872
打击盗版举报热线：010-88190414　　QQ：447268889

"全面深化改革领导干部学习读本"
编委会

顾　　　　问：	高尚全　彭　森　宋晓梧　许宏才　刘尚希
编委会主任：	周法兴　史克毅　黄　琦　潘治宏
编委会副主任：	蔺红英　刘学军
编　　　委：	周法兴　史克毅　黄　琦　潘治宏　蔺红英
	刘学军　贾存斗　党海鹏　郁东敏　翁晓红
丛书主编：	黄　琦　刘学军
分册主编：	刘学军　王　平　黄根兰　方　艳　秦均华
	赵　琳　孙　铮

总　序

高尚全

　　自1978年党的十一届三中全会开启我国的改革进程以来，弹指一挥间，中国的改革事业已经走过近40年的光辉岁月。近40年来，我们历经从计划经济到商品经济再到市场经济的探索，我们从无到有构建了中国的社会主义市场经济体系并不断进行完善，我们扭转了"文革"的动荡混乱走向依法治国，并不断提高国家治理水平。可以自豪地说，中国的改革事业取得了不可磨灭的成就。中国的改革事业当然也并非一帆风顺，改革的航程历经千难万险，但是改革的开拓却从未停歇。战胜这些困难、推动中国改革不断进步的，是站在改革潮头的千千万万的干部群众，尤其是广大党员干部，是我们在前无古人的情况下坚定不移地推动改革前进的中坚力量。从"要吃米、找万里"的童谣到"杀出一条血路来"的习仲勋等早期的特区开拓者，从"有计划的商品经济"的论证和提出到"社会主义市场经济的四梁八柱"的构建，如果没有党员干部对改革的孜孜以求、积极进取，就没有今天改革事业的辉煌成果。

一、坚持市场方向的改革从胜利走向胜利

　　从"计划为主、市场为辅"到"有计划的商品经济"再到发挥市场的"基础性作用"，最终到发挥市场的"决定性作用"，近40年来，以经济体制改革为核心的中国改革始终坚持市场经济的改革方向，并最终使得国家在各个层面上都取得了巨大的成就，推动了以阶级斗争为纲向以经济建设为中心的转变、从计划经济向市场经济的转变、从闭关锁国转向全方

位开放、从人治走向法治、从贫穷落后转向小康这五个方面的伟大转变。

党的十八大以来,我国的改革进入了新的阶段。在以习近平同志为核心的党中央的坚强领导下,我国不仅有效应对了复杂国际政治经济环境的风云变幻,更在相当不利的条件下取得了经济的中高速平稳增长。党的十八届三中全会所作出的《中共中央关于全面深化改革若干重大问题的决定》(以下简称《决定》)制定了我国在新的发展阶段全面推进改革开放事业的宏伟蓝图,提出了到2020年全面深化改革的指导思想、总体思路、主要任务、重大举措。以这份全面推进改革的《决定》为基础,中国改革事业在战略布局、改革难点以及市场地位方面都获得了一些重大的进展乃至突破。

(一) 市场在资源配置中的地位获得重大突破

中国改革开放的进程,实际就是从以计划作为配置资源的主要手段逐渐变革成为以市场作为配置资源的主要方式,市场经济逐步确立并不断完善的过程。在这个进程当中,市场的力量从无到有、从弱小到壮大。《决定》旗帜鲜明地提出,使市场在资源配置当中发挥决定性的作用,这在中国的改革开放和市场经济发展历程中具有里程碑式的意义,体现了以习近平同志为核心的党中央对市场规律的认识在不断提高,是我党对中国特色社会主义建设规律认识的一个重大突破。

(二) 供给侧结构性改革取得明显进展

党的十八大以来,中国的经济发展面临着全新的环境和挑战。世界经济严重衰退,贸易保护主义抬头,世界经济格局面临新的"洗牌"。与此同时,国内土地、劳动力等要素价格越来越高,资源、环境的约束越来越紧,我国传统的经济发展模式和结构继续进行深刻的调整和改革。中国经济面临着保持一定水平的增速和调结构的两难困境。在这种经济新常态背景下,中央及时作出了供给侧改革的决定和布局,以前所未有的勇气和决心,开启了一场中国经济发展方式向更高形态发展的结构之变。

(三) 国家政治体制顶层设计适应新的要求、获得新的突破

党的十八届三中全会提出:"全面深化改革的总目标是完善和发展中国特色社会主义制度,推进国家治理体系和治理能力现代化。"这就要求对过去领导改革的行政部门本身进行改革,对改革领导者的决策效能和执行力提出了重大考验。为了推进改革,中央先是设立了中央全面深化改革

领导小组，有力提升了改革的决策效能，使过去总是被回避的改革议题，比如户籍问题、农村土地制度问题等等，能够集中力量摆脱各种利益羁绊获得正面突破。国家治理体系和治理能力的提高还体现在我国社会主义民主政治的进步上。全面深化改革对加强社会主义民主政治制度建设提出了通过各项制度建设，丰富民主形式，从各层次各领域扩大公民有序政治参与，充分发挥我国社会主义政治制度优越性的总目标。

（四）反腐倡廉效果显著，依法治国有效推进

进一步推进改革，创建良好的经济发展环境，需要廉洁奉公高效的党员和公务员队伍。十八大以来党中央对腐败行为的坚决查处，破除了过去一段时期因党纪国法松懈而滋生的各种潜规则，横扫了贪腐猖獗的不良风气，党纪国法为之肃然而振！中央对于滥权渎职的腐败分子，上至中央常委，下至乡村干部，不管是军方大将，还是地方大员，但凡触犯党纪国法，均依法予以严惩。坚定不移地推进全面从严治党，形成了反腐败斗争压倒性态势。这样大规模的反腐浪潮，激浊扬清，民心得以振奋，党风得以清正，使全体党员干部受到深刻的教育。掌握权力行使权力的全体党员干部自觉地规范行使权力、自觉避免滥权渎职行为，这为规范政府权力的行使、保障市场主体的合法权益奠定了良好的基础。在肃清腐败的基础上，中央通过确立依法治国的方略，从制度建设上、从根本上维护国家的长治久安。2014年10月底召开的党的十八届四中全会，是中国共产党历史上第一次专门研究法治建设的中央全会，通过了《中共中央关于全面推进依法治国若干重大问题的决定》。党把自己的路线、方针、政策通过法定程序转化为国家意志，成为全国人民共同遵守的法律规范，实现党的主张和人民意志的有机统一。

（五）生态文明体制改革为创造绿色环境打下了基础

党的十八大以来，党中央始终把生态文明建设放在治国理政的重要战略位置，首次将生态文明建设与经济建设、政治建设、文化建设和社会建设一起，纳入中国特色社会主义"五位一体"总布局；党的十八届三中全会《决定》，全面、清晰地阐述了生态文明制度体系的构成及其改革方向、重点任务，是将生态文明建设纳入"五位一体"总布局后的又一大创新；党的十八届四中全会要求用严格的法律制度保护生态环境；党的十八届五中全会将绿色发展纳入新发展理念。对生态文明建设的顶层设计

密集推出，体现了党遵循发展规律、顺应人民期待、彰显执政担当。

二、新时期的改革仍面临着巨大的挑战

中国的改革虽然取得了举世瞩目的成就，但是前期单边突进的改革遗留的问题越来越成为拖累经济社会进一步向前发展的障碍，而且经过近40年的改革发展，随着生存型阶段向发展型阶段的转变，我国需求结构开始发生明显变化，新的需求和旧的体制的矛盾也日益凸显，新老问题同时并存，影响改革的深化。目前仍存在的矛盾有以下几个方面：

一是经济发展方式转型与市场化改革不到位的矛盾。以当前最重要的"三去一降一补"为例，虽然其在整体战略上极为重要，但是在实际操作过程中，也出现了行政手段"一刀切"，专去民营企业的传言。"三去一降一补"需要行政手段的配合，不过应尽量以市场的优胜劣汰为主要手段，让行政要求成为市场资源配置的砝码，这样虽然见效慢一些，但长期看会更加健康。

二是税费过重与公共产品供给短缺并存的矛盾。我国已开始从私人产品短缺时代进入公共产品短缺时代，但相应的社会体制改革还不适应这个时代变化的趋势。公共产品短缺成为阻碍扩大内需、制约发展方式转型的一个重要因素。公共产品短缺使我国消费率不断下降，消费率水平不仅低于发达国家，而且也低于"金砖四国"中的其他三国。但是，作为公共产品供应源泉的我国老百姓的税赋水平并不低。如曹德旺所指出的，中国企业税赋同比美国高出相当于营业额的11.6%，这在世界上明显属于较高税赋的国家。同一些宏观税负超过30%的国家相比，在社会福利支出（教育、卫生、医疗、社保等）方面，法国的社会福利支出占GDP的比例为35%，瑞典是38%，挪威是33%，丹麦是37%，澳大利亚是23%，美国是21%，我国还有很大差距。造成这种现象的主要原因，还是因为政府作为投资的主体而没有成为创造环境的主体，财政在公共服务领域的投入比重还不高，地方政府的注意力仍然集中在追求经济总量的扩张上。

三是依法治国的理念在实际行动中仍然有待落实。依法治国的治国方略早已提出，党的十八届四中全会更是以中央全会决定的方式将这一理念提升至治国理政的最高层次，中央深改办也专门出台了各项推进法治建设的意见和方案。但是行政部门职能缺位、错位、越位，行政审批门槛多、

公共服务不到位、权力行使不规范等问题仍然时有发生，阻滞了市场经济的健康发展。另外，《宪法》明确的法院、检察院独立司法也受到意识形态领域反对"司法独立"的影响，律师尤其是刑事辩护律师容易受到不公正的待遇乃至以敌我矛盾予以处理，严重违背依法治国的理念。凡此种种，彰显了法治状况与社会主义市场经济建设的不相适应。市场经济当中利益主体各不相同，市场经济的运行实际也是各个市场主体之间利益交换、协调的过程，是不断产生矛盾又不断解决矛盾的过程，司法承载着保障这些矛盾有效、迅速解决，维护不同市场主体利益交换、协调通畅运行的重要功能，依法治国的理念必须贯彻到实处。

三、改革只有进行时，全面深化改革需要广大党员干部掌握改革的方法和经验

"雄关漫道真如铁，而今迈步从头越。"在新的历史时期，推进全面深化改革需要千千万万的广大党员干部不仅要面对"啃硬骨头"的难题，而且要面对的往往是改革的对象就是自己的利益这样的艰难选择。在这种情况下，除了决策层要在顶层设计方面做好微观改革激励兼容的改革路径设计之外，还需要各个层级的党员干部增强大局意识、核心意识，自觉向中央看齐，其目的就是要发挥出中国共产党作为一个马克思主义政党的核心优势来克服私利对改革的扭曲，这是当前推进改革所需要的，是当前各项党员学习教育培训项目的重中之重，在此无须赘言。需要着重指出的是，在改革的深水区推进全面深化改革，"摸着石头过河"的改革方法在制度架构的诸多方面可能不再适用，党员干部在坚定改革的决心之外，还有必要掌握改革的方法论，在对改革有深刻认知的基础上，掌握推进改革的方法、路径，这样就能够事半功倍地推进改革。在近40年的改革进程中，我们积累了不少宝贵的经验和方法，突出的有：

一是不断解放思想，推进理论创新。科学的理论是改革顺利推进的思想保证。改革的进程，就是思想解放的过程，就是理论创新的过程。改革开放以来，我们党坚持解放思想，实事求是，与时俱进，将实践作为检验真理的唯一标准，不断推进理论创新、思想创新和体制创新，创造性地提出了社会主义市场经济理论及其政策体系。

二是坚持市场化的改革方向不动摇。改革开放近40年的历程，也是

大市场严监管

市场作为资源配置手段的地位不断提升的历程。从"一大二公"和"割资本主义尾巴"到"计划为主、市场为辅"的社会主义商品经济的提出，再到从指令性计划到指导性计划的转变，进一步到社会主义市场经济的提出，最终到使市场在资源配置中发挥决定性作用，中国的改革所取得的成果，也就是社会主义市场经济不断发展的结果。我们回顾中国近40年的改革经验，其中最核心的一条，就是要坚持市场化的改革方向。需要着重指出的是，互联网大数据时代，我们仍然要头脑清醒地坚持市场经济。计划经济与市场经济的区别，本质上并不在于有无计划或者说制订的计划是否科学，即便在完全市场化的社会里，企业也会制订诸多的生产计划、推广计划，计划得好的企业更有可能在激烈的市场竞争中胜出。计划经济与市场经济两者区别的本质是由行政权力来配置资源还是在价值规律的支配下由市场主体的自主选择判断来配置资源。互联网大数据可以使计划的制订更加科学，但是它无法解决这个时代最重要的人的创造性、积极性的问题。只有自由选择的市场，才能产生这种积极性和创造性，也只有自由选择的市场，它所形成的数据和联网才有意义，否则何以持续地发展繁荣？互联网和大数据只有与市场相结合，才能迸发出最大的效用。改革必须坚持市场化不动摇。

三是灵活运用改革方法，既先行先试、先易后难，又统筹兼顾、协调推进。我国改革的典型特征是采取了先行试点、总结推广的方式。立足于把解决本地实际问题与攻克面上共性难题有机结合起来，选择一定地区或改革领域开展试点，在对试点进行总结的基础上，对成功经验和做法再行推广。这种由点而面、先易后难的改革推进方式，既控制了风险，又通过有效的推广机制使成功经验能够迅速普及，成为我国渐进式改革战略的重要经验，也是新时期推进改革开放、探索新的发展模式和体制模式的重要途径。改革又是一项系统工程，必须不断完善改革的推进方式，统筹兼顾，加强总体协调。我们注重把握"破旧"和"立新"的关系，立足于立新，适时、大胆地破旧，从而不断消除深层次的体制机制障碍，建立健全适应生产力发展需要的新体制、新机制；坚持整体推进和重点突破相结合，在统筹规划的基础上注重协调配合，不失时机地实现改革的重点突破。开放也是改革，做到改革和开放相互促进，良性互动。在完善社会主义市场经济体制的新阶段，我们面临的主要是一些触及深层利益关系、配套性强、风险比较大的改革,而且经济体制改革与政治体制、文化体制、社会体制方面的改革日益紧密地联系在一起,这使得改革的统筹协调和整体推进的要求更加凸显。党的十八届三中全会后设立的全面深化改革领导小组,专门就经济体制、民主法治、文化体制、社会体制等设立了专门的改革小组,为改革的统筹协调创造了条件。

四是正确处理改革、发展、稳定的关系。改革是经济社会发展的强大动力,有效的体制是实现经济社会又好又快发展的根本保证,从长远来看,也是确保社会稳定的根本保障,同时,发展和稳定也提供了深化改革的良好环境和基本条件。要正确处理好改革与发展、稳定的关系,适时有序推进改革开放,把改革的力度、发展的速度和社会的承受能力有机结合起来,在保持稳定的前提下推进改革和发展,通过改革和发展促进社会稳定。

当然,宏观上掌握了改革的经验和方法还远远不够,广大党员干部每个人都有自己需要面对的具体的改革领域。这些具体领域的改革都有自己的难点和重点,其改革的方法和路径都不尽相同,需要根据实际情况,因地制宜,对症下药。中国经济体制改革杂志社和中国财政经济出版社这次共同编纂出版的"全面深化改革领导干部学习读本"不仅仅包括宏观的内容,如《未来十年的改革发展战略》《大国反腐》《大市场严监管》,因为不谋全局者不足以谋一域,有利于我们构建对当前整个改革进程的认知框架;更为重要的是,"全面深化改革领导干部学习读本"还就财政改革、金融改革、国企改革、土地改革、社保改革、产业变革、扶贫攻坚等具体改革领域都专门整合了分册,共同构成本丛书的主体内容,这就为广大党员干部在各自的领域学习、推进改革提供了极大的便利。"成事在天,谋事在人。"我相信,只要广大党员干部能够深刻地学习和领悟"全面深化改革领导干部学习读本"这样的改革书籍所传递的改革知识和精神,中国的改革事业就一定能够从胜利走向胜利,中华民族伟大复兴指日可待。

2017 年 9 月

目录
CONTENTS

代序　政府的"正面清单"……………………………… 樊　纲（1）

第一篇　统一市场体系——打破市场壁垒／5

正确理解市场决定性作用 ……………………………… 张卓元（7）
建设竞争性市场体系要进行七方面改革 ………………… 吴敬琏（11）
全国统一市场建设的重要意义、问题及对策
　　……………………………………………… 任兴洲　王　微（13）
经济体制改革核心：理顺政府与市场的关系
　　……………………………………………… 宋晓梧　张　翔（29）
当前现代市场体系建设面临的突出问题与对策
　　……………………………………………… 臧跃茹　郭丽岩（51）
构建"国民共进"的社会主义市场经济体制微观基础
　　……………………………………………………… 杨瑞龙（57）
加快推进全国统一信用平台建设 ………………… 王小梅　田　禾（63）
央地关系改革的合理方向 ………………………………… 张文魁（67）
美国国内统一市场建设的主要经验 ……………………… 李黎力（73）
加拿大地方政府的行政改革 ……………………………… 郑　慧（76）

第二篇　负面清单——市场准入的门槛／81

市场准入负面清单制度的多重意义 …………… 贾　康　彭　鹏（83）

市场准入负面清单管理制度的总体设计和改革路径
.... 郭冠男　谢海燕　李晓琳（87）
负面清单管理模式与私法自治 .... 王利明（107）

第三篇　权力清单——政府与市场边界的核心 / 113

打造权力运行全过程的清单体系 .... 李军鹏（115）
基层政府推行权力清单制度遭遇诸多困境 .... 赵　勇（126）
"权力清单"的三个挑战 .... 祁凡骅（130）
建立保障权力清单制度顺利运行的配套制度 .... 蓝蔚青（134）
从第三方评估看推进简政放权中存在的问题 .... 王满传（138）
权力结构改革与监察体制改革 .... 李永忠（140）

第四篇　产权保护——市场建设的基石 / 145

构建有效保护产权的体制机制研究
.... 刘现伟　王琛伟　李红娟（147）
农村集体产权制度改革中存在的问题及对策 .... 崔红志（166）
加速推进产权改革，启动新一轮经济增长 .... 周天勇（178）

第五篇　严监管——市场体系安全运行的保障 / 185

中国需要什么样的金融监管体系？ .... 徐　忠（187）
关于金融监管协调机制的四个认识误区 .... 魏加宁（196）
重构金融监管体系：理念、功能和模式选择 .... 秦　晓（202）
加快推进市场监管方式的根本转变 ...... 陈保中　孙晓峰（210）
推进监管体系变革 .... 迟福林（215）
基层市场监管实践中的困惑和问题 ...... 陈保中　孙晓峰（219）
当前市场监管面临的挑战与对策 ... 栗燕杰　田　禾　吕艳滨（225）
市场监管体系改革需加强执法队伍建设 ... 刘雁鹏　田　禾（229）
亟须完善对"互联网+"的监管 .... 王丛虎（233）

目 录

第六篇 食品药品监督体系——公众的守护神 / 239

完善统一权威的食品药品监管体制 ………… 迟福林　张　飞（241）
食药监管体制改革不能总是应急 ………………………… 胡颖廉（256）
让食药安全监管信息公开推动智慧监管 ………………… 刘　鹏（260）
食药安全"三合一"改革的风险及其治理 ………………… 杨华锋（264）
深化药品监管体制改革的思路 …………………………… 范　必（268）
网络食品安全问题不容忽视 ……………………………… 魏义方（273）
市场力量决定现代食品药品监管制度的诞生 …………… 齐　麟（277）
加强对互联网医疗的监管 ………………………………… 李　璐（280）
食药监管国际经验借鉴 …………………………………… 张　飞（282）

第七篇 金融监管——市场风险的阀门 / 289

监管理念转变是金融稳定的基石 ………………………… 吴晓灵（291）
需要重视股票市场的财富管理功能 ……………………… 吴晓求（293）
资本市场逻辑与体制构建 ………………………………… 孔泾源（296）
互联网金融的监管策略分析 ………… 谢　平　邹传伟　刘海二（309）
互联网金融行业自律任重道远 ……………… 杨　东　文诚公（314）
加快互联网金融征信体系建设的建议 …………………… 张健华（317）
英国互联网金融监管的经验 ……………………………… 郑联盛（321）
美国对P2P网络贷款平台的监管 ………………………… 郑联盛（327）
美国众筹融资监管的法律规定 …………………………… 胡　薇（330）
"一带一路"促全球化转型发展 …………………………… 胡必亮（333）
中国企业"走出去"的困难与解决建议
　　……………………………… 中国与全球化智库课题组（341）

代序
PREFACE

政府的"正面清单"

樊 纲[*]

我们不需要"越位"的政府,但是市场经济需要一个"到位"的政府,一个履行职能、有所作为的政府。

要对政府进行"正面清单约束",也即:对于被社会赋予公共权力并且是垄断性权力的政府,要实行"凡是没有明确规定其可以做的事,都是不可以做的",以防止政府权力的膨胀,防止政府与民争利,防止政府本身规模的不断扩大。政府可以做的事,也是可以变化的,但如果要增加或减少,必须通过立法程序,取得社会和人民的认可。只有这样,才能充分发挥市场、企业、个人的积极性,实现简政放权。

政府的"正面清单"

经济学的一般理论(包括制度经济学的一般理论)说明,有利于增进人类幸福的各种物品,分为两大类:私人物品与公共物品。私人物品指的是那些外部性较小,对于消费者来说收益与成本(包括交易成本)较容易界定,从而较容易用市场交易的方式进行定价的物品。而公共物品指的是那些消费排他性较小、外部性较强,交易成本或定价成本较高,因此

---

[*] 樊纲,中国经济体制改革研究会副会长、中国(深圳)综合开发研究院院长。

大市场严监管

往往只能用不排他的方式加以提供的物品。对于许多现在还属于公共物品的东西，其产权限定越清晰，交易成本越低，越容易以市场交易的方式定价，外部性就越容易内部化，也就是越可以使其成为私人物品，以市场交易的方式对其进行配置。但是，由于制度总是存在一定程度的不完美，有些"好东西"比如社会平等、宏观经济稳定和大气清洁，外部性实在太强，所以在任一时点上，我们总会面临私人物品与公共物品的区分，需要有不同的机制进行资源的配置。

人类社会之所以需要有政府的存在（即政府在经济发展意义上的合理性），其主要原因就是因为我们需要一个公共机构来提供公共物品。由此我们也可以推论出政府所需要履行的职能究竟是什么，在发展问题上政府究竟应该做什么。归纳起来，政府应该提供的公共物品主要有以下几类（应该说，以下所列，主要还是从经济学角度定义的）：

1. 产权界定、产权保护和协调各种利益冲突、防止欺诈行为，有利于实现社会公平正义理念的的法治体系。这里所说的产权，是广义的，而不仅是所有权。具体的制度包括宪法、司法制度、市场规制、行业监管等等。制度是公共物品，因为它必须由所有人共同遵守，才能共同分享其产生的利益。

2. 机会均等、收入的适度均等，保护弱势群体，反腐倡廉等等社会大众价值体系所认为的"好东西"。与此相关的公共制度和公共服务包括有利于收入均等和社会和谐的社会保障体制和社会服务（包括惠及低收入阶层的住房保障制度），以及有利于促进平等的财政税收制度，有利于减少腐败和收入分配不公的监管制度等。义务教育在一定意义上也属于这个范畴，因为这有利于促进机会均等。

3. 教育与医疗卫生。在一定程度上，教育与医疗卫生是私人物品，因为较高水平的教育和良好的身体状况可以使个人获得较高收入。但是，由于知识和健康具有一定的外部性，一个人教育水平的提高，增加了整个社会的知识存量从而会产生外溢效应，每个人都有健康的身体使全民的免疫力得以提高，传染疾病的几率减小。因此，理论上说，即使是非义务教育和非公共卫生，政府也应该进行适当补贴，以取得较大的外部利益。

4. 公共基础设施与国土规划，包括对全国城市发展的规划，城市基础设施建设和公共交通、公用物品（地上地下水等）的供给，特别是那些无法收取个别使用费的基础设施。完善有效的基础设施和公用物品管理体系可以降低所有人的商务成本，提高社会整体的竞争力和福利水平。

5. 基础科学的研究。

6. 一些投资周期很长但对一国经济与科技进步具有长远意义的"战略性产业"，比如航天与航空工业、核能的开发与利用，也应由政府进行规划和直接投资，特别是在经济发展的早期阶段，私人部门还没有能力承担这种投资规模巨大、投资周期特别长的产业的发展，就更是这样。随着私人部门的发展，这些工业也应该逐步对私人投资开放。

7. 环境保护。无论是局部的环境污染还是全球气候变暖，都是坏的公共物品，都是需要政府用各种制度和政策措施加以防范的。在这方面，我们需要适当地将外部损失内部化、私有化的奖罚机制和以此为基础的交易机制，同时也需要各种公共投入以保障公共甚至是子孙后代的共同利益。

8. 宏观经济稳定，包括金融稳定，防止经济波动与金融危机。不出现大的金融危机、债务危机与经济危机，保持经济长期稳定的发展，是所有经济利益主体的长期的共同利益。而金融体系本身就有较强的外部性。迄今为止的历史表明，市场本身难以避免经济大波大动，需要有一些公共机构采取措施防止市场主体的"动物精神"，对经济进行适当"逆周期"调节。

9. 外交、国防与公共安全，包括反恐。

10. 自然灾难与人为灾难（如火灾）的防范与求助。

从改善要素结构、保持经济增长的角度看，最重要的政府任务是：改革制度，发展教育，基础设施建设和完善社会保障。

政府要提高治理能力，努力把自己该做的事做足做好

"用正面清单监督政府"的另一层含义是社会要检查政府的所作所为，看政府有没有尽责尽力地把自己该做的事情做足、做好，是不是一个有作为的政府，一个有治理能力的政府。

这一点在当前有着现实意义。党的十八大以来，我们加大了转变增长方式的力度，纠正了盲目片面追求GDP增速的倾向，加大了反腐力度，

大市场严监管

取得了很好的成效。但目前也出现了一些地方官员不"跑项目"了，不积极帮助企业落实投资项目、不积极采取措施鼓励企业发展的倾向。我们是要努力改革体制，减少政府权力，让市场发挥配置资源的决定性作用。但是在目前政府仍然管着许多经济决策权的现实条件下，政府缺位，政府不作为，往往会导致企业难以作为。只有各级政府既廉洁奉公、又作为，我们的经济才能发挥出潜在的能力，实现正常增长。

应该看到，在市场经济中政府应该是有所作为的，该做的事情没有做或做得不好，会引起经济增长不正常放缓。比如，在中国储蓄率较高时期，一定规模的政府主导的基础设施建设是必要的，否则就不能充分利用储蓄资金保证国内需求的正常增长。我们不需要再用高额负债的办法过度投资、过热投资，但是在财政支出范围内的正常投资和合理范围内的投资规模，是必要的。再如：我们不需要再搞许多产业政策，扭曲市场，诱导企业盲目跟风投资，导致产能过剩，但是在我们这个发展阶段，政府实施一些积极的、有利于中小企业创新发展、提升各行各业（包括一般制造业）竞争力的产业扶持政策，是必要的。再如：一旦经济出现过热倾向或过冷倾向，政府采取适度的宏观调控政策，保持正常稳定的增长，是必要的。这是现代市场经济（而不是"自在的市场经济"）本身的要求。

（原文标题为《"五年规划"该规划什么，不该规划什么？》，刊载于中国（深圳）综合开发研究院网站，2015年3月12日）

第一篇

统一市场体系——打破市场壁垒

从 21 世纪初期开始,围绕"市场起决定性作用还是政府起决定性作用"的问题,发生了一场大争论。建立统一的即一体化的市场,意味着消除条块分割造成的市场碎片化。对所有市场主体开放意味着实行"负面清单"和"准入前国民待遇"的制度。消除各种歧视和不平等待遇。强调加强竞争性,意味着消除行业保护、地方保护和目前普遍存在、为害甚大的行政垄断行为。建立这样一个市场体系,是一件非常浩大的工程,需要做哪些方面的改革?

正确理解市场决定性作用

张卓元[*]

使市场在资源配置中起决定性作用是新提法、新论断,是我国全面建成小康社会新阶段为进一步积极稳妥从广度和深度上推进市场化改革而提出的新指针,具有重大的理论和实践意义。

一、基础性作用提法的继承和发展

党的十八届三中全会《决定》用市场在资源配置中起决定性作用代替原来的基础性作用,主要原因有以下三点。

1. 这是我们党对社会主义市场经济体制改革认识不断深化的结果。1992年,党的十四大确立社会主义市场经济体制改革目标时,就提出了使市场在社会主义国家宏观调控下对资源配置起基础性作用。2002年,党的十六大进一步提出,在更大程度上发挥市场在资源配置中的基础性作用,健全统一、开放、竞争有序的现代市场体系。2012年党的十八大更进一步提出,更大程度更广范围发挥市场在资源配置中的基础性作用。可以看出,20年来,对市场机制作用的认识是逐步往前走的。人们越来越深切地感受到,资源的稀缺性要求不断提高资源配置效率,而迄今为止的中外实践表明,市场配置资源是最为有效率的,市场经济就是市场配置资源的经济。《决定》指出,市场决定资源配置是市场经济的一般规律,健全社会主义市场经济体制必须遵循这条规律。能够更加确切和鲜明地反映市场机制对资源配置的支配作用,反映市场经济的基本规律价值规律的内

---

[*] 张卓元,中国社会科学院经济研究所原所长。

在要求。

2. 这是经济改革实践发展的必然选择。党的十四大确立社会主义市场经济体制改革目标后，在市场化改革推动下，比较快地初步建立起社会主义市场经济体制。但是还不完善，还存在不少体制性弊端，突出地表现在政府直接配置资源过多，政府对社会经济活动干预过多，存在多种形式的行政垄断。这说明，在政府和市场的关系方面存在政府越位和缺位现象，从而在相当程度上影响市场机制对于社会经济活动的调节作用。《决定》提出市场在资源配置中起决定性作用，意味着凡是依靠市场机制能够带来较高效率和效益，并且不会损害社会公平和正义的，都要交给市场，政府和社会组织都不要干预。各个市场主体在遵从市场规则范围内，根据市场价格信号，通过技术进步、劳动者素质提高、管理创新，努力提高产品和服务质量，降低成本，在公平的市场竞争中求生存求发展，优胜劣汰，从而不断提高社会生产力。

3. 可以更好发挥政府作用。市场在资源配置中起决定性作用并不意味着不重视政府的作用，而是要明确政府职能，更好发挥政府作用。《决定》明确指出，政府的职责和作用主要是保持宏观经济稳定，加强和优化公共服务，保障公平竞争，加强市场监管，维护市场秩序，推动可持续发展，促进共同富裕，弥补市场失灵。具体来说包括：一是要搞好宏观经济调控，保持宏观经济稳定运行，防止大起大落。二是要加强市场监管，维护市场公平竞争秩序，政府主要是裁判员而不是运动员，即使对国有企业也要实行政企分开政资分开。三是要做好公共服务，这方面现在做得很不到位，需要加快补上去。四是完善社会治理，加强社会管理，促进社会和谐和全面进步。五是保护环境和生态，这是针对进入新世纪后我国环境生态问题突出而对政府提出的新要求，也是我国五位一体建设对政府提出的新要求。

二、决定性作用的三个指向

1. 解决政府对资源配置干预过多问题。《决定》指出，必须积极稳妥从广度和深度上推进市场化改革，大幅度减少政府对资源的直接配置，推动资源配置依据市场规则、市场价格、市场竞争实现效益最大化和效率最优化。政府的职责和作用主要是保持宏观经济稳定，加强和优化公共服务，保障市场公平竞争，加强市场监管，维护市场秩序，推动可持续发展，促进共同富裕，弥补市场失灵。因此，政府改革、政府职能转换是目前经济改革的关键，全面深化改革的关键，也是市场在资源配置中起决定性作用的关键。

2. 解决市场体系不健全、真正形成公平竞争的市场环境问题。要使市场在资源配置中起决定性作用，需要有全国统一开放的市场体系和公平竞争的环境。目前我国的市场体系还不够完善，主要表现在生产要素和资源产品价格市场化程度不高，存在不同程度的扭曲，这同政府不当干预过多有关，也同市场发育不够成熟有关。所以，我们必须加快建立现代市场体系，政府要加强市场监管，营造公平竞争的环境，使各个市场竞争主体在公平的舞台上平等竞争，优胜劣汰，不断提高效率。

3. 解决对非公有制经济的一些歧视性规定，包括消除各种隐性壁垒设置等问题。首先是认识问题。一个时期以来，无论是理论界还是经济界，总有人对非公有制经济在社会主义市场经济中的地位和作用估计不足，不承认非公有制经济同公有制经济一样都是我国经济社会发展的重要基础。《决定》对此作出了明确的肯定的回答，指出，公有制经济和非公有制经济都是社会主义市场经济的重要组成部分，都是我国经济社会发展的重要基础。这是《决定》的一个亮点。《决定》进一步明确指出，支持非公有制经济健康发展。非公有制经济在支撑增长、促进创新、扩大就业、增加税收等方面具有重要作用。坚持权利平等、机会平等、规则平等，废除对非公有制经济各种形式的不合理规定，消除各种隐性壁垒，制定非公有制企业进入特许经营领域具体办法。鼓励非公有制企业参与国有企业改革，鼓励发展非公有资本控股的混合所有制企业，鼓励有条件的私营企业建立现代企业制度。可以预见，在《决定》指引下，我国非公有制经济将会有更好更快的发展。

三、围绕决定性作用深化经济体制改革

深化经济体制改革，要紧紧围绕使市场在资源配置中起决定性作用展开。

大市场严监管

把积极发展混合所有制经济作为今后完善基本经济制度的着力点。《决定》对发展混合所有制经济特别重视,提出,国有资本、集体资本、非公有资本等交叉持股、相互融合的混合所有制经济,是基本经济制度的重要实现形式。要求积极发展混合所有制经济。发展混合所有制经济,为深化国有企业改革、国有资本战略性调整进一步指明了方向,为非公有资本参与国有企业改革改组、与其他资本平等竞争进一步指明了方向,是今后完善基本经济制度的着力点。今后,要允许更多国有经济和其他所有制经济发展成为混合所有制经济。国有资本新投资项目要鼓励非国有资本参股。允许混合所有制经济实行企业员工持股,形成资本所有者和劳动者利益共同体。

与此同时,要继续推进国有大中型企业公司制股份制改革,完善公司法人治理结构;完善国有资产监管体制,国资监管机构从管企业向管资本为主转变,优化资本配置,提高国有资本收益上缴公共财政比例,2020年提高到占30%,更多用于保障和改善民生。继续支持非公有制经济发展,激发非公有制经济活力和创造力。

着力清除市场壁垒,加快完善现代市场体系。《决定》第一次提出要探索在市场准入方面实行负面清单的管理模式,提出,实行统一的市场准入制度,在制定负面清单基础上,各类市场主体可依法平等进入清单之外领域。探索对外商投资实行准入前国民待遇加负面清单的管理模式。针对一个时期以来一些地方竞相出台优惠政策招商引资进行恶性竞争,造成产能严重过剩等问题。今后,要实行统一的市场监管,清理和废除妨碍全国统一市场和公平竞争的各种规定和做法,建立健全社会征信体系。与此同时,着力深化市场化价格改革,《决定》提出,完善主要由市场决定价格的机制,推进水、石油、天然气、电力、交通、电信等领域价格改革,放开竞争性环节价格。同时明确政府定价范围主要限定在重要公用事业、公益性服务、网络型自然垄断环节,提高透明度,接受社会监督。

(本文原载于《经济日报》2014年5月8日)

建设竞争性市场体系要进行七方面改革

吴敬琏[*]

从本世纪初期开始，面对我国社会生活中，经济发展方式转型举步维艰，腐败蔓延等日益加剧的矛盾，围绕"市场起决定性作用还是政府起决定性作用"的问题，发生了一场大争论。一种观点认为，这些矛盾之所以发生，是因为存在着许多"体制性障碍"。解决的办法是推进市场经济改革，克服这些"体制性障碍"。另一种观点认为，这些矛盾之所以发生，是因为改革出现了市场化的方向错误，纠正之法就是加强政府和国有企业对经济和社会的管控。随着后一种观点在本世纪初期，特别是全球金融危机爆发后取得势头和某些逆改革方向而动的行为的加剧，各种经济社会矛盾非但没有消减，相反日益激化。这种情势使愈来愈多的人认识到，倒退绝没有出路，只有义无反顾地推进改革，才能克服日益加剧的经济社会矛盾，走向持续稳定发展的坦途。

第一，建立统一的，即一体化的市场，意味着消除条块分割造成的市场碎片化。第二，对所有市场主体开放意味着实行"负面清单"和"准入前国民待遇"的制度。消除各种歧视和不平等待遇。第三，强调加强竞争性，意味着消除行业保护、地方保护和目前普遍存在、为害甚大的行政垄断行为。第四，所谓"有序"就是指交易活动应在规则即法治基础上展开，防止不正当竞争、欺行霸市等行为。第五，改变要素市场十分落后的状况，建设完整的市场体系。按照《决定》的说法，这将是一个"企业自主经营、公平竞争，消费者自由选择、自主消费，商品和要素自由流动、平等交换的现代市场体系"。

---

[*] 吴敬琏，国务院发展研究中心高级研究员。

大市场严监管

建立这样一个市场体系，是一件非常浩大的工程，需要做哪些方面的改革？在过去一年的研讨中，学者们提出了各项积极的建议。笔者把建设竞争性市场体系要进行的改革归纳为七个方面，这就是：

（1）明晰市场经济产权制度基础，在土地确权赋权的基础上，建设全国统一的土地流转市场。

（2）对现有法律法规进行清理，确保不同所有制主体的财产权利得到平等保护，不同所有制企业能够平等地使用生产要素。

（3）实现商品价格市场化和利率、汇率等要素价格市场化。

（4）完善反垄断立法，严格执法，消除现在普遍存在的行业垄断、地区垄断等反市场的行为。

（5）要划清政府职能的边界，消除各级政府过度干预和直接介入微观经济活动的现象。

（6）确立法治基础，确保法官独立行使审判权，克服司法地方化倾向。

（7）改进宏观经济管理，禁止以宏观调控名义对微观经济活动进行干预，市场监管实行"宽进严管"的方针，由事前审批为主转向以事后监管为主。

围绕建设竞争性市场体系这个中心，还进行财税体制、社会保障体制、国有经济体制等其他方面的改革。

（本文原载于中国企业家网，2014年1月22日）

全国统一市场建设的重要意义、问题及对策

任兴洲　王　微[*]

从现在起到 2020 年，我国经济社会发展将进入一个增长中高速的"新常态"时期。同时，我国也将进入全面建成小康社会的攻坚阶段、全面深化改革的决战阶段和全面推进依法治国的关键阶段。

一、全国统一市场建设的重要意义

在这样的重要时期和大背景下，通过全面深化改革和实行更高水平的对外开放，进一步完善市场机制，推进全国统一市场建设，对促进国民经济平稳发展和社会转型都具有重要意义。

1. 顺利实现增长阶段转换，适应和引领新常态的必然要求。党中央强调认识新常态、适应新常态、引领新常态，是当前和今后一个时期我国经济发展的大逻辑。在这样的大背景下，形成依靠效率提升和创新驱动的新发展格局，加速从制造业为主向服务业为主的结构升级，更加需要释放市场主体的活力，发挥市场优化配置资源的作用，更加需要破除市场分割和地方保护，为市场主体发展、新型产业和新的增长动力的形成提供更加广阔的市场空间和更为规范的市场环境。只有形成合理高效的统一市场，优化配置各类资源，才能真正转变发展方式，才能造就和引领新常态，才能实现增长阶段的顺利转换。

---

[*] 任兴洲、王微，国务院发展研究中心研究人员。

2. 全面深化改革，发挥市场配置资源决定性作用的必然要求。党的十八届三中全会明确提出经济体制改革的核心问题是处理好政府和市场的关系，使市场在资源配置中起决定性作用和更好地发挥政府作用，市场合理配置资源的前提是要保证市场机制在没有行政分割的更大范围内发挥作用，要在消除人为障碍和市场封锁的条件下，让各类商品和要素资源能够按照市场规则、价格信号自由流动。这就对全国统一市场的建立和完善提出了更高要求。只有通过深化改革，消除长期形成的市场分割和行政壁垒，打破现有行政区划的束缚和一切人为障碍，才能减少各种非市场因素在资源配置中的负面影响，才能营造有利于公平竞争的市场环境，促进各类商品和要素资源的优化配置。因此可以说，全国统一市场的形成，是决定市场配置资源能否发挥作用以及作用程度的先决条件，是完善我国市场经济体制的必然要求。

3. 形成高效分工协作新格局，促进各区域协调、协同和共同发展的必然要求。在持续实施西部开发、东北振兴、中部崛起、东部率先的区域发展总体战略的基础上，近年来党中央和国务院又系统提出了重点推进"一带一路"、京津冀协同发展、长江经济带三大区域发展新战略。其目的是通过这些区域战略的实施，在全国"一盘棋"的原则下，依据各地区的战略区位、资源禀赋和比较优势，有效形成全国区域分工协作的新体系和新格局，突出发挥协同效应，促进各区域协调、协同和共同发展。区域发展战略的高效实施，对统一市场的建立提出了新的更高要求，客观上要求通过深化改革和制度创新，进一步打破地区封锁和"一亩三分地"的传统思想禁锢，尽量消除利益的藩篱，全面提高资源配置效率。全国统一市场的建立本身就是优化经济发展空间格局和促进区域经济一体化的重要内容。

4. 促进公平竞争，加快形成统一透明、有序规范市场环境的必然要求。着力消除各类市场封锁和地方保护，加快形成全国统一的商品和要素流通政策及贸易体制，有利于形成全国统一透明、公平竞争、规范有序的市场规则和环境。

5. 推进更高水平的对外开放，加快构建开放型经济新体制的必然要求。新时期，我国实施新一轮高水平对外开放，加快构建开放型经济新体制和全方位开放新格局的目标更为明确，思路更为清晰。这种开放型经济新体制和全方位开放格局的构建,对统一、开放、竞争有序的市场体系提出了新的更高要求。一方面,要求形成真正的全国统一市场,只有打破地区分割和市场封锁以及地方保护,才有利于对外开放。没有国内市场的全方位开放,对外的全方位开放难以推进。另一方面,要求建立全国统一市场法律、竞争规则和标准体系,国内法律和规则统一才有利于形成统一的对外开放规则、统一的负面清单和开放原则,才能统一对外谈判和合作。特别是"一带一路"是连结国内和国际市场的重要战略,客观上要求加快互联互通、大通关和国际物流大通道建设,而其前提必须是国内市场先做到区域和城市间的互联互通、交易便利、货畅其流,各类要素能自由流动。

二、全国统一市场建设过程中面临的主要障碍及成因

改革开放以来,随着社会主义市场经济体制的建立、市场体系的形成以及一系列相关法律法规的颁布实施,我国在打破地区封锁、建设全国统一市场方面取得了长足进步,商品和要素跨区域流动明显增强。但由于社会主义市场经济体制和法制体系尚不完善,地方保护和市场分割问题依然存在,而且随着市场条件的变化和国家政策的调整,其做法更隐蔽、形式更复杂、手段更多样,其背后存在着深层次的体制机制根源和利益动机,极大地阻碍着全国统一市场的建设进展。

(一)全国统一市场建设面临的主要障碍

1. 仍存在准入歧视,市场主体难以公平竞争。从事前监管来看,我国已逐步取消了大量行政审批项目,并简化了审批程序,行政体制和经济管理体制改革取得明显进展。但在国家和地方准入政策执行过程中,依然存在主体不平等、或明或暗附加条件等情况,影响统一市场形成和要素自由流动。在一些行业或领域,仍有对民营或外资企业准入的歧视。同时,一些地方政府普遍要求企业设立独立法人机构或购买土地,否则会在审批、注册、环评、供地、招标等方面设置障碍,导致本地市场扩大开放受到制约,而很多缺乏竞争力的企业却能在地方政府的"照顾"下维持经营和得到发展。从具体行业或领域来看,在专业服务、金融保险、公用事

业、基础设施以及石化、电信、电力、民航、文化等领域，非国有企业普遍面临准入障碍和不平等待遇。

即使在政策已经明确放开的领域，在准入和审批的实际操作过程中也仍然存在提供商品和服务的限制，"大小门""玻璃门"和"弹簧门"时有发生。在准入和审批过程中，地方政府对本地市场和企业的保护越来越倾向于采用间接和隐蔽手段。主要表现在：一是从明文规定和正式文件转向口头要求或双重标准；二是要求被审批企业提供难以提供的许可或手续；三是滥用国家安全、信息安全、能源安全、食品安全等规定；四是通过不透明的采购招标程序及条件，采用有利于某类或某家企业的保护性标准，排斥其他企业进入并获取合同；五是在招标采购过程中要求技术转让，或者要求与当地企业合作竞标。

2. 监管规则不统一，差别化执法现象仍很普遍。从事中事后来看，监管的公平性和透明度较为欠缺，特别是监管规则不统一。在融资、供地、环保、质检、卫生及消防检查等方面，依然对不同所有制、不同规模和不同地区主体存在差别性政策，监管的公平性和透明度有待进一步提升。

监管不平等、不透明已经成为构建全国统一市场的重大障碍，严重损害了现代市场经济的根基。一方面，地方政府经常为了帮助本地企业或关联企业，往往变相放松监管和降低监管标准；另一方面，各地区的监管实施标准差异较大。在实施国家政策和监管措施的过程中，各地之间在政策理解、执行尺度方面存在较大差距，使得企业在开展跨地域经营、开展全国性业务时面临较大的经营困扰。例如，在公路运输、异地通关等方面，外地企业经常面临多次查验、重复执法等问题。

3. 通过提供财税优惠变相实施地方保护。近年来，为推动本地经济发展，不少地方政府针对特定企业及投资者等出台了一系列财税优惠政策，形成了相互攀比、过多过滥的现象，扰乱了公平竞争的市场环境。

第一，自行制定税收优惠政策。为争夺资源和投资，许多地方政府突破地方税收管理权限，采取降低一般纳税人认定条件、对上缴地方税收按一定比例返还、给特定行业或较大项目若干年免征企业所得税等优惠措施。

第二，在非税收入缴纳方面给予缓减免优惠。一些地方政府违规减免或缓征行政事业性收费和政府性基金，以优惠价格或零地价出让土地，低价转让国有资产、国有企业股权以及矿产等国有资源，减免或缓征企业应当承担的社会保险缴费。

第三，实施财政支出优惠。不少地方政府制定了对企业及其投资者（管理者）缴纳税收或非税收入挂钩的财政支出优惠政策，包括列收列支、财政奖励或补贴、以代缴或给予补贴等形式减免土地出让金等。

地方政府通过实施财税优惠政策，为本地企业或投资本地的特定企业提供支持，降低了企业的开办或经营成本，确实对促进地方投资增长和产业集聚起到了重要作用，但从全国看，变相财税优惠制造政策"洼地"，不利于维护国家税政的统一性，严重影响了市场公平竞争的环境，甚至可能引发贸易摩擦和争端。

4. 政府采购中的地方保护倾向明显。通过政府采购达到地方保护目的的做法比较普遍。

第一，限定政府采购商品和服务的地域范围。自2003年《政府采购法》实施以来，在规范政府采购市场、提高财政资金使用效率等方面发挥了重要作用，但在实践中部分条款并没有落到实处，甚至于被曲解。例如《政府采购法》中明确规定了"国货原则"，即政府采购原则上"应当采购本国货物、工程和服务"，但在不少地方政府采购中，这一原则被扭曲为"优先采购本地货"甚至是"只采购本地货"。这种地方保护主义的行为，短期来看维护了本地的经济利益，但却破坏了公平竞争的市场环境，有损于国家的长远发展。

第二，限定政府采购的供应商或是人为地设置市场进入壁垒。依照《政府采购法》的规定，任何单位和个人不得采用任何方式阻挠和限制供应商自由进入本地区和本行业的政府采购市场。采购人可以根据采购项目的特殊要求，规定供应商的特定条件，但不得以不合理的条件对供应商实行差别待遇或者歧视待遇。但在实际操作过程中，个别政府部门出于利益考虑，往往人为地设置市场进入壁垒，为特定的供应商创造有利条件。一种惯常做法是，在标书中设置特殊条件或为企业量身打造标书，借此来排除竞争对手而让内定企业中标。

第三，政府采购信息发布不规范、渠道不畅。随着我国政府采购事业的发展，政府采购信息发布制度已初步形成，并发挥着日益重要的作用，但是信息发布的透明度和公正性还有很大缺陷，很大程度上影响了全国统一市场的建设和发展。例如，有的地区通过了地方性的政府采购政策法规，按规定应该在全国范围内发布，便于社会监督和供应商了解，但地方政府采购监督管理部门却只在本地区发布。另外，一些地方政府采购不是在指定媒体上公开发布相关信息，而是在本地区媒体上发布信息，且信息发布有效期限短，不利于其他地区企业参与投标竞争。

5. 利用地方法规、规章及标准保护本地市场和利益。到目前为止，地方行政性垄断问题仍然突出。行政垄断权的获取主要有两种方式：一是通过立法获得垄断地位。在国企经理人由组织部门任命、与官员身份时常互换的体制下，国有企业具有更强的影响力。二是通过将竞争性和非竞争性业务打包实现。即使在有自然垄断属性的领域，行政垄断企业往往借助法律模糊条款将竞争性业务和非竞争性业务打包，达到限制竞争、独占市场、利益输送和交叉补贴的目的。

近年来地方行政性垄断的增强，对于建设全国统一市场的负面影响日益显现。而且在资质认定、业务许可或特许经营以及各种认证方面，操作方式和实现途径更加隐蔽和多样化。在资质认定、业务许可和公开招标等方面，借助模糊条款、订制条款和不透明的评标，给予本地企业、关联企业更多业务和优惠。尽管程序上做到公开，但公正和透明却远未实现。在认证方面，或明或暗指定认证机构或利益相关企业，由此引发的强制认证、重复认证不仅大大增加了企业的生产经营成本，同时也滋生各种腐败行为。

在标准体系方面，现行的国家标准、地方标准、行业标准较为混乱，特别是地方标准之间的差异、地方标准与国家标准存在矛盾甚至冲突等问题时有发生。这不仅导致企业开拓市场面临困难，也使地方标准成为保护地方市场和企业的新手段，加剧了市场分割。

6. 通过出台地方性消费政策强化市场保护。近年来，国家日益重视运用消费和需求层面的政策工具，通过示范工程或消费补贴投入大量资源促进消费和新产品产业化。这尽管取得了一定成绩，但由于国家对补贴或支持的对象、方式和操作流程只有一些原则规定且需要地方政府提供同样或更多配套资金，给地方政府实施相关政策提供了较大的操作空间，它们往往将补贴或支持政策给予本地企业或有利益关联的企业。这不仅背离了政策制定初衷，更影响全国统一市场体系的构建。

（二）导致问题和障碍的主要成因

1. 现行的财税制度引发地方之间对利益的争夺。1994年的分税制改革，在当时的情况下，对于强化中央政府的财政权力，平衡各地区财力，促进区域经济协调发展发挥了积极作用，但也不可避免地强化了各地区对自身利益的保护。随着经济的发展和全国统一市场建设的进展，整个市场环境与20世纪90年代发生了较大变化，但财税体制改革未能及时跟进，地方财权与事权不匹配的问题日趋严重。在事权责任不断加大，而中央转移支付不足的情况下，地方产生了强烈地增加投资、通过保护本地市场和企业以增加税源的冲动，进一步强化了地方之间对利益的争夺，进而成为市场分割和地方保护的重要推动因素。

同时，现行财税体制还存在一些弊端，导致地方保护行为更加强化。一是税收政策的法律约束不强。我国现行18个税种中，只有3个具有实体税收法律，而其他诸如增值税、营业税、消费税等重要税种，都是由国务院制定暂行条例开征的。还有大量的税收优惠政策主要是由国务院的相关文件确定。法律约束力不强，导致地方政府能够出台财政优惠政策或变相减免税费，影响了市场竞争的公平性。二是政府预算软约束。对包括土地出让、税收在内的财政收入、支出方向及优惠政策的实施效果，缺乏必要的、公开透明的预算审议和审计评估制度，地方人大及社会监督也有待加强。在财政预算软约束且财政资金支出管理不规范等情况下，使地方政府可以较为随意地进行大规模投资和设立各种名目的财税优惠政策。

2. 政府职能转变不到位使地方保护政策得以实施。近年来，我国在政府职能转变方面取得了明显进展，但政府及其部门仍然管了许多不该管、管不了也管不好的事务，存在"越位、缺位、错位"的问题。

一方面，地方政府和部门直接配置资源的范围过大、权力过强，对微观经济主体的干预较多，这种情况导致地方政府有能力在当地实施地方保护和市场分割。

另一方面，在行政审批制度改革持续推进的过程中，各地方政府对行政审批的范围界定、统计标准不统一，造成各地保留的行政审批事项差别较大。在趋利动机的支配下，客观上强化了地方政府作为不同利益主体间的竞争关系，很大程度上影响了市场主体的跨区域发展。

再一方面，政府公共服务供给仍然不足，质量和效率不高，特别是市场监管职能较为薄弱、缺乏统一性，社会治理方式相对落后，不利于全国统一市场的发展。

3. 现行的地方政绩考核机制加剧了地方保护行为。长期以来，地方政府的政绩考核指标主要是围绕着 GDP 增速、投资和税收等偏重反映经济规模和增长速度的指标，这种单一的激励方式造成地方官员将发展的主要精力和资源投入集中在 GDP 增长方面，对于能够促进地方经济发展、符合地方利益的企业和项目实施不同程度的保护，而对来自其他地区的产品和服务则采取歧视性政策，形成了市场分割和地方保护。

4. 法律体系建设滞后以及立法司法体系不完善加剧了市场分割和地方保护。

第一，立法空白、调整滞后和条款瑕疵并存。在某些新兴领域尚存在立法空白，政府监管缺乏法律依据以及执法手段，各地监管制度和执法标准有所差异。例如，由于缺乏商业网点建设的相关法规，使城市商业设施重复建设、低水平竞争情况突出，带有公益性质的商业设施发展严重滞后于城市化发展要求，也造成主管部门在处理相关问题时缺乏执法依据。

部分法律法规已明显不适应经济发展要求，甚至有很多已制定 10 年、20 年甚至更早的法律法规依然在用，亟待调整和重新修订。

部分法律法规过于原则或模糊，缺乏实施细则和司法解释，执法主体由于理解不同而出现执行不一致。例如《反垄断法》第七条规定，"国有经济占控制地位的关系国民经济命脉和国家安全的行业以及依法实行专营专卖的行业，国家对其经营者的合法经营活动予以保护"。对于控制地位、经济命脉、国家安全等概念缺乏明确解释，导致大量行政垄断以此为由而产生和强化。

第二，立法权力分散，部门立法普遍存在。各级行政立法过多，造成部门利益固化，形成政出多门、多头监管的局面，加剧了市场分割和管理混乱。以行政垄断为例，从程序上讲，需要进行严格的立法审查和讨论，并广泛征求利益相关方的意见和建议。根据《立法法》，任何不经过全国人大审议通过的各类行政垄断规定都是违法行为，而在实际中，很多体现排斥竞争和垄断赋权性质的部门规章和地方性法规，都没有严格按《立法法》要求和程序进行，也没有充分征求和吸取社会意见和建议。

第三，对于影响竞争和要素流动的法律法规，缺乏中央审查备案机制。地方立法权限过于宽泛，特别是在市场规则和监管方面，地方人大立法和部门规章较多，使得各地方政府可以利用地方法律进行市场分割和保护。由此导致不同部门之间、地方之间、上位法和下位法之间的法律法规条款抵触，部门监管目标不同、权责不清所引发的法律法规之间时常发生冲突。

第四，司法地方化和执法不严加剧市场分割和地方保护。司法地方化以及执法不力、选择性执法和异地执法难等问题，是长期以来地方保护和市场分割得以强化的重要原因。在执法方面，很多已经明确实施的法律和法规难以得到足够执行。

5. 标准体系建设的规范性不足，给地方和部门保护提供了条件。我国在标准体系建设上取得明显进展，但整体而言仍然滞后于市场和监管的发展需要，导致在全国统一市场建设过程中，执法和监管缺乏足够的标准依据和技术手段。这既增加了监管的难度，同时也使一些部门和地方能够借助标准达到限制竞争和保护本地市场的目的。

第一，一些商品或服务国家和行业标准建设滞后。对于一些新的产品和服务领域，标准制定滞后，使监管缺乏技术支撑，导致市场竞争混乱无序。例如在空气净化器市场，由于目前只有安全认证，缺乏净化效果的综合评价方法和检测标准，导致市场上普遍存在虚假指标、虚假宣传、以次充好等问题。

第二，在标准结构方面，很多领域存在强制标准少、推荐标准多，国家标准少、地方标准多，新标准少、老标准多等结构性问题，给合规有效监管带来很大难度。以农产品流通为例，目前国家正式发布的农产品国家标准和行业标准涉及的产品仅为20%左右，其中一些标准标龄超过10年；农产品分级及检测方法、农产品市场交易、冷链物流技术规程、卫生环保、农药残留等标准严重缺乏。此外，部分标准还存在重复和交叉等问题。这不仅阻碍农产品流通的现代化进程，而且成为食品安全事件频发的重要原因，同时也为地方政府保护本地产品和流通企业提供手段。

第三，标准重叠和标准冲突并存。一些地方制定和执行的标准不尽一致，有些地方标准甚至低于国家标准，不仅导致企业开拓市场面临困难，也使地方标准成为保护地方市场和企业的新手段,加剧市场分割。

第四,标准执行的能力和动力不足。这既有监管部门能力不足的客观原因,也有地方保护的主观原因。地方对国标执行力不够,也是近年来我国监管存在的突出问题。例如在白酒生产领域,相关理化指标和检测方法等标准已经推出,但作为推荐标准难以得到切实执行。主要是由于企业和地方政府在执行标准方面,既存在人员、技术、设备、经费等能力不足的问题,同时也存在地方政府出于保护属地企业和市场而缺乏执行标准的动力。

三、全国统一市场建设的政策建议

新时期我国统一市场建设的思路是,按照全面深化改革和依法治国的要求,加强全国统一市场管理体系、法律体系的改革创新,加快完善基础设施和促进市场发展创新,让市场发挥配置商品和要素的决定性作用,在全国范围内形成企业自主经营、平等竞争,消费者自由选择、自主消费,商品和要素自由流动与平等交换的市场环境。

(一)统一市场建设需要正确处理的关系

在我国经济社会发展进入新时期经济增长动力转换的背景下,应按照市场体系发展的客观规律和完善我国社会主义市场经济体制的要求,在统一市场建设的推进和完善过程中需要把握和处理好以下几个关系:

1. 处理好政府和市场的关系。加快统一市场建设,核心问题是处理好政府和市场的关系,这也在很大程度上决定着统一市场建设的成效。处理好政府和市场的关系,就是要明确界定政府与市场的职能,最大限度地减少政府对商品及资源配置的干预和对企业经营活动的干预,最大限度地缩小投资项目审批、核准、备案的范围,最大可能地减少对各类机构及其活动的认定,让市场在资源配置中发挥决定性作用。

2. 正确处理中央政府与地方政府的关系。一方面,需要在市场规则制定和调控方面更多地发挥中央政府的作用,在市场准入、监管等方面形成全国一致的规则与规范,减少地方政府领域规则和制度强化地方保护与地方利益,在更大程度上实现市场的一致性;另一方面,也需要更好地调动地方促进市场经济发展的积极性，发挥其在市场监管、提供公共服务等方面的作用，规范引导、激励地方经济发展的手段和方式，更好地促进各地市场之间的公平竞争和竞相发展。

3. 正确处理好规范与创新的关系。统一市场建设既需要依靠制度化、法制化的方式进行规范和约束，也需要依靠市场自身的发展动力来推动。特别是在科学技术快速发展和全球经济一体化的时代，市场主体在组织、技术、方式等方面的创新将进一步打破传统商品与要素流通的边界，形成更具效率的流通方式和手段，实现更大范围内商品与要素资源的合理配置，进一步促进各地区乃至各国之间的市场融合和一体化发展。在这样的市场创新进程中，也必然会与传统市场制度、规则及管理方式发生冲突和矛盾，更加需要加快制度规则的调整，更加有效地运用法制的力量约束那些影响市场创新、竞争的行为，为市场发展和创新提供更加规范的制度和法律保障。

（二）加快统一市场建设的政策建议

1. 放开市场准入，加快形成公平统一的市场准入规则。尽快在全国推行负面清单管理模式，促进行政审批和许可制度改革。在落实工商登记制度改革、推广"先证后照"的基础上，全面清理和取消各部门对各领域经营许可和资质的行政审批；对涉及安全、环保等方面确需保留的审批项目和行政许可，应明确审批程序、流程、条件和时限，形成公开、透明、高效的审批制度。对有较强技术性、安全性要求的资质资格审核，可转由行业协会和具有认证认可资质的机构受理。

统一准入标准，允许各类证照全国通用。加强工商登记及相关管理部门电子政务系统建设和加快全国联网，尽快建立覆盖全国的"证照互认制度"，企业总部统一申请获得的资质和营运许可，允许分支机构异地备案后使用，允许分支机构及营业场所免予办理营业执照。

2. 转变监管方式，提升监管效率和促进有序竞争。统一监管标准，促进监管与执法分离。尽快清理各地、各部门的各类监管执法标准，建立全国统一的监管执法标准，促进各地、各部门监管执法部门之间信息共享和联合执法，避免多头执法、重复监管和一事多罚。与此同时，探索监管与执法分离，监管机构负责日常监督检查、发现和认定违法违规事实，具体处罚则交由专门的仲裁机构或法院负责，减少监管执法人员的自由裁量权。

加强事中事后监管。鼓励各级、各类监管部门尽快建立监管信息记录制度和违法违规企业黑名单制度，对守法合规经营企业减少年检，对进入黑名单企业则加重检查和日常监督，并通过取消经营资质、经营者禁入等措施，加大对违法违规企业的处罚。

建立社会化监管机制。充分发挥行业协会、征信机构、保险金融等中介服务组织的作用，在资质检查、标准实施、经营行为记录、信用评估等方面发挥社会监督作用，并利用保险费率、贷款利率、对标评估、信用评价等经济杠杆和行业自律手段，促进企业自觉规范经营行为，加快形成规范有序的市场竞争格局。

3. 改革标准制度，强化标准支撑。改革标准体系。一方面强化国家标准的约束性，将基础性、通用性和安全性标准上升为国家标准，以法律法规形式颁布和强制实施，增强国家标准的约束力；另一方面，对于操作性、规程性和事实性标准，则以行业标准、群体标准形式进行推广和实施。除具有产地特色的农产品之外，不再设立地方标准，促进全国标准的统一和规范。

创新标准形成机制。进一步提升国家标准委员会在制定国家标准方面的主导作用，各部门制定的国家标准，应由国家标准委负责审定和监督，以确保国家标准的统一和协调。加快形成以行业协会为主导、企业为主体、相关研究机构共同参与的研究和制定机制，在企业最佳实践的基础上加快完善各类行业标准或群体标准。

强化标准监督和实施。除国家标准按照相关法律法规依法实施和监督外，重点是发挥行业协会在标准实施过程中的监督作用和大型企业的龙头带动作用，通过宣传引导、对标评估、最佳实践示范等途径，促进企业运用各类标准，提高我国各类产业的标准化水平。

4. 完善法律体系，形成有效的约束机制。在宪法层面，结合《宪法》相关修改工作，在《宪法》中明确以下原则：一是国家严禁各种形式的地方保护，维护全国统一市场；二是明确全国人大及其常委会拥有对跨地区贸易活动的立法权。

在主要市场经济法律方面，针对当前地方保护隐蔽性强的特点，在制定《反垄断法》、《行政许可法》等规范市场主体和政府行为的法律及其他法规时,对地方保护的形式做出尽可能具体的法律界定,并制定严厉的惩处条款。

建立对地方立法的审查制度。尽快完善《立法法》、《行政诉讼法》和《规章制定程序条例》等相关法规,在全国人大、国务院法制办、司法部等国家层面,建立对地方立法的备案审查制度,对地方立法不符合国家层面立法和程序的行为进行审查,并建立相应的司法、行政等纠正机制。

5. 建立统一执法机构,强化统一市场执法。建立统一市场的执法机构。为解决地方保护主义及相关行政行为对企业、个人合法权益的侵犯,应在国家层面建立统一市场的执法机构,为自然人、法人或者其他组织提供有效的司法救济渠道。其主要职能包括:制定防止地区封锁、促进市场统一的行政法规;对地方政府立法和执法过程中有违市场统一性的行为进行监督、协调和行政处罚;接受有关当事人对市场歧视的投诉,对跨地区贸易纠纷进行行政仲裁等。

树立执法机构的权威性。为保证该机构的有效性和权威性,可将现在分散于不同部门的执法职能合并,形成统一、权威的机构,设置在商务部或国家发改委等部门,但其主要负责人应当由国务院领导兼任。

建立跨区域、垂直性的执法体系。大区设立分支机构,负责对地方保护问题的监督和行政执法,以及对跨地区贸易纠纷的行政仲裁等。在地方层次设立直属中央政府的司法体系,负责对跨地区贸易纠纷的司法裁决。为保证其司法过程的公正性,其在党、政、财等方面必须与地方政府彻底脱钩。

6. 清理现有法律和相关政策文件。认真梳理已有的法律法规,对其中明显不符合市场经济原则的规定,尽快根据情况的变化做出调整、修改或撤销。对地方政府制定的有悖市场统一、妨碍公平竞争的法律、法规和有关政策等,要责成有关政府进行认真清理并且及时撤销。

7. 深化财税体制改革,促进事权财权合理匹配。从长期来看,省一级政府财政收入可以更多地依靠增值税、所得税分成以及资源税等,城市政府收入应更多地依靠房地产税等财产税。在此基础上,赋予地方人大在地方税种方面的立法权,由地方人大决定地方税的具体税种、税率等。

大市场严监管

调整现有主要税种地方占比。例如,将增值税地方分享比例提高25个百分点(到50%),这可增加地方政府收入约9 500亿元,适当增加地方财力。

加快转移支付改革。严格界定引导类、救济类和应急类专项转移支付,将取消的部分专项转移支付和历史遗留的基数返还纳入一般性转移支付,争取将一般性转移支付占全部转移支付的比重提高到2/3以上。在一般性转移支付的公式设计中,参考国际经验,以促进地方的基本公共服务均等化为目标,客观反映地方自主财力,避免人为因素的干扰,提高透明度。

8. 加快完善基础设施建设,构筑促进商品与要素流动的便捷通道。要加快建设以大中城市、商品集散地、交通枢纽为中心,连接陆路、水路和空运等交通和通信网络,形成全国四通八达的交通和通信体系,以促进商品和各种要素在全国范围自由流动和充分竞争。继续加大投入,加快建设高速铁路、高速公路等现代交通运输基础设施网络建设,围绕机场、港口、铁路枢纽等大型运输枢纽、物流园区,加强多种交通运输基础设施互联互通,着力解决多式联运"最后一公里"对接问题;加强物流装备、操作规范等方面的对接统一和集成创新,逐步实现多种运输方式一体化、联动发展的新格局,提高综合交通运输体系发展水平。

9. 加强社会征信体系建设,夯实现代市场体系建设基础。尽快推进社会信用体系立法建设。在相关法规修订过程中主动嵌入信用信息记录、共享、查询,信用信息和信用产品使用,以及激励守信、惩戒失信等方面的内容。贯彻落实各项法律、法规、规章中对信用建设的相关要求,对商品、要素等市场的信用信息归集与使用做出相应的制度性安排。

加强公共信用信息服务平台建设。进一步加强各级各类公共信用信息平台建设,不断完善各级信用平台服务功能,优化服务模式,推动自然人、法人信用信息的跨领域、跨部门共享和应用。在规范化的基础上,进一步深化信用信息的记录和归集工作,拓展数据归集范围,增强信息归集的有效性和指向性。围绕商品和要素市场,建设和完善相关行业或领域的专业性信息共享平台,不断拓展各类交易平台中有关市场主体登记类、监管类、判决类、执行类、违约类信息记录的广度和深度,并逐步实现与信用平台的信息共享与交换。

推进信用手段在重点领域的应用。在商品市场体系，开展对大宗商品交易市场主体的信用核查，积极推动第三方支付、移动支付、大宗商品网络交易平台、供应链管理等领域的信用手段创新。在要素市场体系，针对金融市场、人力资源市场、土地市场、技术市场、产权市场的关键环节，推广使用信用产品，并形成配套的信用奖惩制度。在专业服务市场体系，着力推进从业人员的信用监管，强化已有从业人员信息平台（如公证、律师行业的从业信息公示），深化平台记录信息的广度和深度，并推动平台信息与信用平台的互联互通。

10. 加快现代市场体系发展与创新，进一步提高商品与要素资源的流通和配置效率。促进现代大型流通主体发展。重点促进流通企业上市、并购、重组及联合，逐步形成一大批具有现代治理结构、核心竞争能力的大型流通企业，成为我国统一市场发展的龙头和参与全国乃至全球竞争的主力。

创新市场交易模式，利用信息技术打破市场壁垒。大力发展电商平台，促进商品和服务消费，加大政府支持力度，促进电子商务与传统流通产业、制造企业及现代服务业的融合发展。积极支持跨境贸易电子商务模式发展。

建设"升级版"商品交易市场体系。借助现代信息技术，全面整合产业链，推动传统商品市场向金融、物流和资讯相配套，商品、要素和服务更为融合的"升级版"市场转型。建设"升级版"商品交易市场。加快探索搭建大宗商品现货国际交易平台，促进内外贸一体化发展。

鼓励新模式、新业态发展，促进传统商贸模式升级转型。抓住互联网经济发展新机遇，聚焦大数据应用、移动互联网、互联网金融等新业态、新模式，推出一批模式新、潜力大的创新企业，引导传统商贸企业向供应链管理转型。

培育要素自由流动、高效配置的要素市场体系。建设多层次、多功能金融市场体系。积极推动金融市场协调发展，进一步拓展市场的广度和深度，着力推动金融产品创新，促进资金在各市场之间有序流动，提高市场联动性和效率，增强金融市场功能，提升辐射力和资源配置能力。建立公开公正、城乡统一的土地市场。稳妥推进农村土地市场化改革，完善土地交易机制，建立公开公平、城乡统一的土地市场。建立网络化、国际化的技术交易市场。整合技术交易资源，拓展技术交易的广度和深度，构建覆盖各领域各行业、功能完备、信息共享的技术交易网络，逐步实现全球性市场功能。建设业态齐备、服务创新的人力资源市场。推动人力资源服务领域的技术创新、产品创新，提升行业国际化水平，形成有效率、有活力、有竞争力的运行机制。培育资源自由流通的文化要素市场。努力破除阻碍文化要素自由流通的障碍，构建文化要素流通平台，扩大文化市场的资源配置能力，促进文化要素的自由流通。

11. 完善政绩考核体系，建立统一市场的评价体系。在逐步取消对地方政府GDP考核、加强对地方政府公共服务水平考核的基础上，借鉴欧盟经验，建立统一市场建设的评价机制和发布机制，并将此项工作纳入对地方政府绩效考核体系。鼓励企业和公众举报市场分割和地方保护、行业垄断行为，畅通举报投诉渠道。

12. 区域战略注重先行先试，加强创新示范。在"一带一路"、京津冀协同发展、长江经济带以及"两横三纵"城市群等区域发展新战略中，注重区域市场一体化建设和相关体制机制创新探索，着力推动区域分工合作和协调联动，由片到面推动全国统一市场的形成。

（本文原载于《建设全国统一市场路径与政策——国务院发展研究中心研究丛书2015》，中国发展出版社2015年版）

经济体制改革核心：
理顺政府与市场的关系

宋晓梧[*]　张　翔

一、为什么经济体制改革的核心是处理好政府和市场的关系

（一）国内外的理论和实践证明，市场经济体制是人类配置资源的一种有效方式

国内外的理论和实践证明，市场经济体制是人类配置资源的一种有效方式。现代经济学的分析表明，政府有"三只手"，即无为之手、扶持之手和掠夺之手（指政府的权力过大并没有受到制约），我们在建立和完善市场经济体制的过程中，要发挥政府无为之手、扶持之手的作用，要限制政府的掠夺之手。从深层次看，当对可用资产的权利缺失，或没有对该权利予以详细说明，或权利的执行不充分时，个体将为权利而竞争，竞争的花费在总量上经常达到或超过资产本身的价值。这是我国当前市场和政府关系处理中要探讨的一个深层次问题。什么是市场（企业）的权利，什么是政府的权利，我们还需要从法律上、制度上来完善，只有从法律、制度安排入手，我们才能从根本上解决市场和政府关系问题。

（二）政府与市场矛盾制约着经济发展方式的有效转变

如果说政府主导的市场经济体制是 30 多年来我国经济快速发展的基

---

[*] 宋晓梧，中国经济改革研究基金会理事长。

础或"模式",那么要实现发展方式的转变就必然要求对这一基础或模式重新审视。政府与市场关系问题依然是若干经济社会问题的焦点。"该市场化的领域市场化不充分,不该市场化的领域过度市场化"是目前体制运行中的突出矛盾,也是价值混乱的根源。

1. 管理型政府与宏观调控的内在矛盾。经典宏观理论是以市场主体自主决策为基础的,宏观调控并不取代市场主体的自由选择和竞争,而是帮助或促进市场主体的理性选择,不直接干预市场主体选择是主要特征。我国的宏观调控是由政府全面管理、控制经济的计划体制转型中衍生出来的,其最突出的特征是宏观调控与行政管理是重合的,甚至宏观调控只是作为行政管理的从属部分存在的。

行政管理在宏观调控中的举足轻重地位,决定了宏观调控主体的多样化。在中央政府层级上,从行业主管部门到综合(协调)部门,都在或多或少地承担宏观调控职能。地方政府不仅以地区经济为对象行使"宏观调控"职能,而且其职能部门也依据上级"归口"部门的意图进行"宏观调控"。严重的问题是,在政府管理体制依然存在"条块分割"的情况下,这类冠以宏观调控名义的行政管理职能在执行中很容易产生矛盾,不仅协调成本高,而且会影响宏观政策预期目标的实现。例如,当中央提出某个宏观政策目标时,各部门、地区往往会强调行业和地区市场的特殊性(有时是有根据的),明里、暗里地进行"讨价还价"。如果允许这类"讨价还价"出现特例,就会引起彼此"攀比",从而使政策实施及其效果"打折扣";如果因无法协调这类"讨价还价"而简单采取"一刀切",往往也带来新的问题。同时,在历次宏观调控中,行政性调控总是扮演重要角色,并且常常出现"点对点"的直接和具体"调控"(所谓"有保有压"),即使在货币当局的货币政策组合中,类似"窗口指导"之类的直接"调控"手段也屡见不鲜。这类调控手段和调控方式的运用,与计划经济时期的管理并无实质差别,因而不断受到经济学家以及社会各方面的批评,但实践中总是由于各种"不得已"的理由而不能不用,这实际上反映了背后深刻的体制根源。

在行政管理或行政调控作为宏观调控体系重要组成部分的情况下,行政管理(有时人们用"宏观管理"来模糊这一概念)是政府直接干预微观主体行为和市场运行的主要途径或方式。虽然改革开放以来这种直接干预经济的管理方式和范围有了很大的变化，但却始终作为政府重要职能被保留下来。甚至可以说，政府机构设置和职能安排在很大程度上还是以行政性管理经济为重要依据的。政府往往根据自己对市场供求关系的判断来决定资源配置，如通过市场准入、直接关闭厂商的方式来限制某类供给（出于对"供给过剩"的担心，也会出于限制竞争的目的）。在这种管理体制下，经济运行实际上受到政府行政力量和市场力量共同作用，所谓宏观调控不过是政府与市场的博弈以及政府部门、层级之间的博弈，从而使宏观政策的预期目标和效果具有相当的不确定性。尤为重要的是，国有部门由于与政府之间的直接联系，往往在宏观调控中"左右逢源，游刃有余"，而民营部门只能依靠市场（近年来也出现了向权力部门靠拢的趋势）。这样，当出现具有较强行政性直接控制市场的宏观政策调控时，市场机制可能会受到伤害、被扭曲，不利于民营部门的发展，不利于市场经济的成熟。

2. 行政主导资源配置对经济结构的影响。尽管目前从 GDP 总量结构和社会总投资结构看，非国有部门（包括境外投资企业）已经占有 2/3 的份额，但考虑到国有部门掌控的资源和介入领域的广度和深度，行政性资源配置的方式依然具有主导性特征，市场资源配置总是会面临各种行政性藩篱或障碍。

在市场经济条件下，经济波动往往伴随着市场资源配置的调整和结构变化，而行政性资源配置在很大程度上取代了市场自身的调整，以致经济波动之后的结构较之以前发生的变化很小。在这个意义上可以说，我国经济运行中长期存在的结构扭曲，与行政性资源配置的主导关系甚大。

行政性资源配置对经济结构最突出的影响或扭曲是宏观投资效率与微观投资效率的不对称。许多研究表明，无论从投资效果系数（即一定时期内单位投资量产生的国内生产总值增加量）、增量资本产出率等指标看，还是从投资对就业拉动看，我国的宏观投资效率在国际比较中都属于较差的。而从企业投资回报以及外资进入等方面看，微观投资效率则相对较高。这种强烈反差实际上是行政性资源配置主导的产物。其一，长期以负利率、低利率主要为部分企业（国有企业）提供低廉的资金，并通过市场准入强化了部分企业的垄断地位和高回报。其二，以低廉的土地、矿产资源、环境补偿、劳动力成本以及税费优惠，为部分企业创造了高回报的基本条件。其三，各类投资主体在资源的可获得方面以及市场竞争方面缺乏公平竞争，使部分企业可以取得远高于市场平均水平的超额回报。因此，部分企业微观投资的高效率是以社会承担成本为代价的，其结果必然是宏观投资效率的低下。

行政性资源配置还导致政府的"公司化"倾向，加剧了结构扭曲。行政性资源配置的特征是以行政权力层级关系主导的，并且主要表现为"上有所好，下必甚焉"的特征。当整个经济系统以追求经济总量为目标的时候，各个层级必然出现"层层加码"彼此竞争的现象。从历年的"五年计划"制定，到国家统计局的经济增长数据，中央计划与地方计划、全国数据与地方数据之间的"脱节"，可以很好地解释这一现象。在这种情况下，地方政府事实上成为了重要投资主体，视投资为重中之重，并通过行政推动、行政干预，以土地批租扩充财力，热衷于扩大投资规模、上重化工业项目，甚至不顾实际条件大搞形象工程。于是，各类开发区、汽车城、大学城、电子城、工业园、大广场、大马路等竞相涌现，不仅加剧了煤电油运和其他资源的高度紧张，造成生态环境进一步恶化，而且造成极大浪费，进一步降低了宏观投资效率。

3. 行政性垄断对结构失衡的影响。

（1）行政性垄断切断了市场机制发挥优化结构作用的通道。我国行政性垄断的规模之大、范围之广，远远超过一般市场经济体，并且仍然有扩大趋势。仅以工业领域为例，2008年国有及国有控股企业的资产规模为188 811.37亿元，占规模以上工业企业资产总额的43.8%；利润总额9 063.59亿元，占规模以上工业企业利润总额的29.7%。在国有及国有控股工业企业利润中，仅石油和天然气开采、煤炭开采和洗选、交通运输设备制造、烟草制品4个行业的利润就占83%。如果考虑到第三产业，行政性垄断的程度会进一步加重。虽然国有及国有控股企业并非都属于行政性垄断企业，但从资源占用、经营补贴、产业政策、市场准入等多方面的行政"倾斜"看，大都具有行政性垄断特征，特别是企业领导人基本来自行政安排，有极强的影响政府决策的能力。近年来通过所谓"兼并重组"、"整体上市"、"做大做强"，行政性垄断有进一步行业化的趋势，市场机制的作用有边缘化的可能。由于行政性垄断广泛存在，市场机制除了被利用攫取超额利润外，优化资源配置和结构调整的作用受到极大限制。在行政性垄断广泛存在的条件下，市场供求关系必然严重扭曲，市场竞争机制难以有效发挥优化资源配置的作用。我国经济结构长期得不到有效改善，与行政性垄断得不到有效抑制是密切相关的。

（2）行政性垄断加剧了收入分配结构失衡。一是行政性垄断拉大了收入分配差距，垄断部门收入远远超过社会平均水平。有学者研究指出，1978年到2006年，行业收入差距已经由2.17倍上升到4.75倍。而根据2009年国家统计局公布的数据，收入最高（证券业）和最低行业的差距已经高达11倍。如果把垄断行业的住房等各种福利待遇统计进来，收入差距更大。二是行政性垄断严重抑制了居民收入水平的提高。1994年到2005年10多年间，国有企业利润就一直没有上交国家，之后虽逐步调整了上交比例，但其用途还缺乏明确规范。如此产生的直接后果是，国民名义上拥有的资产长期得不到回报，行政性垄断的超额利润这一块巨额财产性收入与国民产权脱离。有学者认为，这种情况在很大程度上堵塞了居民财产收入增长的可能，也是中国经济之所以要追求8%以上增长的症结。三是行政性垄断部门提供的产品和服务价格持续上涨，抬高了社会和个人生活和生产成本，而社会却难以进行有效监督和制约。价格听证改变不了"逢听必涨"的局面，更多的是连听证的程序都没有进行。垄断价格上涨推动了通货膨胀，实际上也降低了居民收入水平。近年来，垄断部门在价格和收入分配方面向市场和国际看齐，而在利润分配、运行机制、制度建设、服务质量方面，则往往以所谓"国情"、"特殊性"之类的托辞拒绝或延缓"接轨"。这种趋势亟须警惕。

（3）行政性垄断对就业结构的影响。由于行政性垄断部门主要集中在公共基础设施、原材料等基础产业和重型机械制造等资金密集领域，其发展对大规模资源占用和投资严重依赖，而创造就业机会和吸纳就业的能力远低于劳动密集行业、服务业和中小企业。在这种情况下，以投资扩张主导的经济增长并不必然带动就业的增加。国家统计局提供的数据表明，20世纪80年代我国GDP每增长一个百分点可以拉动200多万人就业，90年代下降到了100多万人，21世纪以来基本徘徊在100万人左右。也就是说，就业弹性由过去大概0.3左右下降到0.1。而根据人力资源和社会保障部国际劳工研究所对OECD数据库和各国GDP就业量的计算，一般发展中国家就业弹性平均在0.3～0.4，发达国家2007年欧盟地区总就业弹性是 0.78，OECD 国家是 0.48。这说明我国基本上是世界上就业弹性最低的国家，这种情况在很大程度上与经济结构不合理或扭曲有关，而从体制上看，行政性垄断过度扩张对市场的挤压是重要原因。

4. 政府公共职能缺失对居民消费的影响。

（1）政府公共支出结构与社会公共服务需求增长不适应。政府公共支出结构中经济建设比重过大，与社会保障与福利相关的公共产品和服务比重过小。根据国家统计局的数据，2006 年我国政府公共支出中，经济建设支出的比重为 26.6%，而社会文教费支出比重为 26.8%。纵向观察，我国政府公共支出中的经济建设比重在 1978 年为 64.1%，此后则逐年下降，与经济运行由政府集中控制向市场经济转轨的进程是一致的，也为提高公共服务支出创造了条件；而社会文教费支出比重与改革开放初期的 13.1% 相比，虽然也有显著提升，但自 1992 年以来则一直徘徊在 26% ~ 28% 之间。

20 世纪 90 年代以来，我国居民在教育、医疗、社会保障等基本公共服务方面个人承担的费用迅速上涨，大大超过中低收入家庭可支配收入的增长速度，虽然与收入分配结构调整和分配机制扭曲有重要关系，但在这些方面政府公共支出水平的严重不足也是重要原因。以教育支出为例，我国的政府公共支出水平不仅远低于世界平均水平，而且低于国家 1993 年提出的战略目标。党的十六大以后，国家基本公共服务支出的增长日益受到重视，但要实现与社会需求相适应，依然任重道远。

（2）公共资源配置不均衡导致社会分享公共服务的不均衡。公共资源配置不均衡的突出表现是身份、等级因素对分享基本公共服务构成深刻影响，这种不均衡大幅度降低了中低收入者可能享有的基本公共服务水平，进一步扩大了社会收入分配差距。首先，我国的公共产品和公共服务基本是以满足城镇居民的需求为主，农村居民分享财政提供的公共产品和公共服务水平极低。许多研究表明，若把基本公共服务因素考虑在内，城乡实际收入差距远高于公布的统计数据。其次，农民工在子女教育、社会保障等方面很大程度上还没有被纳入基本公共服务体系，特别是那些长期在城市打工和基本定居者，在分享基本公共服务方面与城市居民依然存在较大差距。最后，基本公共服务的等级化依然存在，少部分人可以享受到远远超过"基本"水平的公共服务，降低了基本公共服务的普惠性，也削弱了政府公共服务调节分配的功能。当社会普遍感到医疗、养老、住房等基本保障严重不足的时候，部分群体却群体享有"从摇篮到坟墓"全部保障，甚至有年收入在几十万、百万、千万元水平的"特殊群体"享有更高的公共保障（即个人不必支付）。这种公共服务资源的过分"倾斜"无疑是构建和谐社会的"负激励"因素，也使任何试图以"初级阶段""政府财力有限"之类的解释都显得苍白无力。

（3）公共服务领域的腐败造成了公共资源的浪费和流失。首先，公共服务领域的腐败转嫁或加重了社会负担。以医疗领域为例，原国家药品监督管理局少数官员的腐败，导致每年有大量药品通过批文以新药名义提价上市。按照媒体披露，2004年我国获批新药达10 000多种，而同期美国药监局批准的新药只有148种。此外，教育乱收费、保障性住房分配以及与住房建设相关的土地转让、规划审批等环节腐败现象，都抬高了社会支出成本，降低了大多数居民的消费能力。其次，公共服务领域的腐败造成了公共资源的浪费和损失。从近年来公开披露的腐败案件看，公共服务领域的腐败更为集中地表现在公共投资活动中。从投资立项审批到项目招标，从物资采购到施工，腐败几乎渗透到各个环节。社会上一般的估计是，一个项目投资总额经过层层"截留"，只有50%能够进入到实施环节。虽然其中有多少是腐败造成的还不能做出总的估计，但从动辄数以亿计金额的腐败个案看，其造成的浪费和损失是惊人的。这些还只是投资活动本身的腐败，如果把公共项目中挪作他用的部分考虑进来，腐败所造成的公共资源浪费和损失会进一步增加。最后，公共服务领域的腐败降低了政府公信力。由于我国公共服务供给主体基本是政府直接控制或在政府监控下活动的，公共服务领域的腐败必然对政府的信誉和公信力产生负面影响。这种影响并不仅限于人们对政府廉洁与否的预期，而且会改变人们对公共服务供给的预期。与公共资源占有不平等一样，当公共服务领域的腐败不能有效遏制，甚至出现蔓延趋势的时候，任何关于公共服务供给滞后客观原因的解释都失去力量。

二、政府与市场关系定位的中国特殊性

中国的市场并非是自然长成的，而是由一个有为政府造成的。因此，

考虑中国政府干预在市场经济中的角色,不能简单照搬西方经典的市场经济理论作为分析框架,而必须意识到政府干预在中国市场经济发展中的特殊二重性。总体来说,政府在干预市场的过程中表现出两种角色。

(一)政府作为市场创造者的融合角色

从社会主义市场经济发展的过程来看,政府作为市场创造者的融合角色主要体现在三个方面:

1. 政府与企业有着密切关系。从1956年完成社会主义改造起,指令型计划经济体制就一直是中国经济发展的制度选择。在计划经济体制下,绝大多数资源控制在政府手中。因此,在市场经济的起步阶段,大多数企业的成长都不可避免地依赖于政府在资源、政策等方面的扶持,尤其是民营企业。大多数的民营企业在改革开放之初都存在先天不足的问题,无论从技术、资金、设备、用地、市场等方面都依赖于政府的帮助,有些民营企业甚至是国有企业民营化的结果;政府的相关政策对民营企业的发展产生重要的影响。因此,中国民营企业在改革开放30多年中的不断发展壮大与政府大力扶持是密不可分的。在扶持民营企业之外,吸引外资也是政府尤其是地方政府促进经济发展的一项重要工作。截至2014年7月底,我国累计批准设立外商投资企业超过80万家,实际使用外资超过1.2万亿美元。我国吸引外资规模一直保持在较高水平,已经连续23年位居发展中国家吸收外资的首位。长期以来,外资企业在中国的投资环境改善、政策支持都离不开政府的作用。因此,与民营企业一样,外资企业在中国的发展本身就是有为政府干预市场的成果。

2. 社会主义市场经济的制度规范是在政府的自觉干预中形成的。在西方发达国家市场发展中,市场机制的自我调节是市民社会独立于国家的重要特征。按照市民社会的理想,自由竞争制度可以自我调节,但前提是没有任何经济之外的权威干预市场交易。因此,在经典市场经济理论的预设中,市场经济的制度规范是在市民社会的成长中自然形成的。在中国,长期以来大政府小社会的权力分配方式使中国没有形成有序的、自治的市民社会,市场成长缺乏相应的社会环境,保障市场经济有序运行的制度规范也很难自然形成。为了保障市场经济的有效运行,政府通过自觉干预的方式规范市场秩序,避免市场失范状态时的混乱,这实际上是承担了市场经济典型国家中社会的角色，政府干预成为市场经济有序运行的重要保障。

3. 政府依然是社会主义市场经济的主要生产者与消费者。关于政府的作用，斯蒂格利茨把它划分为在生产方面的作用和消费方面的作用。在中国，在市场经济的产生与发展中，政府干预起到十分重要的作用，政府的稳定与有效运行是市场经济平稳健康发展的重要条件。两者之间的融合是不可变更的历史事实。一方面，政府需要在市场上购买大量产品以保证政府有效运行，2013年中国政府采购规模超过1.6万亿元。从这个角度看，政府是市场最大的客户主体。另一方面，国有经济控制了包括矿藏、河流、国有森林、荒地、草原和其他陆海自然资源，以及铁路、电力、电信、银行、石油、化工等重要资产，并承担了大量的市场投资。因此，政府可以作为一个最大的市场主体来看待，政府的行为直接影响了市场经济的运行。

（二）政府作为市场对立方的冲突角色

随着社会主义市场经济的深入发展，市场经济的制度规范逐渐呈现出自我执行的特点，政府干预与市场发展之间的内在张力也逐渐凸显，政府作为市场对立方的冲突角色也日益突出。

1. 政府干预的失范不可避免导致权力寻租现象。在转型过程中，存在着制度转换的空隙，计划经济时代关于政治权力的制度规范被取消，而新的制度规范未形成，政治权力往往处在事实上的失范状态。这种失范状态为政治权力的寻租提供了空间。在许多地方，政府官员利用手中掌握的资源分配与市场准入的权力向企业索取巨额租金，以致许多民营企业家往往是依靠和政府官员的黑关系对社会财富进行非法、人为的再分配、转移和占有而获得大量财富的。约翰斯顿就将中国归入官僚权贵的腐败症候群中，在他看来，政府官员和政客们或多或少通过腐败肆意敛财，有时把国家机构转变为追求利润的企业；那些受到官员保护的野心勃勃的商人们和合伙人在建立其庞大的企业时具有准官方地位。随着市场经济的深入发展，这种官僚权贵式的权力寻租现象与日益成形的市场规范之间形成巨大的冲突，也凸显了政府干预与市场发展之间的内在张力。

2. 政府对市场的干预影响生产效率以及公共服务的质量。政府在许

大市场严监管

多行业中拥有垄断权,控制许多领域的生产与服务,这些行业的准入机制都非常严格,并且对非国有企业实行歧视性政策。由于缺乏有效的市场竞争压力,在许多垄断国企中,企业管理者还习惯于用直接式的行政指令来管理企业,以致企业内部政企不分的现象依然十分严重。这一方面极大影响了企业的生产效率,也与市场经济发展的内在价值相冲突;另一方面,在许多公共服务领域,如邮政、电信、民航等行业,政府的垄断导致这些行业的定价很少运用国际通行的收益率定价、价格上限定价、边际成本定价等方式。政府定价的方式直接影响了为民众提供的公共服务的水平。

之所以说中国的市场经济发展存在着与政府干预融合的必然性,主要有以下几点原因:

其一,长期以来,中国的民间社会处于不成熟的事实状态,客观上要求政府参与市场经济的发展。历史上看,中国一直都处在大政府小社会的模式中,民间社会的缺失一直是中国政治社会发展中的重要特征。自1949年新中国成立以来,计划经济体制又塑造了一个全能式的政府,民间社会基本处于低位运行状态。民间社会的不成熟使社会无法为市场发展提供有效的治理环境与内在约束,也使市场无力独立于国家与政府之外自然地成长。因此,在中国,政府干预实质上承担了西方国家市民社会在市场经济发展中的作用。在分析中国的政府角色时,不能武断地将政府视为市场的对立方。

其二,在中国,政府在经济生活中的作用决定了市场经济的成长离不开政府干预。长期的计划经济体制造就了一个全能政府,虽然全能政府存在弊病,但是,这种模式已经促进社会形成有序的经济生活,同时也为市场的发展奠定了物质基础。发展社会主义市场经济不应以牺牲有序的经济生活为代价,否则便会陷入俄罗斯市场化的混乱局面,因此,中国的市场经济发展很自然不能抛开政府这一秩序稳定的关键要素。在中国市场发展的起步阶段,政府干预在事实上是市场发展先天不足的一种外在保障。

其三,中国长期没有市场经济的历史经验也是市场发展需要政府干预的关键性因素。与西方市场经济发展不同的是,中国从来没有经历严格意义上的自由资本主义时期,对于自由放任所带来的市场失灵没有历史意义的体认,政府也缺乏应对市场失灵的经验。在这种背景下,贸然以自由放任作为市场经济发展的主要原则无论是对政府,抑或是对社会都是草率的，其结果不仅是市场经济固有的不确定性，也带来了市场经济在中国发展所特有的不可预见性。因此，基于中国政府对经济社会秩序的责任，政府干预对中国的市场经济发展也是必不可少的。

其四，中国资源的相对有限性也要求政府干预市场发展。政府与市场是资源配置的两种主要方式。市场是将资源配置的最终结果交由市场各主体之间的力量博弈决定，这样的结果往往会导致资源配置的不合理，其典型表现在资源配置的非效率性和分配的非公正性，即使在市场经济成熟的典型国家，这种情况也是不可避免的。许多后发的市场经济国家，如苏联、东欧、拉美各国，在市场经济起步阶段，这些问题更是尤为凸显。而中国人均资源的有限性使这一问题更显重要，因此，无论从资源的分配还是再分配角度，在市场发展中融入政府干预都是至关重要的。

三、理顺政府与市场关系的原则

（一）健全社会

建立强力政府与高效市场有机耦合的政府主导型模式，首先是在完善市场机制和合理界定政府角色的基础上实现的。同时，真正意义上政府与市场的有机结合还有赖于社会的健全和强大。当前，发展健全社会应采取以下措施：第一，政府要放权于企业。第二，大力培育和发展市场中介组织。第三，大力发展其他社会组织。切实地保证基层群众性组织的自治性质和自治权力，充分发挥它们在社会事务中的作用，逐步做到社会"私域"里的事由社会群众性组织按照自身发展起来的契约性原则来办，政府不应干预，更不能包揽，这是使社会机体充满活力和有序化的必然要求。一个有独立性和自治权力的社会是市场经济发展的客观要求，为政府与市场关系的理性化发展提供了本质上的保障。对于我国来说，健全社会是实现政府与市场有机结合的根本途径之一。

（二）加速推进政府改革

政府的有效性是衡量政府能力大小强弱的标准之一。各国之间最重要的政治分野，不在于它们政府的形式，而在于它们政府的有效程度。在我国，随着以解决深层次矛盾为诉求对象的各项改革的深入进行，国家现代化建设进入了关键的发展时期。与此相联系，我国各级政府的能力正面临着前所未有的挑战，政府能力（包括政策的公共政策能力、公共行政管理能力、社会服务能力、自我控制能力）的提升成为急待解决的问题。

（三）树立有限政府理念

毫无疑问，在我们的政府习惯于以包治百病的全能面孔出现的时候，树立有限政府理念显得尤为重要。首先，有限政府是有效政府的前提。没有限制的权力，必然要导致对权力的滥用，从而败坏国家的能力，损害政府效能的发挥。权力范围的无限性，必然使政府扩大规模，官员数目激增，政府膨胀势必加大其运行成本和社会负担。在资源有限的情况下，权力范围的扩张必然导致权力效力的衰减。一个无限扩张、职能过度膨胀、不受约束的政府必然要侵犯本来属于社会或市场的领域，所获得的效果当然不会理想。因此，建立有限政府才能有效地履行职责，使政府行为取得满意的结果。其次，有限政府有助于减轻腐败现象。布坎南认为寻租活动同政府在经济活动中的范围和区域有关。政府权能无限扩展，增加了寻租的机会，使大量社会资源无为浪费，对整个社会产生极为不利的影响。政府权力的不受制约也导致权力的滥用，腐败现象的产生。建立有限政府，对政府的权力和行为做出限制，减少行政权力对市场的不合理干预和管制是消除腐败的基本条件。最后，有限政府是市场经济的必然要求。明确政府的权力、责任与能力限度，有利于市场经济的健康自由发展。政府与市场一样不是万能的，有自己的边界范围。政府的参与既是必要的又是有限度的。如果政府超出了自己的作用范围，势必妨碍市场功能的正常发挥损害市场经济的健康成长。总之，我们应该尽快摆脱传统体制的影响，破除全能神话，对政府的职能、规模和权力作必要的规定和限制，以更好地发挥政府的作用。

（四）加强政府法制化建设

市场经济是法制经济，市场主体和市场运行规则需要法律来规范。政府的权力和行为方式也应该由法律来约束。政府法制化建设涵盖以下几个方面内容：第一，政府权力应依法设定，并在法律规定的范围内行使。第二，政府职能法制化。第三，依法设置政府机构。第四，各级政府要依法行政。第五，以法律形式规定对政府工作的监督，详细规定各个不同监督主体对政府工作的监督权利、监督方式以及监督结果，使对政府的监督具有真实性和可行性。在社会主义市场经济条件下，加强政府法制化建设，使政府该管什么、该做什么、该怎样管、怎样做，都有明确的法律规范，是保证政府与市场的正当关系的最好手段。

（五）引导政府管理市场化

政府传统结构的突出弊端是过分依赖庞大的、垄断的、缺乏外部监督制约的官僚机构。这种机构最看重规章制度和权力对政府行为的指导，几乎完全忽略市场信息和公务员个人的主观能动性。把市场原则引入政府管理体制当中，即政府下放决策和执行权力，把大的公共部门分解成若干小的像企业那样可以相互竞争的运作部门，将大量的服务职能下放给低层机构、私营部门或半私营部门来承担，迫使公共部门无法进行垄断性控制，从而达到降低行政成本，提高服务质量等。与传统政府管理力图通过金字塔式的多层级结构实施管理和保证决策的连续性不同，市场化强调积极的政府行为和个人责任，促使公共部门致力于建立层级尽可能少的平面网络式结构，保证各公共部门的低投入高收益。政府管理市场化对我国进一步实行政企分开、转变政府职能、提高工作效率、改善政府形象、减轻财政负担等方面都具有积极的意义。与传统政府行政只计投入，不计产出不同，政府管理市场化注重政府活动的产出和结果，从而降低行政成本。把私营部门成功的管理方法和手段以及竞争机制引入政府工作，有利于提高政府工作效率。鼓励私人投资和经营公共服务行业，打破政府对公共服务供给的垄断性，既可以提高公共服务的质量，又缓解了政府财政困难。

（六）健全现代市场体系

健全现代市场体系主要涉及两个方面：一是在处理好政府与市场关系的基础上，建立和完善市场体系的规则，政府确实起到监管的作用。二是优化和完善市场结构。完善的市场结构是商品市场与要素市场的统一、市场下层组织与市场上层组织的统一。为什么我国要素市场化程度比较低？这固然有要素市场发育的难度比产品市场发育的难度要大，前者比后者需要的制度环境更严格等方面的原因，但更主要的原因是我国要素市场的产权及其相关制度安排不利于要素市场的发展，并且政府还主导着要素市场，从而导致要素市场发展的滞后。从另一层面看市场体系，法国历史年鉴学派的代表人物布罗代尔把市场分为上层组织和下层组织。市场上层组织的功能归纳为三个方面，即生产性、风险转移和前瞻性。市场上层组织的建立是发展中国家和转型国家形成完善的市场经济体制的标志。没有市场上层组织构造就不可能建立起现代意义上的市场经济。市场上层组织的建立也是发展中国家和转型国家市场化进程中的一个"坎"。政府部门过多地与利益联系在一起，就不利于处理好市场与政府的关系。因此，健全现代市场体系重点是在处理好市场与政府关系的基础上解决我国市场体系发展不平衡的问题，要加快要素市场的发展和市场上层组织的建设。

四、理顺政府与市场关系，应加速推进重点领域改革

在理顺政府与市场关系指导思想确立的基础上，应根据当前以及今后经济社会运行的突出矛盾，有针对性地推进若干重点领域的改革。

（一）加快完善公共财政

公共财政就是满足社会公共需要的政府（国家）财政。从体制转型角度看，公共财政既是政府转型的重要内容，也是政府转型的必然结果和重要标志，即通过财政的收支变化来反映政府转型的进程。从宏观调控角度看，公共财政是合理有效应对和熨平经济周期性波动的基本保障和重要手段。

1. 形成与社会公共需求发展变化相匹配的公共支出结构。我国公共支出结构突出的问题是经济建设支出比重偏大，而公共服务支出比重偏小。这一点在近年来的讨论中已基本形成共识，在政策取向上也得到了明显体现。问题在于，处于转型期的公共支出结构调整，政策性的调整如果没有体制和制度性足够支持和保障，其连续性和实际落实情况往往会打"折扣"。因此，要形成与社会公共需求发展变化相适应的公共支出结构，必须进一步在体制和制度层面加以完善。一是深化预算制度改革。二是完善和规范转移支付制度，逐步加大一般性转移支付的比重，减少专项拨款

比重。三是严格控制政府行政性支出，特别是政府消费性支出。

2. 调整和完善促进社会公平的税收制度。在市场发展已经相对充分、国家财政集中和汲取能力已经显著提高、政府职能转变已成趋势的今天，税收制度的调整和完善应该由偏重"汲取能力"向规范和促进社会公平转变，"公平税赋"理应成为新阶段的核心取向。一是加快税费结构的调整，规范征收秩序。二是在不增加综合税费负担水平的原则基础上，调整税制结构。进一步简化税种，对于一些功能交叉、明显重复征税的税种，该合并的合并，该废除的废除。如车船使用税、燃油税、车辆购置税、消费税的设计中就存在这类弊端，已经饱受社会诟病。对于一些明显有失税负公平的税种、税率应进行调整，如在生产型增值税已经普遍实行的情况下，营业税的调整应尽快提上日程。目前营业税负偏重，制约了第三产业的发展。对于一些税种缺失应根据实际情况加快研究、合理推进。如进一步完善资源税征收，合理扩大征税范围，促进资源的合理开发与社会共享；探索建立赠与税、财产税、遗产税以及社会保障税等税种，等等。三是完善个人所得税制，基本目标是将单一的分类税制改为综合个人所得税制。

3. 按照事权与财力相匹配原则合理调整税制。政府事权与财力相匹配是深化财税改革的重点，是在源头上避免政府职能边界"越位、缺位"的基本保证。改革的基本目标是形成符合市场经济规律的"中央—省—市县"三级分税分级财政体制和中央、省两级自上而下的转移支付体制，完善和规范政府不同层级之间的财政分配关系。

一是根据法律明确的事权划分，合理调整不同政府层级的税收范围。中央政府收入以社会保障税（目前社会保障资金统筹具有准税收性质）为主，还包括关税、增值税和消费税、证券交易税、个人所得税、企业所得税、海洋石油资源税等属于涉及国家主权、公平市场环境、影响全局利益、关系国民经济稳定、维护统一秩序、调节收入分配以及流动性较强和分布不均的税种。其收入总量应控制在全国财政收入比重的50%以上。省级政府收入以营业税为主，还包括一部分资源税、增值税、公司所得税、个人所得税中的地方分享比例等税种。其收入总量应控制在全国财政收入比重的15%左右。县市政府以房地产税为主，还包括契税、土地增值税、遗产税、排污税、城市建设维护税、车船牌照税等流动性较低、信息要求较细、适宜由基层掌握的税种，以及其他国税、省税以外的较小税种。其收入总量应保持在全国财政收入比重的30%左右。由于市、县支出约占全国财政总支出的50%~55%，因此，税种划分还必须配套规范的财政转移支付制度。

二是规范税收，根本解决县市级政府"土地财政"问题。实行分税制以来，由于地方政府财政收入不能满足支出需要，地方政府财政收入的很大部分靠收费、罚款和出让土地。特别是土地收入已经成为地方政府的重要收入来源。这是近年来普遍出现的地方政府越权、违规批地现象以及大规模城市拆迁的主要根源，也是地方政府"经营城市"、投资扩张的主要动力。"土地财政"的不可持续性及其带来的现实弊端越来越突出，特别是在推高房价、征地拆迁过程中的利益冲突等方面，以及对民生改善和社会稳定造成严重影响。改革的基本方向是把不可持续的土地财政变为可持续的日益增长的地方财政。主要内容是在清理、废除、规范各种行政收费的基础上，形成以房地产税为主要税种的税制。这需要土地制度改革相配套，变土地管理部门实行的出让和收入制度为财政税收部门的有关土地和房产征税制度，并统一纳入财政预算管理。如废除土地50年到70年的出让体制，延长土地使用期，土地使用权按年或月征收土地使用税，土地使用权交易征收土地增值税。房地产税应借鉴国际通行做法，分别按房地产拥有、房地产转移、房地产收益三个环节来设计税种，逐步建立和完善房地产税体系。

三是配套进行行政管理体制改革。推进省直接管理县（市）财政体制改革，稳步推进扩权强县改革试点，鼓励有条件的省份率先减少行政层次，依法探索省直接管理县（市）的体制。这一改革的推进和成功，必然对减少政府层次提出要求。国际经验也表明，分税分级财政体制安排普遍不超过三级，因而从财政体制和行政体制统一的视角看，减少政府行政层级也是一种趋势。因此，通过探索省直管县（市）财政体制与行政体制统一的改革，最终形成中央、省、市县三级财政体制和行政体制，应该成为未来10年改革的重要目标。

（二）抑制行政性垄断

行政性垄断已经成为我国经济结构转型和发展方式转变的主要体制性

障碍，也是制约市场化进程、市场经济体制完善的主要障碍。抑制和破除行政性垄断已经成为现实经济中十分紧迫的问题。

1. 扩大市场准入，引入市场竞争。首先，加快推进"对内开放"，取消对非国有经济特别是非公有制经济的歧视和限制。除极少数必须由国家垄断经营的领域（但需要充分论证）外，所有行业都应一视同仁地向各类非国有经济开放。其次，垄断行业改革应突破以往那种所谓"战略性"、"重要性"、"公益性"等笼统的产业划分的局限。政府"应当"介入的领域并不等于"只有"政府才能介入，重要的是"市场能够解决的问题就让市场去解决"。最后，市场准入政策思路应由"允许"向"禁入"转变。也就是说，凡是法律、法规不明确"禁入"的领域，都是可以"进入"的，并且不能被"事后"追究。

2. 限制、规范行政性垄断行为。一是限制行政性垄断企业利用垄断地位攫取超额利润的行为。二是行政性垄断企业的经营范围。三是合理规范行政性垄断企业利润分配。应明确国有企业的利润分配与国民资产收益相联系的原则，国有资本红利可用来补充社会保障资金，或作为再分配基金用于扩大居民消费。对于行政性垄断企业高管收入也要限制，在以垄断地位实际成为决定企业收益的情况下，不能按竞争性企业那样搞"工效挂钩"。

3. 加强反垄断机制的建设。一是完善《反垄断法》。二是加强人大对行政性垄断的制约与监督。三是形成和完善社会监督机制。

（三）加速推进投资体制改革

投资体制改革的实质是实现投资由政府主导型向市场主导型的转变，克服政府主导型投资体制的诸种弊端，形成完善的市场化投资新体制。改革的重点是规范政府投资行为，废除阻碍市场化投资的行政审批制度，让市场机制真正发挥优化资源配置作用，促进结构调整和发展方式转变。

1. 规范政府投资是投资体制改革的重点。我国投资领域中大量的"重复建设"，是造成结构扭曲和公共资源浪费的一大"痼疾"，其根源之一是政府投资缺乏有效的约束机制。根源之二是政府在长期治理"重复建设"中，没有明确把焦点集中在规范政府投资行为上。其结果不仅是问题没解决，反而抑制了市场竞争，加剧了结构扭曲。因此，投资体制改

大市场严监管

革核心或重点应是规范政府投资行为，建立在法律约束基础上的公开透明的投资决策机制。当务之急，应尽快出台《政府投资法》，或先出台《政府投资条例》作为过渡，条件成熟再上升为法律。政府投资法律规范的核心理念，应该以完善市场经济基础上的公共职能为取向，明确政府投资的公共性质，严格约束政府投资直接介入市场微观领域的行为。同时，政府投资决策与实施要有严格的法律程序，除特殊情况（也应有基本界定和程序规定）外，政府投资应严格执行经人代会审议通过的规划，不得随意增减项目。还需要指出的是，由于政府投资属于公共投资，投资决策无论是经过层层审批还是人代会通过，实际上都难以追究到具体的责任人。因此，对于政府投资决策的责任追究，应主要体现在非规划的"随意项目"，并坚持"谁审批谁负责"的制度（决策执行责任由各执行环节中的相关制度规范）。

2. 规范对非政府投资管理。投资体制改革明确了对非政府投资一律不再实行审批制，而是区别不同情况实行核准制和备案制。但不少专家、学者也提出了要防止核准制演变为变相的审批制，仍需进一步完善，尤其是核准原则的细化和透明。如经济安全、合理开发利用资源、保障公共利益、防止出现垄断等方面，应有进一步的具体标准，这一方面可规范"核准人"，避免因自由裁量权过大导致随意性甚至寻租行为；另一方面也有利于投资者清楚核准的"边界"，减少盲目性。对于核准机关也应贯彻分权、制衡、法治原则，凡是法律已经有明确规定的应由法律约束，不再重复核准；凡是有明确部门职责划分的应由具体部门核准，减少投资者"部门旅行"；对于核准机关"巧立名目"不予核准的行为，应建立行政追究和法律诉求机制。此外，应确立核准制只是一种过渡形式的理念，大幅度缩小行政核准范围直至取消，由完善的法律制度约束，是市场经济投资体制改革的方向和最终目标。

对非政府投资管理还应严格遵守宪法、民法等关于市场主体权利的法律规定。政府宏观调控与管理应主要通过财政和货币政策间接调控，并以"外部性"问题（如土地、环境等）为管理重心，原则上不应对非政府投资特别是民间投资直接采取行政性的"关停并转"或"拉郎配"式的兼并重组。市场约束投资者，法律约束政府，应成为投资管理的重要原则，唯其如此，才能真正形成市场化投资体制和机制，从根本上改变结构扭曲和资源浪费的状况。

3. 有效抑制政府建设性投资冲动。政府建设性投资源于过分追求经济增长速度指标的业绩考核取向，也是计划经济时期政府官员好大喜功的延续。长期以来，这一取向并没有随着市场经济体制发育、成长发生根本改变，反而在两次应对世界经济危机中得到了强化。因此，抑制政府建设性投资冲动，首先应改变过分追求经济增长速度的业绩考核取向，对政府政绩的考核应以建设服务型政府为取向，让市场主体成为经济增长的主导力量，把政府履行公共服务职能作为主要考核内容。其次，压缩并控制政府建设性投资在公共支出的比重，政府建设性投资主要通过发行债券的方式进行，并把政府债务控制作为重要考核内容。再次，通过政府投资法限制政府向一般生产性项目特别是竞争性、营利性项目的投资，政府投资应主要投向公共基础设施和公共服务领域。最后，政府投资不能"透支未来"应作为重要原则，即使在法律已经界定的政府投资领域，政府投资也不能过度扩张。

（四）推进基本要素市场化

1. 劳动力要素市场化。第一，要在有关劳动力要素分配理念上与时俱进。劳动力价格不能停留在18世纪末"生存工资"理论水平上，现代劳动力市场中的工资水平不仅受到供求关系的影响，还要受其他体制、制度因素的影响。第二，要进一步完善劳动分配方面的法律和执行机制，严格执行已有的劳动法律法规，并根据实践逐步完善相关法律，完善劳动仲裁和法律援助机制，为劳动者获得合法收入提供法律保障。第三，赋予劳动者集体谈判的合法权利，提高工会在代表职工利益方面的相对独立性。第四，发挥雇主组织的作用。劳动力跨企业、跨行业流动的特点，决定了集体谈判不能只局限于单个企业。第五，废除基于户籍制度的劳动力身份性歧视，坚持同工同酬原则。"让农民工成为历史"，应该作为重要的改革目标之一。第六，要正确判断来自社会不同方面对劳动者权利的争议。一些企业面临的问题，实际上是多种因素导致的（如市场环境、税负过重等），不是单纯劳动要素成本上升问题。特别是应该看到，在经济全球化情况下，全球资源配置的领域和范围不断拓展，要素价格的国际化趋势同样是不可阻挡的。当中国的劳工（特别是农民工）工资被压得过低时，发达国家的劳工就会迫使其政府在贸易政策上作出反应，从而使贸易摩擦不断，抑制中国所谓的劳动力比较优势。

2. 土地要素市场化。土地要素大规模市场化始于1992~1993年，并且逐步形成了以政府垄断出让为特征的一级市场，以土地使用权转让、出租、抵押等交易形式为特征的二级市场。土地市场化中最突出的问题，首先是农村土地转为城市工商业用途必须经过政府征用之后才能进行，实际上排斥了农村土地所有者和使用者进入市场的交易权，土地市场化主要是城镇土地的市场化。这样，一方面，由于农民不能充分享有农村土地市场化带来的收益，迫使农民通过各种非正常手段来维护或谋取自身利益，如农地征用中的群体性事件以及所谓"非法占用"农地和"小产权房"等现象的大量存在；另一方面，政府成为主要的土地交易主体，造成土地管理中公共事业用地与商业用地不分，权力与市场运行"错位"，既阻碍了土地市场化的进程，也引发了大量腐败。

改革的基本方向，一是政府退出商业用地的直接征用环节，商业用地完全按市场规则自由交易。其要点是，政府通过法律和规划严格界定公共事业用地的范围，约束政府参与商业化土地交易；对于农地转为商业用地，政府只进行规划管理，保障交易秩序，不再参与具体交易。二是逐步完善农地所有者和使用者基本权利的制度性保障，核心是在处理好农村土地集体所有和个人使用权之间的关系前提下，使农民个体拥有相对清晰、完整的土地产权。鉴于各地在经济发展、经济结构、市场化程度以及资源禀赋等方面的情况千差万别，应允许农地产权具有不同的模式，进行符合实际的探索。三是逐步建立城乡统一的建设用地市场，对于非公益性项目，"允许农民依法通过多种方式参与开发经营"，农村经营性建设用地转让"在符合规划的前提下与国有土地享有平等权益"。

3. 资金要素市场化。从目前的实际可能条件看，至少应在以下几个方面争取有实质性进展：一是放开民营主体进入借贷市场的准入，配套形成完善的监管制度、风险防范制度、产权保护制度。二是探索合理有效的商业银行管理模式，在货币调控体系日趋成熟的条件下，应减少直至放弃对商业银行信贷的行政性控制（如"窗口指导"）。三是以利率市场化为目标，进一步发展和完善货币市场体系，扩大市场参与主体的范围和市场交易规模。特别是在全球化背景下，应高度重视外汇市场的发展，没有外汇市场发展，人民币汇率形成机制必然受到制约，国家和社会都缺乏有效应对汇率风险的手段。四是努力为发展多层次的资本市场创造条件。目前股票市场的种种弊端实际上是影响多层次资本市场发展的重要制约因素，股权分置改革已经为克服这些弊端奠定了制度性基础，但相关的制度建设与完善仍需大力推进。特别是在股票市场的监管方面，应改变过于集中于市场波动而对维护市场规则、规范市场主体行为重视不足的理念和做法，消除监管机构与监管对象之间实际存在的"利益共同体"现象，要逐步实现由行政性干预市场波动向制度性规范市场的方向转变。

（五）推进基本公共服务均等化

1. 基本公共服务是政府公共服务职能的"底线"。推进基本公共服务均等化，关键是要改革基本公共服务领域的身份歧视和等级化，削减直至取消基本公共服务水平之上的一切公共支出"特权"。基本公共服务是社会重要的再分配调节机制，一定时期社会用于基本公共服务的公共资源总是给定的，如果允许特权存在，就必然意味着对其他社会成员构成侵害，导致社会再分配的逆向调节，加剧社会收入分配不公。虽然由于历史原因和利益刚性的存在，废除基本公共服务领域的特权和等级会面临诸多阻力，但作为改革目标取向和原则必须坚持，并积极探索可能的改革途径。

2. 坚持城乡统筹的原则。我国已经"进入着力破除城乡二元结构、形成城乡经济社会发展一体化新格局的重要时期"，把"城乡经济社会发展一体化体制机制基本建立"作为2020年实现的目标，"统筹城乡基础设施建设和公共服务，全面提高财政保障农村公共事业水平，逐步建立城乡统一的公共服务制度"。

3. 完善城市化的制度安排。目前乃至今后相当长时期，城市化都是中国经济增长和发展的基本动力与支撑点，也是步入中等发达国家的关键和重要标志。城市化当然涉及经济、政治、社会领域的广泛调整和变革，但从我国特殊的二元结构角度看，核心是人口的城市化。因此，以城市化的战略为导向，形成与公民就业结构和生活方式变化相适应的制度安排，是政府公共职能的重要内容。以"农民工"市民化为重点，推进基本公共服务均等化，应该成为当前和未来10年城市化制度安排中的"重中之重"。城市发展战略规划中必须考虑人口转移的因素，而且要配套进行户

大市场严监管

籍制度改革以及完善相关的基本公共服务体系。在教育、医疗、养老、基本居住保障等方面，基本公共服务不再以户籍划分作为依据，而是以定居人口为依据。近年来一些地区在城市化制度安排中已经进行了有益的探索，如深圳市率先废除了传统的户籍管理制度，北京市在公共交通服务方面取消了月票"特权"，不少城市的"廉租房"建设开始起步，社会保障跨地区接续问题已经纳入政府工作日程等。应认真深入总结这些探索和实践经验，形成基本制度并加以完善。

（本文原载于刘学军主编：《新常态新作为》，国家行政学院出版社2015年版）

当前现代市场体系建设面临的突出问题与对策

臧跃茹 郭丽岩[*]

现代市场体系是使市场配置资源的效率和公平性充分发挥的运行机制和制度体系,它要求各类市场更加健全,结构更加合理,规则更加完善,治理更加规范。各类市场之间的关系不协调、不匹配,反映的是市场体制机制、治理体系(权力生态)方面更为深层次的问题。所以,加强现代市场体系建设,不仅应关注单个市场培育和发展的问题,更应当关注改革体制机制疏导深层次矛盾等现实问题。

当前我国市场体系建设面临一系列突出问题,要素市场本身的缺陷与扭曲、市场体系的不完善,严重制约市场配置资源决定性作用的有效发挥,造成或放任了发展粗放、资源错配、结构失衡等矛盾。深化供给侧结构性改革亟待处理好短期与长期的发展关系,建立健全现代市场体系是增强经济持续稳定增长内生动力的治本之策,与经济企稳复苏的短期目标并不冲突,不应为了实现短期目标而忽视或放松加强现代市场体系建设的长期有效制度供给。

一、当前现代市场体系建设面临的突出问题

1. 市场准入壁垒"虚低实高",存量不退增量难进。中央政府屡次重申的"非禁即入"原则在实践操作中遇到一定阻力,特别是电信、石油、

---

[*] 臧跃茹、郭丽岩,国家发展和改革委员会(以下简称发改委)市场与价格研究所研究人员。

大市场严监管

电力、铁路、金融、文化等领域，自然垄断、经济性垄断和行政垄断交织在一起，政企不分、政事不分、事企不分的情况依然存在，使得民营企业进入相关市场仍面临诸多限制。实际上仍是"大门打开、小门没开"，存在"玻璃门"、"弹簧门"、"铁丝网"等或明或暗的体制壁垒，民间投资者容易陷入"进无预期、行有阻碍、退无出路"的困境。

2. 割裂要素市场的行政性垄断是导致成本、库存、产能"三高症"的根源。在我国，要素市场化改革明显滞后于商品市场化改革的步伐，要素市场在生产、交易和定价环节仍存在不同程度的行政垄断或管制，相关市场仍存在扭曲甚至是缺陷。例如，源自行政垄断的大型国有商业银行在我国银行体系中处于寡占地位，银行体系改革明显滞后于利率、汇率形成机制改革，信贷投放长期存在所有制和规模歧视，银行业风险管理模式僵化，对风险要么过度反应要么反应不灵，容易引发不正常的惜贷或滥贷。由此导致信贷市场与资本市场利率变化明显不同步。当前我国资本市场利率处于较低水平且处于下降通道，但信贷市场利率水平并未同步下调，实体经济企业尤其是中小微企业面临的高融资成本有加剧之势。又如，征地与土地招拍挂环节存在的暗箱操作和寻租行为，可能是助推住宅库存和工业产能"双高"的重要原因。一方面，居住用地与工业用地价格长期存在"剪刀差"，地方政府寻求以高昂卖地收入弥补本级财力不足，持续推高了商业和居民房价，导致当前一二线城市住宅的金融属性不断被强化、三四线城市库存居高不下。另一方面，在经济过热期的招商引资风潮中，无偿或低价转让土地使用权，放任中低端行业持续低水平扩张，导致了经济下行阶段过剩产能"久去不绝"。

3. 地方保护主义造成的地区封锁有抬头之势。近年来，经济下行压力加大，地方财政收入普遍大幅下滑，尤其是部分资源型省份财政收入同比降速达到两位数。为解决本级财政困难，各地千方百计、绞尽脑汁地想留住本地税收。土政策、潜规则花样翻新，地方红头文件的"效力"和自由裁量权明显过大，且经常滥用行政权力对外来企业设置重重障碍。例如要求外来企业必须在本地设立子公司缴税给当地，或以行政手段阻挠外来企业并购本地企业，以重复检查或双重标准妨碍跨区连锁经营等。在落实国家产业政策的过程中，地方政府自然倾向于更多补贴能够成为当地稳定税源的本地企业和本地项目。在地方公共资源配置和公共项目招投标过程中，也存在与当地企业合谋串标、设计外来企业陪标及设置各式排他性门槛等暗箱操作行为。为完成中央下达的去产能、治理"僵尸企业"的任务，还存在以行政"拉郎配"手段，强迫某企业加入某集团，或指定经济效益好的集团"接管"效益不佳的僵尸企业的情况。

4. 部分地方政府和国企的失信行为有损公信力，加剧了市场供求失衡和秩序混乱。近年来，国内假冒伪劣产品屡禁不止，产品质量尤其是食品药品安全问题十分突出，居民对国产商品质量的信任度明显下降。从而导致一方面国内商品库存高企，另一方面越来越多的消费者选择出国购物或海外代购。此外，在结构转型迟滞、产能沉疴较重的部分地区，传统工矿制造业领域的国企失信行为也有所加剧。在当前经济下行压力较大的情况下，国企以低价获取资源、资金、土地的原有比较优势明显弱化，其所承担的公共项目和政府采购"大单"反倒成了负累。由于公共财政大规模减收，无法继续负担政策性亏损补贴，甚至连公益性项目和工程的成本都难以如期支付，老工业基地的国企深陷自身与政府采购方、民企分包方之间的"新三角债"难以自拔，甚至出现了连年拖欠工资和欠缴社保金的情况。

近年来，在公用事业特许经营项目中，由于地方政府承诺的政策落实不到位或政策变化太快而导致中标民营企业经营不善，服务质量大幅下滑，甚至恶意退出的情况屡有发生。例如，民营企业通过投标方式获得污水、垃圾处理工程的特许经营权，但因为政府承诺的配套管网建设不到位，收费政策调整不及时等原因，造成处理能力长期闲置，企业长期亏损。

二、对策建议

当前，亟待通过建立健全现代市场体系推进供给侧结构性改革。一方面，要加快重点领域市场建设，尤其是完善竞争性要素市场，理顺上下游价格形成与传导机制，减少不合理的交易摩擦和寻租空间，从而扩大要素供给规模，优化供给结构，激发增长的内生动力。另一方面，要大刀阔斧地改革市场体制机制，削弱信息不对称、负外部性等市场失灵和各类行业垄断、行政垄断引致的负面影响，规范市场竞争秩序，提高市场运行效率，为经济稳定可持续增长夯实基础。

1. 建立健全统一的市场准入负面清单管理制度，确保市场主体平等进入清单之外的领域。

一是强化动态调整机制，确保负面清单"少而精"。建立健全负面清单管理体制，需要实现从理念到实践的根本转变，只有负面清单的内容"少而精"，才能真正激发市场主体活力，从而体现供给侧结构性改革的精髓。对于可以发挥市场机制作用的竞争性业务和环节，应尽快移至负面清单之外。对于仍具有网络属性的垄断业务和环节，只要不涉及国家安全和重大公共利益，改革步伐可以迈得更大一些，要加快推出一批鼓励非公资本参与的示范项目，逐步促成垄断业务和环节放开，条件成熟时将其移出负面清单。

二是对于负面清单之外的行业，建立防范已取消或下放审批权变相反弹的长效机制。通过深化行政审批制度改革，全面消除在项目审批和市场准入管理中存在的各种歧视性因素，大幅削减与行政许可相关的前置中介服务事项，废止各种形式的"中介垄断"和"暗桩暗扣"行为，将政府对市场微观主体的干预降至最低程度。

三是针对确需保留在负面清单之内的垄断行业国企加大改革力度，杜绝负面清单重新膨胀。强化顶层设计，精准定位垄断行业国企的性质与功能，充分平衡公益性和盈利性，推动国企从已不再具竞争优势的一般竞争性领域逐步退出，确保负面清单持续精简，不出现反弹。同时，加快完善针对国企和国有资本的审计监督体制，有效阻断垄断性国企与行业指导部门之间的非法或灰色利益输送，既防范国有资产流失，也防范盲目扩张和道德风险引发的效率损失。

2. 加快竞争性要素市场建设，理顺上下游价格形成与传导机制。

一是增强公共资源和产权交易平台的活跃度与运行效率。继续整合各地分散的工程项目招投标、土地使用权和矿产权出让、国有产权交易、政府采购等公共平台，提升公共资源交易平台的统筹层次和覆盖范围。拓展房地产、人力资源、金融证券等要素交易和国企实物资产、知识产权、农村产权、环境产权等各类权属交易，推动建立多品种多层次融合贯通的区域性乃至全国性公共资源与产权交易共同市场。吸引更多社会主体尤其是民营主体参与公共资源交易平台建设、运行和维护，加快完善统一交易规则和交易保障机制,切实提高市场平台交易量与使用效率,避免其成为"空转"的摆设。

二是重点疏导货币市场利率向实体经济利率传导的机制。深化银行业体制改革,破除仍在阻碍民间资本进入银行业的隐性壁垒,实质性地增强银行业竞争。继续加快发展资本市场,深化股票发行注册制改革,扩大资本市场有效供给,优化政策性信贷担保体系,为实体经济企业尤其是中小微企业提供更加便捷、更低成本的金融服务。

三是通过完善征地制度和市场交易机制,将沉淀的土地资产变成流动资本。加快健全城乡统一建设用地市场,统筹增量与存量建设用地,保障土地所有者和使用者合法权益,规范集体经营性建设用地流转行为。规范土地二级市场秩序,探索建立针对开发商蓄意囤积土地以抬高地价、低价获取划拨和协议用地后倒卖等行为的黑名单和市场禁入制度。鼓励土地市场信息咨询、登记代理、地价评估、纠纷仲裁等服务机构发展,提高土地市场运行效率。

3. 攻克地方割据的"堡垒",警惕以稳增长之名行直接干预之实。

一是清理各地阻碍商品和要素自由流动、企业自由迁移的政策。废除围绕籍贯、规模、资产、资质设置的阻碍并购和连锁经营的限制性条款或行为。根据国际发展趋势和国内产业发展水平,加快完善全国统一的商品技术标准体系,防止地方标准构成市场准入与流通的技术壁垒。取消限制企业兼并重组或增加企业重组负担的不合理规定,禁止违背企业意愿的各类"拉郎配"行为,引导和激励各种所有制企业自主经营、自愿选择参与旨在提高运行效率的兼并重组。支持并鼓励企业根据市场竞争需要跨区域迁移,切实解决跨地区经营企业汇总纳税等一揽子问题。

二是彻底清除披着政府采购或招投标合法外衣的各类寻租行为。切实降低中小企业参加各地政府采购和公共项目招投标的门槛,纠正招标采购流程不清、保证金管理混乱及串通陪标等违法违规行为。从公共部门入手,化解政府、国企、民企之间的各类"三角债",明确规定公共部门采购资金支付时限、支付方式及相应违约条款。规定不得将供应商交纳的投标保证金擅自转为履约保证金,不得挪用或套取保证金,约定规定保证金返还时限。

4. 强化竞争政策和市场监管法治体系建设。

大市场严监管

一是加快建立公平竞争审查及相关制度保障体系。借鉴欧美等发达国家经验，建立和规范产业政策的公平竞争性审查机制，组织第三方开展对市场竞争状况和各类产业政策竞争效果的评估，根据评估报告的结果深化垄断行业相关改革，及时调整和优化有关政策措施，促进产业政策和竞争政策的有效协调。

二是夯实信用体系的基石作用，务求信用评价结果的联合运用取得实效。巩固全国信用信息平台建设成果，培育和发展信用服务市场，充分利用互联网+大数据的征信体系，对市场主体进行多维度信用评价。将信用评价依据从银行信贷拓展至法院执行、食药安全、环境保护、安全生产、税收征缴等各个领域，鼓励公共部门利用信用评价结果广泛开展跨部门的守信联合激励和失信联合惩戒合作，强化重点领域失信黑名单和禁入名单的互联互通。

三是加强市场监管联合执法协调机制，加速推进从前置审批为主的权力体系向事中事后监管体制转换。强化统一领导和顶层设计，协调分领域设置的协调机构（如食品安全委员会、安全生产委员会等）联合开展工作，制定部门间监管决策信息共享准则和联合执法行动方案。以反对地方保护为重点在全国范围内开展统一的市场监管稽查活动，重点清理各种与市场公平竞争、公共安全目标相违背的地方"土政策"及干扰统一执法的"保护伞"行为，着力强化基层执法的一致性与威慑力。

（2015年12月于北京）

构建"国民共进"的社会主义市场经济体制微观基础

杨瑞龙[*]

经过 38 年改革,尽管国有企业改革取得的成绩有目共睹,但理论界与实际部门对国有企业改革的目标与路径一直存在争议。尤其是对于国有企业这样一个背负了国家政策性负担和社会性负担的多目标的微观主体,其企业的性质、功能、目标究竟是什么,如何评价其在整个国民经济当中的贡献,还缺乏客观有效的共识性指标。到现在为止,什么是国有企业?为什么要有国有企业?想让国有企业干什么?在这些基本问题上,没有形成共识,并导致人们对国有企业有着多样化的评价。当国有企业盈利能力提高时,被指责为垄断;当国有企业亏损时,被指责为经营者不努力,能力低下。也就是说,国有企业盈利不盈利,都要受到指责。事实上,国有企业承担了超越一般企业的责任——既要保证利润率,又要向社会提供公共品,承担社会责任。同时,也要提供经济发展的基础条件、提供国家安全服务等。客观地说,不能仅仅评估国有企业的微观效率,因为它可能使宏观效率提高。

一、构建"国民共进"的社会主义市场经济体制的微观基础

长期以来,我们对国有经济和民营经济的看法基本是相互对立的。特别是在 2008 年以后,这种对立越发明显。而这些意见都遵循着一个共同

---

[*] 杨瑞龙,中国人民大学经济学院教授。

逻辑，就是国有经济和民营经济不能并存——发展国有经济必将伤害民营经济发展；反之，发展民营经济必将伤害国有经济的主体。这个矛盾之所以产生，是因为缺乏理论的支撑。

西方主流经济学逻辑所坚持的是经济人假设下的个体主义的成本收益分析方法，遵循"小河有水大河满"的逻辑，认为私有产权是最有效的制度安排，国有经济和民营经济不可同时并存，所以中国的改革方向是要放弃国有经济。在这一理论体系中，激进派会坚持私有化，温和派则主张按照产权私有化的模式往前发展。而传统政治经济学逻辑强调社会人假设下的整体主义阶级利益分析方法，并根据建立在劳动价值论基础上的资本主义基本矛盾分析推论出未来社会的基本特征是公有制与计划经济，主张"大河有水小河满"，并由此认为目前国有经济已经退无可退。

"国进民退"与"民进国退"对立观点来自国有企业和民营经济作用领域的错位。在过去38年中，应该由国有经济发挥作用的领域，特别是公共品领域、公益类领域，却过度市场化，这导致市场失灵，使老百姓不能获得必要的公共品供给。同时，在市场机制应该发挥作用的领域，国有经济却又过度参与，造成了对市场的伤害。这样的错位和理论上的偏差，导致人们产生了一种思维定势，认为国有经济和民营经济不能并存。

事实上，在探索国有企业改革的理论逻辑时，对理论不能照搬照抄，必须进行创新。过去，无论是西方主流经济学还是传统政治经济学都把市场经济与社会主义看成是两个不可兼容的对立体。而我国的改革实践证明了在坚持社会主义经济基本制度的前提下，完全可以发展市场经济。建立社会主义市场经济体制就意味着让市场以及市场机制在资源配置中发挥决定性作用，也就是必须大力发展民营经济，大力推进国有企业改革。然而，市场化并非意味着私有化，也不止是民营经济。一方面，以公有制为主体，多种所有制经济共同发展，构成了社会主义市场经济基础；另一方面，作为转型发展中的大国，政府的作用远比一般的市场经济国家政府的作用要大。

我们发现，除了垄断的情况，国有企业在处理外部性公共物品、信息不对称的时候，或者在弥补市场失灵的时候，都发挥了不可替代的作用，它有可能成为解决市场失灵的有效途径。作为一个后发的发展型政府，中国政府要推行战略性发展目标，仍然离不开一定的产业政策。对一个产业政策有效还是无效的讨论是伪命题，我们只能讨论产业政策在什么时候有效。毫无疑问，一个发展中的大国，发展产业政策一定是有效的。国企作为政府掌控的企业，在宏观调控、产业引导方面仍然发挥着民企难以替代的作用。

除此之外，国企还有助于中国在世界竞争格局中实现竞争优势和国家意志。这是非常清楚的。最近特朗普发表了"美国优先"的演讲。所谓"美国优先"就是指国家意志。国家意志可以从方方面面体现出来，国有企业在体现国家意志方面，在体现国家的竞争优势方面有不可替代的作用，我们没有必要完全放弃制度性优势，否则就等于自废武功。

由此可见，发展社会主义市场经济，既需要大力发展民营经济，也需要做大做强国有企业。只要国有经济和民营经济在各自适合自己发展的领域中发挥作用，就能够做到"国民共进"，而不是"国民对立"。

社会主义市场经济体制框架决定了把国有经济和民营经济对立起来是错误的，完全可以选择温和的非国有化改革路径，构建一个"国民共进"的体制。

二、在创新领域建构"国民共进"的新格局

虽说国有经济与民营经济是可以并存和共进的，但其前提是国有企业应该待在该待的领域。确立市场取向的改革以后，国有企业改革的必要性毋庸置疑。但是，到底用什么逻辑来进行国有企业的改革呢？在这一方面，我们一直存在争议。国有企业从最初的放权让利，到承包制、租赁制，再到以产权制度改革为主线的股份制与现代企业制度这一脉络走过来，我们一直在探索，如何在国有制的框架内把国有企业改造成为自主经营、自负盈亏的市场竞争主体。

但是在公有制的框架下，国企市场化难以解决两个问题：一是无法在国有体制框架内解决政企分开的难题；二是无法在国有体制框架内解决所有权可交易的难题。想让国有企业走向市场，必须要实行政企分开。政企不分开，就会发生行政干预，导致改革无法进行，企业也不能成为真正的市场主体。但是，如果政企分开了，还是国有制吗？就不是了。所以，根本没有办法在公有制框架内解决政企分开的难题。没有解决的路径，行政

大市场严监管

干预的老问题就始终存在。所以国有企业必须分类改革，对不同类型的国有企业选择不同的改革思路。不应该按照一个固定的模板，在国有制框架里面探寻国有企业制度成为市场经济主体的改革思路，而是应该根据国有企业所处行业差异，选择不同的改革思路。就是说，该国有的，政府要好好管起来；该市场化的，要探寻如何解决政府和市场之间关系的问题。

经过30多年的改革，有一批竞争性领域的国有企业，其效率是很高的。如果没有证据证明这类国有企业的竞争优势来源于行政垄断和歧视性政策，就没有必要让国有企业强制性退出。只要坚持市场原则，完全可以让有效率的国有企业生存下去，但是需要对这类企业进行彻底的股份制改造，实现多样化、开放式的产权结构。对于那些效率低下、规模较小、市场竞争度较高、市场需求变化快、产业重要性和关联度小、国家对其承担的风险大于其上缴收益的竞争性国有企业可采用民营化的方式实现国有资本的退出。

中国是一个发展中的大国，存在弯道超车问题。在弯道超车中什么是最重要的因素？是创新。所以，仅从产品及行业的特性来划分国企与民企的边界就不够了，还需要根据创新过程的特性来界定国企的存在范围。因此，中央政府启动了创新驱动型发展战略。民营企业在技术创新过程中扮演着越来越重要的角色。但是因为技术赶超和创新往往存在巨大的风险，需要大量的研发投入，并且在后发国家实施技术赶超战略的基础上，在推动产业结构调整和升级的过程中，国有企业发挥了不可替代的作用。所以，在具有较强的公共品供给特征的技术创新领域，通过国有企业实现技术创新和技术扩散是弥补市场失灵的可行途径。大量的数据证明，过去20多年来，在研发规模、研发投入、专利产生等方面，国有企业具有一定优势。对此，需要做专门的讨论，即在创新过程中，怎样让民营企业和国有企业各自发挥重要作用，如何分类进行考虑。

一般来说，创新链包含五个关键环节：基础研究阶段；应用开发阶段；中间试验（简称中试）阶段；实现商品化阶段；大规模产业化阶段。我们可以根据创新链各个环节的不同特征打造适宜的"国民共进"新格局。第一，针对创新链中具有完全公共品性质的基础创新和原始创新构建"国有+"和推进"国进"的新格局形成。第二，针对创新链中具有准公共产品性质的应用开发和中试环节等特定的应用创新，要全面启动和推进以"国有+民营"的混合所有制模式。既要发挥国有经济抗风险能力的特点,也要发挥民营经济在创新当中有很强激励机制的优势,构建混合所有制。第三,针对创新链中偏向于私人产品性质的商业化转化环节,体现"民进"以及"民营+国有"的混合所有制新格局。在这个阶段,民营经济应该发挥主体作用。第四,针对创新链中的大规模产业化环节,应该体现"民进"和"民营+"的新格局。第五,针对中国产业链中竞争力提升的薄弱环节以及产业集群中的关键性技术短板部分,应促进"国进+民进"新格局的形成。

三、国有资产管理体制重构

尽管国有资产改革已推行 10~20 年,有了相对成熟的经验,但是仍然需要完善。国资委如何对国有企业行使监管职能,目前一般的表述是从"管资产为主"转向"管资本为主"。由于国有企业所处行业的不同,国资委具体的监管重点也有差异,其功能不能仅限于资管本。

对于提供公共品类的国有企业一般采用国有国营模式,国资委对公益企业通常兼顾管企业和管资产职能,以管企业为主。即国资委通过管理企业,保证必要的公共产品供给,满足社会需要。这一块必须要"一竿子插到底"。同时,要兼顾管资产,主要是控成本和控质量,尽可能提高公共产品的供给效率。我们建议在中央与地方的国资委专设一个公益类国有资产管理部,主要不是追求国有资产保值增值,而是要履行社会职能,对公益类国有企业进行单独监管:一是由政府筹资创设提供公益类产品的企业。二是政府直接任命或罢免这类国有企业的负责人。三是为了确保规模经济效益和范围经济效益,对进入和退出进行控制,同时建立必要的规制。通过管资产、管企业,体现国资委应该体现的职能,构建一个管企业、管资产并重的模板。

对于处于自然垄断行业的国有企业一般采用国有控股模式。国资委通常对垄断性企业兼顾管资产与管资本,并以管资本为主。就是说,国资委通过管资产实现超越利润目标的社会目标,保持国有经济在国民经济中发挥主导作用。同时,通过管理资本实现国有资本的保值增值。

假定我们定位这个企业是国有控股,并且要兼顾社会目标和利润目标，那么怎么来管资本呢？就是国资委通过对自然垄断企业进行股份制改造，使其成为具有独立法人资格的国有控股公司，并对它行使所有权约束。国资委和法人之间建立产权关系，因为这类企业比较大，而国资委和政府关系靠得比较近，为了避免过度干预，可以考虑在国资委与股份公司之间构建一个中间层的代理机制。这一中间性国有资产代理机构既可以按照市场化原则，建立一批竞争性的控股公司或者国有资产经营公司，也可以把一批央企集团公司、总部改造成新加坡"淡马锡"式的控股公司。哪个效果更好，就按照哪个模式进行。考虑到自然垄断性国有企业不仅追求利润目标，实现国有资产的保值增值，还需要满足某些社会目标，因此，国资委既要对这些企业履行管资本的职能，也要与国家有些产业规制部门合作，有必要为企业设置一套企业经营绩效的评估体系，从而有效履行管资产职能。

为了有效实现管资产和管资本目标，要满足三个条件：一是国有企业要透明化，预算公开，成本、费用、信息公开。二是国有企业公司化改造后，要降低进入壁垒，消除地域保护，可以自由进入和退出不同地区。三是保持国有企业的潜在竞争性，通过混合所有制改造，引入非国有资本，进行增量改革。这是管资本与管资产兼顾、并且以管资本为主所构建的一种模板。

对于竞争性国有企业，由于其处于纯私人物品领域，国资委只履行管资本的职能机制，追求利润最大化。它的经营模式可以类似于像基金会、基金公司这样的模式，进行一种证券化操作。处于竞争性领域的国有企业应完全由市场机制来协调，国资委通过委托代理方式把国有资产的运营权授权给市场化运作的基金会，履行管资本的职能。

（摘自杨瑞龙著：《国有企业分类改革的逻辑、路径与实施》，中国社会科学出版社2017年版）

加快推进全国统一信用平台建设

王小梅　田　禾[*]

党的十八届三中全会提出"要褒扬诚信，惩戒失信"，建设社会诚信体系。党的十八届四中全会提出要"加强社会诚信建设，健全公民和组织守法信用记录，完善守法诚信褒奖机制和违法失信行为惩戒机制"。国务院继发布《社会信用体系建设规划纲要（2014～2020年）》之后，又于2016年颁布《关于建立完善守信联合激励和失信联合惩戒制度加快推进社会诚信建设的指导意见》，推动政务诚信、商务诚信、司法公信和社会诚信建设。

为贯彻落实党中央、国务院推进社会信用体系建设决策部署，健全跨部门失信联合惩戒机制，2016年1月，国家发展改革委、最高人民法院等44个部门联合签署《关于对失信被执行人实施联合惩戒的合作备忘录》，进一步加大对违法失信行为的联合惩戒力度，构建以信用为核心的新型监管体制。建立联合信用惩戒、完善社会诚信体系建设的前提是建立全国统一的信用平台，而目前我国信用平台建设存在以下几个方面的问题。

第一，信用平台多元。2015年6月，作为政府褒扬诚信、惩戒失信的窗口，"信用中国"网站开通，致力于搭建全国统一的信用信息共享平台。"信用中国"网站是在国家发展改革委、中国人民银行指导和社会信用体系建设部际联席会议各成员单位支持下，由国家信息中心主办。除了"信用中国"之外，目前在全国层面涉及信用信息查询的平台还包括"中

---

[*] 王小梅，中国社会科学院法学研究所副研究员；田禾，中国社会科学院法学研究所研究员、上海研究院兼职研究员。

国人民银行征信中心""国家企业信用信息公示系统""中国职业信用管理平台"等。"中国人民银行征信中心"是人民银行推出的个人信用信息服务平台，且仅限于银行信用。"全国企业信用信息公示系统"由国家工商行政管理部门负责，提供全国企业、农民专业合作社、个体工商户等市场主体信用信息的填报、公示和查询服务。"中国职业信用管理平台"是国家人力资源和社会保障部全国人才流动中心推出的专门致力于"职业信用"的服务平台。

第二，企业信用分散。为全面推行企业信用信息公示，国务院于2014年出台了《企业信息公示暂行条例》，由国家工商行政管理部门搭建"国家企业信用信息公示系统"。然而，即使是"国家企业信用信息公示系统"，其提供的企业信用信息也是不完整、不全面的，因为归属食品药品、金融、建筑等行业管理的企业，其相应的信用信息主要发布在行业信用平台上，有关产品质量的信息则发布在"企业质量信用记录"上。

第三，地方平台林立。"信用中国"作为全国统一的信用平台，本应该整合各地信用信息，并设置地域检索功能。然而，除了行政许可与行政处罚信息公示提供地域检索之外，其他信用信息由于未设置相应的信息节点很难检索到某一地域的情况。如果想要了解某一地域的信用信息情况，只能到各地方的信用平台上查看。地方信用平台诸如"信用北京"、"信用天津"、"信用浙江"等，从内容到形式与"信用中国"相同，这种叠床架屋式平台建设除了重复建设、增加成本之外，还分散和割裂了全国统一信用信息共享平台的功能。

第四，重企业信用，轻个人信用。除了"国家企业信用信息公示系统"、"企业质量信用记录"以及食品药品、金融、建筑等行业信用平台主要发布企业信用信息之外，"信用中国"平台发布的信息也多为企业信用信息。"信用中国"网站的首页设置了"信用信息"（失信被执行人、企业经营异常名录、重大税收违法案件当事人名单、政府采购严重违法失信名单）"统一社会信用代码""政府行政许可与行政处罚"几类信息的检索和公示。从网站显示出的公示信息看，除了行政处罚信息涉及个人之外，其他类型的信息均属于企业。以"失信被执行人"为例，最高人民法院按照"自然人"和"法人和其他组织"的分类对失信被执行人进行公示，然而，"信用中国"网站上公示的失信被执行人仅限于企业，在

"信用中国"网站上输入"中国执行信息公开网"披露的自然人（失信被执行人）的姓名，未能检索出相应的信息。目前，个人的信用信息主要集中在人民银行的个人征信系统。

第五，信用平台的公示功能不足。信用平台的一项重要功能就是对信用信息进行公示，以褒扬诚信、惩戒失信，接受社会监督。然而，"信用中国"平台公示的信用信息数量有限。虽然"信用中国"网站接入了大量的信用信息，但是每类信用信息仅显示5个页面的数量，公众会因为浏览到的信息数量有限而怀疑"信用中国"名不副实。

第六，信用档案不完整。"信用中国"平台纳入的信用信息类型有限，仅收录"失信被执行人"、"企业经营异常名录"、"重大税收违法案件当事人名单"、"政府采购严重违法失信名单"、"政府行政许可与行政处罚"这几类信用信息，对于企业的其他负面信息则未收录。例如，国家食品药品监管总局在其网站上设立了"食品抽检信息及药品安全警示信息公开专栏"，公开了某一企业违法广告信息，而"信用中国"平台显示该企业无负面信息。

信用平台分散多元，未能实现对各行业的信用信息进行有效归集，"信用信息孤岛"现象较为严重，进而无法以信用为基础进行联合惩戒。未来要建立完善的社会诚信体系，必须将信用信息归集到统一平台，并以统一社会信用代码为关联整合同一主体的各类信用信息，建立完整的信用档案，再以司法执行信息为中心推行联合信用惩戒。

首先，实现对各类信用信息的归集。信用信息的归集是社会诚信体系建设的关键。要将各类信用信息归集到统一平台，应从以下几个方面入手：一是破除部门（行业）数据保护主义。有些部门的领导观念保守狭隘，将部门数据私有化，认为是部门的私产，不愿意与其他部门共享。要归集各部门产生的信用信息，必须扭转思想观念，打破部门对信息的封锁。二是提升各部门、各行业的信息化建设水平。有的部门未跟上大数据时代的步伐，信息的数字化程度不高，如房产信息本身在其系统内还未实现全国联网，还有些是因为系统未按照统一的技术标准开发，导致系统无法对接。三是明确信息归集的范围。为了提升社会诚信水平，营造社会诚信环境，2015年12月，上海市人民政府颁布《上海市公共信用信息归集和使用管理办法》，明确自然人失信信息的归集范围。根据该管理办法的要求，上海市加大了信息归集的步伐和力度。以新建的浦东新区公共信用信息服务平台为例，截至2017年3月，该平台归集了新区20多个部门的1 000万条信用信息，面向社会提供查询服务。

其次，以统一社会信用代码为标识，建立完整的信用档案。公共信用信息归集的目的是建立完整立体化的信用档案，为此，应当以统一社会信用代码作为关联匹配信息主体信用信息的标识。对于自然人而言，身份证号码为其统一社会信用代码；对于法人和其他组织，其统一社会信用代码则为登记管理部门赋予的唯一机构编码。2016年5月，国务院发布《国务院关于批转发展改革委等部门法人和其他组织统一社会信用代码制度建设总体方案的通知》（国发〔2015〕33号），旨在建立覆盖全面、稳定且唯一的法人和其他组织统一社会信用代码制度。目前，统一社会信用代码与现有各类机构代码并存，处于过渡期，各登记管理部门应尽快建立统一代码与旧注册登记码的映射关系，实现在全国统一信用信息共享交换平台的互联共享。

再次，以法院执行信息为核心，实行联合信用惩戒。社会信用体系建设主要包括守信激励体系建设和失信惩戒体系建设。对失信被执行人实施联合惩戒是建立失信联合惩戒制度的重要组成部分。2016年，中办、国办出台《关于加快推进失信被执行人信用监督、警示和惩戒机制建设的意见》，失信联合惩戒中涉及部门最多、涵盖领域最广、惩戒措施最全的部门，将有力推进社会信用体系建设。通过全国信用信息共享平台，最高人民法院加快推进失信被执行人信息与公安、民政、人社、国土资源、住建、财政、金融、税务、工商、安全监管、证券、科技等部门信用信息资源共享，推进失信被执行人信息与有关人民团体、社会组织、企事业单位信用信息资源共享。

最后，打通企业与个人信用信息的共享通道。社会诚信体系建设除了在政府部门间进行信用联合惩戒之外，还应进一步构建市场性、行业性、社会性的多维度信用约束机制，促进企业守法守信。上海浦东新区与第三方征信机构芝麻信用联手，打通企业与个人信用信息的共享通道，是完善信用约束机制的一次有益探索和尝试。

（摘自李林等：《中国法制发展报告2017》法治蓝皮书，社会科学文献出版社2017年版）

央地关系改革的合理方向

张文魁[*]

一、央地关系为什么需要改革？

在实际工作当中，中央已经意识到央地关系存在的很多问题没有理清楚。在党的十八届三中全会的文件中尽管没有专门的一章来论述央地关系改革，但在许多章节里都有涉及央地关系改革的内容，这些内容加起来甚至比其中的一章还要多。

中国虽然不是一个联邦制的国家，但是拥有十几亿的人口，拥有960万平方公里的土地，应该说至少是五个半层级，中央、省、地级市或地区、县城、乡，共五级政府，再加上村可以说是半级政府。全球还没有另外一个设置这么多层级的国家，所以各个层级的关系如何处理是个非常大的问题。如果说文件表述还比较抽象的话，我们可以从三个现实的层面深入洞察央地关系问题。

1. 从财政和公共服务及事责的角度来看。2013年，全国财政收入总量中，中央占47.0%；全国财政支出总量中，中央占14.4%。这是一个什么概念呢？也就是说，全国财政收入总量中，47%是中央在收。但实际支出中，中央只占14%多一点。如果中央的绝大多数支出是用于转移性支付，这样的收支结构一定是存在问题的。

转移性支付不是说不能有，法国的转移支付也比较大，但是别的国家都没有我们国家这么大。支出的总量中，中央只占14.4%，假定其中没

---

[*] 张文魁，国务院发展研究中心研究员。

有失误和挥霍,全部用于公共事务、公共服务,这意味着在中国的公共服务当中,中央政府提供了14.4%的公共服务,而85%以上的公共服务是靠地方政府来提供的。地方政府提供了绝大部分的公共服务,但它又没有这么多的钱来支配,这就导致了较为严重的财政扭曲。财政扭曲实际上反映了公共服务方面的扭曲,这样的扭曲一定会带来效率的低下、效果的不匹配以及财政的腐败行为。

我们或许会说,中国这么大,地方发展不平衡是自然的,而统筹可以削峰填谷,使全国更为均衡的发展;如此,中央掌握更多的资源,统筹能力也会更好。接续这样的逻辑,比如上海比较富,理论上可以多收一点;青海比较穷,理论上可以多给一点。中央就应该扮演这种角色。但实际上并非如此。过去的十几年中,我们大量的转移支付并没有带来削峰填谷的结果,反而是产生了逆效应,即城市居民所获得的转移性收入在一定程度上比农村居民获得的更高。也就是说,转移支付并没有缩小城乡居民收入差距,没有缩小地区间的居民收入差距,也没有缩小不同阶层之间的收入差距,反而是适得其反的效果,差距甚至还扩大了。就此而言,中央财政统筹这么多,到底有没有有效发挥作用,值得我们认真反思和深入研究。

2. 从国有企业和国有资产的角度看。为什么要从这个角度看?首先,国资国企是和财政联系在一起的。比如融资平台是国企,它的资产属于国有资产,负债也属于国有企业负债。此外,财政资金有一部分也流向了国有企业。所以,讲财政不能不说国资,讲国资也不能不说国企。比如我们下一步要编制地方政府的资产负债表,财政和国资是连在一起的,如果财政不清晰,国资也会不清晰;中央和地方之间,国资不清晰,财政也会不清晰。

中国有十几万家国有企业,属于国家的净资产,如果不包括金融和银行,净资产大概有30多万亿元,这些国有企业总资产加起来有100多万亿元,其中包括70多亿元的负债,是我们国家相当大的一笔财富。但这些国有资产,到底是中央所有的、省所有的、市所有的,还是县所有的?

按照现行规定,县政府筹资办的企业是国有企业,而乡政府筹资办的企业就不算国有企业,属于集体企业。但青海的一个县政府可能还不如上海、广东的一个乡政府拥有的资源丰富。而乡政府办的企业,因为属于集体企业,资产是可以自己处置的。但是定义为国有企业则就不同了,从理论上来说，国有资产是要充公的，哪怕它只是青海的一个县政府办的，如果县政府办的国有企业要上市，一部分国有股要卖掉的话，也必须要交中央社保基金，哪怕它可能从未向中央拿过一分钱。

3. 从权力分配和民主治理的角度来看。既然国家85%以上的公共服务都是地方政府来提供的，按道理来说，地方政府就要有相应的行政权力做保障，因为没有行政权力做保障，就难以提供公共服务。但事实上，行政权力在中央和地方政府的分配，当下既不够清晰也不够稳定。比如食品药品的监督问题，包括党的十八届四中全会说的城管问题。城管有很多执法的确非常野蛮粗暴，但是没有城管真的不行。露天烧烤、占道经营，很多类似的事情，如果没有城管的话，或许有些人会认为这彰显自由，可是附近的居民就会很有意见。这些问题都具有典型的外部性，都需要政府来解决，而解决都需要行政权力。但是由于权力的具体划分并不清晰，因此我们看到不少城管、食药监督、环保都不作为。为什么不作为？就是因为出了事，不清楚到底该由谁来问责。而地方行政权力的来源主要是中央，并不是当地的立法机构。一般来说，中央给多少权力，地方才有多少权力。现在很多权力，比如工商行政、食药监督，究竟是垂直体系的还是非垂直体系，很难讲清楚，很多都是双重体系的，比如经费可能地方出了一半，办公场所可能地方也出了一半，但是授权和问责到底该由谁说了算呢？

至于地方民主治理，我认为肯定是一个趋势。什么是治理？简而言之，就是没有更上层来管理，这时候就需要治理了；如果有更上层来管理，还不需要治理。我们是一个单一制的国家，如果把它完全作为一个垂直的金字塔体系来看，只有顶层的金字塔尖是需要治理的，下面的各个层级都有更上层来管理。由于这种垂直的金字塔体系在中国现在很难发挥更大的作用，因此地方治理一定要建立起来，而这种治理就是民主治理。

二、从以上三个角度来看，央地关系的问题已经比较严重

本文从公共物品的角度，实际上是从现代政府的职能到底是什么的角度，以及从委托—代理这个带有公共选择色彩的角度入手来讨论央地关系。

大市场严监管

从现代政府职能来思考央地关系，我认为，中国央地关系改革的基本方向，应该是水平性分工和当地化的委托—代理。水平性分工是指，不管是哪个层级的政府，都是提供公共物品或者公共服务的。一般而言，纳税人纳税，公共物品由政府提供，私人物品则由市场提供。公共物品有很多，哪些属于全国性的公共物品，哪些属于地方性的公共物品，基本上是可以分清楚的，也必须分清楚。如果是全国性的公共物品，就应该由中央政府来提供，送往千家万户；如果是地方性的公共物品，就应该由地方政府来提供，送往千家万户。在这样的情况下，中央政府和地方政府主要就是水平性分工的关系，而不是垂直问责的关系，更不是上级随便打下级板子的关系，中央政府和地方政府都要做快递员，属于中央的全国性的公共物品，中央也一定要自己送，地方则更不必说了。

当然，在此我也要特别澄清的是，这里说的水平性分工关系，并不是要否定上级政府对下级政府通过某些形式保持管理和被管理的关系，毕竟中央政府对地方政府还是要有约束的。有人可能会联想到国外的联邦制，联邦政府和州政府之间不是上下级的关系，而是一个平衡的关系。像美国这样的大国，联邦政府直接提供的公共服务有30%。而中国还不是如此，但水平性分工的关系一定要引入，引入以后，事情就好办了。我前面列举了很多事，可以一件一件来分解，具体区分哪一些事情归中央管，哪一些事情归地方管，然后中央、地方各司其职，该中央管的就中央管，该地方管的就地方管。总之，垂直性的管理关系就是，上级给下级指派任务、下达计划、授予权力。水平性的分工关系则是，不同的层级分别承担提供各自公共物品的职责，而提供公共物品就要求拥有相应的行政权力，这不应来自更上级的授权，而应来自地方民主治理的同级授权。

这就涉及当地化的委托—代理关系。不少学者都将民众与政府之间的关系定义为委托—代理关系。地方政府提供地方性的公共物品，当然需要地方民众来委托它做这件事，授予它这种权力，所以当地化的委托—代理机制，是需要建立起来的。这也意味着当地民众对当地公共物品的偏好可以进行选择，而不是由中央政府直接来给定。

当我们确立这么一个水平分工和当地化委托—代理的基本方向后，央地关系未来的愿景应该是这样的：一级政府，一级财政，一级产权，一级公共物品，一级行政权力，一级民主治理。这么多的"一级"，是什么意思呢？就是说每一级政府都有自己相应一级的公共物品的提供，在此基础上，每一级政府也得有自己相应的财政资源和相应的国有资产产权。"相应的"就是指，地方拥有独立自主的钱而不是中央政府转移支付的钱，也就是说，地方需要建立一种比较自主的财政。与此同时，地方也要承担相应的职责，通过当地化的民主治理来行使相应的行政权力和受到问责。

多年以前温家宝就讲，我们要通过行政许可法和行政诉讼法来限制政府的权力。前者意味着许可政府设置行政审批权，如果不许可的话政府则不能设置行政审批权；后者意味着政府如果不按制度规章胡作非为，民众可以将其诉诸公堂。我以为这两个法律可能比当下的负面清单制度更有效力。所以，问题的关键还是限制政府的权力。而限制一定不是指上一级政府对下一级政府的限制，而是指通过同级的民主治理来限制。

三、改革推进中的央地关系

总的来说，明显带有地方性公共事务的事项，或者产生地方外部性的事项，由地方政府来推进改革就可以了，没有必要搞顶层设计，也没有必要一定要由顶层吹响冲锋号。而那些是全国性的公共物品的事项，或者产生全国外部性的事项，也没有必要由地方大胆尝试、汲取经验，中央直接操办即可。这意味着我们以前强调的"中央顶层设计，基层大胆探索"，或者是"中央统筹协调，地方勇于实验"，这种推进改革的方法论在现实推进中可能存在严重困难。

先说中央。经济学说的总量管理肯定是一个全国性的公共事务。央行降息、利率市场化、货币政策就是典型的总量管理。这个事情肯定要由中央来定，像利率市场化根本是地方无力而为的。而地方性的公共物品或者是局部的一些事项，就应该由地方来直接推行。

对于国企，一级政府有一级产权，国有资产应该是分级所有而不是统一所有的。只有分级所有，每一个地方政府才能对国有资产真正地负责任，也才能真正地去关心怎么改革，怎么提高效率，怎么提高竞争力。如果是分级所有的话，我们也没有必要全国搞一个统一的国企改革方案。中央的国企改革方案管好央企就可以了，省一级的改革方案管好省一级的国企就可以了，而市一级的改革方案管好市一级的国企就可以了。比如市一

大市场严监管

级的国企是愿意混合所有还是愿意独资等,都由地方自己来定,一旦发生了国有资产流失,当地化的民主治理自然会对其进行问责,也用不着中央来打板子,板子打得也未必对。

土地也是一样,完全可以这样划分:中央拿钱买的就是中央的财产,地方拿钱买的就是地方的财产。甚至是教育改革,也不必非要搞一个全国性的招生方案。

如果用这样的方法来推进改革,中国的改革一定会搞得生龙活虎,地方上30多个省市自治区相互比较、相互竞争,就会出现一个竞争的优化。竞争优化是什么意思?比如说当下政府和社会之间,政府到底该有多大?该管多少?边界在哪里?理论上并没有特别清晰的边界。有一些落后或者是传统的地区,可能希望政府包揽得更多一点,管得更多一点。在这种情况下,我认为如果有水平性分工和当地化民主治理的话,让当地的老百姓进行自我选择,就会出现竞争的优化。水平性分工和当地化委托—代理,有助于识别政府和社会的边界在什么地方更好,而且可以出现多样化的选择。而当一个地方出现了好的方向,全国都会竞相效仿,这样,我们的体制和社会才可以继续健康发展,这也是我们希望看到的改革新方向。

(本文原载于《探索与争鸣》2015年第2期)

美国国内统一市场建设的主要经验

李黎力[*]

19世纪,美国大力推动国内统一市场建设,统一而庞大的国内市场是美国工业化中的一个关键要素。但美国国内统一市场的形成不是自然演进的结果,而是人为努力的结果,具体而言它是政府和企业联合构建的成果。一方面,国内统一市场是一个政治建设进程,其目的是要形成一个有利于贯彻和实施中央政策的经济空间;另一方面,企业是促进统一的一体化市场形成的根本力量。并且,政府和企业的联合市场建设会通过产业层面产生交互作用,从而对市场一体化带来正反馈效应。

1. 司法的中央集权是国内市场统一的制度保障。19世纪的美国是典型的地方分权政体。在分权决策和财政硬约束下,美国的州政府一方面努力帮助本地企业发展和建设本地市场;另一方面却不无例外地提高外地企业进入本州市场的门槛,采取地方保护主义,从而妨害了美国国内统一市场的发展。地方分权的这种矛盾随之产生了一个问题,即如何在充分保证分权激励地方政府建设本地市场的同时,确保国内统一市场的建设和发展。而美国则是通过司法的中央集权破解了这个难题,不仅成功克服了国内市场统一的掣肘力量,而且有效避免了中央政府的过度干预。

美国的司法集权首先得益于美国的宪政结构。美国联邦宪法在制定伊始就已经确定了联邦政府针对国内统一市场建设的制度框架,其中确立的最广泛的权力是所谓的商务条款,即宪法第一条第八款第三项所规定的:美国国会"有权规制同外国的、各州之间的和同印第安部落的商务"。正是宪法赋予的该项权力,使得联邦政府有权决定所有涉及州际的商务往

---

[*] 李黎力,中国人民大学经济学院教师。

来，而各州政府却无此权力。立足于联邦宪法确立的这种制度框架，独立于各州司法体系之外的联邦司法体系不断自我扩张，尤其是最高法院逐渐成为美国国内统一市场建设的主要制度设计者。具体而言，它通过对违宪审查权的"篡夺"，利用判例来确定"无中生有"的统一商法以及通过强化多元管辖权和移送管辖权三个方面来有效地制止任何地方保护主义行为，使其成为美国国内统一市场建设当中的主力军。

2. 交通建设和监管是国内市场统一的物质基础。自19世纪初以来，美国从修建公路、开凿运河到铺设铁路，掀起了国内交通建设的高潮。交通基础设施的改善，尤其是铁路网络的全国扩张，密切了各地市场之间的联系，促进了国内各地区之间的专业化分工，为统一的国内市场的形成奠定了物质基础。而19世纪末，在铁路系统上发展起来的电报和电话等通讯服务设施迅速在美国国内铺开，大大提高了商业信息流量和传输效率，进一步促进了国内统一市场的形成。虽然这些交通基础设施绝大部分是由私人投资建设，但却得到了各级政府在各个方面的鼓励、支持和资助，这不仅减轻了因资本市场落后而造成的市场失灵，而且更重要的是作为一种威慑力量，为之后政府的监管提供了合理性。

3. 工商业的兼并是国内市场统一的经济力量。由于高度资本化的特征，巨型工商企业在面临美国严重的经济周期影响以及不受约束的残酷市场竞争时，尝试通过企业之间的兼并以限制产量和稳定价格成为一种本能的选择。而与此同时，产业之间的合并步伐也开始加快，因而各种反托拉斯法案也应运而生。然而实际上具有讽刺意味的是，这些法案却导致了意外的后果——促进了大企业和层级制企业的发展，推动了更多产业内的横向和纵向一体化。

企业间的兼并和企业规模的扩大不仅没有削弱市场结构的竞争性程度，反而扩展和加剧了竞争，主要表现在其拓展了企业之间的竞争范围。在19世纪早期，"市场"主要是一些小规模的本地市场，由于交通运输成本很高，各个市场之间基本上是相互隔离的，而且每个市场由当地生产商供应，这些生产商既没有手段也没有激励机制侵入全国范围内的其他市场。而随着以铁路网络为代表的整个国内交通的扩张，以及大规模生产兴起带来的规模经济，许多大型工商企业有能力也有动力侵入和打破许多当地的垄断市场和供应垄断安排，使当地非竞争性市场卷入全国性市场。因此，美国大型工商企业的崛起，通过将经营范围拓展至本州之外而突破了各地地域的限制，逐渐将整个国家连在了一起，从而从根本上打破市场分割，促进了统一的国内市场的最终形成。

4. 产业的平衡发展是国内市场统一的内在机制。美国当时的产业发展状况则是作为整体上的经济传输给市场，促进了统一的国内大市场的形成。这一方面体现在美国内向型产业和外向型产业之间的发展状况上，另一方面则表现在美国国内各个产业之间的发展状况上。就内外向型产业而言，美国在19世纪20年代真正开始工业化之后，是首先发展内向型的产业部门的，而等到19世纪后半期内向型产业具备国际竞争力之后才逐渐转向对外产业扩张。随着30年代之后铁路网络在美国的扩张，大部分美国公司最开始是在国内销售它们的产品，而它们的对外扩张事业只会在它们国内的分销网络得到建立之后才立刻着手展开，而且也正是这些具备国内销售计划的美国公司发现了对外商业的吸引力，并第一个在从事这些活动中取得了成功。而关于美国国内产业，美国工业化推进后国内各个产业之间则是呈现出一种平衡协同的发展状况。美国在独立之后到内战前，产业规模较小，虽然最初资本投入和技术发展均有限，但企业组织的重大改进、大量的劳动力投入和较低的运输成本依然促进了跨行业生产率的初步提高。广泛的制造业增长形成了更为平衡的而非不平衡的经济增长模式，表现在机械产业和非机械产业之间以及劳动密集型产业和资本密集型产业之间均出现相类似的生产率提高。内战前的这种平衡发展模式一直延续到内战之后，贯穿于整个19世纪。

美国的这种国内产业平衡发展所带来的协同效应，对于推动国内市场的整合和促进市场规模的扩大具有重大意义。产业间的平衡发展，意味着各个产业生产率水平的共同提高，于是带来各个部门名义工资和实际工资水平上升，结果则引致各部门之间的相互市场需求扩大，整个市场一体化水平提高，由此通过各部门的投资增加、技术进步扩散到更广泛的产业领域，带来新一轮的产业生产率增长，从而形成一种循环累积的良性循环。

（本文原载于《学习与探索》2012年第2期）

加拿大地方政府的行政改革

郑 慧[*]

一、加拿大地方政府行政改革的路径选择

(一) 治理理念由管理到合作的转变

加拿大地方政府的改革主要从更加贴近居民需求，加强地方民主政治建设，加强与居民之间的联系为基准。地方公共事务的治理绝不能仅仅依靠地方政府，需要将视野扩展到与其他层级政府、私人部门、志愿部门和市民的合作。地方政府采取出售等方式将原来由政府承担的职能直接交由私人来承担，政府将所要提供的公共产品和公共服务通过公开竞争或委托的方式承包出去，将一部分地方政府的职能交由准自治的、非政府组织去承担，建立自治性的邻里或社区机构，将地方政府的部分职能下放给它们去行使。

(二) 积极争取地方政府自治，求最大的财政支持

从20世纪90年代开始，加拿大联邦政府缩减了对省级政府的转移支付，将一些与省级政府分享的事权如农业、林业、自然资源等，逐渐转移给省级政府。相应地，省也缩减转移支付并把责任下放到地方政府，按照"受益原则"实施了一系列的职能重配、下放与解除。地方受益的服务主要由地方政府提供，全省公众普遍受益的服务或地方政府不能提供的服务

---

[*] 郑慧，厦门理工学院教师。

由省级政府提供，从而减少职能重叠，减少省级政府的管制，增加地方政府的自主权。

（三）提倡节约，促进地方政府合并与重组

在20世纪后期开始，省政府开始推行城市合并，目的是建立足够大的单位来承担职责下放。如温尼伯格附近的9个市级政府合并成了一个近70万人的大都会区，新多伦多市由六个相邻的城市合并而成，人口达到了240万人，比加拿大5个省的人口总数还多。推行地方政府合并的依据是：合并会产生节约。但是，合并带来的利弊得失争论不断，对合并是否明智合理仍然众说纷纭，莫衷一是。从有利的方面来看，行政费用减少，城市合并有利于推行统一的政策，带动整个区域的经济和社会服务的发展。但是合并也带来了后遗症，如多伦多市级政府经过十年的磨合仍然不能彻底地融为一体，政府的工作效率不升反降。同时，原来工酬不相同的城市合并后工会要求同工同酬，劳工费用大幅上涨。因此，更多的观点倾向于合并的弊大于利。很多研究者以种种数据来证明，大的地方政府并不是更有效的政府，地方政府的合并不但没有达到节约的目的，更使得市政支出节节增长，政府部门的回应性也有所降低。资源的使用在一个大的地区可能倾向于公平，但是毫无疑问，对原住地区的居民来说，这也是对资源的掠夺，削减了创造更多的资源的积极性。

二、加拿大地方政府行政改革的特点

（一）以公民为中心的服务理念彰显政府公共性特征

在新公共管理学中盛行的"顾客"概念没有被加拿大地方政府所接受。加拿大市级政府"是听从立法机关的意愿所创造的，不需要辖区人民的普遍赞成。成立城市的行为不是立法机关和当地居民的契约，并且实际上授予自治机关的权力不是来自地方，而是源于省级政府"。地方政府是对省级政府负责而非对人民负责。然而这并不说明加拿大地方政府对辖区内居民的漠视，相反，以"公民"的需求作为行政改革的方向，以公民为中心的服务理念在行政改革中逐步明显。加拿大地方政府这种以

"公民"为中心的服务理念是在对英、美等国家的以"顾客"为中心的公共行政改革所带来的一系列问题进行反思和研究的基础上产生和发展起来的。加拿大地方政府认为把公民置于"顾客"的身份是对政府本质的一种歪曲,政府和公民之间不是一种供求关系,不是供应商和顾客的关系,公民是政府的拥有者,政府的责任是为公民提供服务。公民与政府之间是合作而不是对立的关系。对政府公共性的追求使得地方政府把公民的需求放在行政改革的中心地位。

(二)行政改革的重点在于提升政府的公共服务能力

加拿大地方政府在提升公共服务能力方面进行了以下的努力:一是20世纪90年代初,加拿大实施了以改善公共服务水平为根本宗旨的《公共服务2000创议》,目的是使政府部门为走向21世纪的加拿大人提供最可能的服务。在人员配置和组织机构上实现政策制定与具体操作分开;集中和协调承担多种职能的政府公务人员建立一体化的服务体系,实现"单窗口服务";在人力资源改革中,精简与分流公务人员,更新公务人员系统,建立职业化的公务人员队伍,保证政府为公民提供服务整体水平的提升和公共服务专业化。二是解除地方政府过多的管理职能,政府更多的是"掌舵"而不是"划桨",把地方政府从繁杂的执行事务中解脱出来,重心放在决策上。三是引入竞争机制,打破原先由政府垄断公共服务提供,把为公民提供公共服务开放给私营机构和其他各类非政府组织,提供公共服务提供的多元化并存,竞争发展;四是建设"政府在线"工程,从1994年开始,政府持续投入巨资建设电子化政府,电子政府可以提供的公共服务已经涵盖了公共生活的大部分方面如:医疗健康、就业和技能学习、电子报税及退税、企业服务中心等,常用的行政服务职能基本上搬到了网上。目前,加拿大的电子政务成为世界上最先进、使用范围最广泛的政府网络系统。

(三)提高效率,促进节约的改革原则

从20世纪80年代以来,政府持续发动了以提高政府效率,促进节约为主题的改革行动。一是调整政府机构、削减人员。从1994年到1998年,政府公务人员由24万人减少到18.3万人,各地方政府机构缩减虽然

数目不同,但均进行了"瘦身"。直接导致政府的财政赤字大幅度下降,工作效率明显提高。二是调整行政区划,合并城市。在地方政府合并与重组过程中,加拿大的城市数量大大减少,单在安大略省,大约有100个城市消失于合并运动中。三是开展"项目审查",界定哪些项目应该由政府承担,哪些项目可以由政府外的组织承担。并把政府拨款与项目结合起来,减少不必要的支出。四是采取应计会计制度,改变政府支出的年度控制为实时控制,最大限度的控制政府经费支出。

(四) 多中心平衡的改革趋势

加拿大地方政府行政改革中体现出对"政府失灵"和"市场失灵"的理性思考。公共资源的有限性、政府能力的有限性促成了以效率为目的的市场化行政改革取向。对政府来说,效率与公平兼顾才是其工作目标。因此,市场与政府必需互相配合、互相协调以维持某种程度的均衡,均衡的核心在于两者在特定的环境下各自作用的充分发挥和各自优势的平衡。同时,公民力量的加强使得公民社会成为政府和市场之外的第三种力量,公民参与公共事务与政府机制、市场机制成为并存的局面。加拿大地方政府在运用市场机制、改良政府机制以及兼顾公民社会参与上寻求一定程度的均衡。传统上必须由政府承担的某些公共产品和公共服务如垃圾处理、城市供水、公共交通系统等交由市场处理,但是教育、医疗等体现公平的公共产品仍然由政府提供。公民社会的力量被政府积极纳入公共事务管理中,志愿部门、非营利机构参与提供公共服务成为政府公共服务的重要补充,形成多中心并存,动态平衡的良性机制。

(摘自郑慧著:《加拿大公共服务改革研究:公共服务供给机制的重构》,社会科学文献出版社2011年版)

第二篇

负面清单——市场准入的门槛

负面清单实际上是原则的例外，体现的是"法无禁止即可为"的法律理念。积极推进负面清单模式，将有利于调整政府与市场之间的关系，释放市场活力，让市场在资源配置中起决定性作用。负面清单的利大于弊，虽然一定程度上削弱了地方政府的经济自由裁量权，但是从长远来看，负面清单有利于淘汰落后产能，引导产业转型升级；增强地方政府抵御经济风险的能力，扩大经济领域的开放程度；有助于行政审批标准化和行政审批制度改革；地方政府也可以此为契机，梳理目前相关政府职能部门中与负面清单有联系的政策法规。

市场准入负面清单制度的多重意义

贾 康 彭 鹏[*]

根据国务院《关于实行市场准入负面清单制度的意见》（以下简称《意见》），将自 2015 年 12 月 1 日起至 2017 年 12 月 31 日，在部分地区试行市场准入负面清单制度，并从 2018 年起正式实行全国统一的市场准入负面清单制度。《意见》明确了我国实行市场准入负面清单制度的总体要求、主要任务和配套措施，在启动这一重大制度建设进程的同时，《意见》也为未来我国更高水平的对外开放和更深层面的推进改革拉开了大幕。

一、从供给侧充分激发各类市场主体的潜力与活力

最早出现于我国并为人们所关注的相关概念有上海建立自贸区时所设立的自贸区负面清单、中美投资协定谈判负面清单，以及中国对外自由贸易协定（FTA）谈判负面清单等，而以上所列均属于局部区域或外商投资的负面清单。《意见》所要求出台的市场准入负面清单制度，则不同于以前，是适用于全部国土上境内外投资者的一致性管理措施，具备更为普遍的意义。《意见》中对此给出的定义为："市场准入负面清单制度是指国务院以清单方式明确列出在中华人民共和国境内禁止和限制投资经营的行业、领域、业务等，各级政府依法采取相应管理措施的一系列制度安排。市场准入负面清单以外的行业、领域、业务等，各类市场主体皆可依法平等进入。"《意见》要求建立与此制度相适应的投资体制、商事登记制度、

---

[*] 贾康，华夏新供给经济学研究院院长；彭鹏，财政部财政科学研究所博士后。

外商投资管理体制，营造公平交易平等竞争的市场环境。

全面实施市场准入负面清单制度，意味着我国境内企业不分国有与非国有、内资和外资，也不再论规模大小，"法无禁止皆可为"。此项制度建设将有望大幅降低投资、创业的门槛，从供给侧充分激发各类市场主体的潜力活力，其最直接的表现在于，负面清单管理必结合"准入前国民待遇"，将市场准入管理模式，从以往的前置审批，转向事中和事后管理。这形成了全新的管理思维和理念，有利于进一步"放开搞活"，解放生产力。具体来说，至少体现在如下三个方面：

其一，政府的管理思维方式，从原先的设置门槛、严进宽管，转变到动态门槛、宽进严管。其二，倒逼政府部门管理能力的切实提升。其三，负面清单管理制度有助于健全我国的社会信用体系。

二、负面清单管理制度与更高水平的对外开放

负面清单管理制度代表了与国际最高标准的"法治化营商环境"接轨的市场管理制度建设要求，也代表了我国进一步扩大开放的努力方向。

三、释放的信号和后续展望

实施市场准入负面清单管理制度，与党的十八大以来的全面改革、全面依法治国的精神以及一系列举措相联系。《意见》的颁布，释放了进一步深化改革的明确信号。

在党的十八届三中全会要求以"国家治理现代化"（具体表述是"国家治理体系和治理能力的现代化"）为治国施政的核心理念而全面推进改革之后，党的十八届四中全会又明确地要求"全面推进依法治国"，两次全会的基本精神一脉相承，相互呼应，相得益彰，这是自党的十八大提出经济、政治、文化、社会、生态建设"五位一体"总体布局的大思路之后，必将对中国现代化进程产生长远、深刻的重大影响的顶层规划和路径部署，即在全面改革中全面推进依法治国，在全面依法治国中走向长治久安和伟大民族复兴。

党的十八届四中全会《关于全面推进依法治国若干重大问题的决定》

指出，社会主义市场经济本质上是法治经济，社会主义市场经济的法治建设"必须以保护产权、维护契约、统一市场、平等交换、公平竞争、有效监管为基本导向"。为贯彻这一导向，现在推出市场准入负面清单管理制度改革的试点，并同时明确了试点到全国全面实施这一制度的清晰的时间表，正是在上述全面改革路径上的重大举措，释放了强烈的行动信号。

根据《意见》，将选取地方进行试点，并在两年后向全国普遍推开。关于这一过程的后续展望有几个值得特别关注的方面。

第一，是在市场准入的负面清单管理制度试点的过程中，如何处理好新机制的落实问题。《意见》中对地方如何指定负面清单给出了操作要领，譬如需要组织专家参与研究、讨论，举行听证会，并且地方负面清单可以存在一定自由度等，可说已作出了相关的安排和规定。然而在具体落实过程中，还可能会有许多问题需要在实践中去探索。仅以听证会制度为例，目前我国的城市公共管理中早已引入了听证会制度，但是社会上对于听证会的代表选取办法、流程与信息的透明度，乃至听证会的最终效果，却始终存在一定的争议，这一制度似乎也并没有能完全达到提升执政公信力的预期效果。公众舆论中存在的一些质疑，估计在负面清单的制定过程中也不会消失，如何在试点负面清单管理制度的同时，解决好这些问题，切实提升执政公信力，就成了一个现实的挑战和机遇。

第二，即是深化改革取向上如何通过一项市场准入改革来撬动更为宏大的经济、社会、司法等方面配套改革的问题。比如，在经济改革与司法改革的"结合部"上，还存在各级政府事权分工与司法管辖权配置合理化以理顺体制安排的配套改革任务，有必要加以分析研讨。

党的十八届四中全会《中共中央关于全面推进依法治国若干重大问题的决定》中明确提出了关于"优化司法职权配置"的重要措施，要求："最高人民法院设立巡回法庭，审理跨行政区划重大行政和民商事案件。探索设立跨行政区划的人民法院和人民检察院，办理跨地区案件。"中央全面深化改革领导小组第七次会议已审议通过了《最高人民法院设立巡回法庭试点方案》和《设立跨行政区划人民法院、人民检察院试点方案》，表明即将以改革试点方式把这两项涉及司法管理体制、司法权责划分与运行机制深层次问题的改革，推向实际操作中的先行先试，并寻求"可复制、可推广"的机制和制度。在此次下发的《意见》中也存在中央

大市场严监管

与地方清单的分置问题，而这一问题又需要放在比照优化司法职权乃至行政职权的大框架下去解决。

这方面所包含的一项使中央、地方事权合理化的改革实质，就是把我国的司法管辖权上提，转变为国家中央层级的高端事权。之所以要以此为取向，制度安排的内在逻辑正是最大限度地排除原区域司法权对审判结果可能产生的干扰因素而追求和维护"法治化"框架下尽可能充分的公平正义功效。

负面清单从试点到全面推开，需要经历一个过程，到全国推广后，也并不意味着这项改革的结束。负面清单开始制定出来时，可能会比较长，但会经历一个从长到短的压缩过程，这同时也是政府进一步实现职能转变、简政放权，使政府执政能力不断提升、供给侧活力不断释放、改革不断深化落实的过程。

(本文原载于《上海证券报》2015年11月27日)

市场准入负面清单管理制度的总体设计和改革路径

郭冠男　谢海燕　李晓琳[*]

任何一个国家都有其市场准入管理制度，通过市场准入管理实现政府对市场主体、市场行为进入市场时的规制。市场准入管理制度是一国政府与市场关系的集中体现，其科学性与合理性是市场经济成熟程度的重要体现，直接关系着一个国家经济发展的活力。不同的国家由于所处的发展阶段、经历的发展过程和面临的发展需求不同而建立起不同的市场准入管理制度。

一、市场准入的概念界定和我国市场准入管理制度的理论依据

（一）关于市场准入的概念界定

市场准入就是政府对市场主体、交易对象进入市场所制定的一种规则，主要内容包括市场主体资格的实体条件和取得主体资格的程序条件。这种规则是政府进行市场管理的一种制度安排，是为了追求公共安全、维护社会稳定和合理配置资源而对经营者权利范围和行为能力的一种约束。市场主体包括自然人、法人和非法人；交易对象包括有形的商品、无形的商品和为满足人们某种需求的服务。

（二）我国市场准入管理制度的理论依据

从世界范围来看，市场准入管理制度存在的理论依据是由于市场失灵

---

[*] 郭冠男、谢海燕、李晓琳，国家发改委经济体制与管理研究所研究人员。

的存在可能导致不正当竞争、损害公共利益、扰乱国民经济等风险，政府为了避免或减少"市场失灵"，需要通过外部手段对市场活动进行干预。同时，市场准入管理制度在设计过程中必须合理限制和规范政府公权力，避免或减少政府对市场不必要的干预，降低"政府失灵"的概率。也就是说，市场准入管理制度一方面要弥补市场不足，另一方面要规范政府权力。这既是我国市场准入管理制度存在的理论基础，也是我国在制定这一制度时所要遵循的基本原则和力争实现的目标。

1. 我国市场准入管理制度存在的必要性依据——避免或减少"市场失灵"。市场准入管理制度是政府所能使用的避免或减少"市场失灵"的核心政策工具之一，其存在的必要性包括缓解或弥补以下几个方面的市场失灵：

一是市场行为的综合效果可能扰乱国民经济的稳定发展。市场均衡的实现往往是通过多个市场主体自发的、分散的决策形成的，属于事后调节的范畴，使其带有一定的盲目性，因此在一些敏感领域，例如，金融领域如果不通过市场准入管理制度把关，国民经济容易产生波动，甚至可能对国家经济安全造成威胁。即使每个人都做出理性选择，其综合效果也可能导致集体的非理性行为，例如，在各类自然资源的开发利用上如果不通过市场准入制度加以限制，必然导致自然资源的过度使用和浪费。

二是市场行为可能具有负的外部性。市场机制本身就客观存在外在效应，并且无法通过调整市场机制自身来削弱或消除例如工厂排放污染物对附近居民或者企业造成的负面影响。市场准入管理制度是政府最常用的对市场机制缺陷进行矫正的手段，例如，必须通过设定高标准的环保门槛，对爆炸物品、化学危险品等对公共安全和他人利益具有较大影响的行业进行严格的准入管理。

三是市场对保障公共利益存在天然的不足。市场主体往往以追求利润为根本目的，很难通过市场机制自发实现对公共利益的维护。为了实现更高效率和更加公平的配置，世界上绝大数国家都选择了通过市场准入管理保障公共利益，如对城市电力、供水供气等行业的准入管制。

四是市场交易过程中存在信息不对称。在现实经济中，生产者、交换者和消费者各方的信息是不完全的，例如，消费者无法知道所购产品质量如何，价格是否公道。因此，出于维护交易秩序和市场安全的考虑，也为了更好地预防和消除欺诈行为，需要通过市场准入管理制度对投资者进行必要的审核。

2. 我国市场准入管理制度制定的合理性依据——避免或减少"政府失灵"。政府干预是一把"双刃剑"，如果不合理使用就会发生"政府失灵"。从市场准入来讲，政府不当干预会打击市场积极性，影响市场主体的理性预期，滋生腐败，影响市场活力。这就为如何制定市场准入制度提供了进一步的理论依据，即必须通过以法律形式存在的规范化的市场准入管理制度来预防政府对市场的不当干预。由于市场准入管理可能造成的政府失灵主要包括以下几个方面：

一是可能导致不公。如果给予政府部门高度的自由裁量权，往往存在追求政府部门内部私利的"内在效应"，导致政府失灵。由于政府很难平等地对待各类市场主体，那些对于管理部门有利益的市场主体更容易受到青睐，寻租行为由此产生，政府管理也就成为影响市场正常运行的阻力。

二是可能导致低效率。政府在制定市场准入条件时，缺少市场机制中追求效率的激励机制，在干预实施过程中多需要通过设置行政许可来实现，如果缺少有力的监督问责机制，很可能在准入审批或许可过程中设计过多或过度繁复的审批流程和事项，造成不必要的人力和物力的浪费，也直接影响市场主体的活力，造成效率的损失。

三是制度自身有可能产生偏差。政府干预政策的制定是一个涉及多个主体、多个方面、错综复杂的过程，在现实经济运行中，由于市场经济活动的复杂多变，政府也无法获得全部信息，由此制定出的市场准入管理制度很有可能与现实要求不符，产生偏差。

综上所述，设立市场准入管理制度是为了解决"市场失灵"问题，但如果制度设计不合理，政府这只看不见的手伸得过长过宽，那么同样会扰乱市场秩序，造成效率的损失。

3. 对我国制定市场准入管理制度的启示。"市场失灵"的存在为设立市场准入管理制度的必要性提供了支撑，而"政府失灵"存在的可能性则为制定市场准入管理制度的合理性提出了要求。在我国制定市场准入制度的过程中，一方面要实现通过政府干预弥补市场调节短板的目标，另一方面也要尊重市场规律，坚持发挥市场在资源配置中的决定性作用，避免政府干预过度，实现市场调节和政府干预的最优组合。

二、我国市场准入管理方式的变革历程、制度特征和存在的问题

伴随着我国社会主义市场经济制度的不断完善,我国市场准入管理制度改革也逐步深化,从计划性管理转向尊重市场规律、减少政府对市场直接干预的模式。

(一)我国市场准入管理方式的改革历程

从改革开放至今,我国的市场准入管理制度改革大致经历了四个阶段:

1. 20世纪70年代末到80年代后期:计划经济向市场经济的过渡期。这一时期,我国逐步缩小指令性计划的范围,允许个体工商户在法律许可的范围内从事工业、手工业、交通运输业和其他行业,工商企业按所有制的不同进行登记,市场主体由此从仅限于国家和集体所有扩展到个体工商企业。但需要指出的是,这一时期并没有从法律上明确工商企业的民事主体地位,只是进行营业登记而已。

2. 20世纪80年代后期到90年代中期:社会主义市场经济体制确立时期。这一时期是我国市场准入管理制度的转轨摸索阶段。1988年,国务院颁布《关于投资管理体制的近期改革方案》,第一次系统地提出了投资体制改革的基本任务和改革措施。随后,国务院相继颁布了《中华人民共和国中外合作经营企业法》、《中华人民共和国企业法人登记管理条例》和《中华人民共和国私营企业暂行条例》,我国企业准入登记从营业登记向企业法人登记转变。1992年,以党的十四大决定建立社会主义市场经济体制为开端,原有计划经济体制下的严格管控型的市场准入管理模式开始被打破。1993年,《中华人民共和国公司法》实施,与市场经济要求相适应的市场准入制度开始形成。

3. 20世纪90年代中期到2012年:市场准入管理制度进一步完善时期。这一时期为了适应加入WTO和与国际标准接轨的要求,我国新制订了大量法律法规,并废止了一批制约市场的文件和法规,开始逐步统一市场准入标准。2004年7月,《国务院关于投资体制改革的决定》印发,提出了深化投资体制改革的指导思想、目标和具体措施,重新明确了审批、备案、核准三种主要

投资管理方式的使用范围。之后经过近10年的努力,我国"市场引导投资、企业自主决策、银行独立审贷、融资方式多样、中介服务规范、宏观调控有效"的新型投资管理体制初步建立起来,并在实践中不断完善(见表1)。

表1　　　　　　　　　　审批制、核准制、备案制比较

	审批制	核准制	备案制
适用范围	只适用于政府投资项目	适用于企业不使用政府资金投资建设的重大项目和限制类项目,《政府核准的投资项目目录》由国务院投资主管部门会同有关部门研究提出,报国务院批准后实施。	企业不使用政府性资金投资建设《政府核准的投资项目目录》以外的项目,除国家法律法规和国务院专门规定禁止投资的项目以外,实行备案管理。
制度内容	政府投资项目的决策,原则上讲要坚持咨询评估论证、项目公示、后评价、投资责任追究等制度,必要情况下还要引入专家评议制度和听证制度。	政府对企业提交的项目申请报告,主要从维护经济安全、合理开发利用资源、保护生态环境、优化重大布局、保障公共利益、防止出现垄断等方面进行核准。	主要包括是否符合国家法律法规、产业政策、行业准入标准。
程序环节	对采用直接投资和资本金注入方式的政府投资,一般有项目建议书、可行性研究报告和初步设计三道审批程序环节。对于投资补助、贷款贴息的项目一般只审查项目的资金申请报告。	企业投资建设实行核准制的项目,仅需向政府提交项目申请报告,不再经过批准项目建议书、可行性研究报告和开工报告的程序。	
管理主体	各级发展改革部门。审批的权限随行业和项目的类别有所区别。	目录规定"由国务院投资主管部门核准"的项目,由国务院投资主管部门会同行业主管部门核准,其中重要项目报国务院核准。 目录规定"由地方政府投资主管部门核准"的项目,由地方政府投资主管部门会同同级行业主管部门核准。省级政府可根据当地情况和项目性质,具体划分各级地方政府投资主管部门的核准权限,但目录明确规定"由省级政府投资主管部门核准"的,其核准权限不得下放。	除国家另有规定外,由企业按照属地原则向地方政府投资主管部门备案。备案制的具体实施办法由省级人民政府自行制定。国务院投资主管部门要对备案工作加强指导和监督,防止以备案的名义变相审批。地方政府投资主管部门。
严格程度	非常严格	相对严格	相对宽松

资料来源:根据《国务院关于投资体制改革的决定(国发〔2004〕20号)》等文件整理。

4. 2013年至今：新一轮市场准入管理制度改革全面展开时期。2013年，党的十八届三中全会《决定》为深入推进市场准入管理制度改革勾画了新的蓝图，明确了新的任务。《决定》提出"要紧紧围绕使市场在资源配置中起决定性作用深化经济体制改革，大幅减少政府对资源的直接配置"；明确了"深化投资体制改革，确立企业投资主体地位"；要求"实行统一的市场准入制度，在制定负面清单基础上，各类市场主体可依法平等进入清单之外领域。探索对外商投资实行准入前国民待遇加负面清单的管理模式"，通过制定"负面清单"改革市场准入管理制度的思路得到明确。

（二）我国市场准入管理制度的主要特征

计划经济这一特殊历史时期所形成的政府包揽一切经济活动的思维，对我国市场准入管理制度有很大影响。整体来讲，经过多年改革，我国的市场准入管理制度在逐步走向更加开放、更加透明、更加公平的方向，但与其他成熟的市场经济国家相比，仍保留着自己独特的特征。

1. 三类主体管理格局已经形成。按照市场准入管理方式的不同，当前我国的市场准入管理制度已经形成对一般主体、特殊主体和涉外主体三大类别主体的管理格局。

一般主体的市场准入制度，在我国主要由民法来加以调整，目前已经形成了较为健全和统一的法律体系，通常采取备案或简单审批手续的形式。特殊主体的市场准入制度，往往关系国计民生、国家利益和社会公共安全，只有取得了政府的行政许可才能取得进入市场的资格，这部分主体主要由行政法、经济法以及一些行业法规加以调整，通常采取审批或核准等行政许可的形式。涉外主体的市场准入制度，包括外资进入本国市场和本国资本进入国际市场两类，通常采取审批许可的形式。

2. 国际经验与中国特色相结合。在改革开放过程中，我国的市场主体准入制度逐步形成了中国特色加国际经验的混合模式。一方面，从计划经济走过来的市场管理体制，形成了具有中国特色的管理方式，如对国有企业、集体企业、民营企业这三类不同身份的主体有不同适用的法律法规，特事特办的情况时有发生。另一方面，我国市场准入管理制度改革的深化离不开对国际经验的借鉴，对外开放实际成为了倒逼国内制度改革的重要动力。特别是加入 WTO 之后，我国加快了市场准入制度改革的步伐，逐步弱化或取消国有企业的特殊优惠待遇，市场主体更加多元化和多样化。

3. "严进疏管"特征明显。我国市场准入管理制度对进入环节要求较高，过分强调市场主体的责任，重事前轻事中事后监管的特征明显。在准入过程中，过于强调事前监管，所需审批和核准过多，便捷性和透明度不足，直接提高了进入市场的事前成本。同时，现行法规没有建立保护申请人合法权益的有效机制，对准入环节中其他主体（包括相关政府部门、中介组织等）的责任缺乏明确的规定和监督，使申请人处于弱势状态。而从事后监管机制来看，其严格程度远低于准入的要求，"严进疏管"的特征十分明显。

（三）当前我国市场准入管理制度存在的问题

虽然我国已经开始通过改革减少政府对市场的直接干预，但在实际运行中，改革效果并不尽如人意，仍然存在大量问题，直接或间接地限制了市场活力的发挥。

1. 市场准入门槛整体过高。我国市场主体准入管理制度虽然在不断完善，特别是近年来商事登记制度改革和行政审批制度改革一定程度上释放了市场主体的活力。但不可否认的是，与市场经济成熟国家相比、与市场主体强烈的发展需求相比，我国的市场准入门槛仍然较高。我国市场主体准入制度立法以行政许可为主，行业主管部门有较大的自由裁量权，倾向于设立较高的准入标准和条件，直接影响了市场主体进入市场的活跃度和速度。

2. 涉及市场准入管理的法律法规庞杂。在我国，由于对不同身份的市场主体立法不同，再加上与这些法律法规相配套的各类规章，形成了繁杂的市场主体准入法律法规体系，这不仅仅增加了政府的管理成本，更重要的是导致不同身份的投资者难以站到同一起跑线上进行公平竞争。例如目前我国的工商登记体系中个体工商户、公司、非公司制企业和外商投资企业登记注册四轨并存，这实际上就割裂了企业法人条件、能力和责任的统一性（见表2）。

表 2　　　　　　　　　　我国工商登记法律体系

主体	适用的法律
个体工商户	《个体工商户管理暂行条例》
公司	《公司法》、《公司登记管理条例》
非公司制企业	《企业法人登记管理条例》
外商投资企业	《外资企业法》、《中外合作经营企业法》、《中外合资经营企业法》

3. 市场准入管理体系复杂。我国市场准入管理体系的构成和运作都十分复杂，往往导致市场主体的进入难度很大，拖延时间过长，有时会因此丧失市场机会，主要表现在"三多"：一是管理机构多，有市场准入管理权限的行政机关和机构非常多，纵向来看中央到地方各级政府，横向来看发改、住建、环保、卫生、消防等多个部门及其所属的机构几乎都拥有或变相拥有相关权力。二是准入方式多，包括营业执照颁发、审批、许可、准许、特许、注册、批准、审核等多种方式，花样种类繁多且多有交叉。三是审批环节多，层层审批、程序复杂、手续繁多，直接提高了进入市场的难度和成本。

4. 市场准入公平性不够。现行制度下，政府直接干预市场程度高，各种市场准入准则更多体现的是国家意志、政府权力。由政府这只"有形的手"进行资源配置很难保证市场主体间的平等关系，行政力量的直接干预形成了严重的地区封锁和行业垄断，造成不同所有制、不同组织形式的市场主体的不平等竞争，直接或间接地提高了民资准入门槛。

5. 市场准入透明度不高。现行制度下，行政机关掌握很大的权力，行政机关不再是纯粹的社会事务管理者。政府拥有的"剩余决定权"，让市场始终处于获取"合法"地位的焦虑之中，监管部门始终保留"否决权"，各种灰色地带的存在使得市场准入制度的透明度很低，也为暗箱操作、滋生腐败预留了空间。如此，市场主体很难形成明确预期，进入市场的积极性直接受到打击。

三、市场准入负面清单制度的概念及其在我国的延展

负面清单在国际上是针对外商投资准入的一种管理模式，包括美欧在内的经济合作与发展组织（OECD）国家力推这一模式，即东道国依据国

民待遇或最惠国待遇中更优惠的条件提供完全准入,仅对对国家经济至关重要的特定产业或幼稚产业予以例外保护,并以清单的形式列明,在这个清单之外"法无禁止即可为"。尽管负面清单在我国还是个新事物,但其管理思想和使用范围在我国已经有了大大延伸。

(一) 负面清单管理制度的概念

在国际上,负面清单一般是针对外商投资准入的一种管理模式。依据联合国贸发会议的分类及有关学者的研究,外资准入模式分为五大类:一是投资控制模式,即东道国对外资准入进行完全控制;二是正面清单模式,即东道国承诺部分开放的模式;三是区域性最惠国待遇模式,即仅对东道国参与的区域协定的有关成员提供完全准入;四是互惠国式国民待遇模式,即依据区域性或双边协定相互提供完全准入;五是负面清单模式,即依据国民待遇或最惠国待遇中更优惠的条件提供完全准入,但可以清单方式列出不符管理措施。世界贸易组织(WTO)的《服务贸易总协定》(GATS)采取的是正面清单模式,即东道国列明禁止、限制和允许投资的领域,并事先设定审批程序。包括美欧在内的经济合作与发展组织(OECD)国家力推负面清单模式,即仅对对国家经济至关重要的特定产业或幼稚产业予以例外保护,并以清单的形式列明,在这个清单之外,"法无禁止即可为"。

负面清单和正面清单是一组相对概念,在国际上是两类具有代表性的外商投资管理办法。正面清单通常用来确定覆盖的领域,其背后的管理理念是"法律没有规定的,就是禁止的"。具体来说,就是政府列明允许市场主体投资经营的行业、领域和业务,企业通过政府审批后才从事相关投资经营活动,清单之外通常被认为是不允许的。也就是说,绝大部分市场行为都需要经过政府明确允许,取得合法地位后才能进行,政府保留将这些行为界定为"非法"的权力,并追究相应的法律责任,这是一种将"剩余决定权"赋予政府和管理部门的做法,实际上也就将市场准入置于灰色地带。

(二) 负面清单管理制度在我国的延展和探索

我国将负面清单概念进行了引申和扩充,不仅要对外资实行负面清单管理模式,同时对内资也要实行负面清单管理模式。本文将这种对内外资同时适用的负面清单称之为"市场准入负面清单",而只适用于外资管理的负面清单则称之为"外商投资负面清单"。本文所指的负面清单是一种对境内投资的管理模式,即不论是内资还是外资凡是在我国境内投资的主体都要遵照这一制度的要求。将负面清单的管理理念和管理模式推广到境内投资管理是我国处理政府和市场关系的一次大胆尝试和创新,也是我国进行市场准入管理制度的改革方向。负面清单管理模式是指遵循"法无禁止即可为"的原则进行投资管理,政府以清单方式明确列出禁止和限制投资经营的行业、领域和业务等,清单以外的,各类主体均可依法平等进入。

1. 负面清单管理理念从"外"至"内"推开。2013年9月30日,上海市人民政府公布了《中国(上海)自由贸易试验区外商投资准入特别管理措施(负面清单)》,"负面清单"这一概念也随着自贸区建设的不断推进映入大众视野。该清单以现行的《外商投资产业目录(2011年修订版)》及《中国(上海)自由贸易试验区总体方案》等法规为基础,按照国民经济行业分类进行编制,针对包括农业、制造业、金融服务业等在内的18个行业门类列出了190余条外商投资管理措施,涉及国民经济行业1069个小类中的17.8%。2014年7月,新版负面清单《中国(上海)自由贸易试验区外商投资准入特别管理措施(负面清单)(2014年修订)》发布,其中特别管理措施由原来的190条调整为139条,调整率达25.8%,实质性取消了14条管理措施,放宽了19条管理措施,进一步开放的比率为17.4%。通过负面清单管理方式,外商投资领域不断拓展,投资热情极大迸发。截至2014年9月底,自贸区成立一周年,外商投资领域已有283个项目落地,新设外商投资企业数同比增加10倍。

2013年11月,党的十八届三中全会通过的《中共中央关于全面深化改革若干重大问题的决定》(以下简称《决定》)明确要求"实行统一的市场准入制度,在制定负面清单的基础上,各类市场主体可依法平等进入清单之外的领域"。通过制定国内投资"负面清单",实行统一的市场准入制度,建立公平开放透明的市场,已经成为建立现代市场的重中之重。

2. 一系列负面清单管理的初步探索已经展开。随着行政审批制度改革不断提速,大量不利于激发市场主体创造活力、增强经济发展内生动力的行政审批事项被取消和下放,党中央、国务院多次提出市场准入要向负面清单管理模式全面转变,清单之外的事项由市场主体依法自主决定。负面清单管理模式已在广东、浙江、海南、重庆、成都、上海等地区展开了初步的探索。同时与负面清单相匹配的，政府的"权力清单"和"责任清单"也明确提了出来。

（三）市场准入负面清单管理制度的问题指向

负面清单制度是解决当前我国市场准入管理制度存在的几个核心问题的重要手段。具体来讲，实行市场准入负面清单管理制度对治的问题主要包括以下几类：

1. 解决准入门槛过高的问题。通过负面清单制度清除部分领域存在的不当准入限制，使不同身份的市场主体获得同等的市场准入条件、整体降低准入门槛。特别是在电信、石油、电力、铁路、金融保险、教育卫生、新闻出版、广播电视等领域，减少或消除民营企业进入所面临的诸多限制，彻底打破"弹簧门"、"玻璃门"，鼓励充分竞争。

2. 解决竞争公平性不足的问题。一些地方政府为了保护本地企业利益，制定了有利于本地企业的技术、卫生、检验检疫标准，甚至滥用行政权力对外地企业和产品设置多重检验、超严执法等进入壁垒。实行全国统一的市场准入负面清单制度有利于彻底打破市场分割和地方保护，实现公平竞争。

3. 解决准入管理程序复杂的问题。一直以来，市场准入程序繁杂的一个重要原因就在于没有统一的制度可依，以正面清单为主的管理方式给予不同部门或各级政府的自由裁量权过大，管理主体过多，同一市场主体就同一事项需要经过多个审批主体许可，内容繁杂且交叉重叠。通过实行清晰、统一的负面清单管理制度，有利于收拢权力，减少管理主体，规范准入流程，降低准入管理程序的复杂程度。

4. 解决市场运行透明度低的问题。在一些投资经营领域，由于相关法律法规不完善、准入管理不透明，在招标、采购、项目审批等环节，潜规则盛行，寻租现象时有发生，市场秩序被破坏。以负面清单的形式将市场准入要求向全社会公开，使市场主体能够清晰地了解准入标准和管理机关，有效地增强了市场运行的透明度。

（四）我国实行市场准入负面清单管理制度的意义

实行市场准入负面清单管理制度不仅仅是市场准入管理方式的改变，

大市场严监管

更是一场转变政府职能、处理好政府与市场关系、建立现代治理体系的革命。特别是在我国进入经济运行新常态的形势下，加快推行负面清单管理制度的意义更显重大。

1. 有利于发挥市场配置资源的决定性作用、激发市场主体活力、缓解我国当前经济下行压力。负面清单使市场发挥决定性作用有了更大的空间，是建立现代市场体系、激发各类市场主体活力的迫切需要。未列入清单的领域将按照所有资本一致的原则进入市场，各类市场主体有了更多的创新创业、参与市场竞争的空间，负面清单不再对不同身份和性质的市场主体提出不同的准入要求，只要符合标准，所有主体都可以平等进入，长期受到压抑的民营资本将可以广泛地参与到市场竞争中来，形成各类资本有效竞争的格局。除了提升各类主体参与的广度之外，负面清单准入管理制度也有利于提高市场主体参与的深度，通过明确政府与市场的边界，减少政府对市场的直接干预，打破各种不公平的准入壁垒，从而形成更加公平、透明、统一的市场准入制度。

2. 有利于更好地处理政府与市场的关系、全面转变政府职能、建立现代治理体系。处理好政府与市场的关系是我国政府面临的重大课题，政府职能要转变就要做到不该管的放手，该管的管好。一方面要清障碍，明确自身的职责和权力边界，凡是能够交给市场的就交给市场；另一方面要切实履行维护市场秩序的职责，从"重审批、轻监管"彻底转变为"轻审批、重监管"。通过制定负面清单，可以减少权力寻租，实质性推动行政审批制度改革，根本性转变政府职能，从家长式政府转变为服务型政府。进一步讲，负面清单模式对行政主体具有强烈的约束力，"法无禁止即可为"要求行政主体不能在违反负面清单的条件下行使市场监管权，极大地限制了政府对市场的干预能力，体现了由政府管理到社会治理、依法治国的现代治理理念。

3. 有利于建立开放型经济新体制、对接国际高标准市场环境。我国构建负面清单制度是适应对外开放新形势、建设高水平市场经济体制、构建开放型经济新体制的需要。我国在参与全球竞争的过程中，不仅仅是产品、技术、产业的竞争，更是制度的竞争，构造公平、透明、高效的市场制度环境已经是增强我国国际竞争力、在国际上占据主动位置的必然要求。特别是近年来，美国主导的跨太平洋伙伴计划（TPP）和跨大西洋贸易和投资伙伴计划（TTIP），试图形成新的贸易和投资规则，并对我国和其他新兴经济体形成战略挤压。面对这种新形势、新挑战，我们更需要加快完善市场经济体制，在全球范围内占据建设高水平市场经济体制的战略制高点。

四、市场准入负面清单管理制度的改革思路与路径选择

实施市场准入负面清单管理制度是我国建立现代治理体系的重要内容，是建设开放统一的现代市场体系的着力点，确立改革目标、明确改革思路、制定试点方案并推进试点工作是当前改革任务的重中之重。

（一）我国实行市场准入负面清单管理制度改革的目标设想

当前，我国实行市场准入负面清单管理制度改革要从管理原则和管理方式上着力实现两个方面的转变。

1. 从重在避免"市场失灵"向避免"市场失灵"与"政府失灵"双向推进转变。防止或缓解"市场失灵"是市场准入管理制度存在的核心理论基础。在此理论的指导下，我们过去只用一只脚走路，忽视了"政府失灵"的防范，造成了当前我国市场准入制度的种种弊端。因此新一轮改革要从重在避免"市场失灵"向避免"市场失灵"与"政府失灵"双向推进转变，特别是要着重解决"大政府、小市场"思维下的"政府失灵"问题。在制定市场准入负面清单管理制度时，要以党的十八届三中全会通过的《中共中央关于全面深化改革若干重大问题的决定》提出的"除关系国家安全和生态安全、涉及全国重大生产力布局、战略性资源开发和重大公共利益等项目外，一律由企业依法依规自主决策，政府不再审批"为指导标准。实际上对"关系国家安全和生态安全、涉及全国重大生产力布局、战略性资源开发和重大公共利益"进行特殊准入管理就是避免"市场失灵"的工作重点，而除此之外"由企业依法自主决策，政府不再审批"就是提出了消除和缓解"政府失灵"的指导标准。

2. 从以正面清单为主的管理方式向以负面清单为主的管理方式全面转型。整体来看，我国的市场准入管理制度对投资管理实行的是正面清单为主、正面清单与负面清单相结合的管理模式。从历史的角度来看，在特

殊历史时期，特别是在各项法律法规和市场监管手段尚不健全的环境下，正面清单为主的管理模式在维护市场秩序、培育主导产业上起到了一定的作用。但是伴随着市场经济体制不断完善，特别是发挥市场在资源配置中的决定性作用、建立公平统一透明的市场要求日渐强烈，正面清单为主的管理模式已经难以适应经济社会发展的需求。新时期我国市场准入管理制度改革的核心就是从以正面清单为主的管理方式向以负面清单为主的管理方式全面转型。具体来讲，可以从主体资格授权方式、主体资格授予主体、市场准入标准三个方面来对正面清单和负面清单进行对比。

一是主体资格授权方式。在确定有关主体是否具有进入相关市场的资格时，"正面清单"必须经过法律法规或规范性法律文件的明确许可，相关主体才可以进入相关市场进行相应的行为；"负面清单"则是只要法律和规范性法律文件没有明确禁止或限制的，主体就可以进入市场实施相关行为。

二是主体资格授予主体。市场主体的准入资格和进入市场后能从事何种行为这些问题必须有一个明确的授权主体。"正面清单"管理模式下，政府决定市场主体准入资格，相关主体是否具有市场主体资格需要行政机关通过行政立法或具体行政行为来授权；"负面清单"管理模式下，某个主体是否能够进入市场、某种行为能否在市场存在要通过法律规范和法律准则来规定。

三是市场准入标准设定原则。"正面清单"和"负面清单"两种市场准入管理模式在准入管理标准设置上的原则各不相同。"正面清单"采取的是严格限制主体的市场准入资格以及行为的准入标准；"负面清单"则是以为主体营造宽松的市场环境为原则，给投资主体更多的机会进入市场（见表3）。

表3　　　　　　　　　　正面清单与负面清单的对比

	正面清单	负面清单
主体资格授权方式	法律法规或规范性法律文件的明确许可	法律和规范性法律文件没有明确禁止或限制的
主体资格授予主体	行政机关通过行政立法行为或具体行政行为来授权	通过法律规范和法律准则来规定
市场准入标准设定原则	严格限制	相对宽松

（二）市场准入负面清单管理制度在我国经济管理制度体系中的功能定位

党的十八届三中全会《决定》对市场准入负面清单制度进行了定位，"实行统一的市场准入制度，在制定负面清单基础上，各类市场主体可依法平等进入清单之外领域"，依此，负面清单制度主要是通过列出负面清单构建透明、公平、开放、依法的市场准入制度，清单内实现透明依法，清单外实现公平开放。这就要求对负面清单进行清晰的功能定位，明确划定清单内外的分割线。

1. 明确实行负面清单制度改革对治的问题。实行负面清单制度改革主要对治的问题是市场准入的开放性、公平性、透明度不够，部分领域存在不当准入限制，不同市场主体往往难以获得同等的市场准入条件，特别是电信、石油、电力、铁路、金融保险、教育卫生、新闻出版、广播电视等领域，民营企业进入面临诸多限制。在某些领域，外资企业能够进入，民营企业却遭遇"弹簧门"、"玻璃门"。实行负面清单就是要实现清单内的管理措施明确、透明，且有法律依据；清单外的国资民资各类市场主体平等准入，对国资、民资、中小企业等市场主体一律平等要求。

2. 负面清单的功能完全不等同于《产业结构调整指导目录》功能。尽管《产业结构调整指导目录》中列出限制类和淘汰类并且明确这两类严格禁止准入，包含了一定的市场准入管理功能。但是，《产业结构调整指导目录》列出这些禁止准入的依据是基于产业结构调整的标准，而产业结构调整并不是负面清单应承担的主要功能，基于产业结构调整的标准也不应成为选择负面清单条目的依据。进入负面清单的标准和角度不统一，非常不利于负面清单在长期经济运行中发挥有效作用。而且产业结构调整功能随着我国现代市场体系的建立、市场规则的完善，能源成本、环境成本、社会成本能够充分反映到企业的生产成本中，应逐步减少采取行政命令淘汰落后产能的做法，产能淘汰、产业结构调整最终将由市场机制来发挥作用。因此，现阶段可以考虑负面清单独立于产业结构调整目录，二者从不同角度共同发挥作用。

3. 基于构建透明、公平、开放、依法的市场准入制度的出发点，负面清单涉及的市场准入范围应包括市场主体基于自愿的投资经营和民商事行为。

对这些投资经营和民商事行为进行基于负面清单制定标准的审查,需要特别管理的列入负面清单,并列明特别管理措施;不需要特别管理的投资经营和民商事行为实现公平开放准入。列明特别管理措施是制定负面清单的核心,参考国际经验,印尼的内外资一体的负面清单中有10类特别管理措施,行政许可仅是其中一项,进入负面清单的行业涉及这10类特别管理措施中的一类或几类。日本的外资负面清单也明确其中履行行政程序的条目占52%。因此,负面清单中市场准入手段并不仅指行政审批。根据负面清单对治的问题,负面清单的特别管理措施除了禁止进入外,还应该包含三类限制措施:第一类是履行必要的行政程序,包括涉及市场准入的行政许可尤其是行政审批事项;第二类是特别要求,如特殊行业国资民资股权比例要求;第三类是行业准入标准,如节能节地节水、环境、技术、安全等市场准入标准。

综上,市场准入负面清单管理制度改革应针对基于自愿的投资经营和民商事行为,以增强市场准入的开放性、公平性、透明度为目标,构建透明、公平、开放、依法的市场准入制度。只要不属于法律法规禁止进入的领域,不影响国家安全、生态安全、全国重大生产力布局、战略性资源开发、重大公共利益,政府不得限制进入,并以此作为制定负面清单、选择负面清单条目的标准。负面清单内以履行行政程序、特别要求、行业准入标准等特别管理措施进行管理,负面清单以外各类市场主体依法平等、自由进入,赋予企业自主投资权。

(三)负面清单的制定标准和依据

负面清单的核心是清单条目选择标准和依据,即禁止或限制市场准入的理由及其法理基础(法律法规依据)。从国际经验来看,外商投资准入负面清单主要基于对东道国弱势产业的保护、国家安全及公共利益等理由,对竞争力不强需要保护的产业部门进行准入限制,对关系到国计民生的产业部门则不予开放;其制定依据是东道国国内法律法规和缔约国之间达成的国际公约。

我国要制定的市场准入负面清单,其目的是建立公平公正、公开透明的市场准入制度,尽量减少市场准入限制,让各类市场主体依法平等进入负面清单以外的行业和领域，从而激发市场活力、促进市场公平竞争。因此，市场准入负面清单应严格限制在事关国家安全、生态安全、全国重大生产力布局、战略性资源开发、重大公共利益等方面的市场准入活动；其制定依据是法律法规，并且对明显不符合负面清单制定标准的现行法律法规要进行修订。

具体来说，应按照以下标准制定负面清单：

——关系国家安全的有关行业、领域和业务，包括政治、军事、国防、外交、国土等；

——关系生态安全的有关行业、领域和业务，包括野生动物保护、研究、驯化等，野生植物保护与开发、转基因动植物研究与开发、重点生态功能保护区的保护与开发活动、核能研究与开发等；

——涉及全国重大生产力布局的有关行业、领域和业务，如大型发电厂、大型水利枢纽工程（如南水北调工程）、重大煤化工基地建设等；

——涉及战略性资源开发的有关行业、领域和业务，如煤炭、石油、天然气、稀土等资源的开发；

——涉及重大公共利益的有关行业、领域和业务，如转基因食品生产、药品生产、具有潜在重大环境风险或安全风险的活动等；

——法律限制和禁止的其他行业、领域和业务。

上述各方面的市场准入限制均应列入负面清单。

（四）负面清单的制定与调整机制

1. 负面清单的制定程序。市场准入负面清单经国务院授权，由国家发展改革委牵头组织实施市场准入负面清单的有关工作。

国务院凡负有市场准入管理职责的部门和单位，均要全面梳理禁止和限制市场主体投资经营的行业、领域、业务等事项，根据现行法律和国务院行政法规，对这些事项进行合法性、合理性审查。对部门规章、规范性文件设定的市场准入管理措施，各部门要按照《中华人民共和国行政许可法》和国务院《关于严格控制新设行政许可的通知》（国发〔2013〕39号）、国务院《关于清理国务院部门非行政许可审批事项的通知》（国发〔2014〕16号）及负面清单选择标准加以清理，凡属于非行政许可审批事项的市场准入管理措施，按规定一律取消，确需保留的，要依法履行相关设定程序。在此基础上形成各部门的市场准入负面清单草案，报国家发展改革委牵头汇总形成国家层面的市场准入负面清单，报国务院批准后实施。考虑到改革的紧迫性，为了避免实施过程带来的风险，可借鉴菲律宾的经验，先制定一版过渡性负面清单，试行一两年后再制定正式的负面清单。

制定市场准入负面清单时，要建立多方参与的决策机制，充分吸收地方政府、行业协会、专家和公众的意见和建议，组织专家进行论证，并向社会公开征求意见。

全国人大要按照负面清单的要求，对现行法律中禁止和限制市场主体投资经营的条款进行合理性评估，加快修订有关法律，尽快制定投资法等法律，使负面清单的制定和实施做到有法可依。

未经全国人大和国务院授权，各部门、各地区不得自行发布市场准入负面清单，避免造成行业之间、区域之间市场准入规则不一。外商投资负面清单由商务部牵头会同有关部门制定，不适用于本制定程序。

2. 负面清单的调整程序。调整时间。负面清单发布实施后，要根据具体实践情况，及时总结经验教训，对负面清单进行调整，可每隔两年修订一次。

调整原则。与双边投资协定或自由贸易协定中的外商投资负面清单不同，市场准入负面清单由我国自行发布实施，其调整不采取棘轮机制（即外商投资负面清单调整时，其中的特别管理措施只能减少不能增加），而是根据我国法律法规的制定和修订、市场规则的完善、负面清单实施的经验教训等进行调整，其中的特别管理措施可增可减，但总体上要求逐渐放宽。

主管机构。市场准入负面清单的调整由国家发展改革委牵头负责，修订后上报国务院批准后实施。

3. 负面清单的实施。建议先制定《关于全面实行市场准入负面清单制度的意见》（以下简称《意见》），由国务院批准实施。依据《意见》制定国家层面过渡性清单，过渡性清单可以根据情况由国家发展改革委发布或上报国务院批准实施。根据《意见》和过渡性清单选择部分地区或行业进行试点，在总结试点经验的基础上制定国家层面正式的负面清单，上报国务院批准后在全国正式实施。

市场准入负面清单发布后，由国家发展改革委组织实施，各地方政府是地方层面负面清单的实施主体和责任主体。各部门应尽快清理取消负面清单以外的市场准入限制措施，不能自行增加市场准入限制措施。建立第三方评价监测机制，对负面清单的实施效果进行评估，提出完善负面清单的对策建议。

五、制定和实施负面清单的几点思考和建议

（一）明确负面清单在我国经济管理制度中的功能定位和改革目标

明确市场准入负面清单管理制度的功能定位和改革目标是制定和实施负面清单制度的必要前提，负面清单应针对基于自愿的投资经营和民商事行为，只要不影响国家安全、生态安全、全国重大生产力布局、战略性资源开发、重大公共利益、不属于法律法规限制和禁止的其他领域，政府就不得限制进入，以此作为设计负面清单、选择负面清单条目的标准。通过列出负面清单构建透明、公平、开放、依法的市场准入制度，清单内实现透明依法，清单外实现公平开放。负面清单内以履行行政程序、特别要求、行业准入标准等特别管理措施进行管理，负面清单外各类市场主体依法平等、自由进入，赋予企业自主投资权。清单外并不是政府放手不管，而要在准入后加强市场监管。

（二）使负面清单和《产业结构调整目录》从不同角度发挥作用

负面清单无法承载产业结构调整（鼓励、淘汰、改造升级）的功能，《产业结构调整目录》无法承载调整政府与市场关系的功能，二者不能相互替代。从长远来看，随着我国现代市场体系的建立和市场规则的完善，产业结构调整最终将由市场机制发挥作用，而不是依靠政府进行直接行政干预。因此，当前制定负面清单应独立于《产业结构调整目录》，不将《产业结构调整目录》中的条目不经审查地纳入负面清单，在一段时间内二者从不同角度共同发挥作用，未来弱化和取消直接通过行政手段对产业调整的经济政策。

(三)按照负面清单制定标准梳理并清理行政审批事项

我国制定市场准入负面清单,其目的是建立公平公正、公开透明的市场准入制度,减少不必要的准入限制,促进市场公平竞争,激发市场活力。因此,市场准入负面清单应严格限制在事关国家安全、生态安全、全国重大生产力布局、战略性资源开发、重大公共利益等方面的市场准入活动。应整合我国涉及市场准入管理的所有目录文件、行业标准及各部门行政审批事项汇总清单,梳理出涉及市场准入的内容,按照负面清单制定标准对其进行合法性、合理性审查,不符合要求的一律不纳入负面清单,并对这些事项进行标记,作为行政审批改革取消下放的对象。

(四)全面梳理并修订法律法规

法律法规是制定负面清单的基础和依据,应全面梳理现行法律法规中涉及市场准入的内容,并进行审查,对不符合负面清单制定标准和当前简政放权改革方向的限制性措施,一律不纳入负面清单,并且提请人大或相关部门修改相关法律法规,确保负面清单内容与相关法律法规一致。这项工作与梳理行政审批事项会有重复和交叉,在具体工作中应以法律法规为根本依据,互相对应,避免遗漏。

(本文原载于《改革》2015 年第 7 期)

负面清单管理模式与私法自治

王利明[*]

一、负面清单管理模式是私法自治的集中体现

（一）理念的一致性

负面清单管理模式与私法自治的联系，首先表现在保护市场主体行为自由精神和理念的一致性，即都主张减少公权力对私人领域的过度介入，扩大市场主体依法享有的行为自由。从经济理论层面看，负面清单曾经受到"消极自由"的经济哲学的影响。"消极自由"，即免除强权干涉或非法限制的自由，这是古典自由主义的一贯立场。这种自由理念为负面清单模式提供了理论基础。

私法自治原则确认主体可依据其自由意思设计其相互间的法律关系，实现其预期的法律效果，给主体提供一种受法律保护的自由。其相对于公权力而言，是免受非法干预的自由；相对于主体自身而言，旨在实现其在法定范围内的"自治最大化"。私法领域遵循的最高原则即是私法自治原则，所有公法不加以禁止的范围，均由私法主体进行意思自治。负面清单模式符合"法不禁止即自由"的法治理念，这种法治理念也是私法自治的集中体现。其强调市场主体的准入自由是法律对市场规制的出发点，若政府拟对准入自由加以限制，必须有法律依据，并提供充分、合法的理由。在法定的准入限制之外，市场主体可以进入。尤其是市场主体可在法

---

[*] 王利明，中国人民大学常务副校长、重阳金融研究院联席理事长。

定范围内自主决定自己的事务，自由从事各种民事行为，最充分地实现自己的利益，而不受任何非法的干涉。中国改革开放的实践也很好地说明了这一点。由此可以看出，负面清单的基本理念与私法自治精神是完全契合的。

（二）调整方式的一致性

负面清单管理模式与私法自治均注重采用法律行为的方式调整市场主体行为。从私法层面来看，对市场主体行为的调整主要有两种方式，即法定主义的调整方法和法律行为的调整方法。法定主义其实是一种强制性的方法，即通过法律的强制性规范事无巨细地规定人们行为自由的范围，并直接规定特定行为的法律效力，一旦私人的行为不符合法定的要求，该法律行为可能因此被宣告无效。由于理性的局限性，加之市场具有瞬息万变的特征，立法者难以准确预见到市场运行的新情况与新问题，因此常常要么陷入到缺少及时有效干预的状况，要么面临过多地采取低效率或者无效率的强制性干预的困境，尤其是这种方式主要注重采用公法手段调整个人的行为，导致市场主体的私法自治空间较小，束缚了市场主体的自主创新活动。另外，此种调整方法的立法成本高昂，而且过于僵化。

而法律行为的调整方式则赋予市场主体在法律规定范围内的广泛行为自由。这种方法的特点是，法律只是设定了一定的范围与界限，允许市场主体在不违反有关界限的前提下，可以自由进入到有关领域。当其进入到有关领域后，允许市场主体通过法律行为自主地创设各种法律关系，实现主体所期望的法律效果。法律允许当事人通过法律行为来设定、变更和终止当事人之间的民事法律关系，只要当事人的意思符合法定的条件，就可以实现当事人的目的，并依法发生当事人所期望的法律后果。当事人依其自身意志形成法律关系，所体现的正是私法自治理念。私法自治保障个人具有根据自己的意志，通过法律行为自主设立、消灭其相互间的法律关系。这种方法其实就是一种任意性地调整方法。由于法律行为具有法律效果的创制功能，因此成为实现私法自治的工具。

实行负面清单管理，其实也是法律调整私人行为的方式的转变，从正面清单到负面清单的转变，实际上也是从以法定主义的调整方法为主向主要依赖法律行为的调整方法的转变。正面清单管理主要采用法律上列举的模式，人们只能在法律规定范围内行为。而负面清单管理则采用法律行为的调整方式，即允许当事人通过法律行为进行自我决定，法律不做过多干涉。负面清单管理模式与私法自治均注重采用法律行为的方式调整，因此都充分体现了民法精神或私法精神，承认个人有独立的人格，承认个人为法的主体，承认个人生活中有一部分是不可干预的，其宗旨在于促进个人的全面发展。

（三）对法律行为无效事由限制的一致性

国家垄断经济生活的做法必然导致对个人意思自治进行严格的限制。要采用法律行为制度必然要求实行私法自治，但是过度的国家管控又与私法自治相矛盾，所以在高度集中型的体制下，就必然产生广泛无边的法律行为无效制度，使大量的法律行为不发生效力，其结果是，基本上废除了法律行为制度。这和我们改革初期无效合同的实践是相吻合的。在实行正面清单管理模式下，政府对市场准入设置很多限制性条件，并对市场主体的行为设置许多强制性规范，这可能导致行为人动辄得咎。对市场而言，不仅市场主体准入困难，而且其行为也可能受到法律的否定性评价，进而被大量宣告无效。在此种模式下，私法自治的空间受到了极大的限制。所以，真正地贯彻私法自治，必然要求实行负面清单管理，减少公权力对市场行为的介入，使得市场主体的法律行为获得其应有的效力，保障市场主体按照其意志安排自己的经济活动。实行负面清单管理模式，要求明确列举市场主体不得为的事项的范围，明确法律行为的无效事由，减少公权力对市场主体行为的不当干预。私法自治也要求扩大民事主体行为的自由空间，减少公法对私人行为的过多限制。

二、负面清单管理模式是私法自治的具体落实

由正面清单向负面清单的转化，本质上是社会管理模式的转变，其不仅保障了市场主体的市场准入自由，而且还扩大了市场主体的行为自由，从而真正落实了私法自治的基本要求。私法自治作为民法的基本原则，甚至是处于核心地位的原则，已成为学界的共识。私法自治是因为考虑私法主体能够最大效率地增进个人利益及社会利益。作为私法的民法，也应服

大市场严监管

从这个社会工程的推进要求。私法自治是民法的精髓，但问题在于，如果不借助负面清单管理模式将其具体落实，其可能只是停留在一种理念层面，而缺乏现实的操作意义。市场主体所面对的往往是种类繁多、内容复杂的审批、许可、限制等公法上的要求。在市场领域，依然是动辄得咎，缺乏必要的行为自由，也让市场主体无法形成有效、稳定的预期。

与原有的正面清单管理模式相比，负面清单奉行"法无禁止即自由"的理念，其所带来的最大变化，是对法无禁止的"空白地带"（或称为法律的沉默空间）的清晰界定。社会生活纷繁复杂，且居于不断变动之中，而立法者的理性有限，不可能对不断变化的生活都作出妥当的规划和安排。因此，任何社会都存在着法律的"空白地带"。即便是在一些西方发达国家，法网细密，法律多如牛毛，法律的"空白地带"也仍然随处可见。对于法律已经在市场准入上作出禁止和限制性规定以外的领域，市场主体能否进入，其进入之后的行为能否产生预期的法律效果，因采纳正面清单或负面清单而存在两种截然不同的态度。实践中，我们长期所采取的是正面清单管理模式，即法律未作规定的"空白地带"，市场主体不能随意进入，而应当由政府逐项审批、决定。具体来说，从正面清单向负面清单的转变，对"空白地带"的态度有以下三个方面的变化：

1. 市场主体的准入。关于"空白地带"的准入问题，实际上是私法自治原则本身没有完全解决的问题。按照私法自治理念，虽然法无禁止的地带可以进入，但是对于"空白地带"是否禁止，法律并没有表明态度，而是处于沉默状态。私法主体在空白领域从事行为之后，一旦法律将空白领域界定为禁止进入的领域，私法主体则面临不确定的风险。

2. 政府的审批和管理。是否可以对"空白地带"的准入进行管理以及如何进行管理，这是一个公法问题，私法自治无法回答。之前，我们在总体上秉持着这样一个推定，即政府统一安排和指导下的经济活动比发挥市场的主导作用更有效率。在受此种理念影响的正面清单模式中，政府力图对社会经济活动进行事无巨细的管理，并因此享有极大的裁量权力。特别是对于大量的"法律的沉默空间"，市场主体能否进入，法律并无具体、明晰的规则，而是在很大程度上取决于政府的自由裁量，由此就产生了权力寻租等问题。由于政府享有广泛的自由裁量空间，因此也缺乏充分的动力去细化规则和相关法律，从而使有关市场准入、管理等问题长期处于模糊状态。

3. 政府自由裁量权的规范和限制。对"空白地带"的法律规制涉及到行政权力与私权的界分问题，而这个问题本身是私法自治难以解决的问题。在正面清单模式下，市场主体是否可进入大量的"法律的沉默空间"，完全取决于政府的自由裁量。由于缺乏明确的法律依据，政府在审查和决策过程中主要采取非公开的自由裁量方式，这就难免出现暗箱操作现象。但在负面清单模式下，"法律的沉默空间"原则上属于主体自由行为的空间，需要行政机关审批的领域仅限于法律明确列举的事项，并要对市场准入的限制条件进行合理说明，从而有利于推动行政行为的公开化、透明化，使政府的自由裁量权受到规范限制，从而能真正保障市场主体的行为自由。

总之，对法律的"空白地带"的不同态度是正面清单与负面清单两种模式的差异所在。民事关系特别是合同关系越发达越普遍，则意味着交易越活跃，市场经济越具有活力。如此之下，社会财富才能在不断增长的交易中得到增长。正是因为私法充分体现了意思自治原则，才能赋予市场主体享有在法定范围内的广泛的行为自由，并能依据自身的意志从事各种创造财富的交易行为。我们知道，改革开放以来，中国经济的迅速发展是以市场主体自由的扩大紧密相连的，自由意味着机会，自由意味着创造，自由意味着潜能的发挥。负面清单模式因为落实了"法无禁止即自由"这一私法自治的基本原则，因此是一种激发主体活力、促进社会财富创造的法律机制。从上述三个方面可以看出，借助负面清单管理可以有效而科学地规范法律未作规定的"空白地带"，从而使私法自治得到有效地实施，而不是仅停留在观念层面。

（本文原载于《中国法学》2014年第5期）

第三篇

权力清单——政府与市场边界的核心

2014年,"权力清单"制度在中国的展开呈现出了"中央垂范、地方跟随"的局面。党的十八届三中全会审议通过的《中共中央关于全面深化改革若干重大问题的决定》明确提出,推动地方各级政府及其工作部门"权力清单"制度,依法公开权力运行流程。"权力清单"成为各级政府治理变革的首选工具。"权力清单"制度的推行,开启了中国政府治理现代化的征程,但政府治理现代化的征程不会是坦途一片,必然会遇到各种各样的挑战。其中最需要担心的是,如何避免"权力清单"单兵推进,其他领域迟疑滞后,进而造成"权力清单"制度效果不及预期,甚至落入传统变革的臼巢。解决这一问题的关键是消除治理的非协同性。

打造权力运行全过程的清单体系

李军鹏*

"权力清单"制度的推行,开启了中国政府治理现代化的征程,但政府治理现代化的征程不会是坦途一片,必然会遇到各种各样的挑战。

一、将权力运行全过程纳入权力清单

1. 决策权与监督权应是权力清单清理和规范的重点。政府权力运行全过程涉及的行政权力包括决策权、执行权、执法权、监管权、监督权等内容。在政府权力运行的过程中,不同的行政权力处于不同的地位,这就决定了政府权力清单制度需要规范的行政权力的不同重点。

第一,决策权是最关键的行政权力,它决定行政活动的基本战略与方向,需要优先予以规范。政府权力清单制度的建设,应从决策权的规范开始,应首先将行政立法权、行政规则制定权、行政规划确定权、公共政策决定权、具体决策决断权、行政命令发布权等重要的行政决策权力予以梳理与规范。政府权力清单制度对决策权的规范重点,是确保行政决策权力在民主化与科学化的轨道上运行。

第二,行政执行权、执法权与监管权是最广泛地面对行政相对人的权力,涉及公共政策与政府决策的实施,涉及公共秩序、市场秩序与社会秩序的维护,涉及法律的实施等重要问题,是需要认真清理的行政权力。这一类权力,应分为行政许可、行政确认、行政裁决、行政强制、行政处罚、行政指导等类型加以规范。

---

* 李军鹏,国家行政学院教授、博士研究生导师。

第三，行政监督权是政府内部监督部门对政府其他工作部门的监督权力，是一种内向型的权力，但由于行政监督涉及公民与社会组织对政府监督部门及政府工作部门的监督，因而，行政监督权不能被简单视为内部行政权力而不加规范，而应视为具有回应性的行政权力而列入政府权力清单，为人民群众和广大行政相对人提供回应渠道与救济途径。

2. 地方权力清单实践中很少对决策权与监督权进行清理和规范。改革开放以来，我国不断深化行政体制改革，政府权力运行机制不断完善。但是，客观地看，我国政府权力运行依然存在着科学民主决策机制尚未完全建立、政府决策与执行不分、执行力不强、监督不力、有些部门有权无责等突出问题。为此，各级政府进行了权力清单制度改革的长期实践过程。如果从 2005 年河北省对行政权力公开透明运行的实践算起，我国权力清单制度的实践经过了十年的历程。其间经过了 2008 年浙江省富阳市（现杭州市富阳区）的政府权力清单制度的实践，2011 年各地从行政权力廉洁公开运行方面进行的行政权力清理实践，到 2013 年湖北省对政府行政权力的梳理与规范等阶段；到 2014 年后，各省开始了全面推行政府权力清单制度的高潮。其中，浙江、安徽、广东、江苏、福建等省份全面推进了政府权力清单制度。

以上这些地方的实践，都对行政权力进行了规范，但是，笔者认真研究发现，这些地方的行政权力清理仅局限在具体行政行为领域，即局限于行政许可、行政处罚、行政强制、行政确认、行政征收、行政裁决等行政执行权、行政执法权与行政监管权，而对于行政权力运行至关重要的行政决策权，以及对行政权力运行具有纠偏功能的行政监督权，却很少有地方加以清理与规范。

例如，浙江省相关部门明确宣布权力清单制度仅规范对公民、法人和其他组织的权利义务产生直接影响的具体行政行为，抽象行政行为不包括在内，浙江省最初清理的行政权力包括行政许可、非行政许可、行政处罚、行政强制、行政征收、行政给付、行政裁决、行政确认、行政调解、行政复议、行政奖励、财政专项资金分配监管、年检、备案、其他等 15 类；后来，在浙江服务网公布的省级权力清单中，浙江将行政权力划分为行政许可、非行政许可审批、行政处罚、行政强制、行政征收、行政给付、行政裁决、行政确认、行政奖励及其他行政权力 10 大类。又如，

2014年广东省对政府部门权力进行清理的范围包括行政审批、行政处罚、行政强制、行政征收、行政给付、行政检查、行政指导、行政确认等事项。再如，2014年8月吉林省政府公布的省政府部门行政权力清单，就将省政府部门共有的3675项行政权力划分为行政许可、行政处罚、行政征收、行政强制、行政确认、行政裁决、行政给付、行政奖励、其他职权等类别。

事实上，我国有个别地方将行政决策权纳入了清理范围。如深圳市龙岗区对区委区政府的决策权力及其程序进行了清理与规范，严格执行"三重一大"事项必须集体研究决定的制度，形成"副职分管、正职监管、集体领导、民主决策"的决策权力运行机制；北京市西城区编制了重大事项决策权、重要干部任免权等运行流程图，明确把重大事项决策权运行环节分为决策准备、决策作出、决策执行、决策修改等四个步骤。但是，这些地方只属于个案试点，尚未普遍推广。

3. 权力清单排除决策权与监督权弊端深远。将决策权与监督权排除在政府权力清单制度之外，有利有弊。有利的地方在于，权力清单制度开始推进，需要减少工作量，这样有利于全面推进。但是，从长期来看，其弊端则更为深远。第一，我国行政权力运行中首要的问题是决策权滥用与多变的问题，忽视对行政决策权的规范是没有抓住我国行政权力运行的关键。我国是一个政府主导发展型的国家，长期以来政府习惯于依据行政命令与行政干预调节经济社会运行，其中一个重要方法就是经常出台新的公共政策，经常调整公共政策，经常做出行政决定，修改行政规则与规划。与具体行政行为对经济社会造成的个案式、有限性的影响相比，行政决策权的滥用与多变对经济社会造成的影响更大，一旦失误造成的损害也最大。规范行政权力的运行，对于当代中国政府管理而言，最需要规范的是行政决策权力。因而，在规范清理政府具体行政行为之后，应紧接着将规范政府抽象行政行为提上议事日程。第二，忽视行政监督权的清理与规范使权力运行链条发生断裂，不管是政府工作部门的内部监督权，还是政府监督部门的监督权，都需要同时梳理并向社会公众公布，才能保证行政权力运行不出现偏差，出现偏差也能及时得以纠正。

4. 将权力运行全过程纳入权力清单制度的关键。将权力运行的全过程纳入权力清单制度，关键要做到两点：

一要全面规范政府抽象行政行为与具体行政行为。要将行政决策权、行政执行权、行政执法权、行政监督权全面纳入权力清单的范围。

二要厘清决策权、执行权、监督权之间的关系，建立健全决策权、执行权、监督权既相互制约又相互协调的运行机制。要建立结构合理、配置科学、程序严密、制约有效的行政运行机制，做到决策相对集中、执行专业高效、监督有力到位。要整合决策权，实行综合规划和管理，防止多头决策；将公共服务、行政执法等方面的执行职能分离出来，设立专门的执行机构；适度集中执法权，推行综合执法；加强决策部门对执行部门的绩效管理与行政问责；加强外部监督，加强内部监督与控制体系，制定严密的责任体系和责任追究制度。

例如，深圳市在行政权力公开规范透明运行的改革过程中，注重理顺"委"、"局"事权关系，"委"主要负责统筹决策、协调监督等职责，"局"作为专业执行机构负责本行业日常管理；深圳市新组建的深圳市市场和质量监督管理委员会及深圳市市场监督管理局（深圳市质量管理局、深圳市知识产权局）、深圳市食品药品监督管理局，就形成了良好的决策权与执行权既相互制约又相互协调的机制。

二、实现权力清单对各级政府及公共部门的全覆盖

全面推行权力清单制度，必须实现对各级政府及公共部门的全面覆盖。

1. 加快推开中央政府权力清单制度建设。中央政府权力清单制度对于地方具有引领与示范作用。由于我国单一制国家形态下的中央集权特征，我国立法权绝大部分集中在中央，各级地方政府的权力大多是自上而下逐级授权；如果没有中央层面的法律授权、没有中央部门率先进行权力清单制度改革，单纯从地方开始推动权力清单制度的建设，其最终效果会有局限性。而且，从我国多年的行政改革实践来看，没有成功的中央部门改革，地方政府行政改革的效果也必然有限。目前，我国中央政府权力清单制度建设还没有全面推行，仅仅局限于行政审批权的梳理与规范。一些地方政府在权力清单制度建设中发现的主要问题，就是上下不一致的问题，上位法不修改，下位法就不敢修改；中央政府相应的权力不调整，省

级以下的行政权力就不便调整。例如，2015年1月5日和1月12日，广东分两批先后公布了省政府各部门权责清单和职能调整目录，包含了省直部门正在行使的9大职权事项共6 971项，其中，拟提请上级审议调整458项。这些需要中央政府部门予以相应批准与调整的事项，凸显了同步推进中央政府部门权力清单制度建设的必要性与迫切性。

2. 明确各层级政府权力重点，合理划分各级政府的权责。长期以来，我国政府各层级的职能、权力、责任存在着上下一般粗、高度同构等问题，这导致了各级政府职能重叠、权力重叠等问题，容易导致上级向下级逐级推诿责任、最终无人负责的现象。从一些地方政府推行省、地级市、县级、乡镇政府权力清单制度的情况来看，如何确定各级地方政府的职责与权限是一个难点与重点问题。在全面推行政府权力清单过程中，各省应着力同步推进省级、地市级、县市级与乡镇政府和部门的纵向权责清单，明确省、市、县、乡镇四级政府职责划分的标准，逐步理顺四级地方政府之间的职责关系；对于一些省、市县通用的行政权力事项，比如行政审批事项，应出台行政权力运行纵向通用目录，实现同一行政权力事项各要素在全省的整齐划一，并尽量做到在全省范围统一规范审批条件、申请材料、办理时限、裁量标准与监督方式。

3. 着力提高县市、乡镇基层政府承接中央与省级政府下放的权力与管理事务的能力。此次政府职能转变与权力清单制度改革的一个最大亮点，就是中央政府与省级政府的权力下放。一些中央部门与省级政府部门将直接面向基层的、量大面广的经济社会管理事项下放到县级政府，一些行政许可、行政处罚及备案、年检等行政权力也都下放给了市县政府部门管理。例如，浙江省在省级政府权力清单清理后，省级部门直接行使的权力为1 973项，全部委托下放和实行市县属地管理的权力有2 255项，下放与属地管理的权力远远超过了省级部门直接行使的权力。又如，2014年11月，江苏公布了省级政府权力清单，全省共上报权力事项8 900多项，经审议确定保留行政权力事项5 647项，其中1 375项作为省级部门保留的权力事项，其余4 272项按照方便公民、法人和其他组织办事的原则交由市县行使，下放的权力事项占保留行政权力事项高达75.65%。

这些权力的下放实际上增加了县市政府的职能范围、扩大了县市政府的事权范围与责任领域。由于我国政府管理中长期存在的行政权力与行政经费向上集中、责任与任务向下倾斜的倒金字塔配置,一些基层政府缺乏承接中央与省级政府下放权力的能力与资金条件。因此,要着力培育基层政府承接能力,引导行政经费与行政资源向基层政府倾斜,为此,要实事求是地相应减少省级政府的预算与编制、相应增加县级政府部门的预算与编制,以便县级政府部门能够承担起这些下放的职能与权责。对于下放或委托下级政府行使的权力,上级政府必须切实承担起监督责任。

4. 在大部门体制基础上推进政府权力清单制度建设。长期以来,我国政府机构划分过细,权责事项交叉过多,对同一管理对象进行分段或分割式管理,造成了管理协同效应差、容易出现管理盲区与盲点等问题。因而,政府权力清单制度如何与大部门体制改革相呼应,就成为当前全面推行权力清单制度的一个重点问题。

已经实施大部门体制的政府部门,权力清单制度建设相对容易一些。没有实施大部门体制改革、存在对同一管理对象进行分段管理领域的政府部门,在权力清单制度建设方面,要重点确定主次责任,关键是要确定牵头负责部门。要注重清理职责交叉事项,特别要重点针对社会关注度高、问题积重难返、群众反映强烈的市场监管、食品安全、安全生产、环境保护等领域,对涉及多个部门管理或需要多部门密切配合的事项,进行认真的权力清理,明确相关部门的主次职责边界。例如,2015年1月广东公布的省政府各部门权责清单和职能调整目录,就逐步清理理顺了120多项部门职责交叉事项。从长远来看,推进权力清单制度建设,必须全面推行大部门体制。

5. 加快具有行政权的其他公共部门与事业单位的权力清单制度建设。特别是要全面清理规范事业单位职责任务,完善事业单位公共服务事项清单,健全事业单位公共服务体系。

三、权力清单的协同化、法制化与智慧化

全面推行权力清单制度是我国行政体制改革的重要抓手与突破口,其目标是建立协同化、法定化、制度化、智慧化的现代政府权力运行机制。

1. 政府权力运行与多元主体治理的协同化。政府权力清单制度建设是国家治理现代化与政府治理现代化的重要组成部分。推进政府治理现代

化,关键是厘清政府与社会、政府与市场的权力边界,既用权力清单制度明确政府应该管好的事项、将应该由社会自治管理的事项交给社会,将市场竞争能解决好的事情回归市场;同时也要实现政府治理与社会治理的协同发展,做好政府权力运行与社会自我管理相结合、政府权力运行与基层自治组织权力运行相协同等衔接工作。广东省建立政府部门权责清单,就是围绕理顺政府与市场、政府与社会、省与市县、政府部门之间、政府与事业单位的关系来推进的。

一是进一步做好政府权力下放、转移工作,发育市场,培育社会组织发展。简政放权是政府权力清单制度建设的重点。对于政府不该管、社会组织可以承接的事项,应在权力清理过程中交由社会组织或行业组织承担;对社会组织暂不具备承接能力的,应设立一定的过渡期限,待社会组织培育成熟后予以转移。政府在行政权力清单制度建设的同时,要同时出台政府向社会转移职能目录、具备承接政府职能转移和购买服务资质的社会组织目录,以及政府购买服务采购目录。

二是推进县乡政府权力清单制度与基层自治组织建设协同发展。长期以来,我国乡镇政府与基层社区自治组织之间存在着权力边界不清、政权管理与自治管理责任不清的问题,因而,在县级政府与乡镇政府权力清单制度建设的同时,还要加强城乡社区居(村)委会的权责清理。例如,深圳市龙岗区一些社区正梳理社区"权责清单",通过社区权责事项的整理,厘清社区综合党委、工作站、居委会和股份合作公司职责,形成基层多元共治的局面。

2. 权力清单的法定化。政府权力清单制度也需要法定化,其中,政府机构、职能、权力、编制、程序与责任的法定化是推行政府权力清单制度的重要前提条件。

一是推进政府组织设定法定化、政府职能与编制法定化、权力运行程序法定化。我国政府组织法律体制不完备,政府组织设立及其职能、编制、机构都由"三定"方案确定,而"三定"方案是由编制管理部门与政府部门相互博弈产生的,带有很强的行政意志特征,在实践中很容易突破,因而,亟须推进行政组织设立的法定化,对于相对稳定与成熟的政府组织,应该用法律的方式予以设立。我国缺乏总体上的行政程序法制,行政权力的运行缺乏程序性的约束;在政府权力清单制度建设中,需要完善行政权力运行的程序,包括行政决策程序、执行程序、执法程序等等。此外,对于行政指导、窗口指导、内部讲话等软性行政权力,也应严格加以法律约束与程序约束,防止政府工作部门以行政指导为借口干预市场运行与企业运作。

二是实现政府权力授予的法定化。行政权力必须具有合法性,行政主体取得行政权力必须有法律依据,行政机关不得自己授予自己权力。长期以来,由于我国各部门的行政职权设定比较宏观、笼统,一些部门通过自主制定红头文件增加权力,导致权力边界不清晰、权力事项有增无减。政府权力来自于法律授予,没有法律依据的权力应该立即取消。行政权力的法律依据主要是宪法、法律、行政法规、地方性法规等,以及权力机关的依法授权。对于那些依据内部红头文件而产生的行政权力,应取消并向社会公示。特别是一些部门通过"通知"、"解释"、"会议纪要"等部门规范性文件形式自设自授的行政权力,都应予以取消。上级党委与政府布置与安排的一些临时性工作与阶段性任务,在完成之后即告消失,不应该将临时工作长期化,更不得据此形成长期行使的行政权力。对于那些尽管有现存法律依据,但是不符合全面深化改革要求与经济社会发展需要的行政权力,应暂时冻结该类权力,并尽快完成相应法律的修改或废止工作。

三是促进党委及其工作部门权力运行法定化。在我国行政权力运行过程中,实际采取的是"党委领导、双主体运行"的机制,党委的行政决策权力实际高于政府行政决策权力,在组织、宣传、政法等领域的党组织,其行使的人事管理权力、文化管理权力与社会管理权力、政法管理权力也要优先于相应的政府部门。因此,党委及其工作部门也必须进行权力清单制度建设,要同时做好党委工作部门的权力法定化工作。一些地方政府在这方面也进行了有益探索,如2014年12月1日,深圳市龙岗区委及77个党组织机构和14个党群部门正式对外公示了党务权责3 446项。同时,需要明确划分党委与政府之间的权责,防止党政职责交叉影响权力运行的效率;为此,需要划分各级党政领导班子及其成员的职责权限,使各级党政领导班子之间的权责依法划分、科学衔接。

3. 权力清单的制度化。权力清单制度是一整套完整的法治基础上的制度体系。全面推行政府权力清单制度,关键是形成政府权力公开规范透明运行的制度体系,这是检验权力清单制度是否成功的试金石。权力清单制度包括责任清单制度、服务清单制度、绩效评估制度、行政处罚制度、事中事后监管制度等一系列内容。

一是政府责任清单的制度化。权责一致原则是政府权力清单制度的基本原则。在权力清单制度建立的过程中，还必须明确行政权力相应的行政责任，应清理政府部门承担的主要职责并细化为具体的工作事项，从而实现行政权责的一体化。一些地方政府在建立政府权力清单制度的同时，推出了政府责任清单，值得各地借鉴与推广。例如，2014年深圳市龙岗区委区政府将"权力清单"发展为"权责清单"，编制全国第一份完整意义上的"权责清单"，实现了政府责任清单的制度化。深圳市龙岗区的权责清单覆盖区属各部门、各街道和各驻区单位，也包括医院、学校以及供电部门等公共服务机构，党委部门、人大、政协也先后制定各自的权责清单，社区权责清单也得到了梳理。又如，安徽省针对保留的省级行政权力，依据相关法律法规出台了1.2万余条责任事项清单、2万余条追责情形，并对所有列入清单的责任事项和追责情形列出了3万余条法律法规的相应条款依据。

二是政府服务清单的制度化。权力清单要规范政府的服务职能与服务权责，编制政府服务清单，强化公共服务职能。同时，要优化各级政府和部门的服务流程和服务机制，尽量做到并联式、一站式、全程代理式的服务，切实减少公众在政府间、政府部门间、政府部门内部办公机构、政府部门内部办公机构人员之间的来回奔波。

三是政府绩效评估的制度化。一些地方政府早在十多年前就开始了绩效评估的探索，但大多遵循了设定绩效指标、进行绩效核查、开展绩效比对、奖励与惩罚的路径，与政府权力运行直接结合的绩效评估较少，因而，绩效评估多陷入指标"多而空"、评比"一阵风"、结果"照样中"的尴尬境地。政府绩效评估要想达到应有效果，必须与政府权力公开规范透明运行结合起来，针对每一项具体行使中的行政权力确定相应的责任与标准，并由具体行政相对人予以直接评估。

四是政府行政处罚的制度化。各地方政府权力清单制度改革的过程中，梳理出来的行政处罚权力都占有很大比重。如吉林省省级政府部门行政权力清单中，省政府部门共有行政权力3 675项，其中行政处罚权力为2 513项，占比为68.38%。因而，规范行政处罚权力、完善行政处罚制度至关重要。为解决行政处罚权自由裁量空间大、执法不规范等问题，一些地方实施了行政处罚权细化与标准化的相关制度，建立健全行政裁量权基准制度，使所有行政处罚事项均有不同违法情形下的固定处罚数额，从而统一了行政处罚的执法标准，起到了良好效果。

五是完善事中事后监管制度。特别是要规范监管的监督检查方式，包括全面检查、定期检查、专项检查、随机抽查和举报投诉查处等都要有明确的制度与程序规定。一些省份将市场监管的权力主要下放给了市县政府，就更要加强事中事后监管。如浙江省梳理出42个省政府部门共有法定行政处罚职权2 300项左右，除了法律规定的必须由省级政府部门行使的省级专属权外，将其中的2 100项左右的处罚权实行以市县属地管理为主，这样，市县政府就成为了直接面对行政相对人的执法与监管主体，承担着简政放权后的事中事后监管工作主要责任。

4. 权力运行的便利化、标准化与智慧化。全面推行政府权力清单制度，最终目标是要服务人民群众，应推进政府权力运行流程的便利化、标准化与智慧化。

一是推进政府权力运行流程的便利化。政府权力运行的流程应贯彻以人为本、服务民众、便利民众的原则，应推进权力运作流程的便利化。例如，广东省要求政府部门按照法律、法规、规章规定的程序和内部操作流程，制作本单位的行政权力事项流程图；流程图要细化到具体环节（包括申请、受理、审查、决定等）及相应的承办机构、涉及的同级相关部门（前置或后置关系）或下级部门（承担受理、初审或审核等工作）、时间要求等内容，具体形象地描述出职权运行的情况。应推动并联审批和跨部门的流程优化再造，特别是在目前审批环节繁多的项目审批领域，更要加快推进跨部门流程再造。

二是推进政府权力运行的标准化。政府权力运行需要规范化，重要手段就是标准化。例如，广东省在全省全面推广行政审批标准化工作，对受理范围、申请材料、审批条件、审批时限、审批流程等做出准确、具体、详尽的规定，同时简化办事程序与压减审批时限。

三是推进政府权力运行的智慧化。创新智慧服务模式，探索全流程网上办理的电子政务办理模式。例如，2014年3月，浙江省在全省范围内部署开展"四单一网"（即权力清单、责任清单、负面清单、部门专项资金管理清单和政务服务网)工作;政府服务网是"四张清单"的展示平台,也是全国首个实现省市县一体化建设与管理的网上政务服务平台,它集行政审批、便民服务、政务公开、效能监察和互动交流等功能于一体,通过权力事项集中进驻、网上服务集中提供、信息资源集中共享,着力打造政府权力公开规范透明运行的智慧政府。

四是推进行政权力监督与群众参与的智慧化。与政府权力清单制度相配套,在建立网上办事大厅的同时,要公布每项权力的办事流程、办理时限、处罚标准和监督举报渠道,开展电子监察系统在线监督,根据电子监察平台的运行结果,对行政不作为、拖沓履职者进行责任追究,形成立体化的监督体系。应强化公众参与。

(本文原载于《中国党政干部论坛》2015年12月6日)

大市场严监管

基层政府推行权力清单制度遭遇诸多困境

赵 勇[*]

党的十八届四中全会决定强调，推行政府权力清单制度，坚决消除权力设租寻租空间。一段时间以来，基层政府（主要指市级以下的地方政府，例如北京市东城区、上海市杨浦区，浙江省富阳县等）进行了权力清单制度的探索。总体而言，基层政府推行权力清单制度仍处于试点阶段。

一、基层政府推行权力清单制度的困境

分析基层政府目前推行权力清单制度的具体做法，可以发现主要面临以下几个方面的困境：

1. 权力划分依据和标准界限不够清晰，导致分类推行权力清单制度操作性不强。目前上海杨浦区在"清权"阶段将行政权力划分为行政审批、行政处罚等八大类，这种划分方法以《行政许可法》为依据，具有一定的权威性，但这种分类方法概括性不强，种类有点多，导致操作性方面略显不足。调研发现，实践过程中，存在划分界限不清晰、划分时有重复的问题，一些部门常常困惑如何将各种具体的行政权力对应于上述八类，从而导致分类梳理行政权力难以推进；同时，部分基层单位在具体分析自身所承担职能时不能区分行政管理和公共服务职能，对于为民众和社会提供公共服务类的职责不知道该如何归类。

2. 推行权力清单制度的主体权威性不足。目前，基层政府权力清单制度的推行往往是由政府自身牵头进行。例如，杨浦区由隶属于编制办公

---

[*] 赵勇，上海市委党校公共管理教研部副主任。

室的"审改办"牵头推行权力清单制度，吸纳了政府法制部门参与"确权"等相关工作，并由各级政府最终确权。这便于工作的推进和开展。然而，必须清楚地看到，将各级人民代表大会作为推进权力清单制度的主体是人民当家作主的必然体现，也是提高合法性基础的必然要求。政府部门自我制定权力清单，会使推行权力清单制度陷入权力自我认定、自我裁量的法理怪圈，使权力清单制度的权威性和合法性方面有所不足。

3. 权力清单制度与相关法律法规的衔接配套性有待提高。总体而言，基层政府推行的权力清单与相关法律法规配套性较高，但也必须看到，一些基层政府探索建立的权力清单制度在保证制度弹性方面还有些不足，有些政府行为仅仅依据相关部门发布的红头文件，而没有国家法律、法规和规章方面的依据，缺乏充足的法律支撑和保障。与此同时，分析现有公开的权力清单，一些权力清单存在"上下"、"左右"不一致的状况，这种不一致有的体现在公开的形式上，有的体现在公开的内容上。例如，从公布的事项内容上看，北京市东城区公布的权力清单中行政许可事项为416项，而相邻西城区则仅为223项。而上海市杨浦区公开的行政审批项目为514项，这种不一致会影响权力实际运行的效果，削弱权力清单的权威性。

4. 权力清单制度设计的精细化程度有待加强。目前，基层政府的相关改革探索规定了"清权"、"确权"、"配权"、"晒权"、"制权"的推行权力清单制度流程，但精细化程度仍有待加强。比如，在清权、确权阶段，如何通过严格、合理的程序规定保证包括政府部门和行政相对人等各方面利益得以表达，保证确权的科学性方面还略显不足。在配权阶段，一些政府部门制度设计时主要考虑如何促进经济发展，考虑服务企业、服务项目建设较多，而着力于服务民众方面不够。在晒权阶段，一些部门只是公开审批事项，但没有公开相应的程序和时限要求。并且，将全部梳理出的5 000多项权力全部晒出可能有法律风险并且成本也较高，在哪些权力可以先晒，哪些权力应当后晒，如何实现权力清单的动态管理等方面缺乏明确而清晰的规定。

5. 推行权力清单制度的动力不足。目前，中央对推行权力清单制度有明确的要求。然而，一些基层政府部门存在上层推进权力清单制度的热情较高，而部分中层和基层公务员对推行权力清单制度积极性不高，不愿意、不主动参与权力清单制度建设的现象。一些公务员认为推行权力清制度会人为地增加工作量,并且会带来工作上的束缚,给工作带来不便;一些公务员不愿将自己的审批权公开,使权力受到社会的监督和制约。

二、基层政府进一步推行权力清单制度的对策建议

1. 将公共权力划分为行政服务、项目运作和政策管制,提高权力清单制度的操作性。建议将公共权力划分为行政服务、项目运作和政策管制,并以此为基础对权力进行梳理。一方面,这种划分标准只包括三个种类,方便基层政府部门对照和统计公共权力;另一方面,这种划分标准界限相对比较清晰,有利于基层政府部门梳理公共权力。所谓行政服务,即政府为市场主体和自然人所提供的各类辅助性办事服务。所谓运作项目,即政府通过财政预算的方式设立各类项目(包括各类转移性支付项目),以满足民众公共服务需求、促进经济与社会发展、维护公共安全等目的。所谓管制政策,即政府运用国家强制力允许或禁止经济与社会领域的某些活动行为。建议以上述三类标准为依据从上到下逐级梳理政府及其部门的职责和权力,做到对政府的各项权力心中有数,全面掌握。

2. 形成科学、合理、标准化的确权流程,保证权力清单制度的法治性和权威性。建议组成包括人大代表、行政相对人、政府部门负责人、科研院校专家等多方面的"综合型确权委员会",将之作为确权的重要主体,采用"两下两上+评审+终审"的确权模式,以保证意见的全面性、确权的公开性和公平性。具体地说,所谓的第一次"下",是指动员各部门清理自身行政权力,并填好行政权力统计表、权力运行流程表、权力运行风险控制表,做到自我梳理;所谓的第一次"上",是指政府法制部门根据各部门提交的行政权力统计表查找法律依据,对各部门行政权力进行分析和甄别,同时提交给确权委员会,形成确权的初步评审意见;第二次"下",是指将关于权力清单的意见反馈给各部门,各部门根据意见进行修改;在此基础上,再次组织确权委员会终审确认修改过的权力清单,此为第二次"上"。在确权过程中,应将权力清单交由人民代表大会审议,将人大对权力清单中权力事项的确认作为推行权力清单制度的最重要、最关键和最终的环节。

3. 以行政相对人为核心,以流程再造为着眼点,促进政府部门合理

配权,提高行政效能,体现整体性。政府推行权力清单的最终落脚点是更好地履行政府职能,要以提升政府工作效率为着眼点,通过优化工作流程实现权力运行方式的改变。具体而言,可以权力清单为基础依法对流程进行梳理,打造信息化平台,明晰各个政府部门的职责,进一步提高行政审批的标准化水平,结合电子政府建设,打造政府权力运行信息化平台,对权力清单所列的权力事项进行编码,以行政相对人为核心和基础设计一套易操作、可监督的网上运行系统。为政府权力高效运行、政府部门相互监督以及社会监督政府权力运行提供基础型条件,更好地实现"配权",打造"整体性政府"。

4. 将权力清单分为"需要对社会公开"和"需要对内公开"两部分,逐步扩大对社会公开的清单范围、缩小对内公开的清单范围,实现权力清单的动态管理,体现公开性。建议在公开过程中,按"需要对内公开"和"需要对社会公开"的标准将各项权力逐一对号入座,并对社会公开。在现阶段,按照行政相对人的需求,将"公权力大、公益性强、公众关注度高"的,法律法规规定比较明确的,涉及行政服务、项目运作和政策管制方面的权力设定为"需要对社会公开",将另外部分纳入"需要对内公开"的范畴。划入"需要对社会公开"的权力通过政府网站或新闻媒体对公众公开。同时,每年根据法律法规对公开的权力清单进行梳理,逐步扩大"需要对社会公开"的范围,不断缩小"需要对内公开"的范围,实现权力清单的动态管理。

5. 强化宣传和教育,提升基层政府各级公务员推行权力清单制度的积极性和主动性。

6. 既重视将权力"入单",又强调对社会"晒单",还能够"按单"行使权力和制约权力,形成体系,体现监督性。尽量将公共权力"入单"。注意权力清单和相关法律法规的衔接性和配套性。建立配套的监督和奖惩机制,形成包括责任主体、责任类型、责任大小等方面的责任清单;以电子政府建设为基础,打造包括"一口受理、电子监察"的信息化平台,引入相互监督机制和社会监督机制,从而使政府部门"按单"行使和制约权力,实现权力清单制度的设计目标。

(2015 年 3 月于上海)

大市场严监管

"权力清单"的三个挑战

祁凡骅[*]

"权力清单",是指政府及其部门在对其所行使的公共权力进行全面梳理的基础上,将职权目录、法律依据、运行程序等以图表或文字的形式列举出来,向社会公开明示,并依此作为政府及工作部门行政行为的规范。

2014年,"权力清单"制度在中国的展开呈现出了"中央垂范、地方跟随"的局面。党的十八届三中全会审议通过的《中共中央关于全面深化改革若干重大问题的决定》明确提出,推动地方各级政府及其工作部门"权力清单"制度,依法公开权力运行流程。"权力清单"成为各级政府治理变革的首选工具。

"权力清单"制度的推行,开启了中国政府治理现代化的征程,但政府治理现代化的征程不会是坦途一片,必然会遇到各种各样的挑战。其中最需要担心的是,如何避免"权力清单"单兵推进,其他领域迟疑滞后,进而造成"权力清单"制度效果不及预期,甚至落入传统变革的臼巢。解决这一问题的关键是消除治理的非协同性。与"权力清单"制度密切关联的协同性挑战主要来自三个方面:

一、政治与行政的协同性

在中国,政治与行政是分不开的。中国共产党的各级领导同时也领导各级政府的整体工作。政府的行政首脑通常也是党的领导集体的一员。政

---

[*] 祁凡骅,中国人民大学国家治理研究院副院长。

府系统改革措施必定是党的领导集体一致的决策。因此，在战略层面，政治与行政很容易达成协同。但是在微观运行层面，政治系统和行政系统并不是总能做到协同一致。党有党的独立机构体系和运行机制。党通过党组织和党员个体来实现政治领导。行政通过行政官僚系统来推进各项政策，实现对公共事务的管理。行政机构实施"权力清单"，做到清单之外无权力。而党的机构没有"权力清单"，党的领导通过党组织和党员实现全覆盖。党的组织和行政组织在这点上就没有达到协同。政府推崇"法无授权不可为"，而党的组织又主要是靠文件来部署、落实各项工作的。在中国的政治文化中，政治高于行政，政治事项必然优先于行政事项，行政须为政治让路。尽管文件的规范程度常常无法与法律齐肩，但党的文件权威高于行政法规的权威。当党的文件要求与法律的规范不一致时，冲突自然而生。在我国，党的强大政治动员能力是我们独特的政治优势，同时也是行政变革的强力后盾。但政治治理与政府治理运行方式的协同性，会直接决定"权力清单"制度的执行深度。

二、政府系统层级间的协同性

"权力清单"制度的成功实施有赖于政府整体性的协同与努力。目前，行政层级间存在两个协同性问题：

1. 如何激励地方政府效仿中央政府，大幅度地消减行政审批权力。近年来，中央做了率先垂范，树立了良好的标杆。而地方政府有争先的，也有观望的。目前，与中央政府"权力清单"精神一致的省级"权力清单"数量有限，全面推进的仅有浙江和安徽两个省份，并且浙江的"权力清单"与中央政府的理念并不完全合拍，其"权力清单"中还保留了大量的非行政许可审批权。上海自贸区的负面"权力清单"具有示范意义，但整个上海市的"权力清单"还在酝酿之中。其他的省份还处于观望阶段。这说明，对政府自身的权力进行消减，做起来是有难度的。政治上与中央保持一致，这是约束地方的一项因素，其他的激励因素呢？

2. 如何保障各级政府的公务人员能够从过去的审批管理模式，转换为现代的服务治理模式。以"权力清单"为代表的政府治理模式的转变，不是为了削弱政府,而是为了政府更为有效。政府需要从过去的划桨转为掌舵,从过去的管理转为服务,去重新规范市场。其行为方式、办事流程、绩效评价机制都要随之变化。这种变化看似轻松实则是巨大的跨越。这对广大公务人员提出了新的能力要求,不得不说是一种巨大的挑战。假如公务人员的能力不能适应政府变革的要求,那么,政府整体的治理能力也会受到掣肘。所以,公务人员能力与政府治理模式的协同性也必须引起决策部门的充分重视。

三、政府与社会的协同性

"权力清单"模式变革的核心是政府与市场关系,是政府缩权及对市场扩权的变化,这一变化是21世纪国际治理变迁的潮流之一。公共事务的治理从政府唯一中心变为政府、非营利组织、民众、企业等多中心。政府与社会主体的关系由原来的管辖与被管辖关系转为平等共治的伙伴关系。政府权力收缩之后,其让渡出的权力空间会被非营利组织、企业、民众所分享。特别是非营利组织、自治组织将在市场规范和公共事务管理中扮演重要的角色。但非营利组织在我国的发展才刚刚起步,自身的管理都不够成熟,更遑论承担公共事务管理的责任了。中国的事业单位改革将会促使现在的一部分事业单位转化为非营利组织,能充实和壮大非营利组织的队伍。但是,事业单位原来是行政机关化的运作与管理体制,将在多大程度上能够成功转化为非营利组织仍然需要等待与观察,目前还无法担当起协调市场、规范市场、服务市场的功能。假如市场秩序出现了紊乱,民众可能延续传统的思维,希望政府更多地干预以解决燃眉之急。这时候体制的恢复机制就会发动,治理模式也会出现反复。所以,我们应当认识到政府放权之后,社会和市场的自治能力有一个培育和发展的过程,双方不是无缝衔接,是非协同的。如何安然渡过这一非协同期,对"权力清单"制度的成功落实同样是一个不可忽视的考验。

总之,新的一届中央政府将"权力清单"制度作为政府治理改革的突破口,重新厘定政府和市场之间的关系,给社会和市场更多的空间,激发市场创新增长的活力。这一治理工具的选择,打破了过去行政审批权力事项边减边增的无限重复循环,推动了政府治理模式向服务型政府的转变。在这一转变过程中，只要耐心处理好政治与行政、行政层级之间、政府与社会这三个协同性问题，通过协同治理、整体性政府来深化"权力清单"制度所着力的变革，一幅透明政府、责任政府、法治政府、有效政府的"国画"正在向世界徐徐展开。

（本文原载于《领导文萃》2015年第17期）

大市场严监管

建立保障权力清单制度顺利运行的配套制度

蓝蔚青[*]

一、建立依法支撑权力清单的制度

我国的立法权大部分集中在中央，各级地方政府的法定权力大部分是自上而下授权的。因此，权力清单制度的全面推行，有赖于在国家层面上建立权力清单制度。建议中央在进一步推进依法治国的进程中，总结先行地区的探索经验，统一组织对全国性的各种作为政府权力依据的规范性文件的全面清理，对不适应全面深化改革新形势、没有法律法规规章依据、相互矛盾冲突、维护部门利益的条文依法进行修改或废止。在此基础上，建立国家层面的权力清单制度。

在省级政府的法定权限内，也需要建立依法调整权力事项的制度。对于不合理又无法律法规规章依据的权力事项，应该通过梳理职权清单全部废止。其中原来由省级部门发文授权的，建议由发文部门予以废止。由国务院有关部门下文授权的，建议由相关省级职能部门提出废止或修改的意见，经法制部门审核，与国务院有关部门沟通协商后，由省政府决定废止。为了提高效率，建议由省政府成批下文公布废止的条款。对于合法不合理和合理不合法的权力事项，应该按立法权限和法定程序使"法"向"理"靠拢。对于需要修改、补充或废止的相关地方性法规，建议由省法

---

[*] 蓝蔚青，浙江省公共政策研究院副院长。

制部门汇总后报省人大常委会按法定程序讨论修改。

近些年来,对于重大问题由地方党委作出决定并对相关部门提出要求,然后由地方政府研究制定实施意见,分解任务责任,向相关部门授权,已成为常用的领导方法。但一些地方依法授权的意识不强,缺少必要的法律程序,以致有部分授权没有法律依据。建议对于法律程序不够完备的为阶段性中心工作服务的授权,其中时效较长的,通过法定程序予以追认;时效性较短的作为过渡性现象处理,不列入职权清单,但允许继续行使到各项工作完成。

按照依法治国的根本要求,今后涉及增设或调整政府部门权力的事项,必须首先找到法律依据。如果在现行法律法规和行政规章中找不到依据,必须排除违反现行法律法规和行政规章的可能性,然后按照法定程序向相关部门授权。如果深化改革必须突破现行法律法规和行政规章,在地方立法权限内的事项必须经过法定程序立改废,超出地方立法权限的必须取得中央的授权。

二、建立权力清单动态调整制度

改革只有进行时,没有完成时。况且实现国家治理体系和治理能力现代化是整个现代化事业中最为艰巨的任务,行政体制改革与其他领域的改革存在紧密互动的关系。因此,政府权力的调整是一个长期的过程,也是一个法治化程度很高的过程。这就需要建立权力清单动态调整制度,适应经济社会发展和转型的进程,根据执法依据和政府职能等的变化,及时对权力清单进行调整,按规定程序确认公布,确保权力清单科学有效、与时俱进,确保对政府职权管理的科学化、规范化、法制化、精细化。

三、建立行政权力运行流程优化制度

权力配置和权力运行是权力清单制度的两翼。随着治理理念的转变、人员素质的提高、治理能力的增强、信息技术的不断进步和广泛运用,行政权力运行流程具有很大的改善空间。要按照规范运行、技术先进、便民高效、公开透明的要求,建立行政权力运行流程优化制度,整合网上网下，减少办事环节，压缩办理时限，简化办事手续，降低办事成本，实现全程公示，"让数据代替百姓跑路"，进而实现用户终端多样化，操作界面简约化、便捷化、人性化的一站式。并用电子政务系统设定的程序规范行政权力运行流程，切实提高权力运行效益，确保权力行使公平公正、依规合法。

四、建立和完善事中事后监管制度

过去，政府的很大一部分精力用于事前审批，造成活力、效率和秩序三败俱伤。因此应将这种重审批轻监管的管理模式转变为宽进严管的模式，把政府部门的主要精力放在事中事后的监管上。同时实行负面清单制度，对市场主体实行"法无禁止即自由"，充分发挥市场机制"适者生存，不适者淘汰"的作用，政府集中精力管好经过竞争生存下来的主体，这样就有条件对政府管理部门实行严格的问责制，通过有效的管理保证管理对象合规守法，有序运行。要确保监管真正到位，力求使监管可操作、可监督、可追溯，把上下级政府从职权同构变为监督者与执行者的关系，克服权力下放后容易出现的熟人社会和"领导个人说了算"对依法行政的干扰，健全违法行政责任追究制度，强化对行政不作为、乱作为的问责。完善问责程序，公开问责过程，明确问责主体和对象，对涉及多个部门的事项制定责任清单，增强行政问责的可操作性。

五、创新事业单位和社会组织管理制度

政府公共服务职能的转移需要"接盘"。但目前社会组织尚无能力成为政府转移职能的主要承接者，政府转移的公共服务职能相当一部分应该由事业单位来承载。这就需要加快推进事业单位分类改革，实现事业单位去行政化，发挥事业单位的人才优势。

原来依附于政府部门的各种协会在与政府完全脱钩、消除垄断地位后，依靠人才优势也可以承接一部分政府转移的职能。对于社会组织要培育和发育相结合，政府既要支持，又要尊重社会组织自身发展的规律。必须通过立法来规范社会组织，同时赋予社会组织应有的责任，如评优升

级、资格评审、质量管理、价格认定等等。按照理顺政府与社会关系的要求，创新社会组织管理制度，加强社会组织培育和监管，提升社会组织承接政府职能转移的能力。

六、形成以权力清单工作撬动其他改革的机制

要实现权力清单制度的全覆盖。在基本确定县级部门权力清单之后，应适时开展乡镇人民政府和城区街道办事处的职权清理工作。在此过程中会涉及它们与城乡社区的关系。城乡社区自治组织只拥有自治权力，政府部门不能委托它们行使行政权力。对于委托社区履行的服务职能，也必须经过法定的委托程序，不能随意把政府部门的职责推卸给社区。

要结合推行权力清单制度、深化行政执法体制改革，实行行政执法权的横向整合、纵向下放，进一步完善行政执法的法规依据和执法流程，在管理部门和综合执法部门之间建立制度化的沟通渠道和执法"倒逼"管理机制。

要把推行权力清单制度与政府机构改革结合起来，根据部门权力的调整变化，调整优化政府机构设置，实行大部门体制，加快构建"权界清晰、分工合理、职能优化、编制精简、权责一致、运转高效、法治保障"的地方政府职能体系和组织体系。在政府大幅度放权的领域和层次，相应大幅度压缩机构编制，及时消除人浮于事现象，防止为保机构编制而揽权；在政府缺位的领域，应根据客观需要增加机构编制，使机构编制的配置与职责和工作量的调整相匹配。

建立在职公务员引流机制，通过人力资源管理部门的调配和政策引导，使公务员流向缺编部门和地区，同时清退政府机关的编外人员。通过职权体系、组织体系和人员结构的优化，更好地促进政府治理体系的优化，从而实现政府治理的现代化。

（摘自《中国行政体制改革报告（2014~2015）》，社会科学文献出版社2015年版）

从第三方评估看推进简政放权中存在的问题

王满传[*]

出于多方面的原因,两年来的简政放权,从改革的"最初一公里"到"最后一公里",均存在一些问题,影响改革效果。

一是一些部门和地方改革目标不明确。党中央、国务院明确了简政放权的方向和目标,就是要通过简政放权,加快转变政府职能,激发市场、社会的活力和创造力,发挥市场在资源配置中的决定性作用,发挥社会组织和人民群众的作用,发挥地方的积极性和就近管理、服务的优势,为保增长、调结构、促改革、防风险、惠民生提供体制机制保障。在推进简政放权中,一些部门和地方对改革的目标不清楚或理解不深,有些部门只是为了完成数量指标任务,有些地方没有把简政放权与本地经济社会发展实际结合起来,对于取消和下放行政审批等事项的依据、目的、可行性、预期效果等研究不深、考虑不细,表现出为"简"而简、为"放"而放的倾向。

二是改革进展不平衡。两年来,尽管各地各部门按照党中央、国务院的部署和要求实施简政放权,但不同部门、不同地区、不同领域取得的进展存在较大差异。有的国务院部门已减少70%以上的行政审批项目,另一些部门还不到50%;有的地方不仅大幅减少行政审批等事项,而且对保留的行政审批项目进行了清理规范,制定了明确的审批流程和标准,并向社会公开,另一些地方不仅减少的行政审批项目比例较小,而且存在大

---

[*] 王满传,中国行政体制改革研究会秘书长、国家行政学院教授。

量以"红头文件"形式设定的行政审批项目；与经济相关领域的行政审批事项减少幅度较大，而社会领域行政审批事项还有较大精简空间。

三是横向配套不够。有些事务涉及多个部门相互关联的管理权。只有这些部门同步推进改革，取消或下放相互关联的管理权，才能达到预期改革目标和效果。在2013年和2014年的简政放权中，由于不同部门改革进展不平衡、相互之间沟通协调不足，有的部门取消或下放了某项行政审批项目，但由另外部门实施的相关联的行政审批项目没有取消或下放，导致前者取消或下放的行政审批项目难以真正落地。如有的方面投资审批权下放到地方，但土地使用审批权、规划权没有下放，地方还是不能自主决定投资项目。

四是纵向联动不够。有些行政审批项目，国务院决定取消或下放，但一些地方没有真正落实，造成"中梗阻"现象。对于有的项目，一些地方以尚未出台配套衔接办法或担心监管跟不上为由，没有及时落实；有的项目，一些地方表面上按要求取消或下放了，但以"备案"等形式保留着，或者地方自行设定的相关联审批项目没取消或下放，导致国务院取消或下放行政审批项目失去意义。

五是法律法规滞后。政府部门现有的很多行政管理权是由法律法规赋予的，取消和下放这些行政权力需要修订相应法律法规。由于修订法律法规需要经过法定程序，一些简政放权改革措施受到法律法规滞后的制约。如国务院决定取消民办学校校长聘任的审批，但《民办教育促进法》第二十三条规定，民办学校参照同级同类公办学校校长任职的条件聘任校长，这实际上就要求对民办学校校长聘任进行审批。

六是监管能力跟不上。长期以来，政府部门和人员习惯于通过行政审批实施管理。取消、下放行政审批项目后，不少部门对于如何管理比较迷茫。有的人员观念没能及时转变，有的部门监管力量不足，有的地方缺乏相应的监管设备和手段。简政放权后，监管意识增强但监管能力不足在很多地方和基层比较普遍。

（摘自《中国行政体制改革报告（2014~2015）》，社会科学文献出版社2015年版）

大市场严监管

权力结构改革与监察体制改革

李永忠[*]

30多年经济体制改革大刀阔斧，政治体制改革步履蹒跚，由此不但形成"四大危险"，而且造成两极分化严重、党群关系疏离、干群关系紧张、腐败"越演越烈"。为了冲出党建危局、突破治国困局、打破反腐僵局，党的十八大后，习近平总书记提出了"四个全面"战略布局，并明确提出"形成科学的权力结构"的政改目标。30多年改革开放的经验证明，经济体制改革的重音，在调结构；政治体制改革的重音，同样在调结构。

党的十八届六中全会闭会后十天，2016年11月7日，中央纪委网站上发布了一条重磅消息："事关全局的重大政治改革"——《关于在北京市、山西省、浙江省开展国家监察体制改革试点方案》正式公布。"深化国家监察体制改革的目标，是建立党统一领导下的国家反腐败工作机构。"通过三省市改革，"从体制机制、制度建设上先行先试、探索实践"，"实现对行使公权力的公职人员监察全面覆盖"。这是改革开放30多年来最重大的政治体制改革，也是深入开展反腐败斗争、全面从严治党最重大的举措，还是由同体监督转向异体监督、由治标为主转向治本为主、由权力反腐转向制度反腐、并通过改革"形成科学的权力结构"的最重大利好。

我以为，治理体系现代化，主要是形成科学的权力结构；治理能力现代化，主要是改革选人用人体制。通过深化国家监察体制改革的试点先行，改革权力结构，从而推动"党和国家领导制度改革"，形成科学的权

---

[*] 李永忠，中国纪检监察学院原副院长。

力结构,"重构政治生态"。

　　监察体制改革,就是将原隶属于各级政府(行政机关)的监察部门(行政监察),调整为由人民代表大会(立法机关)产生的监察机关(既同行政机关并列,又要监督行政机关,也即监察行政;还要对"所有行使公权力的公职人员依法实施监察",即国家监察)。监察体制改革,作为"事关全局的重大政治改革",就在于它"事关全局"在"党和国家领导制度改革"(邓小平语)的突破口。如果用一句话概括——就是变苏联模式的同体监督,为中国特色的异体监督。深化国家监察体制改革的目的是完善党和国家的自我监督。

　　多年来的实践探索和理论研究,使我深知,由同体监督转向异体监督,需要选择突破口。在党代会常任制未能取得实质性进展前,党内的决策、执行、监督分权难,而变行政监察为监察行政易。三省市改革试点,就性质而言,它是由同体监督转向异体监督的重大政治举措。近20年巡视组作为异体监督日积月累的量的积累,发展为质的巨变——变行政监察的同体监督,为国家监察的异体监督。这三省市"由省(市)人民代表大会产生省(市)监察委员会,作为行使国家监察职能的专责机关"。新成立的国家监察委员会,是从政治领域摈弃"苏联模式"的分权试点,因此被称为"事关全局的重大政治改革"。

　　三省市改革试点,就体系来说,它是破解碎片化难题的重要制度保障。建立党统一领导、全面领导的监察体系,是为解决过去监督体系和反腐败体系碎片化的问题。一是立足于战略布局的高度,加强党对反腐败工作的统一领导,实现全面深化改革、全面依法治国和全面从严治党的有机统一。二是着眼于战役合成的宽度,纪委与监委合署办公,实现对所有行使公权力的公职人员的监察全覆盖。三是着手于战术突破的角度,整合各类监督资源、办案手段,实现优势互补。

　　三省市改革试点,就力量来讲,会产生1+1大于2的整体效应。过去各种监督力量、反腐手段分散在纪委、监察、检察、审计等有关机关及部门,形成监督、反腐谁都有责任,但谁也无责任的"九龙治水"格局。三省市试点,通过整合行政监察、预防腐败和检察机关查处贪污贿赂、失职渎职以及预防职务犯罪等工作力量,先完成检察机关反贪等部门的转隶,推动人员融合和工作流程磨合。监察委员会履行监督、调查、处置职责，与执法、司法机关有机衔接、相互制衡，实现依规治党和依法治国有机统一。

设立监察委员会既是事关全局的重大政治改革，也是国家权力结构改革的重大举措，必须创造性地开展工作，实现内涵发展。

一是强干弱枝。通过改革，省、县两级主干上的监察委员会的力量要增多并加强，支线上的监察力量能并的并，能合的合，能减的减，能裁的裁。

二是强法弱纪。通过合署后纪委与监察的合理分工，纪委执纪要强，执法要弱；监察执法要强，执纪要弱。既体现纪委作为党内监督的专责机关，纪在法前，抓早抓小，把纪律挺在前面的职责；又能够加强监察机关查办违法犯罪案件的力量，增加执法的手段。

三是强前弱后。既要加强办案力量，还要加大信息情报的及时搜集汇总整理，从而让监督前置，办案紧随，形成反腐的利剑。

敢于拿出包括直辖市在内的三个省来作政改试点，既体现了中央决心大、力度大，也体现了中央更大的政治勇气和更大的政治智慧。2015年6月5日上午，习近平主持召开中央全面深化改革领导小组第十三次会议并发表重要讲话，强调"试点是改革的重要任务，更是改革的重要方法""试点能否迈开步子、蹚出路子，直接关系改革成效"。他指出，"要牢固树立改革全局观，顶层设计要立足全局，基层探索要观照全局，大胆探索，积极作为，发挥好试点对全局性改革的示范、突破、带动作用。"

综上所述，监察体制改革，是为了"建立集中统一、权威高效的监察体系"，但却不会仅限于加强反贪的手段，也不会止步于整合反腐的资源，甚或追求纪委监察不断的扩权。因为作为"事关全局的重大政治体制改革"，要实现对"所有行使公权力的公职人员"的监督全覆盖，必须在政治领域坚决摒弃苏联模式，必须形成科学的权力结构和合理的选人用人体制，必须通过政治体制改革，让制度真正发挥制衡作用。

如何在三省市的试点中，突出建立健全反腐败机构这个实质，落实加强党对反腐败工作的统一领导这个要求，让制度真正发挥制衡作用，完成对"所有行使公权力的公职人员依法实施监察"这项任务，实现"形成科学的权力结构""重构政治生态"这个重大政改目标，必须鼓励三省市大胆探索，积极创新，勇于拼搏；敢于试错，能够容错，及时纠错；不拘一格，推陈出新，优胜劣汰。

　　监察体制改革试点的难度系数，绝不亚于当年的小岗村、凤阳县、安徽、四川的包产到户试点和深圳等经济体制改革特区。因此，从某种意义上讲，解放思想比顶层设计重要，自选动作比规定动作重要，两个积极性比一个积极性重要，三个臭皮匠比一个诸葛亮重要，允许失误比只许成功重要……

（本文原载于《国家行政学院学报》2017年第2期）

第四篇

产权保护——市场建设的基石

健全以公平和效率为核心原则的产权保护制度,加强对各种所有制经济产权的平等保护,事关改革开放大局和经济社会的长远可持续发展,是我国加快经济体制改革,完善社会主义市场经济体制的一项重要战略任务,也是当前扭转经济下滑势头并促进经济增长的关键性举措。

第四章

古典文献——佛教经典

构建有效保护产权的体制机制研究

刘现伟　王琛伟　李红娟[*]

一、产权理论基础及概念界定

(一) 西方产权理论的核心是提高经济效率

产权概念早在古典经济学时代就已出现，但由于时代背景、社会环境、分析方法等因素限制，直到 20 世纪 50 年代，才由科斯等人引入经济活动分析。科斯（1937）发表的《企业的性质》一文，被公认为是西方产权理论的开山之作，科斯也被认为是西方产权理论的鼻祖。此后，科斯的追随者德姆塞茨、阿尔钦、张五常、威廉姆森、诺斯、舒尔茨等人丰富和发展了产权理论，形成了理论体系，并逐渐独立出来一门学科——产权经济学。以科斯为代表，西方产权理论从降低社会交易成本的角度分析产权理论的演化过程，指出产权演化的最终目的在于降低交易成本。交易成本分析是科斯理论的核心。

科斯（1960）发表的《社会成本问题》中，提出了与传统解决外部经济性问题不同的见解。在科斯看来，产权的关键问题就是权衡哪个损害更严重，把不受损害的权利给予能带来更大产值的一方。在降低交易成本的各种工具中，产权保护的效果最明显，由于产权保护能避免"搭便车"现象，使物权归属得以明晰，因而建立在明晰产权基础上的市场交易行为，能避免不必要的费用支出，提高交易效率，降低社会整体交易成本。

---

[*] 刘现伟、王琛伟、李红娟，国家发改委经济体制与管理研究所研究人员。

科斯理论的政策建议，在于明确界定产权归属，实施产权保护，增加交易数量，提高经济运行效率，进而推动经济发展。

以科斯的理论为基础，威廉姆森（1985）等人进一步发展出交易成本经济学，核心观点是市场运行及其资源配置是否有效取决于交易自由度的大小和交易成本的高低两大因素。布坎南（1986）强调所有权、法律制度对于制定和履行契约的重要性，认为对资源交换的过程实质上就是权利交换的过程。科斯、威廉姆森、张五常、德姆塞茨等人将交易费用引入经济分析，运用交易费用的概念解析企业的产生和规模的变动、解析土地合约的类型及其选择、解析产权的功能和变动等等，交易费用成为西方产权理论的核心。

（二）马克思产权理论的核心是所有制

近十多年来，我国一直流行一种观点，认为科斯有产权理论而马克思没有产权理论，只有所有制理论。实际上，S.佩乔维奇认为马克思是第一个提出产权理论的人。吴易风教授也曾就这一问题对《马克思恩格斯全集》做过系统研究，他的结论是，马克思不仅系统研究了复数形式的财产权或产权，而且研究了复数形式产权中所包含的各单项权利，包括所有权、占有权、使用权、支配权、经营权、索取权、继承权等一系列法的权利。

马克思产权理论主要是通过商品分析来寻找剩余价值的源泉，论证并揭示了资本主义社会中的不平等本质，指出不平等的源泉来自资产阶级对剩余价值的剥削，其研究结论在于指导无产阶级的阶级斗争。马克思产权理论的分析框架，是一个开放性分析框架。由于将人的全面发展和人力资源开发纳入分析范畴，就为国家及文化意识形态的嵌入提供了机会。马克思认为，所有制是指人们在生产过程中对物质资料的占有关系，不同所有制形式反映的是人与人之间不同的社会经济关系。而所有权则是所有制关系在法律上的表现，是一种法律范畴。因此，所有制形式决定了所有权的性质，随着所有制形式的变化，所有权关系也必然发生变化。所有权只有在一定的所有制基础上才能得以有效实现和保护。

随着信息社会的发展，文化意识、传统习俗等文化要素以及国家意识形态等都将影响产权演化进程，成为产权演化的重要动力，从而扩大了产权研究的范围。国家和文化意识对产权演化的影响，主要体现在产权概念内涵的扩大和产权保护的强度上。马克思理论认为产权是一个历史范畴，是随着生产力的发展水平及分工状况产生和发展的，生产力与生产关系、经济基础与上层建筑之间的矛盾是制度变迁的根本动因，所有制的变化是制度变迁的必然结果。

（三）产权概念界定及分类

从20世纪90年代开始，国内学者也开始对产权问题进行研究，力求为我国经济体制改革提供理论参考，我国产权理论源于马克思产权理论，同时也借鉴了西方产权理论，但理论研究尚未取得有效突破。林岗、张宇（2000）认为产权是一个历史范畴，其产生及演变必然会随生产力的发展而变化。所有制或产权问题在马克思那里首先是一个生产关系的概念，而不是交易概念，其核心思想是强调生产力对生产关系的决定作用，并指出随着生产力不断发展，社会主义公有制终将取代资本主义私有制。

综合西方产权理论和马克思产权理论的主要观点，以及国内一些学者的研究成果，在当前加强产权保护的大背景下，产权可以定义为以所有权为基础包括占有权、支配权、使用权、收益权和处置权等一系列权利在内的一组权利。在现代市场经济条件下，产权本质上是一个法律概念，它不是单一的某一个或者某一项权利，而是一个权利组合或者权力束。这个权利束中，丧失了任何一项权利，都可以认为产权不完整。当然这一组权利可以通过法律、契约等方式进行分割、分离或者重新配置，这种权利的原始配置方案和配置方式会对以后产权保护、交易效率产生重要影响。不合理的产权安排和保护制度，对导致经济社会运行的协调成本大大提高，资源交易、配置效率低下，即产生较高的制度性交易成本。

产权分类方法并不唯一，但最重要的分类方法是依据产权归属性质分类。根据我国现行有关法律规定，基于共有产权与私有产权的基本分类，我国产权主要包括国有产权、私有产权、集体产权、联营企业产权、股份制企业产权、港澳台胞产权、涉外产权及其他类型资产等八大类。但就其基本的所有制性质而言，各种产权基本都可以归属于国有产权、私有产权和集体产权三大类。本文对于产权保护体制机制的研究也主要集中于这三大类产权的保护问题。当然，这主要是指以所有制为基础划分的企业产权类别，数量庞大的各类公民个人产权或财产权，总体上可以归入私有产权类别。

二、我国产权保护制度存在的突出问题

（一）公共权力过大和滥用侵犯私人和集体产权

公共权力缺乏制度性、常态性约束，权力过大导致权力滥用，侵犯私人产权、集体产权。集体产权法律保护不力，非公产权保护不平等。在行政、司法实践中，各地普遍更加重视国有产权的法律保护，而集体产权和民营企业产权保护存在短板。法律上对于农村集体产权的认知较为模糊，土地产权主体界定不清，产权内容和性质确定，土地产权使用方式单一，对于土地权利的土地流转过程中农村的土地权益保护处于混沌状态和弱势地位。民营企业依靠法律手段维权能力较弱，地方政府忽视甚至漠视私有产权，司法实践中差别对待公私产权，私权在与公权的纠纷中往往处于劣势地位。根据本课题的调查研究，在民营企业财产权受到侵害主要来自于哪方面的问题上，在做出有效填答的322人中，55.28%认为侵权行为主要来自于其他市场主体，31.99%认为侵权行为来自于政府和司法机关等公权部门，还有少数企业家认为侵权行为来自于国有企业和社会民众。可见，在企业家看来，除了企业之间的侵权行为比较严重外，在一定程度上，政府和司法机关等公权部门对民营企业财产权利的侵害也比较严重。

政府在履行行政职能过程中，对于国有产权、集体产权和私人产权主体不能公平对待、一视同仁。在企业经营活动中，不同的经济主体实际上处于不同的地位，不利于非公经济，导致非公经济在市场竞争中权益实际受损。例如，在企业纠纷处理、破产清算过程中，公有经济往往比一般非公企业债权人享有优先清偿保障。税收、补贴、政策奖励、基金扶持等各种优惠政策、行政审批制度等不能平等对待非公经济。民营企业在贷款融资、政府资助项目、关键资源获取等方面不同程度地受到歧视。根据本课题调察数据，关于哪类企业的合法权利容易受到侵害的问题，在做出有效填答的387人中，69.7%认为个体工商户是易受侵害的企业类型，60.5%认为是民营企业，41.6%选择集体企业，21.6%选择国有企业，15.1%选

择外资企业。说明在广大老百姓看来，民营企业和个体工商户的合法权利最容易受到伤害，集体企业权益也容易受到侵害，相对来说外资企业和国有企业受到的侵害较少。

政府失信行为甚至为所欲为极易造成企业产权受损。有些地方"领导一换，政策就变，产权不稳"和地方保护的现象时有发生，政府公权力契约意识淡薄，政策稳定性、连续性和公平的市场环境、执法环境有待改善。例如，有些地方政府在招商引资过程中做出各种承诺，等企业投资进来后，就"关起门来打狗"，严重侵犯投资者权益。以宁波市为例，走出去投资的企业不计其数，但是鲜有成功案例。根据本课题调查数据，在政府哪些行为导致了企业财产权受到侵害的问题上，在做出有效填答的357人中，52.4%认为政府政策不稳定，45.9%认为政府基于维稳的原因牺牲企业利益，42.3%认为政府不能公正执法、行政不作为，31.1%认为政府不讲信用，可见企业家对于政府公权滥用、政策不稳定、政府失信等不当行为的反应都比较强烈。

（二）公共部门产权保护执法司法成本高、效率低

行政部门政出多门，多头执法，多头管理，无人负总责、负责到底。从实地调研反馈的情况来看，地方普遍反映基层执法人员永远不足，装备永远不够，执法、司法成本高、效率低的问题非常突出。同时，司法执行过程不规范、乱作为，执法不当和执法不到位导致民营企业产权受到侵犯。

一是执法随意性大，粗放执法、越权执法。例如，在定罪量刑之前，先采取人身强制措施，查封资产、后定罪导致企业财产重大损失。

二是在司法过程中的不当或者违法行为导致民营企业资产受损。

三是民营企业和企业家缺乏有效的司法救助渠道。立案难、胜诉难、执行难，在地方保护主义情形下尤为突出。在企业市场经营活动中，涉及产权、债权纠纷的过程中，依法处置涉案财产是维权的有效途径。但在实践中，由于行政干预司法、尤其是干预审判导致审判结果不公、执行不到位或根本不执行的现象，给企业造成了诸多不应有的经济损失。

根据本课题调查数据，在司法方面有哪些行为是企业财产权受到侵害的主要原因的问题上，在做出有效填答的351位企业家中，55%的人认为

在企业财产权受到其他市场主体侵害时,司法机关不作为、慢作为是企业财产权受到侵害的主要原因;47.3%认为在民企涉及官司时,司法行为不规范也导致了企业财产权受到侵害;44.2%认为民企与国企产生经济官司时,司法判决倾向于支持国企也是企业财产权受到侵害的原因。

可见,企业家对于司法机关不当行为、效率低的意见相当强烈,尤其是对于司法机关不作为、慢作为问题意见更加强烈。针对城镇居民,关于个人财产权利受到侵害的主要原因的问题,在做出有效填答的387人中,52.9%认为政府不作为或执法不严是主要原因,相对来说,只有36.4%的居民选择法律法规不健全,可见政府不作为或执法不严是公民财产权利受到侵害的最主要原因。

(三)公私产权界定模糊、权属不完整

国有产权、集体产权和私人产权等各类产权没有明确的界定。随着混合所有制改革的推进,企业日趋呈现投资主体多元化、产权结构复杂化的特征。现代企业制度在产权关系方面要求企业所有权及相关权利归属明确,权限清晰。而在实践中,尤其是在多层级的混合所有制企业中,企业产权属性复杂,往往难以准确区分各类产权的界限,企业法人治理结构不健全,容易导致国有资产流失。根据本课题的调查,在我国国有资产是否有流失的问题上,在做出有效填答的354位企业家中,63.84%认为存在国有资产流失的问题,但不普遍;26.27%认为存在大量流失现象。数据说明,绝大部分企业家都认为国有资产或多或少存在的流失问题,甚至有相当一部分企业家认为国有资产存在大量流失问题,加强国有资产监管、防止国有资产流失一刻也不能放松。

集体产权尤其是农村耕地、宅基地、经营建设用地产权权能划分过细、过多,而且权力界定不明确、灰色地带多,容易造成混乱。而且,对于集体经济组织来说,只有集体成员才能享有农村耕地承包权、宅基地使用权,权能不完整,不利于集体产权保护,以及产权功能的充分发挥,造成集体产权配置、利用效率低下。混合所有制企业、农村集体经济产权与个人产权、居民家庭产权、私营企业产权交织在一起,权利边界界定不明确,不仅导致个人和私人产权保护不力,受到侵害,而且国有和集体产权也始终面临被私人、内部人侵犯的风险。

(四)产权保护法律体系不完善,部门法、专项法律过多

国家的根本大法《宪法》,至今没有明确各类产权平等保护,私有产权、公民财产权平等保护、不可侵犯等内容,在宪法层面还没有完全承认各类产权的平等地位。与此对应,刑法、经济法等各专项法律对不同所有制的规定,甚至对不同所有制产权侵权犯罪的定罪量刑也存在明显差异,造成各类产权保护强度不同、标准不统一。宪法也没有明确对于知识产权的有效保护,知识产权等新的产权形式甚至没有列入宪法保护范围。

法律之间的衔接不够,执法权力部门分割,执法标准、尺度不一,力度不够。行政干预司法审判、司法审判不公现象造成非公经济产权受损。例如,与知识产权保护相关的部门包括新闻出版广播电视、工商、专利等众多部门,几乎每一个部门与部门业务密切相关的法律,包括《专利法》、《商标法》和《著作权法》等专门法律,执法部门分割,违法责任追究标准不统一,不同执法部门相互之间很难协调统一。

产权保护理念不适应新技术和商业形态的快速发展,法律适用不统一影响产权保护的进程。

一是由于立法对于产权保护的滞后和不完善,使新兴的企业无法有效通过法律保护自身的合法权益。例如,《投资法》的缺失造成民营企业对外投资产权普遍受损。

二是由于立法存在漏洞、司法尺度不一、侵权案件裁判标准不明确,在实践中,权利人无法通过法律获得预期的法律保护和风险提示,也给投机者提供了铤而走险的空间。

三是在法律体系中,对于产权相关概念和关系没有统一的界定和权利边界,使得创新无法得到有力的保护。

法律有关产权保护的很多条款需要修订和完善。如,《刑法》第二百一十六条规定假冒专利罪的适应性、实际操作性低,罪名形同虚设,至今尚无一例此类犯罪。《刑法》第二百一十九条侵犯商业秘密犯罪对于性质不同、主体身份不同、社会危害性不同的各种侵犯商业秘密的行为规定了同一罪名,对司法实践中罪行的认定造成难题。

（五）执法不严，侵权民事与刑事责任对接机制不畅

产权行政保护和刑事保护衔接不够通畅。

一是制度落实有待加强。全国各地产权保护行政执法与刑事执法以各种形式进行了衔接制度的确立，但是各方责任没有明确界定，受地方保护、部门利益驱动影响，行政执法与刑事司法之间移送不及时或不移送甚至"以罚代刑"问题仍存在。

二是行政执法与刑事司法机关之间存在信息不通畅。因信息共享机制缺失与信息交流受阻等问题存在，造成追究侵权责任难度增大。

三是行政执法与刑事执法司法证据上不能有效衔接。行政证据在刑事诉讼司法实践中的运用存在案件证据移送机制不完善、监督和责任追究机制不健全等问题。执法不严，对于侵权的刑事威慑力不足。罪名设置不合理，刑事案件立案少，个别侵权罪名甚至至今尚无一例犯罪。《刑法》第二百一十六条规定假冒专利罪的适应性、实际操作性低，罪名形同虚设，至今尚无一例此类犯罪。

产权行政保护与司法保护协同性不够，对法律适用认识存在偏差。

一是刑事司法地区之间协助不完善，现行管辖制度规定范围过窄影响打击力度。

二是上下法院之间的协同、司法机关与行政之间的衔接都有待进一步加强。

三是公安机关与检察机关、不同的行政区检、法机关对司法解释有关非法经营数额认定理解不一致，对法律适用不一致，导致具体适用标准不统一，司法困惑较大，影响了对此类犯罪的打击处理。

四是对司法鉴定缺乏统一规范，导致司法机关和行政机关对鉴定的结果认识不一致。

（六）个人和企业维权成本高、收益低，维权动力不足

取证难，审判周期长、判赔低，违法成本低、维权成本高一定程度上破坏了司法的稳定性和可预期性。例如，针对知识产权等侵权行为，侵权取证目前采取的方式是通过申请公证员对于侵权产品进行网上或现场购买公证。但是，由于法院人员不足和司法鉴定过多周期过长，延缓了知识产

权侵权司法审判的进程。在司法实践中,无论是商标侵权、著作侵权还是专利侵权普遍存在赔偿数额低的问题,各类知识产权案件在法院审理过程中,由于获赔数额较小,权利人缺乏通过诉讼手段制止侵权的动力,侵权人因为侵权成本低而获利高而不惜铤而走险反复多次制售侵权产品。知识产权维权需要支付的公正费用、律师费用、诉讼费用和鉴定费用等经常远远高于赔偿额,权利人经常会出现赢了官司亏了钱的尴尬处境,打击了被侵权人的维权信心。

市场主体之间,个人、企业之间缺乏惩罚性的侵权利益补偿机制,产权权利维护成本高,侵权成本低,对侵权行为形成正向激励,而对维权行为则是一种逆向激励。公权滥用造成财产权受损的问题,个人和企业普遍反映更是维权无门。本课题针对居民进行调查,通常哪些单位或个人会侵害个人财产权利,在做出有效填答的387人中,34.5%的人认为是政府部门或相关公职人员,可见政府权力部门及其工作人员对公民财产权利的侵害不容忽视。对个人财产权利受到侵害的主要原因进行调研,有47.4%选择个人维权成本太高,42.2%选择对侵权行为惩罚力度太小,个人维权成本高、对侵权行为惩罚力度低等是公民财产权利受到侵害的最主要原因。

(七)社会诚信缺失,产权保护意识淡薄

全社会以信用为基础的监管体制尚未建立起来,守信激励和失信惩戒机制尚不健全,守信激励不足,失信成本偏低。知识产权侵权、集体产权受损现象非常普遍,甚至习以为常、无所忌惮,社会诚信缺失,在制假售假集中区域,在农村地区,甚至没有任何监督和制约,为所欲为。全社会信用监管的作用尚未充分发挥,政府各部门之间的联合协作机制缺失,市场主体和个人失信成本较低,获得的不当收益反而较高,形成"逆向激励",不利于建立守信激励、失信惩戒的信用营商环境。政府信用监管政出多头,监管职能交叉重叠,合作共享机制不完善,部门之间缺乏协调配合,无法形成跨部门、跨领域的联合惩戒机制。信用约束机制亟需建立,企业申报信用信息的主动性不高,一方面是企业信用意识不高形成的,另一方面也是由于信用约束机制尚未真正建立。社会化、市场化征信机制、征信机构尚未形成,企业在实际经营活动中,对存在的失信行为没有感到

来自于信用中介机构、社会公众或相关部门的约束,没有形成"一处失信、处处受限"的信用约束机制。

社会化的信用评价和评级机制建设滞后。我国市场化、社会化的征信机制和征信机构尚没有发展起来,缺乏社会化的信用评价机制,缺乏社会信用评价对市场主体的约束和震慑作用。长期以来,工商部门发挥职能作用开展企业信用评比活动,例如"重合同守信用"企业、"诚信经营户"等评选,树立了一批典型,促进了诚信建设。但仍然存在以下问题:一是重行政管理信用,轻商务信用。主要考察企业是否遵守法律法规,而对企业商务信用,只进行书面审查或者以企业自报为准,认真核查不够。二是重定性评价,轻定量分析。多数是评委通过资料进行主观认定,缺乏量化指标分析,未能建立科学的数据分析模型,主观随意性较大。三是重工商行政管理领域,轻其他部门领域。主要考虑遵守工商行政法律法规情况,对法院、公安、税务、金融、环保、质检等部门信息参考较少,信用认定的基础不广泛。

三、产权保护体制机制构建思路与原则

(一)总体思路

从国内外理论和实践看,有效的产权保护体制机制包含两大核心要素:一是有效的行政管理体制,建设法制政府,依法执政、依法行政;二是完善法律和司法制度,建立相对独立的司法体制,确立法律和司法权威。我国构建有效的产权保护体制机制,也必须从这两大宏观体制机制入手,深入推进行政管理体制和法律司法体制改革,切实平等保护各类产权,进而充分发挥产权的激励功能、约束功能、资源配置功能和协调功能,激发各类市场主体的活力和创造力,提高资源配置效率,提升经济社会可持续发展能力。

同时,由于我国实行的是以公有制为主体,多种所有制经济共同发展的基本经济制度,经济社会产权关系比较复杂,为了真正实现平等保护,就必须要在行政和法制的各个方面加强顶层设计和统筹协调,综合平衡国有产权、集体产权和私有产权的平等保护问题,片面强调某一类产权的保

护,都有可能削弱对另一类产权的保护。因此,我国产权制度改革,在纵向上,要加强顶层设计和综合协调,加快行政管理体制改革,加强政府的产权保护之手,约束政府可能的产权侵害之手,同时要发挥法律和司法在产权保护中的核心地位,切实完善产权保护的法制基础。在横向上,要综合平衡、协调配合,完善各类专项法律制度,实现国有、集体、私有等各类产权的平等保护(见图1)。

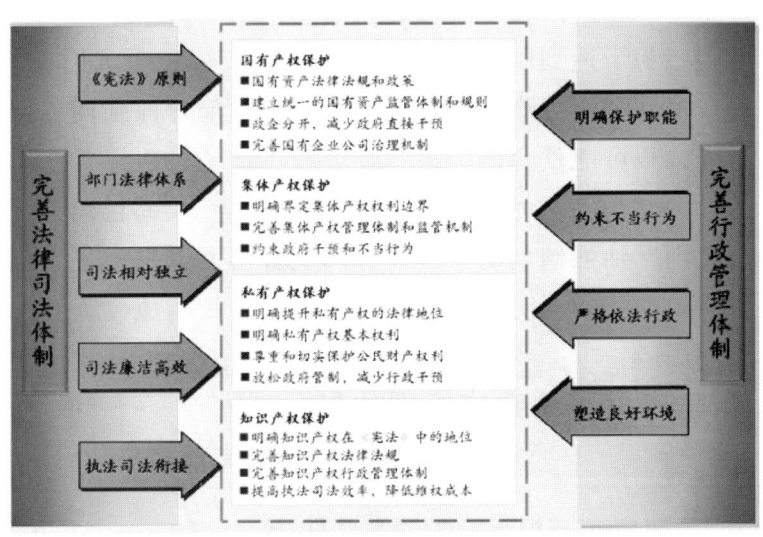

图1 产权保护体制机制构建思路框架

(二)基本原则

公平原则。我国在马克思产权理论指导下建立的产权制度,其核心是所有制,就是要在产权领域实现资本和劳动的有机结合,资本要为劳动者所有,为全体劳动者创造社会财富,进而实现人的全面自由发展。因此,我国的产权保护制度,首先要解决资本和劳动者之间的相对公平问题,避免和减少资本对劳动的过度剥削。坚持公平原则,就是要在企业或者资本产权与劳动者权利、公民权益的保护上,在私有产权与公有产权保护上,坚持公平公正公开透明,坚持公平协商,创造公平合理的产权保护环境。

效率原则。我国要建立社会主义市场经济,不断提高经济发展质量和效益,在产权保护方面就必须要充分发挥产权的激励、约束和资源配置功能,严格界定各类产权权利边界,明确产权权利范围,从根本上解决经济运行中产权制度不完善、产权界定模糊、制度性交易成本高的问题，进而提高资源配置和经济运行效率。

平等原则。各类性质不同的产权均在我国经济社会发展中发挥了重要作用，尽管产权主体不同，但都服务于社会主义制度目标，解放和发展生产力，创造社会财富，推动经济社会持续向前发展。坚持平等原则，就是要在宪法和法律层面，明确规定公有产权和私有产权的平等地位，明确私有产权同等法律地位，同样不可侵犯。

平衡原则。为了达到国有、集体、私有以及公民个人财产权的公平、平等保护，在构建和完善产权保护制度时，就不能片面强调加强某一类产权保护。否则，很可能就会伤害另一类产权主体的合法权益。历史上，我们这方面的教训有很多。为了达到平等保护各类产权的目标，就必须要坚持综合平衡原则，加强制度的顶层设计和统筹协调，平衡各方合法利益诉求，在保护某类产权的同时，避免对其他各类产权构成侵害。

四、完善产权保护政府管理体制

（一）明确政府在产权保护中的主要作用

理论上讲，政府在产权保护中的作用实际上是把"双刃剑"，一方面，政府要综合运用法律、制度等多种手段保护产权，即要加强制度约束，规范政府行为，公平保护各类产权，避免侵犯中小民营企业的利益和企业家的私有产权，维护公平交易和社会稳定。另一方面，政府出于经济利益和权利的考虑，在与企业及个人的博弈中，在一定程度又具有侵占企业及个人利益的倾向。现实中，公权力侵害产权的行为时有发生，例如政府违约、政策不稳定，有些公职人员不作为、乱作为，导致企业特别是民营企业产权和合法权益受到侵害；行政干预司法，司法行为不规范，在民营企业或企业主涉嫌违法案件办理中，企业和个人合法权益受到侵害。

因此，政府在保护产权方面发挥作用，核心还在于转变政府职能，一方面，收回不当干预的侵害之"手"，另一方面，又要伸出积极作为的保护之"手"。目的在于维护市场秩序，创造公平竞争的市场环境，培育适应市场竞争机制的市场主体。从我国实际情况看，改革开放三十多年来，我国产权制度历经多次变革，政府在这个过程中发挥了积极的主导和推动作用。总体来看，我国政府在保护产权方面，必须要继续限制和约束可能会侵害企业和公民产权的不当行为之手，同时，要积极承担起平等保护各类产权的有益之手。

（二）夯实产权保护的政府管理体制基础

很多产权侵权行为源于政府对非公、国有企业的管制，这种管制实际上是计划经济时代的产物，本质上是对微观经济主体市场行为的干预。在市场经济环境下，应妥善处理政府与企业、市场、社会之间的关系，将政府职能逐渐从管制向适应市场经济体制的宏观调控、公共服务、社会管理、市场监管转化，强化政府保护产权的公共服务职能，减少政府对各类产权活动的直接干预。

要完善产权保护制度和政策体系，健全有关产权保护的法律法规、规章制度、执行机构，以及执行产权保护的运行机制等。加强政府法治建设，完善行政立法，强调行政行为的法律授权，无论是投资领域的选择、行政审批的设定，还是间接调控手段的选择，都要有明确的法律规定。强化行为监督，健全立法监督、司法监督、机关内部监督、群众监督以及舆论监督在内的全方位监督机制，保证政府管理的主体合法、内容合法、程序合法、执行依法。

（三）严格约束政府行政权力

建设廉洁政府是构建产权保护政府管理体制，防止公权部门及其工作人员侵害企业产权的关键。要强化政府制度建设，突出行政权力制衡，打造健康的行政生态和官场文化，推动政府行为透明化、阳光化，严格控制行政权力对产权主体市场行为的不当干预。严格约束行政权力对市场活动的干预，大幅度减少政府直接配置资源的范围，严格限定政府定价范围。

构建非国有产权与国有产权平等保护机制，坚决打破所有制壁垒，凡涉及不同所有制企业的市场准入、市场监管、产权纠纷、利益分配等问题，都要制定相应措施，确保各类所有制企业地位和权益平等。减少和避免行政权力对司法活动的干预，确保司法机关在处理财产、合同及其他经济纠纷时，抛弃所有制偏见，对各类企业一视同仁，严格依据法律法规公平、公正裁决。

（四）构建完善、明晰的产权体系

很多情况下，企业产权得不到有效保护，源于企业本身就不是合格的产权主体，产权权属不清晰，产权权利、责任、义务不明确，产权得不到保护也只能委曲求全。因此，明确各类产权主体的产权权属至关重要。要深化各类产权主体的体制机制改革，建立产权明晰、权责对等的国有、私有、集体产权体系，强化产权所有者的主体地位。

深化各类产权改革，塑造合格产权主体。加快推进国企改革，深化企业人事、劳动、分配三项制度改革，推动建立现代企业制度，完善企业内部产权保护和监督机制。积极引导民营企业建立现代企业制度，探索民营经济在市场准入、监管、公平竞争等方面的配套改革措施，消除一切不利于公平竞争的体制机制障碍。完善农村集体产权制度，明确集体产权主体，强化村民小组的主体地位，畅通村民利益诉求表达渠道。同时，要建立规范的产权流转制度，强化政府对产权流转的监管。

五、健全产权保护法制体系

（一）明确法制在产权保护中的核心地位

产权是人们基本利益中最为重要的组成部分，产权保护为公民的劳动成果和智力成果提供了安全的保障。社会成员的基本利益得到了尊重和有效的保障，法治国家才能由下至上构建起来。产权保护法律制度的完善，是产权最有力、最基本的保护方式。有效的产权保护法律制度有助于增加市场交易主体的安全感和获得感，是市场经济健康发展和社会稳定的制度基础。市场经济所体现的核心本质是法治经济，公民的财产权和人身权等基本权利得到有效保障是建立现代法治国家的首要任务。

宪法是一切产权保护的法律制度基础。西方产权保护发达国家的宪法规定中，一般是将财产权的保护内容置于公民基本权利义务框架内，体现了宪法对于私有财产的重视与保障力度。我国宪法中，私有财产权制度仍然属于经济制度范畴，不属于基本权利体系，公民财产权保障规范的法律地位不合理。宪法对于公私财产的保护处于不平等状态，导致私有财产在整个法律体系中的劣势地位。

因此，必须把各类产权的法律保护提到国家战略的高度，从国家《宪法》、法律法规和中央政策上，高度重视产权保护法制化，突出法律和司法的核心地位和作用。从《宪法》上明确各类产权平等保护原则，加大私有产权和知识产权的保护力度，扩大产权保护的范围，建立违宪审查制度，通过宪法界定政府行政权力的行使范围和行使方式，审查没有严格遵循财产权保护的宪法原则及超越了宪法的授权范围、限制私有财产权的法律规定或政策。

（二）清理修改不利于平等保护产权的法律法规

在我国的立法体系中，对公有财产采用原则性保护，对私有财产则是非原则性保护。对于公私财产的保护采用非同等的保护原则在宪法、刑法、民法、行政法中，都有所体现，并且在具体法律法规条款设置中存在歧视私有财产权的问题。例如我国刑法对私有财产的保护和对公共财产的保护，从保护范围、适用标准到量刑幅度，做了区别对待。同样是侵犯财产权，但对侵犯私有财产和侵犯公共财产却区别对待，量刑不一。要促进非公经济的健康发展，首先要从法律政策上营造公平的营商环境，清理修改现有法律体系中不利于私有产权保护的法规政策，确保公民和非公有制企业法人财产权不受侵犯。

在法律体系中，要淡化所有制性质，平等对待和保护不同经济主体的产权，根据同股同权原则，构建实现股东投资平等、权利平等、收益分配平等的制度机制。增加补充和完善有利于建立平等、公正、公平的产权保护的法律条文和制度。根据国有产权和私有产权的性质不用，建立公私产权保护法律制度之间的协调机制。对国有产权实行以行政法和行政诉讼法等为主的法律保护制度，对私有产权（如民营企业）主要实行以民商法和民事诉讼法为主的法律保护制度。尽快制定颁布民法典，对各类所有制主体的产权实行一体保护，放弃对某类所有制财产的特殊保护。

（三）确保司法权威和司法机关廉洁高效

司法机关是"司法公正"理想的承担者与实践者，在权力配置中应该责权相称，如果不被赋予其充分的权力，就无以承担这一责任。司法机关在对产权纠纷案件审判中对当事人的权利义务产生直接影响，其审判结果直接关系到产权所有者的重大利益。如果在司法审判、司法执法中，司法机关受到了行政干预，那么它就必然无权威可言，更无法保障司法的公正性。享有相对独立地位的司法机关，在公众的尊重和信任下，将成为产权保护的重要力量。为了更好地保护产权，实现产权法治化，需要树立司法国家机关权威，确保司法机关相对独立，坚决防止不当行政干预。

确立司法权威首先必须坚持司法优先，引进司法审查原则。现代法治国家往往又被称为"司法国家"，司法承担着平衡国家权力和缓解公民权利冲突的重要作用。在处理公民财产权利问题时，应由司法机关对于行政机关的行政行为是否合法做出司法审查，以司法审查的方式阻断不合法的行政行为，保护公民的财产性权利。政府不得法外设定权力，没有法律规定和依据不得作出损害公民、法人和其他所有制合法权益或者增加其义务的决定。规范经济犯罪初查制度，对涉及民营企业的经济犯罪初查应履行与正式刑事立案一样的报批程序后才能进行调查工作。严格限制和禁止随意查询、扣押、冻结、处理涉案财产的行为。

（四）完善行政保护与司法保护衔接制度

目前我国产权行政保护与司法保护衔接不够通畅，有效监督机制尚未形成。各地在产权行政保护与司法保护制度衔接方面进各种形式的探索，但是各方责任没有明确界定，受地方保护、部门利益驱动影响等原因，产权行政保护与司法保护之间移送不及时或不移送，甚至"以罚代刑"问题仍存在。行政保护与司法保护之间信息共享机制缺失与信息交流受阻等问题，造成追究侵权责任难度增大。产权保护行政执法与司法执法证据上不能有效衔接。行政证据在刑事诉讼司法实践中的运用存在案件证据移送机制不完善、监督和责任追究机制不健全等问题。

要完善产权行政保护与司法保护衔接机制，进一步加强执法衔接和协作，探索行政机构与司法机构间合作沟通渠道和机制，建立联动产权保护维权方案，完善产权保护维权司法救济和行政救济衔接机制。建立统一的行政机构与司法机构产权保护的执法标准。完善行政执法与司法执法信息共享网络平台建设。完善区域协调机制，探索建立被侵权人所在地司法机关管辖制度。

六、完善重点领域产权保护体制机制

（一）私有产权保护

打破所有制壁垒，在各领域、各部门构建私有与公有产权平等保护机制。从根源上清除"公"与"非公"相对立的思想，更不能把非公经济与自私、剥削等直接联系起来。逐步清理并废除妨碍各类产权平等发展的制度和规定，清理包括地方保护、分割市场、限制公平竞争的"土政策"和潜规则，打破地方保护主义。加快出台公平竞争审查制度，建立统一透明、有序规范的市场环境。依法反垄断和反不正当竞争，消除不利于创业创新发展的垄断协议和滥用市场支配地位以及其他不正当竞争行为。

维护非公有制企业合法权益。各级政府要严格执行保护合法私有财产的法律法规和行政规章，任何单位和个人不得侵犯民营企业的合法财产，不得非法改变民营企业财产的权属关系。民营企业依法进行的生产经营活动，任何单位和个人不得干预。依法保护企业主的名誉、人身和财产等各项合法权益。民营企业合法权益受到侵害时提出的行政复议等，政府部门必须及时受理，公平对待，限时答复。对于历史形成的产权错案冤案要主动作为，积极依法予以纠正并赔偿当事人的损失。

完善私有产权保护的政策法律体系。进一步细化已经出台的产权保护的政策措施，尽快启动对一些不合时宜的法律条文的修改程序，按照宪法修正案规定，加快清理、修订和完善与保护合法私有财产有关的法律法规和行政规章。要借鉴国际先进经验，加快出台相关法律细则，明确界定"私有产权"与"公共利益"，对"公共利益"范围和"侵犯私有产权"的补偿原则作出明确规定。

（二）国有产权保护

限制和约束政府对企业的直接干预。政府充当国有资产实际代表者，能够以企业中的国有资产为依托对企业进行干预，政府对企业的资产性干预的程度与企业中国有资产的比重密切相关。因此，要实现政企分开，就需要对企业的产权结构进行重大调整。进一步优化国有企业的股权结构，降低国有股权比重，尽量减少政府直接干预的资产基础。推动政府的社会管理职能与国有资产管理职能相分离，严格限制政府对企业经营活动的干预，政府只负责监管国有资产保值增值，防止国有资产流失。

进一步完善国有资产授权经营体制。明确政府与国有资产的营运主体之间的责任和权利。被授权的大型企业、企业集团公司或其他组织形式要建立健全的资产管理、股权代表管理、财务管理、审计和监督管理制度，对授权范围内的国有资产依法行使资产收益、重大决策和选择管理者权利，并承担国有资产保值增值责任。授权后，政府部门不能再直接干预国有资产营运主体的生产经营活动，但要承担好考核和监督的责任，建立一套科学的、可操作的评价指标体系，通过外部监事会实施有效的外部监督。

建立统一的国有资产监管体制。完善国有资产监管、交易法律法规，建立统一的国有资产监管规则，逐步将各部门、各单位所属经营性国有资产纳入统一的国有资产监管体系。建立健全国有企业重大事项决策责任追究机制和国有资产经营绩效考核激励机制，提高国有资产经营效率。完善国有资产交易流转机制，完善交易市场和市场中介服务机制，建立公开、公正、透明的国有资产交易流转体系，防止国有资产流失。

（三）集体产权保护

加快推进集体产权相关的确权登记颁证工作。这是深化农村集体产权制度改革，加强集体产权保护的基础性工作。按照2020年基本完成土地等农村集体资源性资产确权登记颁证的要求，继续扩大农村承包地确权登记颁证整省推进试点，明确和提升农村土地承包经营权确权登记颁证的法律效力，探索对通过流转取得的农村承包土地的经营权进行确权登记证。加快推进房地一体的农村集体建设用地和宅基地使用权确权颁证。

约束政府对农村集体产权的利益侵占行为。在我国征地过程中，地方政府既是集体土地产权博弈中的利益相关者，又是征地产权保护制度的政策制定者，因此，约束并防止地方政府以行政权力掠夺集体农地收益至关重要。要完善相关的征地法律制度，明确界定土地征收的公共利益目的，限制强制征地的目标范围。强化农民在农村土地集体所有权上的主体地位，赋予农民个体充分的土地收益权及完整的土地处置权。完善土地征收制度，明确界定公共利益的范围，完善征地补偿程序。

明确集体土地所有权主体。强化村民小组的主体地位，弱化村委会的所有权主体作用。我国《物权法》和《农村土地承包经营法》都规定了村民小组是行使集体所有权的主体之一。村民小组更熟悉本集体内部土地权属的变动情况，易于监督和管理。要构建成员利益诉求和表达机制，保障村民的知情权、参与权、监督权，通畅村民利益诉求表达渠道。

（四）知识产权保护

深化管理体制改革，不断提高知识产权执法水平。整合现有行政管理资源，建立与国际接轨、适应我国发展需要的全国统一的知识产权行政管理体制，成立集专利、商标、版权等知识产权于一体的综合行政管理部门。在国家知识产权战略实施工作部际联席会议框架下，重组国家层面的知识产权保护统筹协调机构。改革和完善知识产权刑事案件的司法鉴定制度，不断加强审判队伍的专业知识，增强审判力量，建立和完善人民法院的知识产权专业审判组织，有条件的地区尽快成立知识产权法院。

建立健全法律法规，加快制定《知识产权保护基本法》。切实做好相关法律法规的修订工作，加快著作权法第三次修改、专利法第四次修改以及反不正当竞争法修改的立法进程，在刑法中增设非法使用专利罪。加强互联网、电子商务、大数据等新兴领域知识产权保护规则研究，推动完善相关法律法规，最终制定一部更适合于社会、经济、法律发展的《知识产权保护法》。加强对国际先进立法经验的吸收和借鉴，确保我国的知识产权法律法规符合国际通行规则和主流变革趋势。

提高全民知识产权维权意识，建立快速处理机制，降低维权成本。要加大对侵权积极开展知识产权保护宣传活动，加大对专利、商标、版权等知识产权保护的宣传，提高社会公众的知识产权维权意识。将故意侵犯知识产权行为情况纳入企业和个人信用记录，形成黑名单，从而提高侵权代价，降低维权成本，构建公平竞争、公平监管的创新创业和营商环境。

（摘自 2016 年国家发改委体改所课题《构建有效保护产权的体制机制研究》成果）

大市场严监管

农村集体产权制度改革中存在的问题及对策

崔红志[*]

农村集体产权制度是深化农村改革的重点领域，改革的目标是建立"归属清晰、权能完整、流转顺畅、保护严格"的农村集体产权制度，改革主要涉及农用地、宅基地、集体经营性建设用地和集体非土地经营性资产等方面。目前，农村集体产权制度改革正在有序推进。受现行法律、政策等制度性约束，各地在推进改革过程中面临一些亟待解决的问题。

一、农村集体产权制度改革目标与所有制之间存在矛盾

农村集体产权制度改革的目的，是在坚持农村集体所有制不变的前提下，建立与市场经济相适应的农村产权制度。但是，农民较为普遍地认为，他们对集体土地和其他资产的权益是成员权。成员权是一种个人财产权利。只要是农村集体经济组织成员，他们就有取得农村土地承包权和分享因集体土地和其他资产所产生利益的权利；随着成员的离开或去世，这种权利就相应消失。现有法律的相关规定也体现了农民的这种成员权思想。例如，《物权法》第五十九条规定："农民集体所有的不动产和动产，属于本集体成员集体所有"；《农村土地承包法》的第五条也规定了成员的权利。在这一背景下，建立归属清晰、权能完整、流转顺畅、保护严格的农村集体产权制度面临困境与挑战；即使完成了产权制度改革，其结果

---

[*] 崔红志，中国社会科学院农村发展研究所研究员。

也具有很大的不确定性。

以下三个地区案例，在一定程度上说明、证实了上述改革困境。

1. 成都市案例。成都市是较早开展并完成了全域农村土地确权工作的先行试点地区。其土地确权的特点包括：①在承包期限一栏里，明确将过去二轮承包时的"30年"变成了"长久"；②在农业部核发的统一格式的农村土地经营承包权页上，明确标注了每块土地的四至等信息；③在各家各户家庭承包经营权证的基础上制作了村镇的土地鱼鳞图；④规定发包之后新增人口不再是集体经济组织成员；⑤确权之后的征地按照"征谁补谁"的原则进行，且不再进行新一轮的土地调整；⑥以村民代表会议和村民大会的形式对确权的方案和结果给予确认，履行法律程序。但是根据多宗调查发现，一旦牵涉到征地补偿等土地利益陡升的情况，农民往往仍然会依据《宪法》、《土地承包法》和《村委会组织法》赋予的权利，通过召开村民会议和投票表决的方式，要求征地补偿在集体经济组织内部全体成员中均分，再重新分配剩余土地的所谓"血战到底"的方式来解决问题。此时，地方政府颁给的四至清晰的土地证倍显苍白。

2. 佛山市南海区案例。根据在广东省佛山市南海区里水镇的跟踪调查发现，其在20世纪90年代土地股份制改造中实行了股权固化的4个行政村，经过十余年的演变，最终又全部重新回到边界开放的股份制状态。虽然绝大多数股东的利益因新股东的加入而摊薄、受损，但他们还是选择承认集体经济组织新成员的股东资格。究其缘由，也许是他们清醒地意识到在今天的法律框架下，将新出生和新嫁入的村民长期排斥在集体之外的做法是行不通的。从法理上讲，现实中农地的初始占有权属于农村集体经济组织，而不是农户家庭和个人。土地确权——否定集体的成员权，缺乏法律根据。

3. 温州市案例。温州市是全国农村改革试验区，从2012年开始在各县（市、区）全面开展"农村产权制度改革"试验。与中央的政策导向相一致，温州市的改革方案倡导股权"生不增、死不减"的静态管理，股权可继承、转让和赠予。但这种改革原则在执行中遇到了较大阻力。根据中国社会科学院农村发展研究所课题组2013年5～10月在温州市三个市（区）12个行政村的农户问卷调查，在256个有效样本中，不赞成股权"生不增、死不减"的比例高达65%。基于遵从农民自愿选择的原则，

大市场严监管

温州市很多村的改制方案都明确规定了要"三年一调整"。而且，多数村对于股权流转也予以相应的限制，一是股权流转封闭运行，受让对象需为集体经济组织成员；二是限量转让，大都规定了集体经济组织成员转让股份不能超过其所持股份的一定比例，如50%；三是限量受让，对每个受让人所持有的股份占集体经济组织总股份的比例做出限制，如15%。调查发现，做出上述限制的目的之一是，保证现有集体经济组织成员以及新增成员能够享受集体收益。

二、改革的成本分摊政策和机制尚不完善

农村产权制度改革具有经济价值和社会价值，但也需要耗费较高的成本。从总的情况看，改革的成本分摊政策和机制尚不完善。这种情况会影响基层推动改革的积极性和改革的质量。

在农村土地确权登记颁证方面，国家财政按10元/亩的标准提供工作经费，地方政府给予一定补贴。但由于中国土地细碎化现象十分严重，确权的成本很高。以温州市为例，其山区土地实测的招标价格已经高达45元/亩。由于工作量大，且需要对台账进行严格的后期整理，一些乡镇的市场价格达到了100~200元/亩，有测绘公司甚至要求提价到300元/亩。粗略估算，如果温州市全域土地确权切实到位，地方财政需要过亿元的投入。这对经济发达的温州也是非常沉重的财政负担。而且，农村土地确权还要支付高昂的人工费。

在农村集体资产改革中，由于政府财政对于农村公共服务和社会保障投入的不足，土地和农村其他集体财产成为维持村庄管理、向农民提供公共物品和服务、社区保障的重要物质基础，从而对农村集体资产股份制改革产生了很大制约。有的村以此为借口，拒绝或拖延改革。较多的村尽管实施改革，但保留一定比例的集体股，其收益用来作为村集体的公共开支。集体股的产权依然是不明确的，现实中集体股往往由少数村干部控制。一些村对集体股占集体净资产的比例进行了限制，如不能超过30%。但这些村的集体经济组织收益数额相当可观，如何监督管理富裕地区可观的集体股份的资金剩余，不仅关系到农村集体产权改革的成败，也是涉及党风廉政建设的关键环节。还应该注意的是，农村集体资产产权制度改革

的核心是把村集体经济组织转变为现代企业。现代企业有盈有亏，但村级组织的运转、农村基础公共产品和服务的供给却一刻也不能停止，农村集体经济组织只能盈利、不能亏损。这一逻辑的结果是，即便村级经济组织改制成股份经济合作社或公司化了，其经营职能也是虚化的，股份合作社或公司的管理人员进行投资经营的积极性不高。

在农村集体经济组织改制方面，税费负担已经成为影响地方和农民推行集体产权制度改革积极性的重要因素。根据目前的税负规定，农村集体经济组织改制需要承担三类税费。一是分红时的个人所得税，地方称之为"红利税"。在集体产权制度改革前，集体成员以福利等形式分配集体收益，不需要缴纳个人所得税。改制后，公司或社区股份合作社派发股份红利则需要缴纳20%的"红利税"，即分红时的个人所得税。二是集体经济组织改制中更名需要缴纳资产额3%的契税和0.3%的交易费。对他们来说这是一笔巨额税费，难以承受，也不合理。三是改制后新成立的农村集体经济组织大多以物业出租为主，要缴纳营业税、企业所得税、房产税、土地使用税、教育费附加税、地方教育税等7种税费，若改制后全部按章纳税，综合税率达到36%。

三、顶层设计滞后

1. 相关的政策与法律未能及时跟进。以农地确权登记颁证为例，一个重要问题是确权能管多久。党的十七届三中全会决定提出：赋予农民更加充分而有保障的土地承包经营权，现有土地承包关系要保持稳定并长久不变，党的十八届三中全会决定延续这一提法。但是"长久不变"的具体政策含义、"长久不变"与农地第二轮承包之间的关系等问题，中央政策尚未做出具体规定。这种情况导致地方在开展农地确权登记颁证工作中无从着手。有些地方的承包证在承包期限一栏写上了"长久不变"。更加普遍的做法是沿袭第二轮承包的承包关系，确权登记后，颁证的期限是到2027年或2028年。应该看到，承包期限不同，利益相关者的关切程度和预期必然不同。调研发现，由于到第二轮承包结束只有12年或13年，有的基层干部觉得反正到期后还要再调整土地，就采取应付性的态度来开展工作，赶进度、轻质量，委托公司"大包干""确完了事"。

再以如何确立农村集体经济组织的市场主体为例，为解决目前的农村集体经济组织"有法律地位而无法人地位"这一问题，有的地方不得已将改制后的农村集体经济组织定位为有限责任公司或股份责任公司，按照《公司法》登记注册为公司法人。但这又与《公司法》所规定的"有限责任公司由五十个以下股东出资设立"和"设立股份有限公司，应当有二人以上二百人以下为发起人"不相吻合。农村集体经济组织的成员数量一般都高于法律规定的股东或发起人数量，这样就会产生出大量的隐形股东，其权益无法受到法律保护。有的地方按照《农民专业合作社法》来登记注册法人，虽然有效规避了股东人数的限制，但其征收各项税费的标准仍按照公司法人执行，税费负担相对较重，不利于集体经济组织健康持续发展。

2. 相关政策设计缺乏合理性。目前，各地农村产权制度改革中存在的较为突出问题是把改革的范围局限在农村集体组织内部。这种限制性规定与"健全归属清晰、权责明确、保护严格、流转顺畅的现代产权制度"的改革目标之间存在一定冲突。如何处理农村集体产权改革在集体经济组织内部的封闭运行与集体产权流动和开放之间的矛盾、何时流动和开放，是改革试点面临的一个重要问题。

封闭运行的限制性规定也导致基层在改革中困难重重。以农村宅基地制度改革为例，国家一方面提出对宅基地实行自愿有偿的退出、转让机制，另一方面又要求宅基地转让仅限在本集体经济组织内部。但显而易见的事实是，由于在目前法律下一个农户只能有一处宅基地，那么有条件成为受让人农户的数量将会非常少，也就是说，在一个村庄内部并不存在对宅基地市场的有效需求。2015年底，全国人大授权国务院在天津蓟县等59个试点县（市、区）行政区域，暂时调整实施《物权法》、《担保法》关于集体所有的宅基地使用权不得抵押的规定，允许以农民住房财产权（含宅基地使用权）抵押贷款。但是，对农民住房财产权抵押贷款的抵押物处置，受让人原则上限制在农村集体经济组织范围内。这种规定无疑会增加银行将抵押物处置变现的难度，进而影响银行开展这项业务的积极性。

3. 对协同推进各项改革试点的重视程度不足。很多改革具有关联性，改革举措是否能取得预期效果，很大程度上取决于关联性、协同性改革的匹配状况。有关部门应重视改革的系统性、整体性和协同性。在新型城镇化综合试点和农村改革试验区中选择农村土地制度改革（农村土地征收、集体经营性建设用地入市、宅基地制度改革）试点，就是重视改革关联性的反映。但从改革的系统性、整体性和协同性的角度看，农村集体产权制度改革中仍然存在着一些值得重视的问题。一是改革试验的方案之间缺乏必要的协调和衔接。目前，包括农村产权制度改革在内的农村各项改革试点试验归口于不同的管理部门，例如，农村土地制度改革由国土资源部负责实施、农村土地确权颁证登记和农村非土地经营性资产股份制改革归农业部负责实施、新型城镇化试点归国家发改委负责实施。如何协调推进不同类型的改革试点试验，是改革试验区面临的重要问题。二是改革范围窄、内容单一。例如，对于农村土地制度改革中的农村土地征收、集体经营性建设用地入市、宅基地制度改革这三类改革试验，中央的改革方案明确要求一个试点县只能开展某一类的试点工作。三是改革稳定性、连续性差。在一些地方出现改革试验随主要领导及其工作思路变化而难以正常进行的情形，有的地方干脆放弃了某些原来设定的试验主题和试验内容。

4. 没有明确如何解决非试点地区的改革试点。新一轮的农村产权制度改革强调"于法有据"。但是，改革开放后，各地不同形式的农村产权制度改革一直存在，而这些地区往往又不是新一轮改革的试点地区。例如，早在20世纪90年代后期，浙江省乐清市就开始办理农房产权登记并启动农房产权抵押贷款探索。截至2015年10月底，乐清市25家金融机构中有16家开办农房抵押业务，累计农房抵押登记在册14 642宗，占已进行产权登记的农房的23%。2008年以来累计发放贷款400多亿元，贷款余额40多亿元。虽然乐清市被批准为浙江省第二批省级农村改革试验区和试验项目之一，但是与国土资源部批准的其他宅基地制度改革试点地区相比，乐清的改革缺少国家层面人大对改革的法律授权。

四、深入推进农村产权制度改革的建议

（一）探索以户为单位实现农民成员权与财产权的统一

建立"归属清晰、权能完整、流转顺畅、保护严格"的农村集体产

权制度，意味着必须改变农民对农村集体土地和其他资产权益的成员权。这就要求改变成员权所依存的社会经济土壤，主要包括：①进一步完善农村社会保障体系，使得农村集体内部新增成员不依靠农村集体土地和资产收益也能够维系基本生活；②实行村级组织政经分离，使得农村集体组织内部新增成员不能通过他们所享有的村民选举等方面的政治权利来实现其对集体土地和其他资产权益的诉求；③修改现有法律中涉及农民对集体土地和其他资产收益成员权的相关条款，使得农村集体组织内部新增成员不能通过国家法律规定来实现其对集体土地和其他资产权益的诉求。

显而易见，实现上述三个方面的改变是一个漫长过程。为了解决农村集体土地和其他资产作为个人权利的成员权与作为财产权利的用益物权之间的矛盾，可以将农村集体经济组织的单个成员权利转化为以农户为单位的成员权利，将集体经济组织中农户成员的土地承包经营权和其他集体资产权利固化到某一个时点，使成员权利与财产权利相统一。

从长远看，必须解决上述矛盾所依赖的社会经济土壤。相关的改革举措：一是修改《中华人民共和国村民委员会组织法》，将第八条第二段话"村民委员会依照法律规定，管理本村属于村农民集体所有的土地和其他财产，引导村民合理利用自然资源，保护和改善生态环境"改为"村民委员会依照法律规定，引导村民合理利用自然资源，保护和改善生态环境"。并修改其他相关法律，将村民自治组织的功能和农民集体经济组织的功能区分开来。二是由国务院制定集体经济组织的相关条例，明确集体经济组织（社区合作社或社区股份合作社）的内涵外延及其权能，明确成员资格的取得及退出机制，成员的责任、权利和义务；厘清村委会和村集体经济组织之间的关系。三是公共财政必须覆盖农村，村干部可以交叉任职，但不同类型组织的功能和服务对象必须区分开来。村委会作为农村社区性的自治组织，它为本社区全体居民进行社会管理和提供公共服务的支出要纳入地方财政预算。要使村民委员会仅仅承担村庄的公共服务职能，把土地等集体资产的管理权完全剥离给农民集体经济组织。农村集体经济组织应成为一种特殊形式的法人，成为社会主义市场经济中的一种特殊的经济组织形态。

（二）厘清农村集体产权制度改革的范围和重点

农村集体产权制度改革的范围应当是农村集体经济组织所拥有的全部资产。农民以集体经济组织成员身份所共同拥有的土地是农民的最重要财产，应当纳入改革范围。唯有如此，才是完整意义上的农村集体产权制度改革。

不同类型地区的资产状况、成员构成和发展阶段有显著差异，改革的内容和方式也应有所差异。对一些经营性资产较少、纯农区的村，集体产权制度改革的重点是对村集体全部资产进行确权登记颁证，深入开展村集体经济组织成员的资格界定，通过"确权赋能"，加强土地制度改革，抓紧抓实土地承包经营权确权登记颁证工作。对于经济发达地区，特别是集体经营性资产数量庞大的地方，改革重点是通过股份量化，推进集体经营性资产股份合作制改革，赋予集体经济组织市场主体地位，建立现代经营管理制度，提高集体资产运营效率，使农民按股分享集体经营收益。应该指出，越是集体经济实力雄厚、给群众提供福利越多的村，越需要搞以股份量化为导向的产权改革。这类村往往是强人治村，群众往往对村领导具有较强的依附性，他们将得到的福利视同村集体领导的恩赐，实际上形成一种庇护关系，这是小官巨贪的土壤，需要通过股份量化唤起群众的民主意识，以使他们能有效行使其监督权利。

（三）积极探索和完善不同类型集体资产的改革举措

1. 农村承包地确权登记颁证的改革举措。基于土地社会保障功能弱化的现实，需要在农户范围内实现成员权利与财产权利的统一。农户内的集体经济组织成员对确权到户的土地承包经营权作为共有权人；户内人口变动或分户、并户，由各户自己解决承包经营权的归属问题。在具体操作中，涉及确权后的土地调整问题。一些地方的试验是：在确权过程中，充分尊重群众的意愿，将土地是否调整、如何调整等交由集体经济组织成员讨论解决，坚持"大稳定、小调整"；在承包地实测确权后，实行"增人不增地、减人不减地"，以户为单位承包经营权长久不变，外嫁女、入赘婿、新生儿等家庭成员变动所引起的土地余缺问题在户内自己解决，这样，土地承包经营权纠纷就由个人与集体之间的行政性纠纷转变为家庭内部财产权的民事纠纷，无论以后农户家庭人口如何变化，都不再调整土地。农户对其土地承包经营权在何等条件下有处置和转让的权利，则由法律来确定。在农村土地集体所有制的框架内，农户土地承包经营权的确立和行使应该设立期限。

2. 完善农村宅基地制度的举措。改革的关键是扩大农民宅基地使用权的可转让性。有必要放开宅基地转让的范围。在不改变宅基地集体所有性质的基础上，允许宅基地及农房突破村级集体经济组织的边界，在全县范围内的农业户口之间进行置换、转让、继承。对于宅基地使用权流转买受人因其主体身份是否为集体经济组织内部成员的不同而区别对待，集体成员交纳的出让金可以相对较少，且有优先买受的权利。应赋予宅基地抵押、担保权能。试点地区应重点探索农民宅基地使用权流转范围超出村集体经济组织范围以及赋予宅基地抵押、担保权能的条件和方式，评估这种做法的风险程度。政府应建立宅基地使用权价值的评估机构，出台评估管理、技术规范等有关法律和业务准则，为金融机构开展宅基地使用权抵押贷款提供完善的评估服务。

3. 推进农村集体经营性建设用地入市的改革举措。

（1）建立城乡接轨的建设用地使用权制度。可以在法律上创设集体土地的出让土地使用权和划拨土地使用权。这两种土地使用权分别与国有土地的出让土地使用权和划拨土地使用权相对等。最终将城乡公益性用地统一纳入划拨土地使用权管理轨道，将城乡经营性用地统一纳入出让土地使用权管理轨道。在出让土地使用权的基础上建立城乡统一的建设用地市场，国家通过有效的经济、法律、计划手段来监控土地市场的运行，集体建设用地使用权在国家管理下有序进入市场。

（2）建立集体经营性建设用地使用权流转市场的运作制度。一是建立农村集体建设用地流转入市的交易许可管制制度，只有符合土地利用规划、用地性质合法、用地手续齐全、不存在权属争议的集体建设用地，才能经交易许可后流转入市。二是建立市场中介服务体系，以县（市）为单位，建立土地流转市场的信息、咨询、预测和评估等服务系统。三是建立科学合理的价格机制，借鉴城市基准地价制订经验，积极探索适合农村集体经营性建设用地价格确定的依据和方法。

（3）建立集体建设用地招标拍卖挂牌出让的市场监管制度。招标拍卖挂牌不仅是一种供地方式，更是一种市场监管方式。按照对城乡建设用地市场进行统一监管的原则,完善城乡统一的建设用地"招拍挂"出让制度。符合流转条件的集体经营性建设用地,由集体经济组织出让用作工业等经营性用地的,必须在城乡统一的有形市场上"招拍挂"出让,防止出现新一轮的土地腐败。

(4)建立税收调控机制。允许集体建设用地进入土地市场后,可以考虑对国家征收的集体土地以及农村集体建设用地在实现财产权利时按年度征收地产税、物业税或土地使用费,使地方政府和农民集体可逐年获取稳定的收益。同时,还应让享受土地增值收益的农民获得社会保障和就业培训,并鼓励农民通过股份的形式或资产管理公司委托代管的形式,让其收益保值增值。政府应通过税收的形式调节收入分配,使一部分土地增值收益用于广大农区的基础设施建设和社会事业的发展,让那些为全国提供粮食安全、土地不能进行商业开发的广大农区也能得到发展。

4. 农村集体经营性资产的改革举措。

(1)规范股权设置。从发展角度看,股权设置应以个人股为主。集体股的去留问题,归根结底要尊重农民群众的选择,并由集体经济组织通过公开程序加以决定。对于实现整建制村转居、没有开展实业经营活动,且全部资产以资金形式存在,并全部用于投资或理财的新型集体经济组织,经80%以上集体成员同意,可以将集体股全部按成员配股比例分配到成员个人。对于开展物业或底商等地产经营活动的集体经济组织,经80%以上成员同意,可以将物业或底商资产处置,处置后的收益按产权改革中成员配股获得的成员股份比例一次性量化到成员。具体采取何种形式,由集体成员按照少数服从多数的原则,民主协商决定。

(2)稳步放开农民股权流转范围。现阶段农村集体产权制度改革严格限定在本集体经济组织内部进行。这种做法的目的是保护广大成员资产的收益权,防止集体经济组织内部少数人侵占、支配集体资产,防止外部资本侵吞、控制集体资产。但应看到,随着集体资产价值不断显化和流转市场逐步完善,农民的股权流转必将超出集体经济组织内部。应当在风险可控的前提下,允许个人股权的自由流转,实现生产要素的优化配置,充分体现股份的市场价值。

个人股权应当依法继承。农村集体产权制度改革就是要按照"归属清晰、权责明确、保护严格、流转顺畅"的现代产权制度要求,把"共同共有"的集体资产改制为"按份共有"的集体资产。《物权法》规定，按份共有人对共有的动产和不动产按照其份额享有所有权。在改革过程中，只要集体经济组织成员具有合法资格、所量化到人的集体资产合法、整个股权分配的程序合法，则组织成员手中所持有的个人股份就是个人合法财产，依据《继承法》，个人合法财产都可以继承。在人口流动的背景下，继承对象无疑将会超出集体组织成员内部。但是，对于继承股份的非农村集体经济组织成员，可以规定他们只享有股份收益权，不享有集体经济组织的表决权。

（3）对农村股份经济合作社实行公司化改造。积极探索确立农村集体经济组织市场主体地位的解决办法。在国家层面的法律法规和政策尚未出台的背景下，采用政府发放组织证明书等方式，解决农村集体经济组织的身份地位问题，从而使其能够独立自主地参与市场经营活动。

完善农村集体经济的管理和运行方式，一是继续建立健全董事会、理事会、监事会的组织架构。二是探索实行政经分开，作为微观经济主体的村集体经济组织，与村两委脱钩。

从将来的趋势看，股份合作社的生存空间不大，应对农村股份经济合作社进行公司化改造。农村集体经济组织公司化之后，公司的股东只能享有股东权利，而不能干涉公司独立经营。村委会即使占有公司一部分股份，也只能履行股东的权利。

（四）扎实推进改革试验

1. 处理好改革试验与现有政策和法律之间的关系。改革创新要符合现有的政策、法律、法规，但改革创新不可避免地对某些体制甚至部分下位法形成冲击。改革试验的重要目的是把底层经过实践检验是正确的措施上升为政策、法律、法规，把改革试验成果制度化。中央明确指出，农村改革试验区在试验过程中允许依法突破某些政策和体制。但由于在突破的内容、突破的程度等方面没有做出明确规定，一些地方改革创新的能动性不足，总是设法规避政策和法律，而不是选择突破创新。应该说，试验区的这种选择是正常的、理性的，但改革的价值和效果也相应地降低了。针对改革试验与政策、法律、法规之间可能存在的矛盾，我们认为，只要试验区的改革大方向与社会主义的立法精神一致，把握方向，就可大胆探索。为了进一步激发基层的创新精神,建议采取以下举措:第一,中央有关部门允许经过批准的试验项目突破相关领域的政策和体制,列出可以突破的内容和范围的具体清单。第二,中央明确赋予农村改革试验区"试错权"。试验不等于示范。试验的结果包含证实和证伪。试验成功了,可以作为示范性经验加以推广。即使试验失败了,也有意义,可以为其他地方提供借鉴,避免重走弯路。第三,加强中央有关部门与各试验区之间的沟通交流,对于基层的创新和突破,进行规范性的总结和肯定。

2. 扩大改革试验的内容。鼓励农村改革试验区在开展规定试验主题和试验内容的同时,把农村各领域的改革试验尤其是党的十八届三中全会提出的改革事项尽可能多地纳入试验区中,以利于各项改革的协同推进,发挥试验区的综合效应。

为了降低改革试点试验的风险,有关部门制定了相应的管控措施。这种做法的好处显而易见,但也降低了改革试验的价值。有必要研究放松这些管控措施后,有关部门所担心风险发生的概率和程度。目前较为迫切的是,试验农民宅基地及集体资产股权跨出集体经济组织流转、交易的可行性。

3. 处理好改革试验区与非试验区的关系。一方面,国家要求农村集体产权制度改革限定在改革试点地区。另一方面,很多非试点地区一直在开展农村集体产权制度改革,但存在合法性风险。有必要给予这些非试点地区改革的合法性认可。

4. 注重同步推进配套改革。目前,较为紧迫的是需要制定有区别的税费优惠政策,支持集体经济组织的改革发展。把税费减免与其承担的农村公共服务挂钩,对承担农村社会公共服务的集体经济组织暂免征收企业所得税。对于改革后农民按资产量化份额获得的红利收益,免征个人所得税;农村社区事务已纳入公共财政的地区,集体经济组织运营与城市工商企业也无差别,可以设置一个3~5年的税费优惠过渡期,过渡期满对集体经济组织实行照章纳税。农村社区集体经济组织作为法定的集体产权代表主体,与企业法人、机关法人、事业单位法人和社会团体法人属于完全不同的组织类型,需要通过立法创设其法人地位。

(本文原载于《中国农村经济形势分析与预测(2016~2017)》农村绿皮书,社会科学文献出版社2017年版)

加速推进产权改革，启动新一轮经济增长

周天勇[*]

所谓产权，按照德姆塞茨的定义，它是一种很重要的社会工具，有助于人们在与他人的交往中形成理性预期，这种预期一般通过社会的法律、习俗、道德规范来表现。产权的所有者拥有对自己资源的处置权，他希望社会能阻止他人对自己行为的干涉，只要这种行为又受其产权约束条件的限制；简言之，产权是一种权利，它包括一个人或其他人受益或受损的权利，是一个社会所强制实施的选择一种经济品的使用的权利。

在产权经济学家看来，产权制度的变迁必然会影响人们的行为方式，并通过对行为的这一效应，产权安排会影响资源的配置、产出的构成和收入的分配等。从人类社会发展来看，对产权的界定经历了由"易"到"难"、由"简单"到"复杂"的过程，大体经历了三个阶段：第一，建立排他性的产权制度；第二，建立可转让性的产权制度，产权的交易、转让是与社会分工、市场经济制度的发展联系在一起的；第三，建立与各种组织形式创新联系在一起的产权制度，如股份公司制度的建立和演进等。产权制度实质上包含一组产权，其中最重要的是关于资源的控制权和资源的收益权。如果收益权与控制权相脱离，就只会有残缺产权；如果收益权与控制权被结合在一起，并落在同一主体上，那就是一个完整的产权。从人类社会经济发展进程来看，社会制度的演变都朝着建立与健全完整产权的方向发展。因此，对于发展中国家而言，建立和完善产权制度是促进其

---

[*] 周天勇，中央党校战略研究院副院长、经济学博士研究生导师、教授。

经济发展的前提和基础。

从这几年国民经济运行的情况看,一是经济形势下行,国内需求相对萎缩,劳动力土地环境等成本上升,许多国内企业或者转移产业,或者向外转移资金,到外投资设厂,买地置业;二是在意识形态方面,前几年有舆论争论私营企业家的原罪问题,这几年不时地有报刊载出坚决不搞私有化的文章,也有学者甚至以共产主义目标为由,提出均贫富;三是重庆等地,确实发生了"唱红打黑",先将私营企业家抓捕入狱,再进行"犯罪"侦察,期间就没收拍卖企业家财产的现象。一时间全国各地许多企业家人心惶惶,觉得经营、财产和人身不安全,相当多的私营企业家办理投资移民。产业和资金的外流,对于中国国民经济处于下行的势态,更是雪上加霜。

从保护和鼓励创新的方面看,我国科技产权和市场制度仍然还不完善,一是在单位中,发明的集体和个人之间的贡献不能以产权的形式来明确,特别是国有事业和企业中,个人贡献往往被集体和团队化,利益被平均和大锅饭化,知识产权被单位化;而在市场上,新发明应用的技术,往往被盗仿,由于地方保护主义,司法制度不健全、审判不公正等,侵犯知识产权者却无法被追究。这样集体和发明者个人不分和盗仿得不到惩罚的环境中,创新艰难,积极性难以调动,发明者保护自己产权的成本很高,风险很大。使创新推动国民经济增长的动力大打折扣。

如果要防止经济增长速度进一步下行,并且重新启动国民经济的高速增长,需要的是牵一发而能带动全身的改革。我认为是财产权明晰、使用财产权永佃、司法确保私人财产安全。

(1) 个人创新要得到承认,集体和单位创新成果知识产权要尽可能分解到创新者个人,以激励发明新的专利技术,形成技术—产权—财富行为动机,给不断的技术进步,特别是颠覆性技术的发生一个产权激励的土壤;

(2) 所有的农村和城郊集体性质的庭院、耕地、林地等,以及城镇中国有性质土地的院落和住宅,在最终城镇土地国有、国有农场林场等土地国有、农村和城郊土地集体所有等最终所有制度格局不变的情况下,明确使用者的使用财产权,也即用益物权,确权发证;

(3) 无论是知识产权,还是与土地有关的永佃使用财产权,都要承认有出租、出售、入股、抵押、继承等市场经济中资产的所有特征；

（4）废除土地财产使用的有限年期制，国有和集体土地实行承租人永佃制，除非公共利益，国家不得强制征用和收回属于个人和法人的永佃使用权土地，公共利益需要的，也必须按照市价征收；

（5）最严格保护私人产权的司法等体制，知识产权不得仿冒和侵犯，惩罚使其倾家荡产；除了防止欺诈、贪污、偷盗、破坏等这样侵害私人产权的以外，特别要最严格的司法防止公权力对私人财产的侵害。2016年9月2日中央全面深化改革领导小组发布《关于完善产权保护制度依法保护产权的意见》，提出健全以公平为核心原则的产权保护制度，公有制经济财产权不可侵犯，非公有制经济财产权同样不可侵犯。坚持全面保护，保护产权不仅包括保护物权、债权、股权，也包括保护知识产权及其他各种无形财产权。

一系列颠覆性技术的出现，需要最严格的知识产权确认和保护制度。除了以上所述的，还要建立市场化的知识产权评估和交易体系，包括规范知识产权评估机构的认证制度，促进知识产权评估机构健康发育；建立知识产权交易市场，完善知识产权的转让、入股、抵押、处置、继承等制度；形成业内自律和业外监管有机结合的运行机制。完善知识产权保护制度，强化知识产权保护意识，提高知识产权管理水平。在制定与国际接轨的知识产权保护规则时，要指导国内个人和企业运用知识产权作为参与国际竞争的重要工具。

我们现在许多改革的卡点在钱从哪里来，人往哪里去。如党政事业精简，国有企业改革，养老金不足等等，都需要支付成本，但是，政府均拿不出足够的钱来，特别是在经济下行时期，更是捉襟见肘。如何克服这一难题，只有推进产权改革，才能破解。而土地产权的改革，实际是一次土地财产价值的释放。国家可以在国有与集体最终所有制不变的情况下，用土地使用产权的明晰和确认，进行永佃制改革，赋予其交易、入股、出租、抵押、继承等市场经济属性，用释放的价值，推进一系列低成本的改革。以花钱买改革、求稳定的思路，调整为以产权促改革、生稳定、引活力的思路。

（1）将国有企业，特别是国有资源性经济比重较大的地区，其僵尸企业下岗职工，运行企业中富余职工，政府花钱安置，变为利用林地、改造的废弃地和其他盐碱地等产权分配，发展生态农林业、旅游业、农林业产品加工等，以产权换身份的形式加以消化；也可以用此方式，消化一部分党政事业机关和单位中的富余人员。还可以通过国有企业事业综合资产的改革，以产权明晰、事业企业化和混合所有制，以及职工承改企业的方式，消化企业中的冗员。

（2）党政机关和国有事业单位，冗员也较多，也可用低利用率、多余和闲置的房产和土地，划出一部分，他们可以用其创办企业，企业化运营，走向市场，用产权换下岗安置。如车队、食堂、印刷厂、绿化园林、幼儿园、杂志社和出版社、招待所等企业化和市场化，资产处置换离岗，鼓励党政机关干部停薪留职，再一次去创业，精简供养规模，降低执政成本。

（3）将农村发展的思路，从政府和城市反哺，变为以产权吸引城市社会资金，市场机制调节，平等流入农村，形成造血机制。通过土地财产权的进一步明晰和分配，可以利用改造的未利用土地，农民可以与城镇居民合作，城镇中的资金可以进入农村，兴办农家乐等，发展经济；通过国有和集体林地产权改革，变国家花钱护林育林，适宜的地区，分林到户，国家护林育林经费不变，在严格护林育林标准的同时，林户和农户可以用地权入股，吸引城镇社会资金投资，发展林下特色经济，生产中药材，发展林区旅游等，富裕农民和林区居民。实现钱从城中来，业从乡兴起。

（4）政府可以用产权换征财产税权，以及稳定以房养老，从另一渠道解决养老金不足问题。从现代国家的经验看，未来基层地方政府的税收大量地将来自于房地产税。但是，对没有土地财产权的房地产征税，没有法理上的合法性，过去也没有开征过房地产税，阻力很大。可以给以居民以房地产使用财产权，并改革为永佃制，加上以当地居民平均5年收入可买一套合适面积的价格，换取房地产税等征税权；并且，消除房屋使用权年限所剩价值不同、存在再出让收取出让金等因素的干扰，稳定地推进以房养老，缓解养老金短缺的压力。

这样的改革，需要多花钱，不可持续，变成了少花钱，不花钱，甚至资产出让还能有一部分收入，发展企业后有税收；将花钱买稳定，反复性大，依赖政府，没有活力，变成了产权换稳定，反复性小，依赖产权创业，有活力，还创造财富；将政府投巨资造林、改造土地等，投资大、效果差，变成了吸引社会民间资金投入，国家定法律，定标准，在土地利用

大市场严监管

规划管制前提下,放活具体使用和经营,既绿化祖国,又发展经济;将东北、西北和其他资源性工业地区人口流出、投资不入、发展不平衡,变成人口回流、资金进入、经济恢复增长。这种方式,其实是过去产权渐近性改革,在今天经济下行时期,释放巨大的知识、土地等资产价值,调动亿万人民的积极性,以及以此而形成经济增长的活力和动力,留给我们非常宝贵的空间和机会。

这样的改革可以明确要素所有者对其财富有未来不会以扩大公有制比重、均贫富运动等而被再分配,不会被偷盗、抢夺和破坏,不会被公权部门随意罚没和拍卖的确定性和安全的预期。形成这样突破性、大力度促进经济增长的格局:向外因财产安全预期恐慌的人口移民、变卖资产,或抵押于银行、资金转出、产业转移缓解和停止;通过产权明确,拓展和扩大新技术产业化、盐碱沙漠废弃等土地改造、生态护林造林等新的民间资金进入的投资领域,将流出国外过多的资金吸引回来一部分等。

这次经济增长的下行压力,由于人口收缩和老龄化的问题越来越严重而拽力特别大,要使 L 型下行的经济增长,重启为 J 型增长,甚至力度要比前两次经济增长下行翻为上行时所采用的突破性改革力度还要大才有望实现翻转。而各种比较来看,除此之外,找不到其他牵一发可动全身,力度更大,或者与此一样的突破性改革。

特别需要提出的是,在中国人口萎缩和经济下行压力这样大,人口众多而生产力水平还不高的情况下,我们需要一个有活力,有动力,能创造更多财富的社会主义模式。而让许多人从无产者成为有产者,有恒产,是其模式最核心的部分。除了尽快出台大力度的产权方面突破性的改革外,对于非国有经济产权的保护也至关重要。需要营造一个私营企业家放心和安全的国内经营和财产环境。首先,时刻提醒社会主义初级阶段是一个很长很长的历史过程,在大力发展生产力的这个阶段中,一定要坚持社会主义初级阶段多种所有制共同发展的基本经济制度,一定要坚持发展公有制和坚持发展个体私营经济两个毫不动摇的大政方针。就此类问题,在舆论宣传和学术研究上坚持和贯彻邓小平同志倡导的"不争论"原则。而过度剥削、非法收入、血汗工厂等,违法犯罪要追究,用法律的手段去解决和抑制;合法的收入和财富差距,可以用鼓励创业创新、扩大中产阶层、税收杠杆调节、完善社会保障、扩大转移支付、发展公益慈善等现代社会主义方式去缩小。其次，保护私营企业家产权和法人企业合法经营权。严格禁止公检法系统，在没有侦察和证据的情况下，随意拘留、批捕企业家；严格禁止政府和公检法随意查封、关停正在正常经营的企业。

（1）个别违法企业典型处理，大多数企业警示教育为主。在以往生产经营活动中，由于办事关卡多、需要公关等形成的请客送礼，需要看是普遍化还是个别行为，是索贿还是主动恶意行贿，除了一些情节恶劣、民愤极大的，应当以党的十八大的反腐规定为界，区别对待；否则，在当时环境下，大多数企业有不法公关行为，全面清查处理，可能会使企业大面积关停。

（2）自然人违法，与法人经营分开。相当多的企业，因董事长、总经理，或者其他如副董事长、总经理，以及财务等人员行贿，或者有其他不法行为，有时公检法机构同时查封企业，使可能正常经营的企业停业，甚至资金链断裂，导致企业破产。因此，只要企业经营项目不违法，在自然人犯罪时，应当追究自然人责任，而不应当扩大到法人范围，应当允许法人企业仍然正常运营。

（3）公检法对违法自然人的企业财产处置，应尽可能地保护私人财产权利，要按照法律程序进行。不得没有法律允许和结论，就查封企业法人和投资者的财产；不得不征得财产所有人的同意，就强行处置、拍卖、重组其资产，特别是低价处置和拍卖私人和法人财产；不得在涉案私人和法人财产中，提取所谓的办案经费，办案经费全部由财政拨款支付，杜绝公检法部门，以利益冤案、错案、假案和过头案。2016年9月2日中央全面深化改革领导小组《意见》也提出，要坚持有错必纠，抓紧甄别纠正一批社会反映强烈的产权纠纷申诉案件，剖析一批侵害产权的案例。对涉及重大财产处置的产权纠纷申诉案件、民营企业和投资人违法申诉案件依法甄别，确属事实不清、证据不足、适用法律错误的错案冤案，要依法予以纠正并赔偿当事人的损失。我认为，非常及时，但可能需要认真加以落实。

应当在新闻舆论上，在保护产权的制度建设上，以调动社会投资创业创造积极性、营造各种所有制经营财产安全放心环境、推动生产力发展为第一要务。使万众创新、大众创业、民间投资，安心、放心和自信，进而使中国未来的国民经济增长，有强大的投资创业动力。

（本文原载于《社会科学报》2016年12月5日）

第五篇
严监管——市场体系安全运行的保障

近年来,金融机构各种形态的综合经营实际上已突破了分业经营的格局,呈现出规模扩张、跨行业渗透和产品结构复杂化、多样化的特征,现实中也出现了金融控股公司这种典型的混业经营业态。在混业综合经营不断发展的趋势下,分业监管体系一方面难以防范系统性风险,不利于维护金融稳定,另一方面监管协调的压力加大,监管成本增加,监管效率下降。具体而言,我国现行的分业金融监管体系存在着监管竞争、信息分割、协调困难等缺陷,在监管工作中存在监管空白,并诱发了金融机构的监管套利。

中国需要什么样的金融监管体系？

徐 忠[*]

国际金融危机以来，金融监管政策一直是各界关注的焦点。

从国外看，主要发达经济体在对危机教训深入反思的基础上，积极推进金融监管改革，核心是提高金融监管标准，扩大金融监管范围，全面加强金融监管力度。如美国的《多德-弗兰克法案》、英国2012年的《金融服务法案》、欧盟的《金融工具市场指令》（MiFIDII）等。但相关政策在提升金融体系稳健性的同时，也因监管强化阻碍了金融发展和金融服务实体经济而招致批评和反弹。2017年6月，美国众议院通过了大幅反转《多德-弗兰克法案》的CHOICE法案（编者注：全称为《为投资者、消费者和企业家创造希望与机会的金融法案》），同时美国财政部出台首份金融监管核心原则报告（点击可查看"特朗普的去监管政策解读"），呼吁放松银行监管要求。

从国内看，随着经济进入新常态，从钱荒到互联网金融风险、从股市波动到债市风暴，局部金融风险频繁爆发，不断暴露我国金融监管的深层次缺陷，这是"十三五"规划提出"改革并完善适应现代金融市场发展的金融监管框架"的重要背景。

今天我想借这个机会，试图在梳理金融监管发展沿革的基础上，从经济金融理论的角度探讨有效金融监管体系的框架，供大家参考。

金融监管是伴随着金融市场发展而不断发展演进的。早期的金融监管是市场自发实现的。比如，1792年华尔街的"梧桐树协议"开启了美国证券行业的自律管理。1907年私人银行家摩根出面组织私人银行共同应

---

[*] 徐忠，中国人民银行研究局局长。

对金融恐慌，最终促成了美联储的诞生。英国央行英格兰银行诞生之初也是一家私人银行。而随着金融危机的频度和烈度不断提升，尤其是"大萧条"之后，人们意识到金融危机所产生的巨大外部性和经济社会成本，仅仅依靠市场自律无法弥补市场失灵、防范系统性金融风险。理论上，经济学家们从权衡监管收益和成本的角度肯定了公共部门参与金融监管的重要性。实践中，出于降低危机外部性的考量，中央银行衍生出"最后贷款人"的职能，从而对金融机构的经营活动进行监督检查，实现金融监管从私人部门市场自律向公共部门监管的过渡。

二战后，随着凯恩斯政府干预主义的盛行，金融监管以"重度监管、安全优先"为导向，普遍实行严格的金融管制，由此造成严重的金融抑制而效率损失。随着凯恩斯主义在70年代遭到"滞涨"的阻击，金融监管理论开始反思金融管制的局限性，提出了管制供求失衡、寻租、监管俘获等监管失灵的理论解释。西方发达国家此后纷纷放松对金融业的严格管制，开始转向"轻度监管、效率优先"，奉行金融自由化。美联储前任主席格林斯潘将之描述为"最少的监管就是最好的监管"。

2008年国际金融危机爆发之后，轻触式监管下金融体系的脆弱性超过了微观层面的风险管理能力和宏观层面的监管能力，被认为是本轮危机爆发的重要原因，金融监管理论回到"安全与效率并重"，宏观审慎管理的重要性逐渐成为共识，对中央银行与金融稳定的关系也有了重新认识。

但从金融监管理论来看，究竟什么样的金融监管体制能够实现安全与效率并重、既严格又富有弹性、可以有效平衡金融创新与风险防范呢？我想从以下几个角度谈一谈个人看法。

一、中央银行与金融监管的关系

一是中央银行货币调控离不开金融监管政策的协调配合。从现代货币创造理论看，中央银行的货币供给是外在货币（Outside Money），金融体系内部创造的货币是内在货币（Inside Money），货币调控是通过外在货币影响内在货币从而实现货币调控的目标。而监管政策直接作用于金融机构，权威性强、传导快，具有引发内在货币剧烈调整的威力，相当大程度上决定了货币政策传导的有效性。2017年4月以来，我国金融监管政策密集出台，事实上造成了货币乘数和 M2 的下降。可见，即使中央银行可以调控外在货币，但如果没有有效的监管作保证，外在货币投向何处、效率如何，这是中央银行无法控制的，也无法保证金融支持实体经济。

二是中央银行履行金融稳定职能需要获得相关金融监管信息。明斯基将融资分为三类：套期保值型、投机型和庞氏骗局。其中，套期保值融资（Hedge Finance）指依靠融资主体的预期现金收入偿还利息和本金；投机融资（Speculative Finance）指融资主体预期的现金收入只能覆盖利息，尚不足以覆盖本金，必须依靠借新还旧；庞氏骗局（Ponzi Firm），即融资主体的现金流什么也覆盖不了，必需出售资产或不断增加负债。一个稳定的金融系统必然以套期保值型融资为主，在套期保值型融资为主的金融体系中引入部分投机型融资，能提高金融体系的效率。为了维护金融稳定，中央银行天然承担最后贷款人救助职能，必然要求中央银行在法律上、管理上具备引导社会融资形成以套期保值融资为主的结构的能力，而这种能力必然建立在中央银行了解金融体系中各类型的融资及其相关风险的监管信息的基础上。这样就比较容易理解习总书记强调的"三个统筹"，以及宏观审慎管理与中央银行的关系。

三是中央银行行使最后贷款人职能开展危机救助需要金融监管政策的协调配合。最后贷款人流动性救助职能赋予了中央银行作为危机救助最后防线的重要地位。作为最后贷款人的行动指南，巴杰特（Bagehot）法则从 19 世纪以来就一直是中央银行提供流动性救助的重要遵循。因为问题金融机构是"微弱少数"，金融体系中的绝大多数银行还是健全的，中央银行既无责任也无必要为这小部分银行提供无偿救助，因此该法则要求中央银行在流动性危机时采取迅速果断的行动，防止系统性风险的蔓延，同时遵守向流动性困难而非财务困难的银行提供流动性支持的原则，防范道德风险。流动性困难的机构要提供高质量的抵押品，并对其收取惩罚性高利率。如果不参与事前事中监管，且监管信息无法有效共享，中央银行很难清楚掌握银行的资产状况，因而难以做出准确的救助决定，降低救助的效率。在这种情况下实施的救助，一部分事实上是在向已经资不抵债的问题金融机构输血，中央银行的最后贷款人职能被简化为付款箱，存在严重的道德风险。

二、监管体制要激励相容

一是监管目标应清晰明确。诺贝尔经济学奖得主霍姆斯特姆（Holmstrom）及合作者米格罗姆（Milgrom）在对多任务委托代理的分析中指出，面临多个任务目标时，代理人有动力将所有的努力都投入到业绩容易被观察的任务上，而减少或放弃在其他任务上的努力。

在金融监管领域，我国的金融监管者往往也直接承担发展职能，监管与发展的二元目标的激励下，监管者会自然地倾向于成绩更容易观测的发展目标，而相对忽视质量不易观测的监管目标。长期看，监管与发展是统一的，即金融体系稳定高效运行并有效地服务实体经济。但短期内，监管与发展可能出现政策倾向的不一致，存在目标冲突，就会出现监管者以发展为重，监管激励不足的问题。

从中央层面看，监管部门以大为美，以发展壮大本行业本领域为内在动力，在功能属性相同的金融产品、业务交叉领域出现监管竞争。监管者之间的竞争并不一定是坏事，只是在同样的金融产品缺乏统一规制的前提下，监管竞争易演变成竞相降低监管标准的监管竞次，导致"劣币驱逐良币"，必然损害监管的有效性和金融稳定。如果在统一监管规制的前提下，监管者的竞争就会成为市场发展的竞争，成为监管者改善公共服务、激发市场活力的动力，是有利于市场的长期发展和稳定的。

从地方层面看，地方政府以动员更多金融资源服务当地发展为己任，与旨在维护金融稳定的金融监管职能，尤其是审慎监管可能存在矛盾，地方政府承担部分审慎监管职能，但金融体系的系统性风险又由中央政府负责，可能纵容地方层面对金融体系进行行政干预，不利于金融体系的稳定。

二是监管权责应对等。经济学研究很早就意识到，监管是监管者行为的加总，监管者可能出于个人利益的考量而偏离公共利益目标，导致监管失灵。一是金融监管供求失衡。金融监管是公共物品，但监管者并不会毫无成本、毫不犹豫地按照公共利益提供公共物品。二是金融监管存在寻租。只要政府通过监管干预资源配置，私人部门就有租可寻，设租寻租降低资源配置效率。三是金融监管存在俘获，监管机构可能被监管对象俘获，监管与公共利益无关，是利益集团影响的结果。因此，激励相容的监管体制就是要通过合理的监管分工、严格的问责惩戒、薪酬等正面激励抑制监管者偏离公共利益的冲动，将监管者的行为统一到金融监管的整体目标上来。

从监管分工看，金融监管的激励理论指出，金融监管的总体目标以某种方式分解后交由若干监管者承担，这是监管专业化和监管范围经济之间平衡的结果。如果分工出现权力和责任不匹配，就会导致监管机构严重的激励扭曲，有权无责往往权力滥用，有责无权则监管目标无法实现。从金融风险事前事中事后管理看，承担最后贷款人危机救助的中央银行以及作为风险处置平台的存款保险，一旦与事前事中日常监管分离，不仅危机救助和风险处置会因为信息不对称而缺乏效率，还会因日常监管者不必完全承担救助成本逆向激励其道德风险。因此，激励相容的监管分工下，危机救助者和风险处置者往往也承担日常监管职能。

以存款保险为例，建立之初存款保险主要是作为仅负责事后偿付存款人的"付款箱"，但经过金融风险的检验，纯粹的"付款箱"模式被证明是不成功的，其局限性在于仅承担事后买单的责任，而不具备事前监督的权力，责任明显大过权力，难以有效应对监管宽容和道德风险，导致处置成本高昂，无法及时防范和有效化解金融风险。从国际发展趋势看，存款保险制度模式逐渐向权责对称的"风险最小化"模式收敛。一是存款保险可实施基于风险的差别费率，对风险较低的投保机构适用较低的费率，反之适用较高的费率，促进公平竞争，构建正向激励。二是赋予存款保险早期纠正职能，存款保险有权力检查、干预问题银行，在银行资不抵债之前，尽早发现并采取措施，实现金融风险"早发现、早处置"。

从问责机制看，金融监管者由于并不完全承担监管失误导致危机和风险暴露的成本，导致监管激励不足，监管的努力程度低于最优水平。同时，即使有明确的监管制度，监管者也可能有法不依。问责机制就是要基于监管失误对监管者施加惩戒，强化其监管激励。比如，2001年澳大利亚HIH保险集团倒闭，澳大利亚金融监管局（APRA）被认为严重的监管失误，并可能存在政治献金的利益输送，澳政府专门成立皇家调查委员会进行调查，多名监管人员受到问责并免职。

合理的监管者薪酬水平也是"权责一致"、激励相容的另一面。监管的有效性相当大程度上既取决于监管者的主观能动性，又取决于监管者与监管对象专业水平的对比。在监管机构薪酬水平与市场差距过大的情况下，监管机构人才不断流失、监管专业性下降无法避免。

三是监管政策应公开透明。迪瓦特旁（Dewatripont）和梯若尔（Tirole）等人的研究，将不完全契约理论引入金融监管，指出由于监管者容易受政治力量的影响，或被监管俘获而偏离公共利益的目标，因此监管政策的自由裁量权应与监管机构的独立性相匹配：对独立性较强、能将广大金融消费者利益内化为自身目标的监管者，可以被赋予更多的相机监管的权力；而对于独立性较弱、受政治压力及利益集团的影响较大的监管者，则应当采取基于规则的非相机性监管制度，增加监管政策的透明度，这也是《巴塞尔协议》等国际监管规则的理论基础。通过透明的监管规则实现激励相容，在金融监管发展的各个阶段都有具体体现。比如巴杰特法则明确要求最后贷款人的流动性支持必须以合格的抵押品和惩罚性利率为前提；微观审慎监管通过明确的资本充足率要求金融机构风险总量（总资产）与自身风险承受能力（自有资本）相匹配；宏观审慎监管对系统重要性金融机构施加更高的监管要求，要求订立"生前遗嘱"，基于"大而不能倒"的隐性保护而提高监管约束。

三、金融监管与市场机制的平衡

监管与市场的关系是金融监管理论持久的争论。监管与市场互补、弥补市场失灵、克服金融市场的内在缺陷是金融监管的基本出发点。然而在金融监管理论与实践发展的历程中，互补和替代很难有清晰明确的界限，分寸难以拿捏，监管既容易缺位无法弥补市场失灵而产生系统性金融风险，也容易越位抑制市场机制作用导致效率损失。我认为，准确界定监管与市场的关系既应从"大处着眼"，将金融监管视为金融治理体系的一部分；也应从"小处着手"，对金融风险属性加以区分，政府监管应主要应对系统性金融风险。

（一）金融监管是金融治理体系的组成部分

金融监管并非孤立的存在，而是金融治理体系的组成部分。金融部门的风险管理来自金融机构的内部控制和外部约束,内部控制取决于公司治理及其相应的制度安排,外部约束则包括政府监管与市场监督两个方面。因此,金融治理体系应是金融监管由与其他市场化约束机制相互配合共同实现金融稳定的目标。

金融危机的教训显示,金融机构的稳健性和韧性是保证金融稳定的基础。而完善金融机构的公司治理,有利于形成有效的决策、执行、制衡机制,把风险防控的要求真正落实于日常经营管理之中。同时,明确金融机构经营失败时的市场化退出机制,包括风险补偿和分担机制,加强对存款人的保护等,能有效防止银行挤兑。这些市场化的约束机制,使得高杠杆、低资本、不良贷款等现象均不得宽容,有助于从内在提高金融机构的稳健性,在微观、局部的风险防范上往往比政府监管更有效率。

然而从我国实践中,市场化约束机制的作用往往没有充分发挥,导致风险事前事中管理完全依靠金融监管,最终形成中央银行最后贷款人的无限责任。

从公司治理看,金融监管机构很多时候行使的是行业主管部门的职能,着眼点往往是如何"管企业",而不是考虑如何完善企业的公司治理。近年来,金融机构监管部门在机构准入和风险处置过程中,频繁派人出任被监管机构的高管,导致监管部门和被监管机构人事关系复杂,既影响监管的独立性,又干扰了金融机构人事制度改革。同时,监管部门还制度化派员列席金融机构股东大会、董事会和监事会等内部会议并发表意见,影响董事、监事履职,干涉金融机构自主经营。监管部门与股东单位存在管理界限不清的问题,使得金融机构同一事项要面临多个"婆婆"不一致的要求,有时导致金融机构无所适从,甚至导致资本约束等监管要求流于形式。相反,《G20/OECD 公司治理原则》提出的"为金融机构建立完善稳健的公司治理架构提供指导,定期评估公司治理政策、措施和执行情况,并要求金融机构对实质性缺陷等采取有效措施和手段"等有利于完善公司治理的工作,金融监管机构却很少涉及。

从风险处置和市场退出机制看,我国近年来在处置金融风险存在很多缺陷和不足,集中体现为监管部门行政处置的模式存在诸多弊端,以及存款保险市场化处置机制作用受到制约。一是监管职责与处置目标不一致,缺乏及时启动处置的内在动力。从监管部门的立场出发,出现风险后通常希望推迟处置时间，容易错过最佳处置时机。二是缺乏专业化的处置平台，风险处置的市场化程度不高，处置效率低下。大量退市机构"僵而不死、死而不葬"现象普遍，资产"冰棍效应"日增，清算费用和损失日益扩大。三是缺乏正向的激励约束机制，容易引发金融体系道德风险。由于监管部门不承担处置成本，处置成本主要由国家承担，导致市场约束弱化，容易鼓励或诱发金融机构的恶意经营行为。四是各监管部门自建救助机制，处置政策碎片化，既违背了投资者风险自担的基本原则，不利于打破刚性兑付；在风险暴露时又难以真正实现"自救"，不得不依赖中央银行的最后贷款人救助。

（二）政府监管以守住系统性金融风险的底线为重点

自诞生起，金融监管理论就区分系统性风险和非系统性风险，并采取差异化政策应对：政府监管主要是针对系统性金融风险，非系统性金融风险主要由市场自律解决。巴杰特法则要求中央银行提供流动性救助以应对流动性短缺的系统性冲击为目标，不是拯救个别金融机构，即最后贷款人是系统性金融风险的救助者，非系统性金融风险应由市场自主出清。此后，双峰监管（以审慎监管和消费者保护并重的监管体系）理念中审慎监管又以系统性金融风险与非系统性金融风险为界，分为宏观审慎和微观审慎。旨在防范系统性风险、维护金融体系稳定的宏观审慎一直是公共部门的职责，而微观审慎监管可在一定程度上让渡于市场自律。

区分风险属性，政府监管以防范系统性金融风险、维护宏观金融稳定为重点，是基于"安全与效率"界定监管与市场的边界。一方面，如果风险属于非系统性金融风险，那么金融风险的外溢性是有限的，对金融安全的威胁较小，因此宜以微观审慎的合规监管为主，可以更多的依靠市场自律承担部分监管职责，风险处置主要借助存款保险的市场化处置方式，这样可充分发挥市场机制优胜劣汰的作用，形成正确的市场纪律。

另一方面，如果风险属于系统性金融风险，那么风险防范必须坚持底线。鉴于系统性风险巨大的外溢性和经济社会成本，危机救助和风险处置不仅需要存款保险，还必然涉及中央银行最后贷款人职能甚至财政资金的参与，政府部门需要大量调用社会资源深度介入。因此在事前事中监管中，除了微观审慎监管要求外，系统性金融风险防范必然要求施加逆周期、降低风险传染、限制"大而不能倒"的宏观审慎管理要求,这是风险管理事前事中事后的权责一致,激励相容。

四、监管要有效平衡金融创新与风险防范

最近一次的全球性金融危机表明,如果金融创新缺乏完善的制度环境,则容易脱离开实体经济,走上盲目扩张、盲目发展的道路。为了创新而创新,游离于实体经济之外的"概念化、泡沫化"金融创新,终将成为无源之水、无本之木,只是昙花一现。浮华褪去之后,不仅不能起到促进经济发展的作用,反而给金融业和实体经济带来巨大的灾难。

作为支持金融创新健康发展的重要制度,金融监管应对不同形式的金融创新采取差异化的应对。

一是首先要区分审慎监管与非审慎监管,对原本应是非审慎监管的业务和机构,从事了应审慎监管的银行业务,对这种属于违反监管规定的所谓金融创新,应严格执行监管规定进行取缔,比如近年来部分P2P平台以金融创新的名义发展的资金池业务。

二是对明显属于规避监管、监管套利的金融产品,金融监管也应主动打击,比如部分金融机构的金融创新产品名为发展直接融资,实际是走样的信贷替代产品,资金投向限制性领域,博弈宏观调控。

三是对确有创新价值,且功能属性与现有金融业务和产品相同的金融创新,应按照功能监管的原则,施加统一的监管规则,比如目前的资管产品。

四是对暂难以准确定位的金融创新,可以考虑借鉴国际上沙箱监管的尝试,监管者应提高风险警觉性,不能只在出现问题后才采取行动,要有预判、有预案。

五是基于互联网金融业务的区域属性日益弱化,应进一步理顺政府与市场、中央与地方的监管关系,确保中央监管部门与地方监管部门高效协调运转,守住不发生系统性金融风险的底线。

(本文系作者在"2017陆家嘴论坛"上的讲话)

大市场严监管

关于金融监管协调机制的四个认识误区

魏加宁[*]

一、有关金融分业监管协调机制的一些基本认识

究竟什么是金融分业监管的协调机制？

有部门和官员在谈到建立金融监管协调机制时，主张不能光考虑监管，也要考虑发展，甚至主张把宏观调控部门（包括国家发改委、财政部等）也纳入协调机制之中，并以此作为平台，统筹货币政策与财政政策、金融监管与金融发展规划等诸多关系。

对此，有专家明确指出，我们这里所要探讨和研究的是金融监管的协调机制，而不是谈有关宏观调控的协调机制，因此这里主要应着眼于防范和化解金融风险。宏观调控是另外一个协调机制，两个机制之间的参与单位可能互有交叉，但绝对不是一回事。

还有专家则特别强调指出，金融监管协调机制绝对不能够管总量，不能够参与宏观调控，更不能够实行微观干预。

二、建立金融分业监管协调机制应当遵循哪些基本原则？

1. 必须有助于加强中央银行的独立性。国内外大量的实践经验表明，没有中央银行的相对独立性就没有宏观经济的稳定。因此，建立金融监管协调机制只能加强而绝不能削弱中央银行在货币政策方面的独立性。

---

[*] 魏加宁，国务院发展研究中心研究员。

2. 必须有助于建立金融监管部门的独立性和问责制。金融监管协调机制的建立要有助于金融监管部门的独立监管,既要防止出现对金融监管部门日常监管行为的干扰,又要防止出现金融监管部门的道德风险。

3. 必须有助于分清各相关部门、以及各级政府的职责权限。不仅要理顺中央各部门(包括人民银行、财政部和3大监管部门)内部的体制关系和事权划分,而且还要理顺中央与地方的体制关系和事权划分。后者的难度可能更大。

4. 必须统筹和协调好化解眼前的金融风险与防范长远的金融危机之间的关系。建立金融监管协调机制应当有助于金融机构(依照市场经济原则)的有进有出,而不是无条件地救助所有有问题的金融机构。特别要注意防止只顾容易地"化解"眼前一个个小的、单个的金融风险,最后导致出现更大的全局性金融危机。

5. 必须有助于监管目标的实现。建立监管协调机制的最终目的应当是保护投资者(包括存款人及消费者)的利益,而保持金融体系的稳定、维护金融市场秩序的最终目的也还是为了保护投资者的利益,尤其是中小投资者的利益。要切实防止将其他经济目标(如"保护金融机构利益"、"追求金融发展"等)、社会目标(如"保社会稳定")乃至政治目标(如"保政治稳定")作为金融监管协调机制所追求的实际目标。

6. 在加强信息共享的同时,必须加强信息保密制度。要从制度上防止有关部门官员以信息共享为名牟取个人私利,这在与股市相关的重大信息方面尤为重要。

三、必须澄清哪些认识上的误区?

目前社会上,在一些重大问题上存在着严重的认识误区,无论是各级政府官员还是老百姓,无论监管官员还是被监管金融机构的高管人员,无论是财政部门官员甚至某些中央银行官员,都在有意无意之中存在着这样或那样的错误认识。因此,在建立金融监管协调机制时需要特别加以警惕。

误区一:中央银行的"最后贷款人"职能等于由中央银行"兜底"。我们必须首先明确最后贷款人的目标到底是什么。有学者指出,最后贷款人的首要责任是防止恐慌造成的货币储备减少；最后贷款人的主要目标是支撑整个金融体系，而不是个体金融机构；最后贷款人的存在不是为了避免危机的发生，而是缓解金融冲击的影响；最后贷款人应为一切有良好资产抵押的银行提供贷款，而不应拯救不好的银行，其目的是防止恐慌蔓延到好的银行，而不是去拯救资产不好的银行。如果不加区别的去救助，必然引发巨大的道德风险。

其次，必须说明的是，当中央银行非出手相救不可的时候也必须满足一定的条件。不是谁都要救，否则会引发巨大的道德风险，使整个经济的效率降低。日本银行规定，只有满足下面4个条件时，才能够向一家有问题银行提供资金：（1）发生系统性风险的可能性很大；（2）没有其他替代方法，而且中央银行的援助是成功解决问题所不可缺少的；（3）所有有关责任方都应承担责任来避免发生道德风险；（4）中央银行的金融稳健性将不会受到破坏。

最后，中央银行专家认为，在中国利用最后贷款人职能来投放基础货币，实际是把部分金融机构的不良贷款"货币化"。因此，在实际运用中应进行数量控制，同时利率不能过低，应防范地方政府和中小金融机构的道德风险，"最后贷款人"职能的运用应及时公布以增强透明度。

误区二：中央银行的"维护金融稳定"职能等于由中央银行"兜底"。

目前，国家已经通过立法将维护金融稳定的职能放在了人民银行。但是迄今为止，有关金融稳定的定义并不十分清楚，甚至不少人误解为就是要人民银行为了"保金融稳定"来"兜底"。

关于金融稳定的定义，人民银行副行长吴晓灵指出，金融稳定应当包括：（1）货币稳定：没有严重通货膨胀，汇率没有剧烈波动；（2）机构稳定：金融机构没有流动性风险引发的支付危机；（3）金融基础设施稳定：支付体系安全包括结算纪律正常、电子设施安全、现钞供应及时。

中央银行之所以关注金融稳定并把其作为主要职责，最主要的原因在于，"最后贷款人"地位决定了只有中央银行才具有提供紧急流动性支持的能力，才有可能阻止金融不稳定的发生或降低金融不稳定的破坏性。但是，这绝不意味着必须由中央银行来"兜底"。

有学者指出：央行可以是最后的责任承担者，但不一定是唯一的责任承担者。瑞典银行的经验绝不仅仅等同于央行无限度使用最后贷款人职能,恰恰相反,首先是金融机构承担风险,只有在其无法全部、独立承担损失,且该损失必然引起支付体系恐慌时,央行才能介入流动性支持。如果有一天,央行不再通过替金融机构违规导致的风险买单,则我们就实现了健康的、低成本的金融稳定。

并且,为了维护金融稳定而不得不对一些机构实施救助的时候,也不一定直接以央行再贷款的形式。因为中央银行直接的贷款与其稳定货币的职能往往有冲突,所以最后贷款人手段还有很多其他方式。中央银行还可设立特别机构和专项基金向银行间接提供财务援助,或是组织大银行或债权人集资进行救援。除了直接提供信贷援助以外,中央银行还可采取以下措施:

组织集资救援。一旦发生极为严重的危机,以致中央银行本身的资产负债表不允许它独自完成救助,还可以作为"触媒"或称"催化剂",由中央银行牵头,组织多方来源筹集更多的款项,或推动采取各种形式对危机银行加以挽救,中央银行的这一作用在权威性和效果方面也是任何别的机构所无法替代的。如英国1973~1974年银行危机期间,英格兰银行组织了由各大清算银行出资的救援行动,即"救生船基金",成功地使26家问题银行走出困境。又如美国联储救助长期资产管理公司,也是通过召集相关银团实施救助,而非自己直接出钱救助。

共同出资。1974年由德意志联邦银行和银行部门共同出资成立了流动性联合银行(LCB),目的是通过为具有清偿力但面临暂时流动性困难的银行提供短期流动性来保证国内和对外支付顺利进行。

提供担保。中央银行或政府出面担保,帮助危机银行度过挤提和清偿的难关。如美国1984年伊利诺斯大陆银行危机爆发后,虽然芝加哥联邦储备银行提供了40亿美元贷款,联邦保险公司提供了15亿美元的注资,但这些措施并未能坚定存款人的信心。最后美国联邦储备系统公开向社会承诺它将负责赔偿所有在该行存款的客户的损失,并再次提供75亿美元融资,才使其渡过难关。

组织并购。中央银行组织健全银行兼并或收购陷入危机的银行,承担其部分或全部负债,购买它的部分或全部负债,并购买它的部分或全部资产。

大市场严监管

设立过渡银行。由于危机银行在持续经营状态下的价值一般要大于立即破产清算时的价值,中央银行可以通过设立过渡银行全面承接危机银行的业务。

设立专门的危机银行处理机构。如美国为处理在20世纪80年代的全国性储贷机构危机,于1989年专门设立了RTC(Resolution Trust Corporation),负责接管和处置由联邦储贷保险公司承保而倒闭的储贷机构的资产。RTC从1989年成立起至1995年结束运作时止,共接管了747家储贷机构账面价值4560亿美元的资产,并将这些资产剥离、重组后出售,并收回82.62%的资产,与此同时,RTC还设法使1460家有问题的储贷机构恢复正常运营。

误区三:金融监管协调机制谁"牵头"等于谁"兜底"。

许多监管官员和专家学者认为,建立金融监管协调机制必须有人牵头,但是也有专家表示担心,如果让中央银行牵头,搞得不好会导致监管部门出现道德风险,"牵头"变成了"兜底",救助有问题金融机构就变成了增发货币的主要渠道,从而影响到中央银行货币政策的独立性。

Goodhart和Schoenmaker(1995)的研究显示,央行所能支配的资源终究是有限的。为使无限制贷款原则更具操作性,中央银行在行使LOLR职能时,可以借助自己的权威地位要求若干个实力雄厚的稳健银行与之配合,提供协同贷款。从20世纪80年代到90年代早期的104个银行危机中有25个案例采取的是协同贷款方式。这种方式改变了央行传统的"单打独斗"模式,有助于缓解资源约束。目前,协同贷款在某些国家已经演化为一种制度性的应对方案。如德国问题银行的短期流动支持就是由央行和各商业银行共同出资组建的专门机构——流动贷款合作银行(Liquidity Consortium Bank)来负责的。

Goodhart认为,中央银行自己实际上从来没有那么多的资金,也从来没有能力完全独立地资助任何大规模的救援行动。相反,它们是银行系统的信息收集者和协调人,鼓励并召集各个银行成为一个团体,为陷于困境的银行提供支持和援助。实际上几乎一直都大致是这种情况。英格兰银行就一直扮演着一个救援体系中的协调和中央运作的角色,而不是单独靠自己进行救援。

误区四:监管部门等于主管部门。

目前，各金融监管部门面临着一个主要矛盾就是如何解决监管与主管、规范与发展的矛盾。一些金融监管部门由于同时肩负着促进本行业发展的任务，因此很容易在追求行业发展的同时，忽略了行业规范，不知不觉地从监管部门变成了主管部门，最终被被监管者所"俘获"，成为被监管主体的利益代言人。

首先，发展本来是被监管者自己的事情，但由于监管部门要推动行业发展，因此就会有求于被监管者，甚至不惜邀请被监管者来为自己"托市"，从而在不知不觉中被被监管者所"俘获"。

其次，监管与创新历来是一对矛盾，按理说，业务创新本来也是被监管者自己的事情，而监管者在创新方面通常是比较保守的，但由于监管部门成了主管部门，成了被监管者的利益代言人，就会站在被监管一方去主动推动创新，最终被被监管者所"俘获"。一旦创新产品出现问题，就很难分清到底是监管者的责任还是被监管者的责任。

除此之外，监管者被被监管者所"俘获"的原因还有以下三点：

一是我们行政部门的财务制度几十年如一日，目前仍然沿袭着计划经济时期的标准和水平，因此，上级主管部门和领导下去调研时不得不依靠基层监管部门，而基层监管部门又总有一些来自上级主管部门的领导或其他要客需要应酬，因此常常不得不请被监管者负责招待，从而有求于被监管者。

二是监管者与被监管者之间的工资反差过大，因而导致因监管者心理上的不平衡，从而出现"源于追求体面生活而导致的腐败"。

三是监管者与被监管者之间，即猫和老鼠之间的随意换位也容易诱导监管者被被监管者所俘获，从而使监管不能真正到位。

（本文节选自《新金融评论》2016年第22期）

大市场严监管

重构金融监管体系：
理念、功能和模式选择

秦 晓[*]

全球金融危机后，各国都在重新评估过往基于"微观审慎"的金融监管体系，提出并推行了各种改革方案。我国的"十三五"规划纲要明确要求进一步改革金融监管体系，以加强宏观审慎管理、统筹监管系统重要性金融机构、建立功能监管和行为监管框架为重点。这些改革理念与全球主要经济体金融监管改革的方向是一致的。但是，在金融监管框架改革的具体模式选择方面，还有待形成共识。

一、现行金融监管体系的局限

当前，我国实行的是"一行三会"的分业金融监管体系。人行（"一行"）主要负责制定和执行货币政策以维护金融系统稳定，同时承担支付清算、国库、反洗钱、征信管理等金融服务职能。银监会、证监会和保监会（"三会"）则分别负责存款类金融机构、证券机构和保险机构的监督管理。这种基于机构的分业监管模式是改革开放以来逐步形成的，它为维护我国金融秩序的稳定、促进金融监管的专业化作出了积极贡献。但随着我国资本市场和金融行业的快速发展，原有的分业壁垒日渐消融，"一行三会"分业监管体系的局限日趋凸显。

近年来，金融机构各种形态的综合经营实际上已突破了分业经营的格

---

[*] 秦晓，招商银行原董事长。

局，呈现出规模扩张、跨行业渗透和产品结构复杂化、多样化的特征，现实中也出现了金融控股公司这种典型的混业经营业态。在混业综合经营不断发展的趋势下，分业监管体系一方面难以防范系统性风险，不利于维护金融稳定；另一方面监管协调的压力加大，监管成本增加，监管效率下降。具体而言，我国现行的分业金融监管体系存在着监管竞争、信息分割、协调困难等缺陷，在监管工作中存在监管空白，并诱发了金融机构的监管套利。

1. 监管竞争。基于机构类型划分监管领域（机构型监管）使得监管竞争成为分业监管体系的内生性（endogenous）难题。这是因为在我国现行的行政体系下，各监管部门被赋予行业行政主管和行业监管的双重职责，这两个职能类似体育比赛中的领队和裁判，其职责和目标相互冲突，不可能整合为一体。在这种体制下，监管部门的行政权力和话语权很大程度上取决于被监管行业的规模大小和发展速度。监管部门在推动行业快速发展与加强行业审慎监管之间常常处于互相矛盾的地位，"踩油门"与"踩刹车"交替出现，使得现行的"一行三会"的监管行为发生了某种程度的扭曲。这是中国行政体制的产物，发达市场经济体的金融机构没有上级行政主管部门，监管与被监管的关系简单明确，监管部门没有被赋予推动行业快速发展的职责。

为了促进行业发展，监管部门之间的竞争不时出现。这种监管竞争在我国的债券发行市场体现得尤为明显。当前我国的债券市场存在着发改委、财政部、证监会和人民银行（银行间市场交易商协会）四个监管机构，各自负责审批不同类型的债券发行。2015年初，为了鼓励交易所债券市场的发展，证监会降低了对公司债发行的要求，公司债发行量不断创下历史新高。随后发改委与银行间市场交易商协会相继降低企业债和超短期融资债的发行要求，以期推动所辖子市场的发展。债券发行的监管竞争从整体上加大了金融市场的信用风险。

2. 协调困难。分业监管各部门的监管理念、目标、方式和执行均存在差异，平行的"三会"之间的竞争使得监管协调变得困难。国务院于2013年建立了金融监管协调部际联席会议，但这个联席会议制度"不改变现行金融监管体制，不替代、不削弱有关部门现行职责分工，不替代国务院决策，重大事项按程序报国务院"，因而无法从制度上改变协调难的问题。

混业经营的发展给金融监管协调带来了挑战。以平安集团为例，其主监管机构为保监会，平安银行和平安信托受银监会监管，平安证券受证监会监管，三会之间的协调成为有效监管的关键，在监管竞争与利益冲突的情况下，协调变得困难甚至失效。

3. 信息分割。分业监管体系也造成了金融统计信息的分割。各监管部门的数据来源仅限于所辖的行业，难以获取整个金融体系的资产负债规模和资金流向的数据，这严重影响了监管当局对系统性风险的研判和决策。

信息分割的问题在 2015 年上半年股市巨幅波动中得以充分暴露，其时证券公司通过外接系统进入股市的场外配资来源复杂，既有银行、信托等持牌金融机构（受银监会监管），也有民间配资资金（其中部分受地方金融办监管），资金通过配资账户、信托、理财资金池等层层嵌套，导致证监会作为证券市场监管机构无法清楚地了解进入证券市场的杠杆资金总量，从而无法有效监控和测度市场风险。场外配资规模扩大和股价攀升的速度大大超出了监管者的预期，证监会不得不基于不完全信息对场外配资采取行政式清理，其代价是杠杆资金离场，股价螺旋式下跌，投资者竞相抛售股票，最终导致场内杠杆资金平仓，A 股市场的流动性迅速枯竭。

4. 监管空白。当前我国在金融控股公司监管、投资者（金融消费者）权益保护、影子银行业务、创新金融业务和互联网金融等方面仍然存在着大量的监管空白。例如，对于金融控股公司目前采取主监管制度，导致监管空白与协调困难并存；P2P 这类创新借贷平台目前由各地方的金融办负责审批监管，监管空白与监管套利并存。此外，影子银行体系的监管空白，掩盖了整个银行体系不良率的真实情况，可能误导我们对于系统性风险的研判。互联网金融创新所催生的大量新型业态和创新产品在我国当前"铁路警察、各管一段"的分业监管体制下往往处于监管的模糊地带。

面对当前金融机构混业化、金融交易跨市场化、银行业务表外化、资本流动网络化的最新趋势，究竟如何监管、监管的对象是谁、监管边界何在、怎样相互协调？这些问题在现行监管框架下难以找到答案。

5. 监管套利。不同监管标准或规则给金融机构带来监管套利的空间，金融机构倾向选择监管相对宽松的领域展开经营活动以获取超额收益。从理论上说,同质的业务受到的监管应当是一致的。但分业监管体制下政出多门,容易导致对同质的业务监管不一致,引发监管套利,不利于构建一个公平竞争的市场环境。

例如,基金子公司与信托公司都可以从事信托业务。但是,信托公司归银监会监管,而基金子公司受证监会监管,两者受到的监管和资本要求差异非常明显。基金子公司不仅业务规模不受净资本约束,投资范围也没有限制。监管套利使得基金子公司的数量和资产规模急速增长。截至2015年底,诞生仅三年多的基金子公司的管理规模已达8.6万亿元。直至今年5月,证监会才出台基金子公司管理规定和风控指引的征求意见稿,对基金子公司提出资本要求。

二、金融监管改革的国际经验

次贷危机引发的全球金融海啸暴露了欧美等主要发达国家金融监管体系与现代金融发展的不协调,危机后主要发达国家都对原有的金融监管框架进行了修补和改革,重点有两个方面:一是强化"宏观审慎监管";二是倡导"功能监管"和"行为监管"。

1. 宏观审慎监管。次贷危机之前,国际上主流的监管思路是"微观审慎监管"。所谓"微观审慎监管"是以独立性假设为前提,即监管当局认为金融机构都是相互独立的,所以只要保障微观金融机构是安全的,整个金融体系就是安全的。从另外一个角度讲,"微观审慎监管"相信自身资本充足可以隔断其他金融机构的破产所带来的风险。这个独立性假设在很长的一段时间内都没有遇到大的挑战。

随着金融自由化(放松管制和金融创新)的进程,金融机构和金融机构之间、金融行业和实体经济之间、国家和国家之间的联系日益紧密。金融机构为了追逐商业利益不会主动考虑行为的外部性,这使得风险极易通过金融体系的网状连结迅速外溢扩散。相互连接性突破了独立性的假设,表明单一的"微观审慎监管"已不能保障整个金融体系的稳定。例如,当资产价格下跌时,银行为了满足微观审慎的资本充足要求需要卖出资产。但当足够多的银行一起卖出资产时,会使得资产价格急速下坠,导致螺旋式的价格崩溃,引发金融危机。在这个例子中,单一的"微观审慎监管"反而放大了金融机构顺周期行为所带来的系统性风险。我国去年的股市波动期间也出现了类似的价格崩溃现象。

次贷危机后各主要发达国家都在监管体系中突出了"宏观审慎监管"的地位和作用。"宏观审慎监管"不是对"微观审慎监管"的排除或替代，而是在原有基础上增加了一个更为重要的监管维度，它主要以相互连接性为前提，强化对于系统重要性的金融机构的监管，重视逆周期调节、整体期限错配的情况，以及对金融系统和金融机构进行前瞻性（forward‐looking）监管。在具体做法上，各国都赋予央行在宏观审慎监管体系中统筹、协调的核心地位。

2. 功能监管和行为监管。从各国金融监管实践来看，主要有三种不同的监管模式：一是"机构型监管"（institutional regulation）模式，它是在分业监管体系下根据金融机构的类型划分相应的监管机构。中国的金融监管体系就是典型的机构型监管，银行归银监会管，保险公司归保监会管，证券公司归证监会管。这样的划分有助于监管部门加深对该类型金融机构的认识，实行专业化监管。二是"功能型监管"（functional regulation）模式，它是在混业监管体系下根据金融活动的性质来进行监管，只要是同质业务，不管在哪个金融机构，都接受一致的监管，从而在较大程度上避免了监管套利。三是"双峰监管"（twin‐peaks regulation）模式，它源于澳大利亚上世纪末的金融监管改革，将金融机构的行为监管独立出来，形成审慎监管与行为监管分离的"双峰"模式，后来被很多国家采用。

随着金融创新和混业经营的发展，金融机构的传统业务边界日益模糊，基于分业监管的"机构监管"模式难以适应这种发展趋势。从理论上来说，基于金融业务的"功能监管"是对分业监管的修正；而"双峰监管"则强调保护金融消费者合法权益，建立并行于审慎监管的行为监管体系。

三、监管模式

目前，关于我国新的金融监管大致有六种模式，它们各有利弊：

1. 金融协调委员会+"一行三会"（美国模式）。此方案建议保持现有的"一行三会"格局不变，在更高层级设立金融协调委员会或金融稳定委员会，统筹协调"一行三会"金融监管。这类似于美国《多德‐弗兰克法案》之后的金融监管改革模式，在现有的监管体系之上，设立金融服务监督委员会（Financial Services Oversight Council），协调各监管部门的工作。

2. 单一央行模式。此方案建议现有的"一行三会"合并为单一央行，成为兼顾宏观货币调控和金融监管的超级监管机构。这一方案事实上回到了我国改革开放初的大一统监管模式。

3. "一行一会"（前英国模式）。此方案建议保持央行职能不变，合并三会为金融监管委员会，统一监管所有类型的金融机构，形成"一行一会"的金融监管框架。这一框架类似于英国2013年《金融服务法》生效之前的监管模式。

4. "一行两会"（央行＋证监会＋保监会）。此方案建议将银监会并入央行，保持证监会和保监会，形成"一行两会"的金融监管体系。这一方案强化央行宏观审慎监管的同时，延续了目前的分业监管的特征。

5. 央行＋行为监管局（英国模式）。此方案将三会的审慎监管职能并入央行，同时成立独立的金融行为监管局，负责金融机构的行为监管和金融消费者权益保护。这一方案的样板是英国现行的金融监管模式，央行下设货币政策委员会、金融稳定委员会和审慎监管局，分别负责制定和实施货币政策、宏观审慎政策和微观审慎监管。同时，央行负责统筹监管重要金融基础设施和金融业综合统计。行为监管局独立于央行，以体现审慎监管与行为监管的适度分离。

6. "一行双峰"模式（央行＋审慎监管＋行为监管，澳洲模式）。此方案建议央行继续负责宏观审慎政策的制定和执行，以及对系统重要性金融机构、金融控股公司和重要金融基础设施的监管，并负责统筹金融业综合统计；"三会"按"双峰模式"重组为审慎监管委员会和金融行为监管局，前者负责非系统重要性金融机构的微观审慎监管，后者负责金融机构行为监管和金融消费者权益保护。

四、改革路径选择

选择哪种监管模式？这要看我们希望达到什么样的改革目标。根据《十三五规划纲要》的部署，金融监管框架的改革目标有三：一是加强宏观审慎监管；二是强化综合监管和功能监管；三是建立切实保护金融消费者合法权益的行为监管框架。关键词是：宏观审慎、综合监管、功能监管和行为监管。

从上述改革目标来看，我们可以首先排除单一超级央行模式。央行的主要职责是制定和执行货币政策，赋予央行全部的金融监管职能可能会与货币政策目标（物价稳定）相冲突。这种模式的另一个缺陷是，超级央行可能造成监管协调困难和监管空白问题内化。同样，我们也可以基本排除金融协调委员会+"一行三会"模式。设立一个更高层级的协调委员会不能解决目前存在的问题，原因就在于这个"叠床架屋"的协调委员会难以成为常设的决策机构，至多是有事议一议，没事一切照旧而已。至于"一行一会"模式，它在一定程度上符合综合监管和功能监管的要求，缺点是没有体现行为监管的相对独立；"一行两会"符合宏观审慎的要求，但仍具有分业监管的特征，既不能满足综合监管和功能监管的要求，也无法实现行为监管的独立。

我认为，较为合理的改革方案是参考英国模式的"央行+行为监管局"或者参考澳洲模式的"一行双峰"（央行+审慎监管委员会+行为监管局）架构。这两种金融监管模式在理论上比较完善，在结构上既符合宏观审慎管理的原则，又强化了综合监管和功能监管，同时实现了行为监管与审慎监管的适度分离。两种模式的相同之处在于央行负责宏观审慎监管和系统重要性机构的微观审慎监管，不同之处在于非系统重要性金融机构微观审慎监管的归属。相比英国模式，澳洲"一行双峰"模式将非系统重要性金融机构的微观审慎监管部门与央行分设，从而更具独立性。不过，我对刻意将微观审慎监管分开的模式抱怀疑态度，在中国特定的环境下，应该考虑将金融机构和业务（不论是否具有系统重要性）统一在央行这个综合监管机构之内，以避免监管竞争和监管套利。正是因为如此，我认为英国模式（"央行+行为监管局"）在逻辑上为更佳的选择。

英国金融监管体系的重构，是一个值得我们关注的重要案例。2013年4月正式生效的英国新金融监管框架，以英格兰银行（央行）为核心，下设金融政策委员会（Financial Policy Committee）和审慎监管局（Prudential Regulatory Authority），前者负责宏观审慎监管与政策协调，后者负责金融机构的微观审慎监管；独立于英格兰央行设置的金融行为监管局（Financial

Conduct Authority）则负责投资者保护、维护市场公平以及对金融机构的行为监管。英国模式在理论上较为完善，既符合"宏观审慎"的原则，也符合综合监管和功能监管的要求；同时兼具"双峰模式"的特征。

但是，中国金融监管改革的初始条件与英国模式颇为不同，需要权衡改革旧体制和维护新体制的成本与收益。在2013年金融监管改革之前，英国采取的是欧洲盛行的混业监管模式，而我们目前依然是典型的分业监管体制。如果我们完全参照英国模式，需要将现行监管体系打散全面重构。因此，这一方案比较激进，在改革过程中可能面临各方面的阻力，具有一定的不确定性，执行起来比较困难。

从中国的实际出发，新的金融监管框架改革既不应墨守成规，也不应过于激进照搬别国模式，应是一个分步走的渐进过程。改革的第一步，可以考虑以"一行两会"或设立"金融协调委员会"为起点，将重点放在加强监管协调和构建宏观审慎监管体系之上，将具有系统重要性金融机构的监管移交央行。第二步，在完善宏观审慎管理的基础上，实现功能监管，强化行为监管，最终形成类似于英国的"央行＋行为监管局"的模式。

五、结语

我国现行的分业监管模式的优点在于其专业性，但随着资本市场和金融行业的发展，分业监管的局限也日益凸显。金融监管框架改革已成为当前中国金融改革的一项重要议题。

我国的金融监管体系改革，一是应当学习和借鉴各主要经济体金融监管改革的经验，结合中国的实际，强化金融安全，防范系统性风险；二是要适应现代金融综合化发展趋势，建立统筹、协调、高效的监管框架，从制度上消除监管竞争和监管套利问题。新的金融监管框架可以"央行＋行为监管局"（英国模式）或"央行＋审慎监管委员会＋行为监管局"（"一行双峰"）为参照目标，结合中国的实际情况，采取渐进改革的方式实施。最终构建一个满足宏观审慎、综合监管、功能监管和行为监管要求的现代金融监管框架，实现我国十三五规划的战略部署。

（本文原载于2016年7月中国金融四十人论坛网）

加快推进市场监管方式的根本转变

陈保中　孙晓峰[*]

一、加快形成市场一体化监管工作机制

转变市场监管方式，首要任务是要加快形成一体化的市场监管机制，破除原体制下条线思维定势，加快体制改革后的深度融合，共建大监管格局。

1. 实现执法管理的"一体化"。应进一步根据国务院部署要求，建立执法联动响应和协作机制，从制度设计到组织实施，实现各环节管理的"一体化"，消除监管盲点，彻底解决政出多门、各自为政的突出问题。

2. 实现执法程序的"一体化"。国家层面应制定统一的市场监管行政处罚程序；地方层面应尽快制定规则，实现申（投）诉和举报处理程序的统一。

3. 实现执法平台的"一体化"。本着"集成优势、统一标准、逻辑集中、物理分散"的原则，建立地方统一的执法监管信息平台和公众投诉举报处理平台系统，从根本上解决"信息孤岛"问题。

4. 优化综合与专业监管力量的配置。建议在区（县）层面应以专业监管为主，侧重发现和处理专业性要求较高及重大违法行为和安全隐患；乡镇层面以配置"全科医生"为主，实现"一员多能、综合执法"，侧重于发现和处理一般性违法行为及安全隐患，形成综合与专业监管相结合的两级布防又各有侧重的监管体系。市场监管部门要加强综合监管操作实务

---

[*] 陈保中、孙晓峰，中共上海市委党校教师。

培训，加快培养适应新型监管模式的复合人才。

二、全面推开"双随机、一公开"监管

根据国务院关于推广随机抽查的要求，建议国家有关部门尽快制定市场监管随机抽查工作细则，确保制度落实到位。

1. 突出法律禁止事项列"清单"。对企业主体法律禁止的事项及执法部门依法检查事项进行全面梳理，按业务条线分别制定出随机抽查事项清单，明确抽查主体、依据、内容、程序和相应的法律责任。检查事项清单应突出针对性，并及时向社会公布。凡是法律法规规章没有规定的，一律不得擅自开展检查。

2. 结合业务特点实施"双随机"。基层市场监管部门应按检查事项建立详细的检查对象名录库和执法检查人员名录库，并结合工作实际适时进行动态调整。凡对试点监管领域企业开展监督检查，除有证据或线索证明涉嫌违法、或有投诉举报及有隐患指向的以外，均应从"双名录库"中随机确定检查对象和执法检查人员。对执法人员较少的街镇，可在区级层面实施异地检查、交叉互查。

3. 下放频次规定权限"适度查"。建议由区级市场监管部门根据区情实际，按照国务院"适度查"的要求，合理自主确定抽查比例和检查频次，既保证必要的抽查覆盖面和工作力度，又防止检查过多使基层难以承受和影响检查的有效性。对质量安全风险较大、信用等级较低或列入"黑名单"等重点单位应加大抽查、检查力度。

三、着力促进市场监管方式信息化变革

加快推进信息技术在市场监管中的广泛运用，建立健全信息化监管机制，实行全方位、全要素、全过程、精准化监管，努力实现监管方式的根本性转变。

1. 构建信息化全程追溯链条。积极推进重要产品追溯体系建设，按照国家质检总局、国家食药监管总局的要求，在完善气瓶等危险化学品、食品药品电子追溯管理系统的同时，积极推动追溯管理在其他产品及电子

商务、认证证书、检测报告等领域的应用，逐步建立起以落实企业主体责任为基础，以推进信息化追溯为方向的全程追溯机制。当前可重点推进电梯追溯体系建设，国家质检总局应积极支持上海等地将电梯维保、检验列为国家级试点项目，并加快对电梯等特种设备安全技术规范的修订工作，明确追溯管理的责任主体，推动企业对生产或检验过程实行数字化信息记录，实现企业主体与监管部门追溯数据统一共享交换。

2. 完善移动信息化监管系统。针对基层存在的短板，理清监管需求、监管清单和检查流程，做好综合流程各环节和要素的衔接，以一体化监管思路合力推进移动信息化系统建设。同时，要进一步充实和完善执法辅助知识库，实现移动信息化系统与一体化监管平台及执法办案、检验检测、投诉举报、信用档案、法律标准等系统库严密对接，使移动信息化系统真正起到"监管专家"和"操作向导"的作用，用"制度+科技"手段解决基层综合监管技能不足和履职恐慌的问题。

四、扎实推进企业信用与分类监管改革

进一步推进以信用监管为核心的分类监管制度建设与应用，强化社会信用监督，真正实现"守信者一路畅通，失信者寸步难行"的监管格局。

1. 加快统一开放的公共信用信息平台建设。建议国家标准化管理委员会会同有关部门，加快公共信用信息归集规范等系列国家标准的制定。各地应加快"代码库"、"自然人库"与公共信用信息平台对接，完善批量模糊查询、分类统计、域外不良信用信息收集、企业信用评价等功能，实现公共信用信息的互通共享，夯实社会信用体系基石，为市场信用自净机制发挥决定性作用做好支撑。

2. 推进以信用为核心的分类监管制度落实。必须根据质量安全风险程度、企业履行主体责任和社会信用情况，建立质量信用分类标准、差别化监管项目清单，对监管对象实行分类评价和针对性监管措施，以有限的监管资源实现监管效能的最大化。同时，应将分类评价指标体系、分类评价模型以及分类标准和差别监管项目清单等纳入信息化监管平台，实现自动、适时的动态评价和调整，解决分类监管制度落实难的问题，推动市场监管的科学化和精细化。

3. 构建社会监督联合惩戒共抑失信的格局。扩大社会监督，加强对失信企业的监管，应立足于"大市场"综合监管职能，对违法失信者实施联合约束和惩戒。政府有关部门在日常监管、行政许可、采购招标、公共资源交易、资质等级评定、表彰评优、安排财政资金等工作中，应查询失信企业黑名单数据库，并针对被列入黑名单的企业按各自职能分工采取失信惩戒联动措施，形成社会共同抑制失信、促进市场主体诚信自律的良好格局。

五、不断提高隐患发现和应急处置能力

市场监管部门应将风险管理嵌入各项履职活动中，不断完善监管手段和措施，规范和倒逼生产经营单位主体责任落实。

1. 建立企业隐患排查和治理主体责任机制。在特种设备、危化品等安全风险较大的领域，梳理和建立企业在安全隐患排查和治理上的主体责任，督促其建立质量安全自查制度，并定期向市场监管部门提交自查报告，对安全隐患应立即采取措施并报告监管部门。同时，应指导和督促企业将风险管理融入企业质量管理体系，把制度转化为程序上的硬约束。

2. 加大科技手段在隐患发现和治理中的运用。及时总结已有的技术执法经验，进一步扩大快速鉴别方法的应用领域和范围，为基层一线配置便携式快速检测仪器、检测车和网上广告监测雷达系统及移动信息化终端、移动打印设备等科技装备，实现监管执法装备标准化、专业化和现代化，确保一线执法人员能按照移动信息化系统提示操作，有效实施快速检测、准确识别，迅速锁定违法对象，大幅提升执法效能。

3. 发挥社会力量在隐患发现和治理中的作用。要切实向社会放权，将社会组织培育成市场治理的重要力量。拓宽消费纠纷解决途径，让行业协会成为处理、调解消费纠纷的主力；建立并推行由业主委员会选择和决定电梯维保单位的制度；严格落实认证机构对质量管理体系或产品安全符合性监管等社会监督机制，发挥行业协会、社会团体、认证机构等在质量安全治理中的独特优势，共同做好质量安全隐患治理工作。加快信息技术开发应用，采取"二维码"和手机客户端等方式，便于老百姓获知和广泛参与互动，实现政府主导、社会参与的治理格局。

六、进一步加强基层综合执法队伍建设

必须紧紧抓住制约队伍建设的短板，探索新思路、实招数，着力在提升核心战斗力上下功夫。

1. 树立依法监管和科学执法理念。要强化执法队伍的法治思维，牢固树立依法监管、依法办案的意识，建立执法权力清单、责任清单和监管清单制度，严格依据清单行事，既要突出解决好乱监管、乱执法的问题，也要解决好不愿为、不敢为、不作为的问题。要切实转变监管理念，树立科学执法的意识，准确把握好"势"，使执法人员认识规律、遵循规律，依规律实施监管。必须转变思路、顺势而为，从以监管具体产品为主转变到以监管市场主办者、电商和维保单位为主上来，倒逼企业落实主体责任，提高监管执法的实效。

2. 打造专业化和职业化执法队伍。当前重点要针对基层专业基础薄弱、综合监管能力不强的短板，按照实战、实用、实效的原则，由省市层面共同制定培训计划，突出食品生产经营监督检查要点、特种设备监察规范要点及检查程序等。强化案例教学和实战培训，重点解决查什么、怎么查、怎样发现违法线索等问题，加快培养综合监管的"火眼金睛"；要突出新技术新装备使用操作培训，尤其是快速检测设备、移动式智能终端使用，增强执法人员运用新技术新手段的能力。

3. 完善执法队伍激励和问责机制。要切实做到人员向一线下沉、装备向一线集中，待遇向一线倾斜。建立符合基层人员成长规律和职业发展期待的制度性安排，消除他们"成长的烦恼"。逐步形成"人往基层走、干部从基层出"的发展局面，吸引、留住愿意在基层奉献的干部，激励干部在一线建功立业，调动基层干部的工作激情。要健全责任追究制度，综合考虑"能力所及"与"作为与否"的主客观情况，厘清问责边界，制定"问责清单"，既要强化责任追究，传递履职压力，又要防止过度追责，造成履职恐慌，让执法人员明确制度红线，增强履职尽责意识，推动从严监管真正落到实处。

（2014 年 12 月于上海）

推进监管体系变革

迟福林[*]

这几年，简政放权成为政府改革的突出亮点，其在释放市场活力、促进经济转型、应对经济下行压力中发挥了重要作用。目前的突出问题是，监管转型滞后于简政放权进程，与广大社会成员的期盼有着明显差距。为此，政府改革要把重点放在监管变革上，使政府监管与经济转型趋势相适应。

一、推进行政审批与市场监管严格分开

一是行政审批与市场监管不分，带来较大弊端。长期以来，监管机构大都既有行政审批权，又有市场监管权。以金融监管为例，银监会、证监会、保监会既是行业准入的审批机构，又是各自领域的监管机构。"谁审批谁监管"的体制不可避免地带来以审批取代监管、重审批轻监管等问题，监管机构难以保持利益超脱，难以独立专业行使监管权。

二是推进审批与监管的职能分开。有效的监管主要是事中、事后监管，而不是前置性审批。前置性审批尽可能越少越好，大大强化事中、事后监管。为此，把行政审批与市场监管严格分开，不仅职能要分开，机构也要分开，以此保障监管机构的独立性、专业性和权威性。

二、以金融监管变革防范金融风险

一是防范金融风险的现实性全面增强。金融开放进程的不断推进，在

---

[*] 迟福林，中国（海南）改革发展研究院院长。

推动我国更紧密融入世界经济的同时，也使得国际金融风险向国内传导更加直接、更加迅速。去年以来，人民币贬值风险、房地产泡沫风险、由产能过剩引发的债务违约风险等不断累积，集中暴露了金融监管转型滞后的突出矛盾。

二是加快建立独立、专业、权威的金融监管体制。只有解决行政审批与监管不分的问题，金融监管的转型与改革才有可能取得实质性突破。考虑到证券市场注册制即将实施，股票发行审核权应当下放给证券交易所；尽快研究推出银行业、保险业审批权与监管权相分离的改革方案。

三是适应混业经营的趋势，尽快组建国家金融监管机构。在银监会、证监会、保监会的基础上组建国家金融监管机构，是我国构建综合性监管的现实选择。一方面有利于解决行政审批与监管不分的问题，既提高央行对货币政策的调控能力，也提高监管机构的独立性；另一方面有利于监管的统筹协调，实现全领域、无死点监管。

三、以反垄断为重点提高市场监管的有效性

一是强化反垄断的统一性。尽管出台了《反垄断法》，但由于反垄断职能分散在几个不同部门，严重影响了反垄断的实施效果。例如，服务业的行政垄断和市场垄断长期难以打破，已成为阻碍服务业快速发展的突出矛盾。

二是建立统一的反垄断机构。从国际经验看，反垄断职能集中在一个部门更有利于反垄断的实施效果。这就需要尽快整合分散在商务部、发改委、国家工商总局的反垄断执法权，组建统一的国家反垄断机构，统一行使反垄断执法权。

三是建立行政垄断的审查机制。一是反垄断要常态化、制度化，不搞选择性执法。二是行政部门出台相关行业政策、指导性文件前，需向反垄断委员会备案。三是尽快系统梳理现行行政法规，废除各类导致行政垄断的行政法规。

四、组建统一权威的食品药品监管机构

一是食品药品监管体制面临突出矛盾。2013年的食品药品监管体制

改革组建了国家食品药品监督管理总局，在整合监管机构、监管资源上取得重要成果。但是，随着食品安全监管走向以预防为主、风险管理，中央地方监管权责划分不合理的矛盾逐步凸显。由于权、责不对称，以地方政府负总责为重要特征的体制面临多方面的矛盾。例如，地方食品药品监管机构建设"五花八门"，难以实现监管权的集中统一行使。再例如，相当多的地级市、区县级机构囿于机构编制等压力，将工商、质监、食药监、知识产权等部门合并，名义上食药监规模在加强，实际上专业性被严重淡化和削弱。

二是从中央到地方建立统一权威的食品药品监管机构。一方面，在中央层面，建立食药监管派驻制度。综合考虑经济发展水平、人口规模、行政区域等因素，将全国划分为华东、华南、华中、华北、东北、西南、西北7个食药监管分局，作为国家食药监总局的派出机构。7个食药监管分局不是一级独立监管机构，而是派驻机构，其职责是协调中央和地方行政执法权划分，指导、监督地方食药监管工作，有相应的决策权和执法权。另一方面，在地方层面实行分级管理。省—地级市—县（市）独立设置食品药品监管机构，乡镇（街道）一级食药监管机构由县（市）一级派出。地方实行分级管理，由各级地方政府负总责。

三是将食品药品监管标准制定放在大健康部。适应全社会对健康的需求，建议国家组建大健康部。考虑到监管标准制定与执行机构分开的原则，建议将食品药品监管标准制定放在大健康部。

五、尽快形成政府监管与社会参与监管的合力

一是社会参与监管严重不到位。从国际经验看，NGO、行业组织、商会等社会力量在市场监管中有着独特的作用。我国自古就有"商有商会、行有行帮"的传统。行业协会和商会曾经在推动企业诚信、自律中扮演过不可替代的角色。在现行监管体制下，行业协会和商会行政化的倾向相当严重，缺乏公信力，难以有效发挥行业自律的作用。

二是充分发挥行业协会、商会的自律作用。加快推动现有商会、行业协会"政会分开"、去行政化；支持民营企业自愿联合建立各类商会、行业协会；推行"一业多会"，形成有效的竞争机制，及时淘汰缺乏行业自

律的商会、行业协会。

三是推行法人承诺制。建立以企业信用、企业自律为基础的事后监管新机制。对必须保留审批的事项，向申请企业提供责任承诺书和审批要件清单，企业法人对材料真实性负责，审批部门可当场或当天发放批件和许可证。事后，监管部门随机现场核查，如发现企业造假，再对其进行严厉惩处。

六、推进市场监管制度化、法治化

一是研究出台综合性的《市场监管法》。适应我国消费需求释放的大趋势，以监管转型释放内需潜力，加快制定出台综合性《市场监管法》。通过消费市场的立法，明确市场监管机构的法律地位，明确市场监管的程序，明确违法行为的制裁措施，明确不当监管的罚处，为全面实施负面清单管理提供依据。

二是将反行政垄断纳入《反垄断法》。例如，在《反垄断法》总则第三条界定垄断行为中加入一条："依靠行政权力形成市场支配地位"的行为；在《反垄断法》中增设反行政垄断相关内容，对铁路、电力、电信、石油、民航、邮政等垄断行业的行政垄断行为进行界定；对城市公用事业领域的行政垄断行为进行界定；对教育、医疗、文化等公共服务领域可竞争环节的行政垄断行为进行界定。

三是推进食品药品监管法治化。尽管我国在食品药品监管方面已经出台了相关的法律法规，但在细分的专业领域缺乏具体的法律规范。建议加快完善食品药品监管法律体系，分品种形成更多细分领域的食品药品专门法律法规，实现立法的精细化、科学化，避免法律"真空"，推动食品药品监管职能法定、程序法定、机构编制法定。

(本文原载于《中国经济时报》2017年3月30日)

基层市场监管实践中的困惑和问题

陈保中　孙晓峰[*]

市场监管体制"四合一"改革（工商、质监、食药监及物价部门职能整合），推进了各监管部门理念、体制的创新，推进了政府职能转变，释放了改革红利，得到社会广泛支持。但是改革过程中难免会出现这样那样的问题。为此，我们坚持问题导向，集中四个月时间，就上海基层新体制机制运行情况进行了比较深入的调查研究，深入一线听取了区县局和基层所、企业、社区等55个单位的意见建议，组织了4场集中座谈，梳理归纳了基层反映比较集中的问题，并提出改革建议，以期完善事中事后监管体制机制，推进监管方式的转变。

一、监管理念上存在短板

调研过程中，基层对市场监管体制改革普遍叫好，认为这项改革极大地推进了"大市场监管"、"全过程监管"格局的形成。同时基层同志也向我们反映了实践中存在的一些困惑和问题。

1. "规定的监管频次有些离谱"。这一问题在我们调研的10个基层所都有反映。某基层所领导介绍："对食品生产经营企业的检查频次规定实在太多，以中等风险生产企业为例，A类企业全年检查需6次，B类需12次，C类需24次，高风险和不良信用企业至少每周1次。对流通、餐饮环节频次规定也不少。这么高的频次要求，不休息也做不完。"有基层干部直言："就算跑过来，也只能以点卯式应对，根本谈不上从严。"甚

---

[*] 陈保中、孙晓峰，中共上海市委党校教师。

至还有干部抱怨:"如果我不按频次跑完,是渎职;去了查不出问题是失职,出不出事就要看运气了,基层干部成天提心吊担。"

2."没完没了的专项整治"。基层反映较集中的第二个问题是专项整治太多。据Y区局提供的资料显示,2015年上级下达各类专项整治105次,其中食药监36次、质监23次、工商16次、物价4次、区政府9次、配合其他部门17次。B区局提供资料反映,光2015年9月份一个月专项整治就多达27项,还不包括日常监管,有人对此抱怨"哪怕每天做一项,一个月都做不完"。H区局某基层所同志也说:"一项整治任务还没结束,第二、第三项任务已接二连三压下来,结果哪项也都做不好"。Q等区局还反映,除了完成繁重整治和日常监管任务外,还要参与当地拆违整治活动等非职能事务。

3."政府包揽越多,企业主体责任越弱化"。一些区局反映,现在政府还是管得太多,无微不至的保姆式监管,不仅质量安全得不到提高,反而使企业主体责任更加弱化。某区局领导说,"这就像家长管孩子,你包揽的越多,孩子的适应能力也就越差,而外人还认为是你管的不够"。还有基层干部认为,"之所以社会上普遍有把事故与政府监管不到位直接挂钩的错误印象,这与政府长期大包大揽,企业主体责任和社会组织作用得不到发挥不无关系,而一些媒体不恰当报道更加深了这种错误印象"。市液化气公司一负责人说:"只要政府出台政策对企业发展有利,企业就会按法律和政策的要求,落实好主体责任。如我们按政策要求,将电子标签追溯系统运用在气瓶生产流水线和各配送站点,实现自动将超期、来源不明等的非法气瓶有效剔除,确保质量安全符合要求,同时还将追溯数据适时上传市质监部门,实践证明效果很好。"

4."有罚没指标,我们压力比较大"。调研过程中,有执法大队反映,条线上有部门仍然通过各种变相方式设定了相应的罚没指标,指标层层下达,给基层执法人员造成比较大的压力。某区局执法大队说:"我们一年要完成1 600万元的罚没任务,为完成任务很伤脑筋"。企业对此也多有抱怨,如某服装企业反映:"有的监管部门执法目的不纯,抽样专抽深色服装,在计算抽样基数时将其他同款所有色系服装一并纳入其中,明显违反抽样规则,但我们惹不起。"H区局某领导对此表达了看法:"应彻底取消以考核执法工作成效等形式存在的罚没指标,这不仅违反了法律的基本原则，还与建设法治政府的要求背道而驰，严重损害政府形象。"

二、监管机制上存在短板

1. "三个系统五条热线，频道换不过来"。被调研的区县局均反映了这一问题：三个市局沿用各自信息系统，办案和投诉举报流程都不一样，甚至"食品和药品还是分开的"，这一问题虽然已经引起了有关部门重视，工商、质监、食药监平台开始整合，但操作仍不方便，基层经常为此手忙脚乱。不少基层谈到窗口评定，三个市局的标准不同，让基层在执行上很是为难。在谈到申报优秀案例时也都倒苦水，反映三个市局各有各的通知，标准要求不一致，只能根据不同要求尽量寻找匹配案例，分条线上报，重复工作较多。

2. "我们30%以上精力耗在职业打假人身上"。调研发现，"职业打假人"已成为令基层头疼的事情。如P区某市场所每年需要处理3 000个以上投诉，该所同志说："光处理投诉都来不及，更别提其他任务了"。Y区局某所同志反映"曾有一个职业打假人三天举报100多个案子，目的就是通过恶意'打假'骗奖，许多其实并非真假和质量安全问题，95%以上为标识不规范"。据J区局统计，2015年该局共受理7 390个举报，近80%为以营利为目的"职业打假人"，基层所三分之一以上的人员不得不扑在处理这些"职业打假人"的投诉上。而且，这些"职业打假人"一旦得不到企业赔偿，就提起复议或者诉讼，2015年该局就有90多件相关的复议案件。企业对此也有类似抱怨，在P区13个被调研的企业中，有5个反映"职业打假人"牵扯了企业大量精力。

3. "达摩克利斯之剑啥时候才能起作用"。很多基层人员都谈到，目前信用监管制度还不健全，失信联合惩戒这把"达摩克利斯之剑"还未发挥作用。有基层干部说："大多数违法企业不怕罚款怕上'黑名单'，但由于'黑名单'与自然人挂钩不够和部门间信息互联不给力，一些严重违法的老板或个体户换个马甲仍能重操旧业，导致违法成本过低。"还有基层干部直言，"让失信者寸步难行，不能仅停留在口号上，应实打实地加快推进，对失信者惩戒也不只是一个部门的事，必须实行各部门、社会有关组织联合惩戒，才能真正发挥作用"。

4."缺少技术执法和信息化监管手段"。C区局反映,"目前基层执法监管手段缺乏,老办法不管用,新办法不多,质监执法部门创新的30多种快速鉴别方法虽然很有效,但没有像食品条线那样在基层推广。前年装备的特种设备移动监管终端就挺好用,但由于该系统未与执法办案系统互通,也未采用大数据等信息技术手段,其作用发挥有限"。还有部分区局反映,由于监管信息碎片化,缺乏整合与互通,信息资源的交互共享困难,对执法监管的支撑明显不够。一位基层资深领导认为,"现各部门很多数据还处于孤立、原始的非数字化状态,信息资源得不到有效利用,甚至是'僵尸数据',亟待对各部门数据进行开发,充分挖掘数据信息在监管执法过程中的价值"。

5."对一些新业态监管乏力"。J区局某所反映,"网络平台数据难以有效获取,对于网络违法证据,只能以人力截取为主,工作量大且低效,存在监管乏力的问题"。还有不少区县还提到预付式消费、网络经营"民宿"等领域的监管难度大,不仅监管制度存在盲点,同时也缺乏有效的监管手段。某大型网店经理也抱怨,"政府公布的各类违法信息碎片化,电商平台不能完整、有效获取,每日须处理上百份商家的生产许可、认证、检验检测报告等质量资料,由于这些资料正本有限,提交平台的大多为复印件,难以辨别信息的真伪,审核把关任务相当繁重,希望政府能加快推进信息共享和追溯体系建设"。

6."很多应急预案就是个摆设"。有基层干部反映,"安全生产法和特种设备安全法规定,企业或使用单位应制定安全事故应急预案,而很多企业自己不会,就找人写或照抄同行的,以应付监管部门的检查,实际上很多预案都是摆设。"有监管人员直言,"我们也没法知道企业应急预案管不管用,检查时只要有就行。"某区局领导坦言,"现监管部门制定的应急预案,也存在一些脱离实际的情况,主要表现在专业性应对不足上,缺少对重点风险源的具体防范措施或止损措施。"

三、保障机制上存在短板

1."当'全科医生'难啊"。不少基层所反映,"四合一"后基层所的班底主要是原工商的人员,缺少质监和食药监专业人员,且各专业差别又很大，业务相互不熟悉，专业监管力量明显不足。Y区局反映，"很多基层所连2名食药监或质监专业人员都不能保证，其他人员一时又难以达到要求，监管质量肯定会有折扣"。有基层干部直言，"监管一线涉及的专业多，内容又非常细，大多属生物化学和电子机械类，根本搞不懂，当'全科医生'难啊，我是做不到"。Q区局某领导认为："监管人员的能力和上级要求往往不匹配，要求每人都做到一专多能，事实上确实很难，就像医院里的医生，专家也只擅长某一领域。所以，对基层'全科医生'的定位要准，只能是基础性的"。

2. "基层动力不足，人员老化"。H局反映，"四合一机构改革后，机构总体减少了46%，领导和非领导职位数相应减少，致使干部积压问题严重，仅超出的职数内部消化就要好几年，干部晋升愈加困难"。某所反映，"长期以来，由于基层工作任务重、发展空间小、履职风险大，一般年轻人不愿在基层工作，而年轻骨干又往往被上级机关选调，导致一线监管力量严重老化，我们所平均年龄46岁，50岁以上占39%，还有59岁的科员，存在动力不足的问题"。其他区局也都反映了类似的问题。如，Y局某所姜某，1974年参加工作，至今仍为副主任科员；某所朱某，1987年9月至今仍为科员。有基层所干部直言，"繁重的监管任务与天花板低的矛盾解决不好，不仅不利于基层队伍建设，还会直接影响到职能履行的效果"。

3. "谁担当谁倒霉，没资格就不用担责"。基层普遍反映，现在有种履职恐慌的情绪在基层蔓延，有些人员以"不懂"、"不会"为由规避监管责任。某局领导举了个极端的例子，"原想选一名有能力的年轻干部轮岗到特种设备科当科长，但在个别谈话时，两名干部都表示不愿去，其中一个还说'谁敢担当谁倒霉'，令人意外，最终两名干部只能都弃用"。还有区局领导反映，"凡涉及风险责任大的食品、特种设备岗位，监管人员都有'两怕'：怕事故、怕追责。我们第一次参加特种设备执法资格培训，16人中只有2人合格。对他们来讲，没资格也就不用担责了"。

4. "培训与实战脱节"。有不少基层人员反映，大多数人员未从事过标准、食品药品、特种设备等专业性较强的工作，系统地进行专业培训尤为重要，但有的执法培训形式单一，培训与实战脱节，效果不佳。H区局某同志说，"现培训理论多，实务少，监管中一遇到实际问题就抓瞎。对

大市场严监管

基层监管人员的培训,必须从实际出发,重点应是查什么、怎么查和怎样发现问题,怎样有效就怎么培训"。还有一些基层干部反映,当前基层所承担综合性监管业务,还缺少系统性实务培训计划和指导,没有可复制的模板,要实现从单一型转向复合型过度,还需要上下共同努力,形成有效的人才培养体系。

(2014年12月于上海)

当前市场监管面临的挑战与对策

栗燕杰　田　禾　吕艳滨[*]

随着简政放权改革的不断深入，市场监管能力需要相应提升，以达到"该放的权放到位，该管的事管住管好"的目标。各地方通过机制创新，加强市场监管的诸多做法，成效显著，值得梳理总结，并在今后市场监管改革的顶层设计中予以充分考虑吸纳。但也应意识到，在新形势下市场监管面临一些挑战，在全面深化改革中应当给予足够重视。

一、当前加强市场监管面临的挑战

1. 经济社会变迁对市场监管提出新要求。"互联网＋"的普及深入，以及新技术、新产业、新业态、新模式的"四新经济"，对市场监管提出了更多、更高的要求。传统监管模式下现场、分阶段、分领域的执法机制已经滞后，难以与社会变迁的新要求适应匹配。

2. 民众权利意识勃兴对市场监管带来新挑战。普通民众对产品安全的关注度日益增强，消费者维权意识、参与监督意识不断提升。一个典型例证是，2016年全国工商和市场监管部门受理消费者投诉166.7万件，同比增长29.1%。这给市场监管的中端和维权处置的后端，都提出新的挑战。另外还应注意，一些摊贩经营活动虽然未必完全合法，但因给周边民众提供便利受到不同程度欢迎，如执法过于简单粗暴也可能引起民意反弹。对此，应在工作中坚持原则性和灵活性相结合，一方面必须切实守住

---

[*] 栗燕杰，中国社会科学院法学研究所副研究员；田禾、吕艳滨，中国社会科学院法学研究所研究员、上海研究院兼职研究员。

安全底线，维护群众根本利益；另一方面还应坚持具体问题具体分析，本着方便群众的原则，实行堵疏结合、分类施管。

3. 监管薄弱环节与高风险领域凸显。其中既有流动摊贩违规经营、市场主体无证经营等传统问题，又有海淘、"僵尸肉"等新问题。比如，由于数量大、规模小、种类多、分布散、卫生差、进货销售渠道杂、从业人员素质参差不齐等原因，食品摊贩成为各地市场监管的老大难问题。

4. 监管压力与日俱增导致监管机构疲于奔命。一方面，市场主体数量庞大且增加迅速。在大众创业、万众创新的背景下，2016年日均新登记企业1.51万户，日均新登记市场主体4.51万户。大量增加的市场主体，在释放经济活力提供就业机会的同时，也在客观上给市场监管带来巨大压力。另一方面，新型经营形态层出不穷。网络购物、手机客户端购物日益成为主流，平台、商家、生产者、消费者、物流企业在主体、空间上的分离，给监管实施、维权诉求处置带来诸多困难。

二、创新市场监管机制的建议

为进一步提升市场监管能力和质效，应继续推进市场监管机制创新，尤其应注重以下方面：

1. 立足需求导向，突出执法重点。市场监管的机制举措创新，应优先突出考虑与群众利益关系紧密、社会关注度高、监管需求强烈的领域，合理确定重点领域、重点行业和重点对象，作为今后执法的重点所在。

2. 依托信息化，创新智慧监管措施。现代市场监管要提升效能，必须注入互联网思维和科技监管思维。具体而言，有必要通过网上政务大厅、事中事后综合监管平台、公共信用信息服务平台等基础平台建设，建构平台间的共享、衔接、同步机制，提升协同监管、智慧监管能力。对市场主体的活动，实施实时监控、远程监管、移动执法和网上办案，依托信息化实现源头可溯、全程可控、风险可防、绩效可评、公众可晓。在具体实施时，需要构建执法信息的数据库和指挥中心作为枢纽，为一线执法人员配备移动执法终端，构建远程音视频监控平台，利用手机、电脑等设备实现全方位实时监控，第一时间发现市场违法行为，并固定音视频和图像证据，将监管对象特别是风险较高、群众关切的对象接入视频监控平台，重点推动阳光厨房、阳光农贸市场、阳光药店的建设。

3. 强化共治思维，多元主体参与管理监督。市场监管能力到位，并非仅靠行政机关一家单打独斗就能实现，而有必要充分发挥社会组织、民众、企业等各方的积极性。进而，变传统市场监管中政府封闭式、单向度式的大包大揽模式，为向社会开放、多方协同的多元共治模式。以信用激励、市场评价、行业自治、公众监督等机制，形成监管机构与行业协会、消费者保护组织的良性互动，构筑行业信用评价奖惩机制。同时，利用社会力量，实现风险预警，有效降低成本。上海市在特种设备、医疗器械、药品不良反应等群众密切关注的风险高危领域，引入行业协会、专家学者等力量，对安全风险进行检测、评估和预警，提升了风险隐患的发现处置能力。为提升公众参与的积极性和有序性，上海市还采取措施支持公众参与重点领域现场监督检查。

4. 推广快检与简易执法程序。市场监管不仅应发现并纠正市场主体的违法行为，而且还应尽可能快速处置。在此方面，快速检测与简易执法，具有不可或缺的作用。在地方探索实践基础上，本着安全至上、惠及百姓的理念，应探索在大型商场超市、农贸市场、早市等交易市场打造标准化的食品安全快检站，实现蔬菜水果是否安全在购买时一测便知。

5. 强化装备技术的保障支撑。市场监管的机制创新，需要现代科技武装的设施装备、软件平台提供支撑。在硬件设备方面，为能够固定违法线索和取证之需，执法人员应普遍配备照相机、摄影机、录音机、手提（或平板）电脑、U盘、快检设备、相关检测试剂、执法单兵系统等便携式设备仪器。为做到执法更加快捷，还可考虑为执法人员配备便携式蓝牙打印机，实现现场发现违法并作出决定，自动打印处罚决定等法律文书。此外，还可推广天津等地的做法，使用无人机航拍进行空中执法检查，利用航拍图像及时发掘违法线索。在软件平台方面，首先应打造电子化的市场综合监管系统平台与指挥中心，承担指挥调度、远程取证、后台统计、部门间信息共享等功能。此后，应开发分别适用于执法一线人员、各级领导和普通民众的市场监管APP客户端，利用智能手机的拍照、定位等功能，实现一般民众将其在生产、生活中发现的市场违法活动或线

大市场严监管

索随时上传到系统平台,并实现执法人员可按照就近原则赶到现场及时处置违法行为,并将处置情况第一时间上报指挥中心。

(摘自李林等:《中国法制发展报告(2017)》法治蓝皮书,社会科学文献出版社2017年版)

市场监管体系改革需加强执法队伍建设

刘雁鹏　田　禾*

上海市场综合监管进行了有益的探索，其经验值得复制推广。同时，针对改革过程中执法队伍建设遇到的制度性瓶颈，也亟待加强顶层设计，扫除改革障碍。

一、上海市场综合监管队伍建设面临的困难与问题

上海市场综合监管改革在执法队伍建设方面仍面临一些困难和问题，这些问题的存在非上海改革独有，带有普遍性，不解决会影响改革的深入推进。

1. 法律法规冲突，执法左右为难。上海市场综合监管改革将工商、质监、食药监和价格四个部门整合在一起，执法人员需要灵活应用以上四个部门涉及的法律、法规以及部门规章。但上述法律法规部分条款之间存在一定的冲突，各部门在适用的过程中难免会出现法规打架的现象。在改革前，由于执法队伍隶属于不同部门，因此法规冲突对正常执法影响不大；改革之后，法规冲突直接导致执法人员在法律法规适用过程中左右为难。例如在样品抽检方面，《产品质量国家监督抽查管理办法》第八条规定："国家监督抽查的样品，由被抽查单位无偿提供"，而工商总局《流通领域商品质量监测办法》第12条规定："监测工作所需检验用样品，按销售者进货价格购买"。上述两个规定的冲突导致市场监管人员在抽检

---

* 刘雁鹏，中国社会科学院法学研究所助理研究员；田禾，中国社会科学院法学研究所研究员、上海研究院兼职研究员。

过程中无所适从，若不支付费用，则不符合工商总局的规定，若支付费用，则不符合质监总局的规定。再如在案件办结日期上，《工商行政管理机关行政处罚程序规定》第55条规定："适用一般程序处理的案件应当自立案之日起九十日内作出处理决定"，而《食品药品行政处罚程序规定》《价格行政处罚程序规定》对此并没有规定，一旦执法人员判定案件性质出错，将工商处罚案件作为价格处罚案件或者食药处罚案件来处理，就有可能延误办案期限，违反《工商行政管理机关行政处罚程序规定》。类似的法规规章冲突较多，影响了执法人员的日常工作，成为市场监督管理过程中的制度障碍。

2. 体制机制不顺，部门各自为政。尽管市场监督管理局实现了"物理整合"，将工商、食药监、质监和价格的执法人员和办公场所整合在了一起，但各职能部门的体制机制并未理顺。首先，办案系统不统一。工商、质监、食药和价格自上而下各有独立的OA系统，这些系统方便了各职能部门垂直领导，但加重了市场监督管理局工作人员的负担，他们需要同时运行4个电脑、应对4套系统、填写4份材料。尽管上海进行了系统优化，但部门之间业务协同度、数据共享度仍然有待提升。其次，执法文书各不相同。由于各个部门都有自己独立的执法文书，这些文书在内容上大体相近，但文书的格式和填写要求却不相同，执法人员在执法办案过程中可能会重复填写多份执法文书、填报多个执法表格，这增加了执法人员的工作量，也增大了执法人员出错的概率，对执法人员真正融入市场监督管理局的执法环境不利。最后，投诉举报答复标准不同。尽管上海专门出台了《上海市市场监督管理行政处罚程序规定》，从市一级层面统一执法办案程序，但各条线投诉举报处理程序尚未统一，各个部门的垂管单位都有各自的部门规章及答复要求。因此，面对各类投诉举报，基层所队在处理过程中需要在不同的程序与答复文书中不断切换，大大增加了处理难度和行政风险。

3. 人员能力有限，工作力不从心。改革措施最终需要每一个人员来实施，但执法队伍能力不足，逐渐成为制约改革的最大障碍。首先，案件基数爆增，工作负荷增大。市场监管体制改革后，上海市各区县市场监督管理局承担了原来三个局及物价所的所有业务工作，在人员总数没有增加的情况下，上级部门及各方对市场监管提出了更高的要求，数十项职能下沉基层,监管任务重与人力资源有限之间的矛盾更加明显。此外,随着近年来消费的爆发式增长和百姓维权意识的觉醒,各类申诉、举报数量也呈现井喷式增长。不少基层市场监管所反映工作量增加了约3倍。

其次,知识体系庞杂,培训难度攀升。业务合并之后,执法人员除了需要学习大量的法律、法规以及部门规章之外,还需要储备庞杂的专业知识,如处理食药案件需要学习化学、医学以及检验检疫的基本内容,处理工商案件需要了解行政管理、法律的基础知识,处理质量监管需要掌握一定的技术技能,处理价格案件需要研习经济学理论。面对复杂的知识体系,培训难度亦有所攀升,尽管各区加强了对执法人员的义务培训,但由于培训时间短、学习内容难、接受能力有限,导致培训效果不佳,执法人员在日常工作中深感力不从心。

最后,责任风险增加,心理落差加大。工作量和工作难度增加的同时,基层干部面临的责任和问责风险也急剧加大。而在职级晋升、待遇提升、工作成就感等方面,均存在着较大落差,影响了干部的工作积极性和主观能动性,制约了体制改革取得更大成效。

二、加强市场综合监管队伍建设的建议

1. 梳理法律法规,做好顶层设计。党的十八届四中全会指出:"实现立法和改革决策相衔接,做到重大改革于法有据。"一套成熟有效的改革举措离不开科学合理的顶层设计,更离不开制度的支持。在顶层设计方面,应当尽快梳理各个执法部门的上位法依据,对于阻碍改革的法律、行政法规和部门规章,分别提请全国人民代表大会常务委员会和国务院作出相应的决定。在制度支持方面,应当加强法律法规的梳理,对阻碍市场综合监管体制改革的地方性法规和地方政府规章进行及时修改或废止,制定符合市场情况的地方性法规和政府规章,构建"大市场监管"法治体系,实现监管流程统一、标准统一、裁量统一、技术检测统一。

2. 统一信息系统,理顺体制机制。市场综合监管体制改革要实现从"物理整合"到"化学整合"的飞跃,需要统一信息系统,捋顺监管机制,优化执法体系。在统一信息系统方面,建议建立自上而下相对统一、互联互通的OA系统、业务系统,切实优化市场监管部门信息手段,推动

工作效能提升。在捋顺监管机制方面，建议"以需求为导向""以问题为导向"，梳理市场监管部门的职责权能，科学划分机关与基层的事权，把需要并且适合基层承接的职权交给基层，把不适合基层监管所承担的监管职责交给专业监管所。在优化执法体系方面，建议理顺支队执法与基层执法的关系，划清界面，进一步把执法权集中到支队，减轻基层执法任务的压力。同时，需要在集中综合执法中突出专业执法优势，逐步树立反垄断执法等执法的专业性、权威性。

3. 夯实监管力量，强化执法质效。针对执法队伍力不从心的问题，建议从以下几个方面夯实监管力量、强化执法质效：第一，优化人员结构，调整人员比例。在基层执法队伍中，建议适当增加高素质年轻人的比例和数量，从而整体提高队伍的学习能力和适应能力。第二，区分培训内容，提高培训效果。对于执法队伍的培训教育应当根据其特点有所区分，对于基层队伍，应当加强综合培训；对于执法支队，应当加强专业培训。第三，细化评价标准，完善绩效考核。通过设置科学的评价标准和绩效考核体系，可以达到奖勤罚懒、奖优罚劣的效果，同时还可以激发执法队伍的积极性，释放执法队伍的活力。第四，明确履职标准，划定免责边界。建议进一步细化责任清单，明确一线监管执法的履职标准及免责边界，明确只要完成相应规定动作，基层干部就可以免于追责，并合理设定机关、基层的责任标准，从而减少基层的履职风险。

（摘自李林等：《中国法制发展报告（2017）》法治蓝皮书，社会科学文献出版社2017年版）

亟须完善对"互联网+"的监管

王丛虎[*]

一、对"互联网+"新业态监管存在的问题

2015年7月,国务院印发的《关于积极推进"互联网+"行动的指导意见》极大推动了互联网由消费领域向生产领域的拓展,加速提升了产业发展水平,增强了各行业的创新能力。近日魏则西、饿了么等"互联网+"恶性事件则引发人们对"互联网+"监管的高度关注。究其原因,除"互联网+"快速发展的客观诱因外,主要原因在于:

1. 监管理念和思维滞后,未能突破"看得见、摸得着、走得到"的监管旧框架,造成监管人员乱作为,或不作为。

有些监管部门及其工作人员并没有及时跟上"互联网+"时代的监管理念,仍然停留在传统监管认知中。我们调研发现,85%的监管部门都抱怨"人手少、资金不足、设备不够、监管任务重"。这些已经成为各地监管部门最好的说词。不难看出,"走得到、看得见、摸得着"仍是各级各类监管部门的主导型监管理念。调研还发现:监管部门的"大权独揽"的惯性思维根深蒂固。正是在这种僵化的思维之下,监管部门仍秉承"责任独负、后果自担"观念,于是便疲于应付、事无巨细,但却又常常顾此失彼;社会舆论也将本应是监管对象、公民个体的责任统统推卸给监管部门。正是这样的理念和认知误区的存在,又加之我们高压反腐的震慑力,目前监管部门对于"互联网+"新业态的监管出现了乱作为,或不

---

[*] 王丛虎,中国人民大学国家发展与战略研究院研究人员。

作为的两个极端现象。

2. 立法执法滞后，未能支撑"互联网＋"的快速发展，造成诸多灰色地带、乃至恶性事件的发生。

目前，"互联网＋"已经成功搭载了各行各业，几乎覆盖所有各种业态。然而，这种"互联网＋"新业态的出现，尤其是大型搜索引擎、"互联网＋商业企业"等的不断发展，新的现象和问题也在不断涌现。由于立法没有能及时对这些公司及其行为进行法律意义上的分类和定性，导致出现了法律监管的漏洞。目前仍在适用的有关"互联网＋"监管立法大多是行政性法规和指导意见，且不同部门法之间有关"互联网＋"监管的规定没有形成良好的协调与配合。具体说来，一方面，我国许多部门都出台了涉及互联网监管的规范性文件（如《互联网信息服务管理办法》等），可不同部门的规章制度在某些方面却出现交叉、混淆，甚至冲突的情况；另一方面，我国又缺乏高层级的、专门的互联网立法，互联网法律法规不成体系，执行也难以到位。以魏则西事件为例，作为大型搜索引擎类公司，百度以谋取商业营利为目的，通过竞价排名方式向社会推送发布各类商业信息的行为到底属于何种性质？现有的法律法规和政策并没有做出界定，对于是否属于广告行为、可否适用《广告法》，执法司法部门也莫衷一是。而以"互联网＋商业企业"为例，作为商业网络信息发布者，尤其是大型商业网络平台对于自己平台上的信息发布应该承担什么样的责任、具有何种权利等，现有法律法规也界定不清，更没有界定各类信息的原始发布者、转引发布者的不同义务和责任等基本内容。

3. "互联网＋监管"的体制机制未能跟上。对于"互联网＋"监管需要不断变革监管体制机制以满足监管需要。联邦制下的德国最初对于互联网的监管采取联邦层面的集权式监管，即互联网监管的职权统一划归联邦，州及州以下的行政机构仅起配合和协调功能。后来随着"互联网＋"的快速发展，由联邦主导的互联网监管已不能满足维护国家安全和保障良好社会秩序的需要。各州、互联网行业与联邦三者之间就互联网监管权进行博弈，并形成了混合监管模式。我国正在大力推进的"互联网＋产业"已经改变了传统的互联网概念，又加之党的十八以来加大实施的行政审批制度改革、尤其是涉企行政审批和商事制度改革，彻底改变了传统的"以审批代监管"、"无审批则无监管"监管体制机制；也改变了以监管互联网信息安全为主导的监管体制机制。显然,魏则西、饿了么、滴滴打车等恶性事件不断出现则反映了"互联网+监管"体制机制存在的问题。

4. 对"互联网+监管"的工具和手段未能及时跟上。我们调研发现,对"互联网+"的监管主要依靠"统管、处罚、强制手段"。不言而喻,"统管、处罚、强制手段"作为一种高压型的监管方法,产生了较明显的监管效果。然而动辄以"冷面孔、态度差、居高临下"方式实施强制手段和强力处罚难以适应新形势。在当今公民权利意识逐步增强、网络媒体高度发达的时代,高压型监管已广为社会所诟病,也加剧监管部门与监管对象的紧张关系,而后又被各种媒体、尤其网络媒体无限放大。近年来,有些地方开始了对"互联网+"监管的创新,尝试利用各种信息新技术,如二维码、APP、大数据库、云计算和整合的信息平台等。但是,这种监管手段和技术的创新还只停留在某个部门、行业内,尚未形成规模效益;而且这些信息技术的应用还仅停留在"监管+互联网"思维上,新技术的作用发挥有限。

二、完善"互联网+监管"的对策建议

1. 转变监管理念和思维,真正树立"互联网+监管"的思维。适应"互联网+"监管的需要,转变传统的"监管+互联网"的理念,树立"互联网+监管"理念和思维。具体说来,"监管+互联网"的思维依托人的主观判断,再借助互联网的各种技术手段开展监管工作,或者说是传统监管手段和互联网技术的简单结合而已;而"互联网+监管"则是以智能互联网为主导,通过客观精确的分析,为监管者提供管理决策和导向,或者说是以大数据收集、挖掘、分析、整合,再加上移动通信网络、智能技术等形成的全新监管体系。在充分利用市场机制作用的基础上,强化宏观调控,充分发挥制度效应,搭建起政府主导的互联网治理格局。

2. 完善立法、及时修法,并施行司法和执法解释。立法是国际"互联网+监管"最为重要的方式,也是监督的依据。德国建立起了以《基本法》、《联邦数据保护法》等为基础的完善法律体系;日本通过的《提供商责任限制法》明确规定:网页或 BBS 上传播的信息对他人造成了侵害,受害者有权要求网络服务提供商公开发布者的信息;韩国通过的

大市场严监管

《促进信息通信网络使用及信息保护关联法》、《电子传播商务法》规定：信息部可以根据需要命令信息提供者删除或限制某些网络舆论内容，信息传播理论部可以对"引发估价主权丧失"或"有害信息"等网络舆论内容进行审查；巴西在美国"棱镜门"事件后，议会通过的《网络民法》明确规定了互联网用户、机构和公共机构在互联网中的权利和义务，同时特别强调了互联网监管的基本原则。我国应该从两个层面完善"互联网+监管"的相关立法。一是基于中国立法体制和"实验性"立法的经验，分别从中央、地方和行业三个层面完善我国"互联网+监管"的相关立法，同时不同层级立法确定明确的监管目标，以提高立法的系统性和针对性；二是要协调好不同层级之间和不同部门法之间有关互联网监管的规定，使有关"互联网+"监管的立法形成相互配合协调的有机整体。例如在《网络安全法（草案）》通过后，再结合相关法律法规对相关互联网监管的规定进行修改或补充。

3. 强化"互联网+"企业的主体责任，购买"互联网+"平台的服务。"互网联+"时代更加虚化了各类企业，但并不意味着责任的虚化。为此，明确且强化各类"互联网+"环境下的企业主体责任是当务之急。具体说来，针对"互联网+"的商业企业，应该进行类型化管理，区分互联网接入提供商、互联网内容提供商、互联网平台提供商，并在此基础上确定不同的责任。如对于互联网内容提供商而言，必须保证内容的合法性、真实性，承担事前审查、及时删除等义务，并负有相应法律责任；而对于互联网平台提供商而言，除要进行必要的进入平台的形式审查外，还要进行一般注意义务的实质内容审查，同时还应该承担事中事后的删除和修订等义务，并负有相应的法律责任和更多的公共责任。考虑到对"互联网+"的监管，依靠政府建设各种监管平台，既耗资、耗时、耗力，又要后续的持续维护，但更为重要的是效果不佳，而通过购买"互联网+"综合商业平台公司的服务则能够很好实现监管所需要的功能。为此，应该大力推进政府购买"互联网+"企业的公共服务，强化合同式治理的效果。

4. 培育互联网行业组织、引导"互联网+"企业自律，重构"互联网+监管"体制机制。美国的互联网伦理协会制定了"十诫"、互联网保健基金会规定了八条准则、各行业组织都规定了自觉行为的奖励规则等；

英国的 50 家网络联盟组织、城市警察署和内政部共同签署了《安全网络：分级、检举、责任协议》，形成了以行业自律为主导的互联网监管模式等。近年来，我国在互联网行业自律方面也作了许多努力并取得一定成效。各地也涌现出了一大批互联网行业协会，如北京互联网协会、上海互联网行业协会，中国网络视听节目服务协会等。但是，这些还远远不够。对于互联网行业自身来说，更应该秉持更开放的态度和理念，推动各类行业组织的建立；还要加强行业规则的建立，约束自身行为。此外，还要通过对网络及互联网企业进行信用等级评定，建立信用档案，以约束企业行为。除了调动网络行业从业者的积极性促进行业自律外，还应积极发挥网民积极参与监督的作用。

5. 推行多样化的监管工具和手段，实现监管能力的现代化。一是分类实施，精细化监管。借鉴美国、欧盟等经验，将内容环节和网络环节、营利者和非营利者、网络发布者和网络服务提供者等分开，在维护意识形态安全的同时，在信息传输即网络环节可放松管制，推动产业发展；二是加大执法环节的技术研发和新技术手段的建设。针对虚假发布、网络水军、网络推手、灌水公司、删帖公司、投票公司等非法新媒公关行为，有针对性地研发更加先进的预防和甄别技术，提升研判能力；三是让大数据、物联网、云计算构筑监管创新的基础。充分运用大数据、物联网、云计算等新技术倒逼监管体制机制的变革，提升监管者的现代化能力；四是通过诚信体系托起监管手段多样化。以完善社会诚信体系为抓手，创新使用市场化手段、企业化手段和社会化手段。具体说来，积极并创新使用行政契约、行政指导、绩效评估、行政奖励、志愿服务、公益捐赠等手段，以发挥综合监管的效能。

（2015 年 12 月于北京）

第六篇
食品药品监督体系——公众的守护神

我国进入中高收入阶段，食品药品消费需求呈现全面快速增长的势头。在这个特定背景下，食品药品安全逐步上升为重大民生问题、重大公共安全问题。着眼于强化国家食品药品安全战略，从理顺中央地方职责分工入手，以完善统一权威的食品药品安全监管体制为目标，建立严密高效、社会共治的食品药品安全治理体系。

完善统一权威的食品药品监管体制

迟福林　张　飞[*]

我国进入中高收入阶段，食品药品消费需求呈现全面快速增长的势头。在这个特定背景下，食品药品安全逐步上升为重大民生问题、重大公共安全问题。2013年以来，我国从中央层面组建国家食品药品监督管理总局，对食品药品实行统一监督管理。以整合监管职能和机构为重点，推动了省、市、县级各级地方政府食品药品监管体制改革。但由于多种原因，完善统一权威的食品药品安全监管体制的预期目标仍未实现。

当前，我国已经成为食品药品生产与消费大国。无论是全面建设小康社会，还是推进"健康中国"进程，都对完善统一权威的食品药品安全监管体制提出迫切需求。

一、特定背景

作为近14亿人的食品药品大国，在进入中高收入阶段后，迫切需要形成完善的食品药品国家治理体系。未来5年，在完善统一权威的食品药品监管体制上取得实质性突破，重在加快建立专业化、稳定化、成体系的食品药品监管系统。

1. 食品药品的消费安全需求全面快速增长。

（1）食品药品需求全面快速增长。进入21世纪以来，随着城乡居民消费结构升级，我国开始由生存型阶段迈向发展型新阶段，广大社会成员对健康产品的追求日益增多，尤其是对高质量的食品药品需求逐步加速

---

[*] 迟福林，中国（海南）改革发展研究院院长；张飞，中国（海南）改革发展研究院研究员。

释放。

——有报告显示，目前我国人均肉类消费量约为59公斤，达到世界平均水平的2倍；

——由于人口老龄化趋势加快，我国医药消费市场快速增长。据专家估计，我国医疗消费市场预期5年内年度增长率达到14%~17%，超过1700亿美元，2017年我国有望超过日本，成为仅次于美国的世界第二大市场；

——食品药品消费需求的快速增长加速了我国食品药品工业的快速发展。数据显示，2007~2015年，我国食品工业总产值由3.2万亿元增长到11万亿元，年均增长16.5%；同期，我国药品工业总产值由0.67万亿元增长到2.81万亿元，年均增长19.6%。

(2) 我国成为食品药品消费大国和生产大国。作为一个近14亿人口的大国，我国不仅是一个食品药品消费大国，也是一个生产大国，这给食品药品监管带来巨大压力。

——以农产品为例，我国蔬菜年产量超过7亿吨，人均占有量为500多公斤，均居世界第一；

——2009年全球肉鹅出栏量为6.47亿只，其中我国出栏6.05亿只，占世界总出栏量的93.5%；

——我国已经成为世界原料药生产大国，能够生产1500多种原料药，多个品种产量位居世界第一。

(3) 以保健食品、健康产品为重要载体的大健康产业快速发展。随着人们健康意识的增强，大健康产业将成为国民经济的重要支柱产业。

——过去几年，我国保健品消费市场年均增长10%~11%，预计未来几年的年均增长率将保持在11%左右；

——估计到2020年，我国狭义的健康产业生产总值将达到8.5万亿元左右，而广义的健康产业生产总值将达到17万亿元。

2. 食品安全上升为重大公共安全问题，上升为国家的重要战略。

(1) 我国仍处于食品药品安全事故高发期。近年来我国相继发生了"问题奶粉"、"问题疫苗"、"地沟油"、"镉大米"、"瘦肉精"、"毒生姜"、"镉大米"等重大食品安全事件。

——2009~2013年我国出口到美国、欧洲、日本及韩国四国的30类

12 457批问题食品统计显示,在144个国家和地区中我国连续5年居被通报之首;

——2014年消费者调查显示,消费者高度关注食品安全,但满意度仅为13%;

——2015年,全国共接收食品药品投诉举报信息77万件,同比上升36.94%;食药部门查处涉及食品、保健食品违法案件24万件,公安机关侦破危害食品安全犯罪的案件1.5万件。

(2)食品药品安全事故频发不仅引发消费需求外流,还导致社会信任危机,并严重影响政府公信力。以奶粉为例,2008年三聚氰胺事件之后,进口奶粉的市场占有率从30%左右跃升到目前的50%以上,在高端市场则超过70%。2011年以来,我国民族食品药品工业增速快速下降,主要矛盾不在于国内缺乏需求,而在于人们对国内食品药品安全缺乏信任。

(3)14亿人的大国需要有系统的食品药品安全战略。未来5年,食品药品与相关的大健康产业将占到GDP的四分之一左右。食品药品安全将逐步成为一个全局性问题,不仅涉及经济转型问题、民生问题,更重要的是它开始成为重大公共安全问题。完善统一权威的食品药品监管体制,就是要从国家战略层面强化食品药品的治理。

3. 食品药品监管体制面临着的突出矛盾。

(1)各级政府食品药品权、责、能不对称。总的判断是:2013年以来的食品药品监管体制改革组建了国家食品药品监督管理总局,在整合监管机构、监管资源上取得重要成果。但是,随着食品安全监管走向以预防为主、风险管理,中央地方监管权责划分不合理矛盾逐步凸显。由于权、责、能不对称,以地方政府负总责为重要特征的现行体制面临多方面的突出矛盾。

(2)食品药品跨区域流动的特点日益突出,但中央一级监管机构跨区域监管职能薄弱。食品药品全国大流通与食品药品监管地方政府负总责的矛盾日益突出,在解决跨区域违法犯罪上信息敏感度低、反应迟滞,加上地方保护主义等因素,容易形成监管"真空"。

(3)地方食品药品监管机构建设"五花八门",难以实现监管权的集中统一行使。例如,截至2016年2月底,全国只有82%的地级市、42%

的区县级机构独立设置了食品药品监管机构。相当多的地级市、区县级机构囿于机构编制等的压力,将工商、质监、食药监、知识产权等部门合并,综合设置市场监管机构,由此导致食品药品监管在规模上加强,实际上专业性被淡化、削弱。

(4)食品药品监管由地方政府负总责,但处于监管一线的区、县基层政府,监管机构编制严重不足,监管资源配置严重不足,监管力量薄弱。从课题组的调研情况看,区、县等基层食品药品监管机构普遍反映机构编制、监管资源配置严重不足。以深圳市为例,实际人口超过1 500万人,按照万分之一到万分之三的比例配置机构编制,需要1 500~4 500个编制,但实际在市一级配置专职食品药品监管人员仅有334人,在区、街道两级具有食品药品相关专业背景的公务员仅有320名。而地方政府领导下的基层食药监部门,由于专业水平和监管能力有限,在实际食品药品监管上难以负总责。

(5)尚未形成专业化、职业化的食品药品监管队伍。从全国来看,当前我国各类有证食品生产经营主体1 100多万家,监管人员编制约为25万,其中专业人员占比不足50%;国内具有药品检查资质的人员不足500人,但药品生产企业有5 000余家,40万家药品零售企业。就是说,与体量庞大的监管对象相比,我国专业化的监管队伍严重不足。

(6)食品药品监管法律体系不完善。尽管我国已经有《食品安全法》、《药品管理法》、《医疗器械监督管理条例》、《化妆品监督管理条例》等笼统的法律法规,在细分的专业领域缺乏具体的法律规范。在这种情况下,在具体领域用什么标准监管等技术细节问题,缺乏应有的法律依据。例如,截至2014年10月23日,欧盟在10大类共315种食品中制订了523种农药的限量标准136 923项;我国规定了371项农药在284种食品中的3 650项农药的限量标准,与欧盟相比,我国尚欠缺10万项。

二、总体思路

着眼于强化国家食品药品安全战略,从理顺中央地方职责分工入手,以完善统一权威的食品药品安全监管体制为目标,建立严密高效、社会共治的食品药品安全治理体系。

1. 基本原则。

（1）坚持预防为主、风险管理。食品药品关系到广大社会成员的生命权、健康权，不能等出现事故之后再管。新阶段落实国家食品药品安全战略，重在改变以事后查处为主的被动局面，严把从农田到餐桌、从实验室到医院的每一道防线，形成防患于未然的风险管控体系。这就需要把全面增强风险管理的主动性、预见性作为检验食品药品监管体制创新成效的重要依据。

（2）发挥中央地方两个积极性。我国作为近14亿人的单一制大国，由于从中央到地方行政链条过长，既不能由中央包揽所有事务，也不能把责任都推给地方政府。这就需要在发挥中央一级监管机构的突出优势、强化对全局性风险管控能力的同时，强化地方政府的属地责任，形成中央与地方在食品药品监管上的合力。

（3）突出食品药品监管的统一性、专业性、权威性。在食品药品全国大流通和加快对外开放的新格局下，其监管不应建立在市场分割的基础上，而应当从中央到地方形成统一的制度安排；食品药品形成越来越多的专业细分市场是个大趋势，有效识别和应对风险，形成专业化、精细化的管理模式，实现监管手段现代化；食品药品的生产、流通、消费往往不在同一区域，这就需要监管机构能够超越地方保护主义，依法独立公正的行使监管权。

2. 改革目标。

（1）形成中央地方合理、高效的职责分工体系，建立有效的监管问责制度，实现各级政府监管权、责、能相匹配，确保事权清晰、问责有力、机制顺畅、运作高效。

（2）用1~2年的时间，完成中央、省、市、县、乡镇监管机构改革，形成有效的地方监管模式，从中央到地方形成体系健全、功能完备、强有力的食品药品监管工作系统，在打破区域市场分割上取得重要进展。

（3）形成稳定、专业、权威的监管队伍，增加基层机构编制，形成经费保障机制，提升执法装备水平，实质性强化基层一线监管力量。

（4）到2020年，基本形成预防为主、风险管理、全程控制、社会共治、科学严格的食品药品监管体制。

3. 重点任务。

（1）进一步理顺中央地方监管职责分工。按照产品的地域属性、风险等级和技术要求，充分考虑各级政府的组织优势、专业能力，形成各级政府监管事权和职责清单。

——实现产品上市审批以中央为主、生产经营企业监管以地方为主，由中央承担跨省区监管职责；

——中央负责特殊食品、药品、化妆品和医疗器械上市审批及其相关检查、核查、检验等，负责跨省区食品药品风险监测、评估、检查；

——省级负责集中负责食品、药品、保健食品、化妆品和医疗器械生产经营重点企业、重点品种的监管，承担企业许可、体系核查、日常监督检查、案件稽查及违法行为职能，并对市级监管工作进行业务指导、实施考核和评估等；

——市、县两级负责食品药品流通和消费环节监管，负责对食品农兽药残留、非法添加的定期抽检，负责食品药品经营企业、医疗机构、餐饮企业以及小作坊等的日常检查，监督指导、考核乡镇派出日常监督检查工作。

（2）建立统一权威的食品药品监管机构。从改革实践看，监管机构独立设置才能为实施国家食品药品战略提供强有力的体制保障，才能形成全国统一、与国际接轨的食品药品大市场，才能真正加强基层食品药品监管力量，并提升食品药品监管的专业性。

——食品药品监督管理机构独立于一般的市场监管机构统一设置；

——实现各级食品药品监管机构名称、职责范围统一，实现上下业务对口，确保政令畅通；

——统一基层食品药品监管机构人员编制配备标准。

（3）建立专业化、职业化的食品药品安全检查员队伍。食品安全监管是专业性、技术性极强的工作，落实国家食品药品安全战略，重中之重是加强检查员队伍建设。

——适应各级政府监管职责，从中央到地方建立食品安全检查员队伍，加强基层执法力量和规范化建设，实现监督执法标准化；

——提升监管信息化水平，推进食品生产经营者电子化管理和数据库建设，利用物联网和大数据提高监管水平；

——加强各级食品药品监管队伍的培训，积极推动优质教育培训资源向基层倾斜，全面提升基层监管人员素质；

——推动食药监管队伍从专业化向职业化转变，建立合理的薪酬标准和职业化制度，增强食品药品监管队伍的吸引力，使监管人才有一个良好的职业发展预期；

——培养懂技术、通法律、善调查的基层食品药品执法队伍，吸引专业人员参与，通过3~5年的努力，使基层检查员队伍专业人才的比例达到50%以上，基本实现食品药品监管队伍职业化。

（4）加强标准体系建设，完善食品药品安全检验检测体系。检验检测是发现风险、评估风险最重要的环节之一。在充分考虑食品、药品、保健食品、化妆品、医疗器械监管区域特点和要求的基础上，形成分层级、功能定位明确的检验检测机构，推进食品药品检验检测技术支撑体系全覆盖。

——制定修订食品安全标准，加快形成和发达国家接轨的国家标准体系；

——完善中央一级检验检测体系，加快建立跨区域食品检测机构；

——完善地方一级检验检测体系，建立完善以省检验检测机构为龙头、市级检验检测机构为骨干、县级检验检测机构为基础、乡镇快检为前哨，科学、公正、权威、高效的地方食品药品检验检测体系；

——鼓励规范发展第三方检验检测机构，使检验检测能力满足食品药品监管和产业发展需要。

（5）强化行业自律，形成社会共治的新局面。在政府"唱独角戏"的条件下，即使给监管机构再多编制和经费，也很难全面解决食品药品监管中的突出矛盾，出路在于调动多方力量，尤其是社会力量，形成全社会参与监管的新格局。

——强化企业自律，完善问题产品召回制度，鼓励企业自检自查，对不合格食品药品主动召回。推广海南食品药品监管法人承诺制，鼓励食品药品企业向公众公开承诺食品药品质量安全；

——推进食品药品安全信用体系建设，探索建立统一的食品信用分级分类标准，构建守信激励、失信联合惩戒机制，建立食品药品安全"黑名单"制度；

——推动食品药品行业协会、商会去行政化，支持食品药品相关行业的民营企业自愿组建行业协会、商会，发挥行业组织在监管标准制定、监督企业自律中的重大作用；

——发挥媒体和社会公众在监管中的特殊作用，完善社会举报制度，完善有奖举报制度，依法为举报人保密。

三、调整食品药品监管权力结构的方案选择

借鉴国际经验，从我国现实国情出发，把食品药品监管机构独立设置和调动中央地方两个积极性作为食品药品监管权力结构调整的重点。

1. 方案设计的基本考虑。

（1）食品药品监管不同于一般市场监管，监管机构需要独立设置。食品药品是涉及公共安全的特殊商品，其监管有别于一般的市场监管，需要与一般市场监管机构严格区分开来，独立设置。

——监管目标不同。食品药品监管是保障居民生命权、健康权，更加突出事前的风险评估和风险控制，而一般的市场监管是规范市场经济秩序，促进公平竞争，更加注重通过事中事后的监管来实现；

——监管客体不同。食品药品监管的客体是基本的生活物资，关系到公共安全，这在任何一个国家都有不可逾越的底线，需要有特殊的制度安排。市场监管的客体是知识产权、垄断、不正当竞争等扰乱市场秩序的违规违法行为；

——监管手段不同。食品药品安全监管主要采取风险监测、风险评估、检验检测和安全追溯等技术手段，需要依靠更多的专业技术人员甚至科学家来识别风险、预防风险。一般的市场监管多是以审查形式对违法行为进行处罚，需要熟悉市场规则和法律规范的人员参与。

（2）我国是一个近14亿人的大国，食品药品监管需要立足于发挥中央地方两个积极性。

——我国是一个单一制国家，完善统一权威的食品药品监管体制，需要强化中央层面的监管职责；

——我国有庞大的地方政府体系，形成有效的地方食品药品监管模式，重要的前提是理顺中央地方职责分工；

——在突出中央食品药品跨区域监管职责的同时，突出地方属地管理

职责。

（3）突出建立专业化、职业化的食品药品安全检查员队伍。食品药品监管的有效性，在很大程度上取决于专业化、职业化的监管队伍，机构改革的方案选择需要有利于加强食品药品安全检查员队伍建设。

2. 方案1：从中央到地方独立设置食品药品机构、省以下实行垂直管理。

（1）方案特点。独立设置省级食品药品监管机构，实行省以下垂直管理，建立省—地级市—县（市）—乡镇（街道）四级管理体制（见图1）。

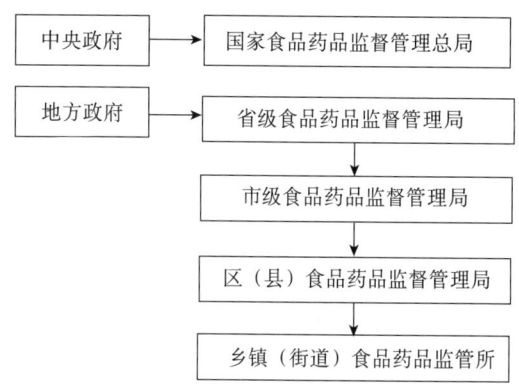

图1 "独立设置+垂直管理"模式

（2）方案优势。

——从中央到地方实现监管机构、监管队伍、监管执法集中统一。省以下"独立设置+垂直管理"意味着由省级食药监管部门统筹管理"人、财、物、事"，不仅能实现机构、队伍、执法集中统一，更重要的是对克服"地方保护主义"有釜底抽薪的作用。

——有利于强化省级政府对食品药品监管的掌控能力。"独立设置+垂直管理"可以做到统一监管规程和执法处罚标准，统一装备配备，统一调配全省监管资源，统一开展全省性整治行动，统一开展分工协作，统一业务指导和业务培训，统一信息化建设等，有助于避免基层监管执法行为参差不齐、避免一地打击某类食药安全问题时，不法行为向其他地域转移或同类食药安全问题在其他地域继续存在的问题。

——有利于强化监管的专业性和权威性，稳定监管队伍。受现行行政体制影响，分级管理不利于基层监管队伍的稳定性。如果实行垂直管理，由省一级监管机构统一调配各级监管资源，不仅有利于强化监管的专业性，更重要的是能稳定监管队伍，提升监管的专业化水平。

——改革相对比较容易。目前，食品药品监管机构不统一、管理体制不统一主要在基层政府，如果地方政府采取"独立设置＋垂直管理"的监管模式，改革阻力相对较小，改起来相对容易。

（3）方案劣势。

——市县政府对结果负责，但监管机构不在市县，不利于调动市县政府的积极性。由分级管理改为垂直管理后，受基层监管机构的编制、经费均由省一级来调配，不可避免削弱各级地方政府对强化食药监管职能的积极性。同时，由于食品安全由地方政府负总责，而实行垂直管理后难以形成有效的问责机制。从当前一些地方改革实践看，实行垂直管理后，地方政府对食药监管部门的财政支出大幅减少，尤其是基层食药监管部门难以获得当地政府的人力、物力和财力支持。

——管理幅度较大的省份实施垂直管理相对困难。我国仍是一个发展中的大国，不同地区的经济发展水平、人口规模、所辖市县、乡镇（街道）范围各有不同，很难统一实行垂直管理的监管模式。

3. 方案2：国家食品药品监督管理总局组建跨区域食药监派出机构；地方食品药品机构独立设置、实行分级管理。

（1）方案特点。强化中央跨区域监管职责，弥补地方监管能力不足，赋予地方属地管理的灵活性。

——借鉴国内外成熟经验，建立食药监管派驻制度。在中央一级，国家食药监总局以监管区域划分为重点，综合考虑经济发展水平、人口规模、行政区域等因素，将全国划分为7个食药监管分局，作为总局的派出机构：一是华东分局（涵盖山东、江苏、浙江、福建、上海），分局可设在上海；二是华南分局（涵盖广东、广西、海南），分局可设在广州；三是华中分局（涵盖湖南、湖北、河南、江西、安徽），分局可设在武汉；四是华北分局（涵盖北京、河北、山西、天津），分局可设在天津；五是东北分局（涵盖辽宁、吉林、黑龙江、内蒙古），分局可设在沈阳；六是西南分局（涵盖云南、贵州、四川、重庆、西藏），分局可设在成都；七是西北分局（涵盖陕西、甘肃、宁夏、青海、新疆），分局可设在西安。

——地方实行分级管理。从省—地级市—县（市）独立设置食品药品监管机构,乡镇(街道)一级食药监管机构由县(市)一级派出,地方实行分级管理,由各级地方政府负总责。

——派驻机构履行总局部分监管职能。7个食药监管分局不是一级独立监管机构,而是受国家食品药品监管管理总局委托行使食品药品监管职责的派驻机构,来协调中央和地方行政执法权划分,指导、监督地方食药监管工作,具有一定的决策权和执法权(见图2)。

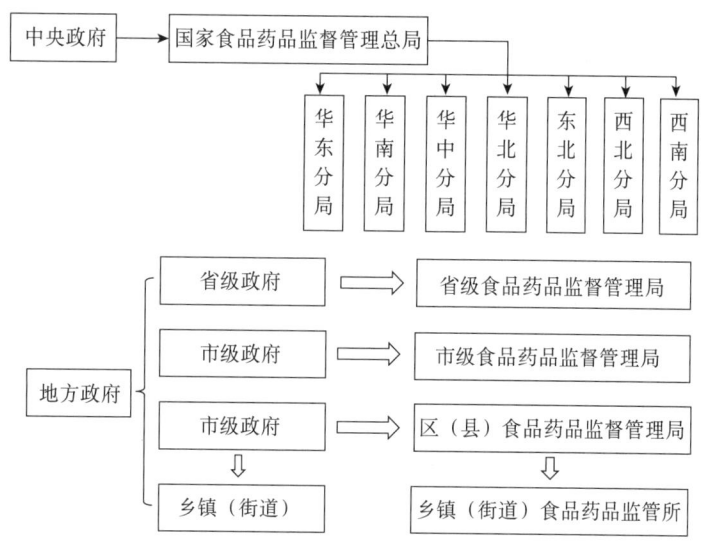

图2 "总局派驻+地方独立设置、分级管理"模式

(2)方案优势。

——适应食品药品跨区域流动的特点,强化了中央职责,有利于实现监管的统一性、专业性、权威性。从我国环保、国土、金融等部门的派出机构看,派出机构能强化中央部门的监管职能,起到承上启下的作用。从食品药品领域看,如果我国能设置7个食品药品监管分局,一方面,能有效履行国家食品药品监督管理总局的职能,提升我国食品药品监管的专业化水平;另一方面,能够建立起中央监管部门与地方监管部门交流与协作机制,更有利于总局直接地指导、监督地方食品药品监管工作,实现食品药品监管的统一性、权威性。

——能够弥补解决地方监管队伍力量不足、监管资源不足的缺陷。通过梳理发现,从总局到省局再到地级市局都不同程度存在职能重叠,真正的监管权主要落到县(市、区)和乡镇(街道)基层政府,而基层监管力量相对薄弱,难以有效履行监管职责。在简政放权的背景下,通过建立派驻制度,将某些审批职能由监管分局代行行使,地方各级监管机构专注监管,进一步明确各级政府的监管职责。由此不仅能解决当前基层监管力量薄弱的突出矛盾,也有利于进一步厘清各级监管部门的职责。

——能够调动中央地方两个积极性。在中央一级监管机构实施派驻制度,既能将国家食品药品监督管理总局的监管权做实,又能加强总局对地方食品药品安全的监管。在各省实行分级管理,不仅有助于调动各级政府在加强食品药品监管工作上的积极性,也有利于各地根据本地区的食品药品安全风险特征来确定监管重点。

(3) 方案劣势。客观地看,增设跨区域食品药品监管分局,需要相应增加编制和财政支出。增设7个食品药品监管分局,按照每个分局30~40人的人力配备,需要相应增加编制和财政支出。

4. 综合考虑各方面情况,建议采取方案2。

(1) 从现实看,两大方案都有利于强化食品药品集中统一监管,并突出监管的权威性。方案1是通过强化地方的集中统一管理来实现,方案2是通过强化中央的集中统一管理来实现。

(2) 与方案1相比,方案2更有利于直接解决食品药品跨区域监管问题。食品药品跨区域监管薄弱是我国急迫解决的重大现实问题,方案2通过组建跨区域食药监派出机构会使这一问题得到更快、更好地解决。

(3) 与方案1相比,方案2更能够体现改革的连续性。目前,我国绝大多数省份食品药品采取分级管理,方案1采取省以下垂直管理,将涉及更大范围的地方机构变动。方案2的思路是完善地方分级管理,而不是改变它。

(4) 我国宜采取方案2,并加快厘清中央与地方各级政府的监管事权。从调动中央、地方两个积极性和改革难易程度考虑,建议尽快实施方案2。在选择方案2的前提下,参照国际经验重新梳理中央地方各级食品药品监管机构的事权与职责。建议总局、省级监管机构负责高风险、专业性更强的食品药品监管,市县监管机构负责风险比较低、专业性要求不高的食品药品监管。

5. 考虑将食品药品监管标准制定放在大健康部。从现实情况看,国家有可能组建大健康部。考虑到监管标准制定与执行机构分开的原则,将食品药品监管标准制度放在大健康部。

四、行动建议

以建立跨区域食药监派驻制度和实行地方分级管理为重点的食品药品监管体制改革，涉及从中央到地方的监管职责调整和机构调整，需要把握全局、突出重点，明确改革优先顺序，形成合理的改革行动计划。

1. 以理顺中央地方职责分工为重点的食品药品机构改革行动方案。

（1）把理顺中央地方职责分工作为优化监管机构设置、优化监管资源配置的重点。未来3~5年是我国实施食品药品战略的关键时期，实施食品药品安全战略，关键的问题是明确中央地方职责分工，尤其不能把"地方政府负总责"绝对化。"地方政府负总责"只能是对辖区内食品药品安全监管负总责，它无法对全国性的、战略问题负总责。建立跨区域食药监派驻制度和实行地方分级管理，就是要把理顺中央地方职责分工作为关键点和切入点。

（2）通过组建跨区域监管机构，进一步强化国家食品药品监督管理总局职责。组建跨区域监管机构，就是要从中央层面形成强化食品药品安全战略强有力的制度平台。

——使总局能够从具体的执行事务中超脱出来，强化统筹协调职能；

——通过组建七个监管分局作为总局的派出机构，强化总局跨区域监管职能、部分审批职能以及加大日常抽检力度，同时，进一步指导、监督地方食品药品监管工作；

——通过3~5年的努力，形成中央层面健全的食品药品监管体系。

（3）形成中央、省、市、县政府监管事权责任清单，改变上下一般粗的分工格局。从实践看，纵向上事权缺乏专业分工、上下一般粗的职能安排，最终会导致职责层层下压到难以对结果负责的基层政府。

——把明确各级政府监管权责清单作为完善地方分级管理体制的重点；

——上一级政府不简单是对下一级政府进行业务指导和考核，中央与省一级监管机构都应当承担跨区域和高风险食品药品的抽检任务；

——通过全面梳理各级监管部门权责清单，构筑"属地管理、分级负责、责任到人、无缝对接"的地方监管模式。

2. 从中央到地方实现食品药品监管机构独立设置。

（1）从中央到地方实现机构设置统一、监管标准统一、监管执法统一。食品药品属于重大公共安全范畴，以公安部门为例，一个国家不可能、也不应当让不同的地区警察采取不同的工作标准。

（2）从中央层面明确要求食品药品监管机构独立设置。严格落实十八届三中全会"完善统一权威的食品药品安全监管机构"的要求，敦促地方食品药品监管机构独立设置的改革尽快到位。

（3）食品药品监管机构应逐步成为法定机构。从国际经验看，食品药品监管机构成为法定机构有利于提升监管的权威性、专业性，有利于提升监管体系的稳定性。

3. 强化基层监管队伍建设。基层是食品药品监管的一线，也是监管的薄弱环节。建议：把加强基层监管力量摆着突出位置，形成建立专业化、职业化检查员队伍的行动计划，明确区分不同地区的不同情况，规范机构设置、机构编制、执法装备、经费保障等改革配套标准，并强化刚性督导与落实。

4. 统一、规范设置食品药品犯罪侦查机构。从国际经验看，"食药警察"拥有人身和财产强制权，有利于提升食品药品监管的权威性，并对违法生产经营者产生更强震慑力。从我国的现实情况看，建立"食药警察"制度是实现行政执法与刑事执法对接的有效途径，有利于避免执法过程中普遍存在的"以罚代刑"现象。我国在一个行政监管部门内设一个拥有刑事执法权的机构已有先例，例如林业局内设"森林警察"机构，同时"森林警察"也是公安机关的一个警种。

建议：在国家食品药品监督管理总局稽查局的基础上尽快组建食品药品犯罪侦查局，赋予有专业基础的食品药品稽查人员以刑事执法权。同时，分别在省、市、县食品药品监管机构中内设食品药品安全警察总队、支队、大队，从中央到地方形成一支覆盖全国，打击食品药品违法行为的专业执法队伍。

5. 推进食品药品监管法治化。从国际经验看，构建统一权威的食品药品监管体制，需要避免监管的主观性、随意性，使监管于法有据。这就需要：一是尽快完成《食品安全法实施条例》、《化妆品监督管理条例》、

《药品管理法》等相关法律的修订工作;二是分品种形成更多细分领域的食品药品专门法律法规,实现立法的精细化、科学化,避免法律"真空";三是完善食品药品监管执法程序,探索形成执法与司法相衔接的有效途径;四是推动食品药品监管职能法定、程序法定、机构编制法定。

6. 从中央层面加强机构改革的顶层设计。未来5~10年是我国国家食品药品战略形成最关键的时期。在这个特定阶段,食品药品监管体制需要尽快定型,以形成全社会对落实国家食品药品安全战略的良好预期。建议:在新一轮改革中充分考虑改革的连续性,至少要着眼于未来5~10年形成从中央到地方明确、具体的机构改革行动方案,并强化改革的顶层协调和顶层推动。

(摘自2016年11月中国(海南)改革发展研究院课题成果《完善统一权威的食品药品监管体制》)

大市场严监管

食药监管体制改革不能总是应急

胡颖廉[*]

食品药品安全重在监管，而监管体制是影响监管绩效的主要因素。监管体制属于广义的行政体制范畴，一般包括法律定位、组织机构、人员队伍、经费配置、职能划分等要素。监管体制通常在两个维度受到关注——纵向层级间关系，横向部门间关系。纵向维度的关键是体系垂直管理或属地管理，横向维度的核心是职能分开或整合。

一、综合执法削弱监管能力

接下来分析纵横体制影响监管能力的机理。不可否认，实行综合执法的地方，人员编制、工作经费、执法装备、办公场地等监管资源均有所增加。然而食品药品安全不仅仅是一般市场秩序，还具有公共安全、健康技术等属性。食品药品监管也不是传统行政管理，而是专业性、技术性、系统性要求极高的工作。基于此，综合执法对监管能力的影响表现为三个方面。

1. 监管机构政策目标内生冲突。当前县区基层普遍建立了市场监管部门，但上级仍是食药监管、工商、质监等部门。由于改革同时将食品安全监管职能统一划转给食药监部门行使，上级工商、质监部门的理性选择是强调本部门剩余职能的重要性，并且以自身工作为出发点设置政策议程，政策目标缺乏一致性和互补性。上级的多头部署会议、报表、检查等事务，使基层疲于应对，导致机构政策目标内生冲突。据统计，有的县级市场监管局一年中收到上级三个部门文件多达1 784份，主要是布置开展

---

[*] 胡颖廉，国家行政学院副教授。

各类专项监督检查,数量远超机构改革前三个局接收文量的总和。以近期发生的天津独流镇"假冒调料"事件为例,其涉及市场秩序、食品安全、知识产权等诸多政策议题,本应该是综合执法的优势所在,但实际上市场监管局并未发挥协同作用。

2. 监管职权和监管资源结构性不匹配。在简政放权的背景下,市场监管部门职能不断减少。不论是"先照后证""多证合一",还是企业年报制度,都强调许可权和监管权的精简下放,以减轻市场主体负担。而食品药品安全则不能一味放权,甚至需要上收和集中一部分高风险监管事权,两者形成理念冲突。此外,市场监管部门习惯于传统行政管理模式,与基于风险分析的食品药品现代监管理念也不相符。有研究统计了三个县级市场监管局 2015 年食品药品监管工作情况,其中 65% 的监督检查力量用于行政许可和专项检查,最终仅发现 15% 的案件线索,投入与产出严重倒挂。在监管总量约束下,日常监督检查和监督抽检也难以深入细致,查处案件主要集中在索证索票、标签标识等表面问题,微生物超标、制假售假等具有严重危害的关键风险点难以被发现。

3. 综合执法稀释专业监管。作为新组建部门,市场监管局必然整合内设机构和执法队伍,食品药品相关内设机构数量减少,食药稽查队伍通常也被整合。由于内设机构间人员编制需要保持总体均衡,专业监管人员或是转岗到其他业务口,或是被下派到乡镇监管所。加之食品药品安全问责压力促使监管人员主动转岗和离职,改革后专业监管人员数量不增反降。据有关部门调研,全国市场监管系统中从事食药监管的人员只占 32.6%。在本轮机构改革前的 2012 年,全国食药监管人员人均监管对象为 27 家,而到了 2016 年这一数字飙升为 77 家,基层压力加大。此外,综合执法改革对药品监管专业性的冲击比食品领域更为严重,这一点往往被地方政府忽视。更值得警惕的是,一些人以当前食药监管队伍专业化水平不高的实然状态,否定其未来专业化、技术化的应然发展方向,混淆了逻辑。

二、属地管理并未优化监管职责

纵向体制对监管能力的影响同样不可忽视。判断一项事务是否应当垂直管理的主要标准,是其负外部性的溢出效应。食品药品安全具有跨区域流动性、全生命周期性等特征，不同于一般产品。因此，从 2001 年开始，中国工商、质监、食药监等部门实行省以下垂直管理体制，监管人员、经费、工作在省级范围内统筹。然而 2008 年之后，几个部门的垂直体制相继被取消，改为属地管理。

属地管理的目的是让地方政府真正担负起"总责"，然而政策在执行中出现异化。

1. 监管职责"层层下压"效应。属地管理后，由于法律、"三定方案"、省级食药监局对各级食药监管事权划分并不一致，加之"上下一般粗"，即权责同构的行政体制，导致省市县三级监管部门职责边界并不清晰。在最严问责的压力下，一些地方以属地管理为理由，把食品药品监管事权层层下放到乡镇市场监管所。市县两级不再从事监督检查或办理具体案件，但相应的检测、执法等监管资源并未随之下沉。这就意味着，基层必须包揽从小餐馆到大药厂的全部食品药品业态监管，给实际效果带来严峻挑战。

2. 地方政府"扭曲执行"效应。尽管属地管理有利于落实地方政府责任，但并未真正激发其内生动力。地方政府的目标具有多元性和变动性，每个阶段关注的重点不同。与经济发展、社会稳定等工作相比，食品药品安全很难进入优先政策议程。现实中，屡屡出现食药监管所人员被乡镇抽调，从事征地拆迁、市容整洁、大型活动保障等情况。与此同时，产业发展与质量安全没有形成相互兼容的良性关系，食品药品监管在不少地方政府眼中依然是"花钱"的事，陷入"说起来重要、干起来次要"的尴尬境地。在人员编制、机构数量、财政经费等硬约束下，地方保护主义并未完全消除。

三、超越模式之争的建议

2018 年新一轮机构改革蓄势待发，具体到食药监体制改革，存在两大焦点：一是纵向体系垂直还是属地，二是横向机构单设还是综合。笔者就此提出如下建议。

一是机构设置差异化，给予地方一定探索空间。中共中央总书记习近平在党的十八届二中全会上强调，"大部门制要稳步推进，但也不是所有职能部门都要大，有些部门是专项职能部门，有些部门是综合部门。"这一表述强调了专业部门与综合部门的区分，要求实事求是地推进监管体制改革。

具体来说，大城市人口密集且流动性大、管辖区域集中、食品药品产业发达、输入型和本地型风险并存，成为食品药品安全问题的脆弱地带。同时这些地区消费者维权意识总体较高，食品药品安全问题的敏感性强，需要较强的监管动员能力和专业化水平来应对。因此，有必要在直辖市、省会城市、副省级城市单独设置食药监管机构，并实行全市垂直管理。已经实行综合执法改革的大城市，可以考虑在市场监管局下单设专门的食药监局。而在人少地广、食品药品产业不甚密集的地方，可根据当地财力和编制情况，实行"多帽合一"的综合执法改革。

二是事权划分科学化，优化层级间组织结构。国家食药监管总局已经发布了《县级食品药品监督管理部门及其派出机构食品安全执法规范化指导意见》，建议改变权责同构的行政格局，形成差异化监管事权划分体系，防止职责层层推诿。分层级来看，国家负责法规标准、企业生产经营行为规范、高风险产品审批等食品药品安全治理基础设施建设。省级开展食品药品生产企业行政许可和飞行检查，防范跨区域系统性风险。市级负责重点企业监督检查，并围绕复杂业态加强专业性政策指导。县级落实属地管理责任，重点对食品药品经营企业开展日常监管和监督抽检，并尝试"专业分局+监管所"办案模式。县级市场监管局可按照工作类型设置大综合、大许可、大监管、大稽查等机构，改变物理叠加式机构设置。

三是体制改革战略化，适时设置跨区域监管功能区。在健康中国建设的背景下，食品药品监管不该再局限于应对突发事件，而应成为一项向全民提供的具有战略意义的基本公共服务。国务院刚刚印发了《"十三五"推进基本公共服务均等化规划》，食品药品安全首次被纳入其中。公共服务需要有一定基准，例如卫生技术人员数量有千人比，警察规模有万人比，目的是实现区域间基本公共服务均等化。出于这一考虑，食品药品监管资源和能力也要依据人口数量、产业状况、地理区域等指标，精细测算出一定标准。在此基础上科学确定下一步体制改革的编制划转数量、财政投入和增长机制、监管功能区划分等，防止出现"风险洼地"。同时可根据食品药品安全风险类型不同，在全国划分5个到7个跨区域监管功能区，协调监管事务和打击地方保护。

（本文原载于《财经》2017年5月15日）

大市场严监管

让食药安全监管信息公开推动智慧监管

刘 鹏[*]

从经济学上分析，因信息不对称所带来的市场失灵，是政府对食品药品安全开展监管的重要依据，因此在食品药品安全监管中，信息公开与披露是至关重要的监管工具。在许多西方发达国家，巧妙而透明的监管信息披露，有助于调动社会主体的积极性，对于监管工作往往能够起到事半功倍的作用。然而，2013年中国青年报社会调查中心的一项公开调查表明，有83.6%受访者认为当前食品安全信息公开不充分，而就在2016年3月，北京大学公众参与研究中心与支持中心发布了《中国食品安全监管透明度观察报告：2014~2015年度》，发现我国食品安全监管信息公开整体现状不佳，除了国家总局勉强及格之外，地方食药部门无一及格，这些都催生了刚刚出台的《食品药品安全监管信息公开管理办法》（征求意见稿，以下简称《办法》）。应当承认，此《办法》的出台，将有助于改善我国食药安全监管信息公开工作，推进食药安全监管信息公开的规范化，然而从目前的行文看来，更多还只是例行公事式的一般化规定，创新的亮点不多，规定也大都比较原则化，信息公开的智慧程度需要进一步提升。

一、信息公开应注重动态性和便捷性

如何界定食药安全监管信息公开的内容和范围，不仅仅要基于监管工作的实践，更要从社会公众的有效需求出发。从征求意见稿来看，《办法》将产品注册、生产经营许可、广告审查、监督检查、抽样检验、行

---

[*] 刘鹏，中国人民大学公共管理学院副教授、博士研究生导师。

政处罚、事故处置等相关内容都置于监管信息公开的范围，这些信息当然是监管信息公开中最为重要的内容，但从字面上看更多的会被理解为监管静态信息的公布，即一次性或结果性、相对固定的监管行为信息的公布。然而，许多基于公众需求的调查表明，公众对于监管动态信息需求更大，即随着监管行为不断调整的不合格食品生产经营单位、产品的流向、风险警示等动态信息的公布，而基于第三方的评估报告显示，这些动态监管信息的公布恰恰又都是我国食药安全监管信息公布的短板，许多信息不能说没有公布，但公布的频次、更新的幅度都较低，导致信息公开的整体效果显得迟滞。为此，建议《办法》能够在监管信息界定上，更加突出监管部门对动态信息及其定期及时更新的要求，并在列举部分增加"食品风险警示、追溯和召回"等内容。

此外，信息公开即便能够做到内容全面及时，但如果社会公众获取信息公开的渠道成本太高，客观上就会极大减低他们获取这些信息的积极性。从目前我国食药安全监管信息公开的渠道来看，虽然已经呈现出传统媒体和网络媒体相互融合的趋势，特别是利用手机应用软件的移动端口信息获取开始成为可能，但公众仍然反映在不同程度上存在获取渠道不够便捷的问题，例如监管信息搜集费时费力、信息内容过于专业而晦涩难懂、不同监管部门信息碎片化严重等问题。为此，建议在《办法》修订中，食药安全监管信息公开应当明确"用户友好"（user-friendly）原则，信息公开主体应当对监管信息加以有效整合，并通过通俗易懂、可读性高的公开方式，而非板起面孔、拒人于千里之外地敷衍公开了事，同时要注重不同用户群体对信息公开的不同需求，针对不同用户群体设置专用查询和搜索浏览设置，并照顾到文化程度较低、残疾人、儿童、特殊病人等特殊群体的渠道需求。

二、应增强申请公开与官民互动的力度

《政府信息公开条例》区分了政府主动信息公开和依申请公开信息两种类型，国务院办公厅也曾经颁布过《关于做好政府信息依申请公开工作的意见》，由此可见依申请公开信息在政府信息公开中也扮演着重要的角色。然而，从目前《办法》的内容来看，更多的只是涉及到政府主动

信息公开，而对于依申请公开似乎着墨不多。而从地方监管部门的数据显示，自从食品生产、流通领域监管职能划入食药监部门之后，政府信息依申请公开件数急速上升。食品药品信息依申请公开作为一种维护和实现知情权、监督权、参与权的手段，已越来越多地受到广大公众关注，如何做好食品药品信息依申请公开工作已成为各级监管部门必须面对的问题，例如食药安全监管信息的依申请公开的主体、程序、渠道、回复内容及时限、保密审查等内容与主动公开是否都完全一致，还是有些方面需要进一步规范和明确，《办法》应当给出说明和规范。

从多年政府信息公开的实践来看，政府与社会民众在信息公开相关方面缺乏互动，回应性缺失，也是一个非常突出的问题。从食药安全监管的角度来看，信息公开其实只是风险沟通工作的第一步，高高在上、缺乏官民互动的信息公开既不符合风险沟通的双向交流要求，也不利于澄清食品安全谣言、稳定社会舆情状况，特别是面临重大食品药品安全事故时，监管部门信息互动的频次与质量，将直接影响到事故应急处理的效果。因此，建议《办法》能够在信息公开的官民互动和及时回应方面做出进一步的要求。

三、建立设立信息公开保密审查复核机制

为了保障信息公开不会危害到国家安全、商业安全、工作安全以及个人隐私，《办法》对可能涉及以上方面的信息公开设置了保密审查和专家研究制度，这跟《政府信息公开条例》的精神和内容也是一致的，但从实践过程来看，在实际的信息公开过程中，一些地方政府、尤其是基层政府，在信息是否涉及到以上安全方面的界定上缺乏一定的判断能力，也缺乏足够专业的专家加以咨询，因为担心信息公开产生以后的不可控制效果，或者导致不必要的恐慌，所以一般会以保密审查为理由而有选择性甚至完全拒绝公开信息，这一点从北大发布的观察报告中也可以看出，食品安全监管透明度随着行政层级下降而递减，即越到基层政府，监管透明度越低。

为此，建议在保留保密审查和专家研究机制的基础上，能够增加一个环节，即省级以下食药监管部门在因为国家机密、商业机密以及个人隐私

等问题而不宜公开而要进行信息保密审查的时候，需要向上一级食药监管部门提出复核申请，经上一级食药监管部门复核批准之后才可以实施，从而为基层监管部门的保密审查机制再增加一道专业复核的手续，避免其因为其他原因或缺乏专业判断力而滥用此项条款。

四、明确信息公开对于辟谣的作用

一直以来，食药安全监管一直都是不实谣言的高发区和重灾区。根据中国社科院研究报告统计，当前食品安全谣言占到我国各类网络谣言的45%，位居谣言内容榜首。之所以食药安全会成为谣言的重灾区，除了食药安全本身的敏感性和消费者科学素养有待提高之外，更为重要的是政府信息公开的缺失而带来的谣言产生和传播的空间。很多谣言传播的事实证明，网络舆情就是一个阵地和真空，如果政府合法的真实信息不去占领，不实的社会谣言就会充斥其中，在这个时候往往需要监管部门出来通过发布真实的监管信息来主动辟谣。而在现实监管实践中，一些地方监管部门存有投鼠忌器的心理，担心在辟谣过程中把监管信息公开过头，最后越抹越黑，引火烧身，带来不必要的麻烦，因此只会空洞地呼吁公众不要相信不实谣言，但却不能提供有说服力的监管信息，从而使辟谣的效果几乎流于形式。

谣言不仅止于智者，而是止于真相。为此，建议《办法》能够明确信息公开对于辟谣的积极作用，明确地方监管部门在面临不实谣言挑战时及时、准确、完整公开相关监管信息的义务，免除其不必要的后顾之忧，在公开内容上不仅包括常规性的食药安全监管信息，甚至在经过上一级监管部门专业研判和复核之后，可以将一部分依申请公开的监管信息也予以公开，只有这样才能及时制止谣言盛行、树立监管部门的威信，从而更好地开展食药安全风险沟通，使得信息公开能够成为政府智慧监管（smart-regulation）的重要工具。

（本文原载于《中国食品安全报》2017年1月4日）

大市场严监管

食药安全"三合一"改革的风险及其治理

杨华锋[*]

一、何谓"三合一"改革

"三合一"改革是时下地方对整合工商、质监和食品药品监管局组建市场监督管理机构的通用语辞。具体来说,是将工商、质监和食药监等部门合并成一个部门,藉此统一市场监管。目前,深圳、浙江、天津、辽宁、吉林、上海浦东新区、重庆两江新区、武汉东湖新区等地都相继实施了"三合一"改革。其改革目标正如江苏省 2014 年 11 月 7 日下发的《关于调整完善市县工商质检食品药品管理体制加强市场监管的意见》所显示的那样,核心内容是将工商、质监省级以下垂直管理改为地方政府分级管理体制;区县一级要整合原食品安全办、工商、质监和食品药品监管部门的职责以及卫生部门承担的食品安全监管职责,组建区县市场监督管理局。将过去分散在工商、质监、卫生的部分食品安全监管职能统一集中起来,扭转以前"铁路警察各管一段",遇到问题常常出现推诿扯皮的局面。

各地的"三合一"改革在实践进程中形成了比较有代表性的三种模式。一是浙江模式,即在县市区整合工商、质监、食药监的职能和机构,组建市场监督管理局。安徽、辽宁、吉林、上海、武汉等地皆效仿此模

[*] 杨华锋,北京师范大学中国社会管理研究院研究人员。

式。二是天津模式,即同时整合食药监、工商、质监三个局的执法机构,受天津市市场监管委垂直领导,乡镇街道设置市场监管所作为区市场监管局的派出机构。三是深圳模式,即整合工商质监、物价、知识产权的机构和职能,组建市场监督管理局,后来加入食品药品监管职能。这三种模式,各地均有不同程度的仿效。三合一改革的实践主要集中在区县一级。这一行为方略在理论上有一定的合理性,即区县一级并不需要过于细分的职能结构,很多职能交叉、重叠的部门完全可以合并起来,既可以有效避免"踢皮球"现象的发生,又可以有效整合人力资源,提升管理水平。具体而言,"三合一"改革的优势在于以下几个方面。

其一,从市场经营者角度来看,"三合一"改革能增加其便利性。其二,在部分学者看来,"三合一"改革具有先行先试的示范意义,符合改革发展的总体趋势。其三,在部分地方政府看来,"三合一"改革的积极功能也较为突出。

"三合一"改革方案有着积极的正向功能,但其应用于食药安全治理实践的潜在风险亦不可小觑。在笔者看来,主要有以下几个方面:一是容易偏离新一轮改革的总体方向,曲解"统一权威"的蕴涵。二是容易偏离改革的指导性原则,增加行政沟通协调的难度。三是容易偏离公共安全的治理理念,弱化"安全"的意识。四是可能导致地方保护主义抬头,末端管理弱化食药安全治理能力。

二、"三合一"改革的风险治理策略

1. 就治理方向而言,在改革总体趋势中把握地方改革方向,审慎地开展"三合一"改革。"要从全局和战略上统筹谋划全面深化简政放权、放管结合的改革任务和目标,按照完善深化社会主义市场经济体制的要求,构建全过程、立体式、开放型、现代化的监管体系,有步骤地协同推进放权与监管改革。"可以说,新一轮改革的重点在于职能统一,而不是机构的简单合并。三合一改革在理论上有其合理性,实践中也有一定的积极功能,这一点不应忽略。但一旦将该改革思想应用在食品药品安全治理领域将存在极大的不适应性。比如深圳2009年即成立了市场监督管理局,整合了工商、质监、物价和知识产权及食品安全监管的职能,但在实践中常常面临监管困局,最终仍然是将食品安全的职能抽离出来,重新组建食品药品监督管理局。这不得不说是一种折腾,同时,也再一次验证了食药安全监管的特殊性,是对有失偏颇的改革策略的再一次"改革"。可见,地方性改革要在总体改革的脉络中寻找自适应的边界,不宜过度解读、亦不宜误读中央政府职能改革的路线图,在总体推进的过程中审慎地开展地方试验,及时总结经验教训,一旦发现改革偏差,应及时给予纠正,否则将积重难返,诱发更大的治理风险。

2. 就治理理念而言,在改革过程中秉持公共安全的治理理念,铭记"公众饮食用药安全"的工作宗旨。党的十八届三中全会报告在第九章"推进法治中国建设"中谈到深化行政执法体制改革时强调"加强食品药品等领域基层执法力量",这往往成为三合一改革的理论依据,以此来解决权责交叉、多头执法带来的沉疴。但其并不是三合一改革的必要条件。针对食品药品的体制改革重点在"健全公共安全体系"一节之中,重点强调食品药品的公共安全属性,并以此为基础对完善统一权威与建立最为严格、覆盖全过程的制度体系进行探讨。也就是说,其核心焦点始终围绕着公共安全的价值理念展开。

3. 就治理内容而言,在府际关系的调适中强化食药安全的中央事权,合理配置中央与地方的权责范围。食药安全是典型的全国性公共产品或曰之全球性公共产品,仰赖于一时一地之善治改进,是难以有效应对食药安全风险。当然"安全"本身是一个相对概念,并不存在完全意义上的"绝对安全"。在追求这一相对安全的目标时,我们可发现各个国家的权责划分虽有不同,但强调中央事权却有着基本共识。如美国 FDA 在处理联邦与各州对于药品事务的监管权限时,依据食品药品销售网络的边界来确定各自权限,但凡牵涉跨州的食品药品即为联邦权限。随着全球化的推进,现在不消说药品已是全球供应链,食品也逐步成为全球性产品。那么,食品药品的安全保障自然更多地导向中央事权,而非地方事权。这并不意味着地方无责,或地方政府可置身事外,只是事权的分配与责任的归属府际有别。目前"地方政府负总责"问责体系的形成有着特定的历史缘由,积极而审慎地改进与优化府际关系中的权责配置是食药监改革必须正视的问题。

4. 就治理策略而言,应更多地强调源头治理,而非末端管理。从管理策略上看,末端管理往往事倍功半。在食药治理领域更是如此,在生产、流通与使用诸环节中,生产是第一步,如果这一环节不能有效管制,而将监管职责放在庞大的消费终端市场,自然会形成任务重、问题复杂、监管能力不足、效率低下等问题。所以,基层监管能力薄弱,有其组织建设、人员队伍素质的问题,但更本质的问题是治理策略的选择偏差。三合一改革将食药安全有效治理寄望于消费市场这一末端,是管理策略的设计失误。其实,我们需加强的是源头治理能力,这既有赖于中央与地方事权、事责的合理划分,也有赖于食品药品标准体系的进一步完善。食品药品专业化、科学化治理能力的形成需强化中央事权,唯有如此,才能吸引更多优秀人才参与到食药安全的治理中。而分散的末端管理缺乏必要的人才吸引力,难以形成智力支撑系统,自然也就无法提升治理能力。同时,源头治理的改进也有赖于食药安全治理体系的社会开放度,清晰有效的公众参与机制、理性的智库参与机制均可以有效提升改革方案的适应性,避免不必要的改革成本。

(摘自魏礼群主编:《2016——中国改革与发展热点问题研究》,商务印务书馆2015年版)

大市场严监管

深化药品监管体制改革的思路

范 必[*]

在中国很难用上世界最先进的好药新药,流通中相当一部分药品疗效不明、质量不高。当"MadeinChina"产品遍布世界的时候,国外基本找不到中国药品的踪迹。从供求关系上看,市场对优质先进药品有巨大需求,但中国制药企业却无法提供这样的供给。并非中国药企和科学家没有创业创新的能力,而是中国药品监管体制僵化落后,造成了药品供给抑制。药品领域的供给侧改革,要从深化药品监管体制改革入手,通过提供优质的公共产品、公共服务,释放中国药品研发生产者的活力,为中国和世界提供好药新药放心药,也可以使制药业成为新的经济增长极。

一、药品安全风险原因分析

药品安全水平取决于药品监管水平。欧美发达国家在经济快速发展阶段,都出现过严重的药害事件,但随着监管制度逐步健全,使药品风险得到有效控制。中国政府对药品的管理,从计划经济下的生产管理、行业管理,转化为市场经济条件下对多元主体的专业化监管,这一任务远未完成。当前出现的药品安全风险,很大程度上源于药品监管体制改革滞后。

1. 多种因素干扰科学监管。药品是预防、诊断和治疗疾病的特殊商品,对药品的监管本质上风险管理,科学标准是评判药品安全性、有效性的唯一标准。但在实际工作中,很多因素都不同程度地影响了药品标准制

---

[*] 范必,中国国际经济交流中心特邀研究员。

定、审评审批、执法监督。过去由于把关不严，使大量没有临床价值的药品由"地标"转为了"国标"。有些民族医药并不符合科学标准，但为照顾民族感情，给予了宽松政策。有的地方考虑社会稳定，担心企业倒闭引起社会影响，对那些不达标、不合格的药企从轻处罚。更有甚者，只顾本地经济发展指标，不顾群众健康安全，对制造假冒伪劣的企业听之任之、包庇保护。这些"场外因素"严重破坏了药品监管的独立性和权威性，客观上也助长了不良药企违法违规的行为。

2. 监管事权划分不够合理。（1）地方监管责任难以落实。药品、医疗器械的生产监管权大部分在地方，但监管资源有限，无法承担药品安全的监管责任。药品和医疗器械生产企业往往是各地的税收大户，将安全检查的责任赋予地方，难以避免出现地方保护。（2）地、县级检验机构数量较多，人才、装备水平不高，基本不能发挥识别风险的作用。而国家级的技术支撑机构存在严重的人才、装备、经费不足的问题。

3. 药品审批制度不完善。（1）药品审评要经过省级初审、国家局审评。初审只是形式审查，没有实际意义。技术审评结束后，还要进行行政审批，二者完全可以合并。过多的审批环节，降低了审评效率，影响了新药上市的进度。仿制药报批一次需半年左右，配方调整仍需再报。许多药企为尽早占领市场，有时明知同一性不够也不作调整。造成药品市场良莠不齐，疗效好的药品由于上市周期长，反而缺少竞争力。

（2）分类审评制度不够完善，临床急需、确有创新的药品难以得到及时审评。比如癌症中唯一实现突破的宫颈癌疫苗，2006年即在美国上市，随后陆续登陆全球100多个国家和地区，包括中国香港、澳门和台湾。但由于缺乏特殊审批渠道，一直未通过中国大陆注册，上市时间将晚7至8年。类似的情况还涉及肺炎和其他疫苗。一些家长为了满足孩子的免疫需要，利用假期带孩子到香港或国外注射疫苗。

（3）在对药号的审批中，法律规定申请单位必须是生产单位。相当一批有先进生产能力的企业，只能生产自己研发、获得批号的产品，大量生产能力闲置。而研发能力较强的企业，为获取药品批准文号，又必须投巨资兴建新的、符合GMP标准的生产线，影响了研发投入，制约了创新能力提高。这种研发与生产捆绑的管理方式，限制了专业化分工，遏制了产业竞争力的提升，是药品产业同质化、低水平竞争的重要原因。

（4）审评力量严重不足。国家食药监局药品审评中心是中国药品审评的唯一技术机构，1998年定编为120人，10多年未增加编制。其中，技术审评人员仅有80人，每年要完成6 000个注册申请的审评，平均每人要负责近80个审评项目，相当于3天审一个药品。美国FDA化学药品审评中心有3 000多人，每年仅需完成不到3 000个技术审评任务。多年来，因评审力量所限，大量药品审评任务排队积压，审评人员不堪重负。审评人员专业素质要求很高，但薪酬大大低于同资历企业工作人员，队伍不够稳定，审评质量难以保证。

（5）审评收费制度不合理。中国药品审评的申请门槛较低，收费标准长期依据1995年国家计委和财政部的规定，每个品种只收取3 500～28 500元审批费，低水平申请、重复申请泛滥。同时由于收费不足，限制了中国审评机构的能力提高。美国FDA对申请者收取高额费用，一般化学新药单件申请费为200万美元，仿制药每个10万美元，迫使企业谨慎申请。FDA收取的费用主要用来增加雇员收入，建立信息系统，改进验证手段，从而提高审评效率。2015年，中国调整了药品、医疗器械产品注册收费标准，但标准仍然偏低。如国产新药注册申请收费标准为62.4万元，仅相当于美国的5.2%。

4. 监管队伍素质不高。药品监管专业性、技术性较强，目前主要缺少药品上市审评人才和从事现场检查稽查的专职检查员。监管队伍准入门槛不高，学历结构偏低，基层人员过多，不能适应集中监管的需要。地市级以下机构领导班子成员大部分是非专业人员。国家局的专业人员数量少，编制不足。审评员、检查员个人发展主要依靠行政职务晋升，缺少职业上升渠道。薪酬偏低，队伍不稳定。

5. 监管体制与国际不接轨。国际上针对药品研发、生产、流通制定了公认的标准和规范。中国现行技术标准、规范与国际通用标准差距较大，难以与发达国家建立起审评和检查的互认机制，影响了医药产品打开国际市场。境外药品生产检查几乎是空白。中国药监在国际监管事务中参与度较低，有些国际组织虽已加入，但没有建立起实质性工作关系，难以参与国际规则和标准的制定。

二、深化药品监管体制改革的思路

当前,中国已进入药品安全风险的高发期,改革完善药品监管体制迫在眉睫。改革应按照独立、专业、高效的原则,进一步理顺中央部门之间的职能,合理划分中央与地方的事权,深化机构、人事、审评等方面的改革。力争在 2020 年全面建成小康社会的时候,使中国成为世界上用药最安全的国家之一。

1. 统筹推进药品和食品安全监管机构改革。在这一轮机构改革中,原国务院食安办与国家食品药品监督管理局合并,建立了新的国家食品药品监督管理总局。这是药品监管制度改革的重要契机。考虑到食品安全工作已经建立起完善的部际协调机制,各地也已建立起相应的组织机构。食品与药品同属健康产品,在监管中有相似性,很多资源可以共享。新组建的国家食品药品监管总局将统筹协调食品、药品及医疗器械、保健食品、化妆品等健康产品的安全监管。可以考虑在中央与地方的职能分工上,药品、医疗器械的主要监管职能收归中央,并在全国设置若干派出机构,开展执法检查;食品、保健食品、化妆品监管主要由地方负责。

2. 建立最严格最高效的审评制度。有必要将药品审评权集中在中央,把技术审评与行政审批程序合二为一,减少审批环节。建立审评对象付费制度。放开上市许可与生产许可的捆绑,修改《药品管理法》,建立上市许可人制度。

3. 清理现有药品批准文号,建立新的药品文号序列。建议凡经过临床研究、确有疗效的创新药可以直接取得新药号;所有仿制药需经过质量一致性评价,所有中成药均要按照新的标准开展临床研究,符合审评标准的可以授予新药号。设置 3~5 年的过渡期,到期后旧的药号应不再使用。

4. 建立以专家为主的药品监管队伍。针对审评、检查工作的特点,设置兼有技术等级、行政职级功能的新的职位序列。每一等级既代表专业水平,也代表国家授予的权限。审评、检查工作人员的薪酬应与同等资历、学历、能力的企业人员相当。

5. 建立审评对象付费制度。药品审评不是面向大众的公共服务,其直接经济受益人是企业。药品审评周期长、费用高昂,不应用纳税人的钱来支付审评费用。应当建立申请企业付费制度,根据审评实际需要、借鉴国外标准制定收费标准。收取的费用,主要用于解决审评机构经费和人员保障问题,这将有利于提高审评质量和速度。

6. 建立与国际接轨的药品监管体系。全面推进国内监管体制机制、标准规范与国际通行规则的衔接;建立国际检查员队伍,开展全球监管;积极参与和影响国际药品监管事务。

(本文原载于《第一财经日报》2013年8月5日)

网络食品安全问题不容忽视

魏义方[*]

一、网络食品市场发展的现状和特征

网络食品市场是互联网与传统食品产业的融合，网络食品交易是通过互联网交易平台（包括第三方平台或自建网站）进行食品销售和餐饮服务经营活动。近年来，我国网络消费市场快速发展，用户规模和销售总额持续增长。与传统的食品实体交易相比，网络食品市场在生产方式、交易模式、消费行为等方面有着不同的特征。

（一）网络食品市场发展基本情况

消费规模庞大。根据中国互联网络信息中心（CNNIC）发布的《中国网络购物市场研究报告》，2015年，我国网络零售交易额达3.88万亿元，网络零售交易额超过美国，持续保持全球第一位，是世界第一大网络购物市场。网络购物商品中，食品网购是重要品类。CNNIC统计调查显示，2015年，三分之一的网络购物用户购买食品/保健品，手机网络购物用户中这一比重更高达37.5%，位居手机网购商品品类排名第四位（仅次于日用百货、服装鞋帽、电脑通讯产品）。此外，网络交易也成为消费者购买食品的重要方式之一。《全国食品安全调查报告》显示，在购买食品的场所选择中，有近四成的消费者选择在网店购买食品。

消费潜力巨大。尽管我国已成为全球最大网络购物市场，但与发达国

---

[*] 魏义方，国家发改委社会发展研究所研究人员。

家相比，互联网普及率和网络购物渗透率（网购用户数量占网民数量的比例）还有较大的提升空间，随着居民消费水平的持续增长，网络消费还有较大的潜力。当前，网络购物已成为多数网民消费习惯，2015 年全国网络购物市场全年交易 256 亿次，年人均交易 62 次。未来一段时期，随着信息化加速推进，我国网民和网络购物者数量有望持续增长，网络消费市场蕴含较大空间。

跨境网购和社交网购持续增多。2015 年，社交网购用户规模达 1.45 亿人，同比增长 19.1%，占全国网购用户数量的 35%，人均年社交化网购金额 2 134 元，同比增长 75.5%。海外网购用户规模相对不大，但人均消费金额较高，2015 年仅有近 10% 的网购用户进行海外网购，海外网购的人均消费金额占全部网购人均消费总额的六成以上，其中近半数购买奶粉/婴幼儿用品。

（二）网络食品市场主要特征

低成本。网络食品经营具有显著的成本优势。对网络食品经营者来说，首先，降低了交易成本。网络交易模式为食品生产经营者与消费者建立了直接沟通交易的渠道，缩短了从产品到餐桌的距离，减少了流通环节，提高了商品的流通效率。其次，网店运营成本更低。网络食品经营由于不需要实体商店，房租成本明显低于实体经营，且消费者自行下单等参与程度的提高也减少了运营所需人力成本。此外，对网络食品消费者来说，网络购物的便捷性也减少了自身的时间成本。

高灵活性。一方面，网络食品市场具有生产分散性。互联网为分散在不同地理区位的广大生产者建立了信息共享和交流协作平台，网络食品交易第三方平台往往连接了大量分散各地的食品生产经营者。另一方面，网络食品销售流动性强。网络交易方式打破了传统食品销售方式下的时间和区域限制，交易时间上更为灵活，跨区域流通更为便捷。

交易虚拟性。线上交易的虚拟性是网络食品经营的突出特征之一。网络购物过程中消费者既看不到也摸不着实物产品，无法通过传统购物环境下的观察或实际品尝等方式直观地对真实的产品进行挑选体验，只能通过浏览网络上相应的图片或文字描述等信息进行选择判断，难以掌握食品真实质量信息。

强交互性。网络社会具有典型的开放性,网络食品交易中生产经营者与消费者之间、消费者与消费者之间利用网络平台交流互动更为频繁,消费者对产品信息或品牌的网络评价是食品网购者在网络虚拟交易中进行质量判断的关键因素。

二、网络食品安全问题的表现形式与发展态势

(一)网络食品安全问题的主要表现形式

1. 无许可经营。根据《网络食品安全违法行为查处办法》的相关规定,网络食品生产经营者应当依法取得食品生产经营许可。当前,网络食品交易平台准入机制不健全,准入门槛往往过低,缺乏对入驻企业商户的严格资质审核,网络平台中无证经营的商户、黑作坊等情况并不罕见,网络食品的卫生状况和质量安全更无法保障。

2. 发布虚假信息。网络交易的虚拟性特点使得网络食品消费者的购买决策很大程度上依赖网站发布的食品信息,网络食品生产经营者网上发布信息不真实,不完整,与实物信息不一致,"线上高大上、线下脏乱差",误导消费者购买问题食品,是网络食品安全又一常见表现形式。

3. 消费者隐私泄露。除了网络食品质量安全问题之外,网络食品交易过程中消费者个人信息资料被公开、转让等用户隐私受到侵犯泄露等问题亦不容忽视。诸如买家差评收到短信电话骚扰、被泄漏转卖个人信息等"差评给不起,隐私受威协"的新闻报道时有发生。中国消费者协会发布的《消费者个人信息网络安全状况报告》显示,网络个人信息被泄漏的情况极为普遍,约2/3的受访者在过去一年内个人信息曾被泄漏或窃取。

(二)网络食品安全态势

1. 网络食品安全隐蔽性问题更强。

首先,信息不对称,质量安全不易辨别。网络食品交易中,消费者难以通过传统实体交易的鉴别方式对网络食品安全信息进行评估,消费者信息劣势地位更为明显,网络食品生产经营者更容易通过网络虚拟性提供虚假信息、隐藏真实身份信息。

大市场严监管

其次,分布散、环节多、范围广,加剧网络食品安全复杂性。网络食品市场生产经营者分布散、遍布范围广泛且涉及环节多等特点,也进一步增加了网络食品安全问题的复杂性。在网络食品信息发布环节,会出现提供虚假信息等问题;在第三方平台,则存在对入网食品生产经营者资质审查登记把关不严等问题;在线上线下结算环节,还可能出现支付安全问题;在运输配送环节,则存在物流派送保鲜保温等存储运输条件不达标等隐患。

最后,交易虚拟性下消费者维权难。一方面,网络食品市场作为新兴业态,当前政府监管尚未跟上发展速度,对消费者权益保护仍有缺失,网络食品安全出现问题后消费者缺乏有效的维权方式,往往存在投诉无门的情况。另一方面,对网络侵权行为来说,由于网络食品经营的虚拟性,往往造成消费者举证难、监管者调查取证难等,对监管手段和监管方式带来新的挑战。

2. 网络食品安全流动性风险更为突出。网络食品市场的高灵活性加大了网络食品安全问题的流动性风险,网络食品跨区域性问题突出。网络食品生产经营者分散,食品的生产、销售和消费地往往不在统一地区,网络食品跨省市、跨地域甚至跨国等异地购买情况普遍,常常出现异地维权问题,容易出现监管真空。对于问题网络食品,网络食品的生产经营者所在地,与网络食品交易的第三方平台所在地,与消费者购买所在地分属不同监管机构的情况下,不同监督管理部门管辖权如何划分,此外,中央、省、市、县以及基层执法机构在网络食品安全事权界定划分也有待厘清。网络食品安全跨区域治理问题愈加紧迫。

3. 网络食品安全敏感性更高。与传统实体交易购买方式相比,网络食品购物人群的年龄结构更轻,收入水平更高,对食品安全的相关知识掌握得更为丰富,相应的维权意识更强,对网络食品安全的敏感性也更高。从网络食品购物人群的特征来看,《食品网购白皮书》显示 28~38 岁中青年全体占全部食品网购者的近半比重,职业分布上白领人群占近半比重。以广州市公布的消费投诉情况为例,2015 年网络购物投诉近 1.4 万件,占全部投诉总量的 21%,同比提高了 5 个百分点。如何应对网络食品新业态带来的诸多难题,切实保障网络食品消费者的合法权益成为食品安全监管的新挑战。

(2016 年 2 月于北京)

市场力量决定现代食品药品监管制度的诞生

齐 麟[*]

美国在独立前是英国的殖民地。这段历史对美国影响深远，美国很多制度设计源于英国，英美两国的相似性由此而来。但是，随着美国在19世纪中叶完成了东西部政治经济一体化，美国在很多领域的制度发展与英国的制度安排逐渐出现差异。这样由同流而渐至分野的历史进路，在食品药品领域表现得也很突出。

一、由普通商品交易规制转向加强政府监管

19世纪的美国和英国一样，将食品和药品的交易看作普通的商品交易，奉行"钱货两讫、概不负责"的原则。由于大部分食品自给自足、大部分食品药品的供应链非常短，食品药品属于质量状况可以事先评估的"经验品"，安全风险可控。

尽管大家都认识到食品药品交易中存在掺杂造假问题，但主流观点将食品药品的掺杂造假看作是一种欺诈行为，认为可以通过私法进行调节。英国是最早在法律中明文规定禁止那些价格受管制的主食产品掺杂造假的国家。英国议会在1844年、1860年、1872年、1875年制定法规，以确保强有力的监管部门来保障食物供应的完整性，全面禁止对食物进行任何形式的掺杂使假，以保证食物在到达市场和消费者时仍保持自然和最营养

---

[*] 齐麟，美国FDA研究者。

的状态。

而美国在 19 世纪后半叶主要出台了一些关于加强进出口食品药品管理的联邦法规,并没有对本土食品药品加以统一的规制。

19 世纪中叶以后,随着经济的发展,食品药品安全问题在美国引发越来越多的关注。特别是随着城市的发展,食品市场出现以后,人们开始认识到需要对市场和食品药品交易加强监管。

1850 年,政治学家勒穆尔·沙塔克(Lemuel Shattuck)关于公众健康的报告指出,美国大型城市中心人口的平均期望寿命降低,食品药品掺杂造假已成为公众健康问题,建议成立地方健康委员会"专门管理食品、饮料或药品,致力于防止销售和使用不卫生的、伪造的和掺假的物品,防止危害公众健康"。

1867 年,另一项专家研究中指出,公共贸易巨量扩张,加强监管已经成为保护企业和消费者的共同需求。大约就在这个时期,整个国家的市、县、州都开始成立健康委员会。1888 年,国会为哥伦比亚地区颁布了食品药品法规;1898 年,进一步加强了立法工作。

在同一历史阶段,英国乃至欧洲对于应对食品药品掺杂造假问题,并没有采取更多的变革性的解决方案。而美国的情况则很不同,美国社会对食品药品安全问题的反应明显比欧洲更为强烈。

1906 年,美国国会出台联邦《纯净食品药品法》。设在美国农业部内的专门监管机构从小小的化学品处逐渐发展壮大,1930 年正式定名食品药品管理局(FDA)。1938 年美国国会出台联邦《食品药品和化妆品法》替代 1906 年联邦《纯净食品药品法》以来,迄今已修订百余次。

二、市场才是决定力量

美国的现代食品药品监管制度和监管机构就这样不断发展起来。尽管 19 世纪英国成文法中禁止掺杂造假的规定,正是美国 1906 年和 1938 年法规的母本基础;但英国要到 1960 年代以后才开始建立专门的药品监管机构,21 世纪以后才开始建立独立的食品监管机构。欧洲其他国家的情况也与英国类似。

那么,人们不禁会问:为什么现代食品药品安全监管制度诞生在美国而不是英国或欧洲的其他国家？笔者认为这是由美国的市场经济发展决定的。与欧洲各国相比，19世纪末的美国是一个面积更大、容量更大的统一大市场。建立现代食品药品安全监管制度，将食品和药品统筹在一个部门加以监管、确保不损害公众健康，是统一大市场发展的需要。

19世纪的英国，即使其工业化水平不断提高，但在全球化贸易尚未到来的历史阶段，其食品药品供应链是比较短的，贸易量是有限的，加强政府监管的收益未必能抵消监管产生的成本。因此，英国等欧洲国家在20世纪前半个世纪在食品药品监管领域的作为都不多。

而美国在国内市场统一之后，其内部贸易的时空距离都发生巨大变化。只有交易双方的不安全感（特别是商品质量引起的不安全感）问题得到解决，市场交易的潜能才会被释放出来。这就要求有适当的法律规定、诚实的交易方参与，才能给供求双方带来更多的好处。市场自身发育形成了对加强监管的需要。

同时，由于食品药品监管长期属于地方事权，由各州决定。不同州之间在食品供应有关的法规上差异很大，会造成混淆，影响产业的发展。由此，市场又催生了统一监管的需求。尽管最终美国历史上第一部食品药品法的出台还需要一些悲剧事件作为推动力，但从历史来看，决定性的力量来自市场的需要。

正如美国时任总统西奥多·罗斯福所言，1906年的联邦《纯净食品药品法》是为了自由市场和消费者的需要，这项立法对企业界有好处，通过为消费者提供对其购买的食品和药品安全性的信任和保障，可以推动市场增长，特别是推动了优秀企业的增长。

（本文原载于《研发客》2017年1月12日）

加强对互联网医疗的监管

李 璐[*]

一、针对不同模式完善监督管理

目前互联网医疗的发展模式非常多,市场先于政策探索出了应用模式,政策应紧随其后,加大相关配套制度建设,为市场健康发展提供条件。

对于目前互联网医疗大多采取的网上问诊业务,开办需要申办《互联网医疗保健信息服务审核同意书》,申办成功的可以开展网上分诊、预约挂号、诊后随访等业务,目前好大夫在线、春雨医生等互联网医疗企业大多开展这类服务。

对于互联网医疗机构的模式,应统一互联网医疗机构监督管理办法,从审批和登记、名称、执业、监督管理和罚则等几方面规定互联网医疗机构的边界。对已申请注册互联网医院的,出台互联网医院管理办法,对医院的服务条件、服务资质,医师的行为规范和操作流程、安全和技术控制、信息安全控制、监督管理办法、法律责任认定等进行详细的界定。严格遵照卫计委关于远程医疗资质的规定,非医疗机构不得开展远程医疗、网上诊疗等服务,所以医疗机构资质的审核非常关键。目前我国已有十余家互联网医院,业务模式还有细分,需要进一步界定互联网医院与其所依托的实体医院之间的权责关系,对下一步互联网医院模式的快速发展提供借鉴。

医药电商是可能将医院药房托管出来的一种具有潜力的应用模式。医药电商需要符合《互联网药品交易服务审批暂行规定》,开办医药电商的

---

[*] 李璐,国家发展和改革委员会社会发展研究所研究人员。

企业首先应是合法的医药连锁销售商,还要具备GSP认证的药品配送体系,能安排执业药师提供实时咨询服务等。在此基础上,要获得《互联网药品交易服务资格证》和《互联网药品信息服务资格证》,才能开办网上药房。

对各类医疗APP的监管目前仍属滞后,只有《互联网医疗保健信息服务管理办法》进行约束,但这类应用又是数量大规模小的最难以监管的,下一步应当明确信息使用的权限和范围,并对应用流程进行监管。

二、政府双重主管推动行业自律

首先,卫计委和工信部是联合推动互联网医疗发展的主管部门,因为互联网医疗既要符合医疗卫生行业标准,又要满足互联网行业相关要求。所以,这一交叉行业必须得到双重业务主管的规范。卫生部门主要对互联网医疗开展业务的条件、标准和规范进行约束,工信部门主要对开展业务的技术安全保障、数据和信息管理等进行约束。

同时,即便是双重主管,主管部门提供的仅是对行业整体发展的监管,具体到互联网医疗企业和机构,则需要行业内部成立行业组织,实现全行业监管。行业组织与政府实现共同治理,政府把住审批和退出两个出口,行业组织则进行过程监管,提高违规成本,督促企业自律。此外,在完善的制度环境下,依托中介机构的审计监察等环节可以实现过程中的精细管理。

三、加大市场管理,保障群众合法利益

互联网医疗通过互联网的加入,改善了传统医疗服务中的信息不对称性,医疗服务在大数据形势下变得更为清晰和便利。但是,由于医疗服务是患者家庭和医生之间一对一的合约模式,大数据、电子信息、网络传递的加入,很可能使一对一的服务合约遭受挑战,患者的个人信息安全受到威胁。所以,对各类互联网医疗模式进行信息安全保障,保护患者信息和合法利益不受侵害,是推动互联网医疗健康发展的核心问题。

(2016年1月于北京)

大市场严监管

食药监管国际经验借鉴

张 飞[*]

我国完善食品药品监管体制,既需要充分考虑自身基本国情,也需要借鉴发达国家的先进经验,实现食品药品监管与国际接轨。

一、食品药品监管体制与发展阶段相适应

1. 食品药品安全与经济发展水平呈现"倒 U 型"曲线变化规律。从国际经验看,当一个国家经济发展处于低收入阶段、居民恩格尔系数 50% 以上时,由于人们消费结构比较单一,食品药品品种比较少,因此食品药品安全事故处于低发期;进入中等收入阶段、居民恩格尔系数介于 30%~50% 之间时,由于消费结构升级,食品药品种类和市场供给主体开始增多,食品药品安全事故进入高发期;当进入高收入阶段、居民恩格尔系数低于 30% 时,由于食品药品产业发展和相关的制度安排趋于成熟,食品药品安全状况也趋于好转。

2. 食品药品监管体制随着发展阶段变化不断完善。低收入阶段,由于安全事故比较少,食品药品往往不需要专门的监管机构;而中等收入阶段以后,由于安全事故不断增加,西方发达国家开始设置专门机构进行集中统一监管。例如,19 世纪末至 20 世纪初,美国食品药品安全事故频发,"扒粪运动"引发民众对食品安全问题的愤怒。西奥多·罗斯福总统于 1906 年推动实施《纯食品和药品法》,即维莱法案,并在此基础上创建 FDA(美国食品和药物管理局)的雏形。此后,随着食品药品生产、

---

[*] 张飞,中国(海南)改革发展研究院研究员。

流通、消费各个环节增多并复杂化,为适应新形势逐步增强专业性,引入监管标准、认证体系,采用现代化的检测手段等推动监管体系逐步成型。

二、中央与地方监管职责的划分

1. 中央政府负责跨区域、高风险食品药品监管。跨区域监管属于中央政府事权,高风险食品药品由地方政府承担责任并不可靠。例如,美国食品与药品监管局(FDA)、英国食品标准局(FSA)、法国食品总局等中央一级监管机构,不仅负责制定监管政策、监管标准,还对高风险食品药品进行审批与监管,对检验技术、降低检验风险进行研究;同时,负责管理中央一级注册、产品跨区域或在国际市场销售的食品企业。

2. 地方政府负责属地食品药品管理,以及低风险食品药品监管。对于具有地方特色的食品,以及低风险食品药品,由于地方政府更具有信息优势,同时又不需要过高的技术水准,交由地方监管机构负责。例如,美国各州和地方政府中的卫生和农业部门负责本地区的食品安全监管,主要包括监管各地数以万计的餐馆和杂货店的食品安全,对食品安全例行检查,对有害食物样本进行常规检测,对本地区的食源性疾病进行监测和应对等。

3. 依据基本国情选择垂直管理或分级管理。例如,美国由于是联邦体制,各个州的权力比较大,因此在联邦与州的事权划分上也比较明确,联邦政府负责跨州食品药品贸易的监管,州政府负责本州内的食品药品贸易的监管。各个州拥有独立的立法权和监管权,联邦政府与州政府分而治之。从这个角度来看,美国食品药品监管带有分级管理的突出特点。但从另一方面看,联邦政府的食品药品监管权由食品和药物管理局(FDA)负责,州政府一般不再管,因此由FDA负责的监管事务又属于垂直管理。

一些国家如英国和法国,则依据自身国情选择垂直管理。英国食品安全监管在中央一级由环境、食品及农村事务部负责,地方各郡、区设立相应机构,实行垂直管理;法国形成了由农业部食品总局、地区分支机构和省级分支机构的三级垂直监管体系。

4. 通过中央与地方政府的专业化分工和协作实现监管的有效性。无论是采取垂直管理还是分级管理体制,都需要中央与地方政府事权划分清晰,并形成有效的协作。例如,美国FDA采取派出机构做法,协调中央与地方政府监管职责。根据地理区域设置东北部、东南部、中部、西南部和太平洋区5个大区办公室，管理20个地区办公室和200多个监督检查站，这些派出机构负责产品审批、日常监管、产品投诉、案件调查等，各个州和地方政府监管部门负责餐馆和杂货店的日常监管。

FDA与州政府形成了有效的监管合作机制。在FDA监管的80%的食品中，州和地方政府负责其中的70%，FDA与州和地方政府达到合作协议，由州和地方政府代为进行检查，并建立进行此类检查所必要的基础设施和能力，FDA向州和地方监管机构提供资金、指导、培训、项目评估以及科学建议。

三、食品药品监管机构的独立设置

1. 食品药品与一般市场监管机构分开设置。发达国家的一般市场监管机构多为商务部门和反垄断部门，而食品药品监管则独立设置机构。例如美国，对一般市场竞争秩序的监管，主要由联邦贸易委员会和反托拉斯局负责，而对食品药品监管，食品和药物管理局（FDA）和农业部下属的食品安全及检验局（FSIS）主要负责食品药品监管。其中，FDA的主要监管权包括食品（肉类、禽类除外）、药品、生物制品、医疗器械、含放射性医疗器械、动物饲料和药品、化妆品和烟草制品，其管辖范围涵盖了美国80%以上的食品供应。FSIS主要负责州际贸易和国际贸易中出售的肉类、禽类和蛋类制品。

2. 食品药品监管机构是法定机构。例如，英国食品标准局作为食品安全监管机构，负责食品安全总体事务及制定各种标准，是不隶属于任何政府部门的独立监督机构，代表英国女王履行职能，实行卫生大臣负责制，每年向议会报告工作，同时负责监督中央、地方执法部门的执法情况。再例如，尽管美国FDA在行政上隶属于卫生和人力服务部，但它是一个独立运行的执行机构，局长由国会表决通过总统直接任命。

四、保障食品药品监管的权威性、技术性、专业性

1. 建立高素质、专业化的监管队伍。例如，美国FDA是一个由医生、律师和各种专业人士组成的食品药品监管机构，FDA现有2 100多名

科学家，其中包括900名化学家和300余名微生物学家。英国有6所大学培养食品安全检查员，检查员要经过大学四年正规学习，其中一年为检查实习期，同时检查员上岗后，每年还要参加不少于30小时的再培训。

2. 实行严格的食品药品监管标准。例如，美国FDA认证成为世界食品药品的最高检测标准，也被世界卫生组织认定为最高食品药品安全标准。目前，欧盟、北美、日本已经实行HACCP体系，在保护食品安全上起到重要作用。新加坡实施严格的食品安全和认证制度，除极个别本地特色食品外，新加坡食品安全标准几乎完全与国际食品法典委员会接轨。从2006年起，新加坡开始实行ISO22000食品安全管理系统认证体系，成为东南亚第一个采用该体系的国家，这也使新加坡的食品安全位列世界第二，仅次于美国。

3. 高度重视检测检验能力建设。例如，日本厚生劳动省内设食品药品卫生专家审议会，接受食品与药品安全局各部门的技术咨询；下设31个食品卫生检疫所，对农产品进行检测，确保农产品质量安全。同时，日本还有78家备案检测机构，对农产品的生产、加工、流通和销售企业开展有偿检测服务。再例如，2004年，新加坡耗巨资建设兽医公共卫生中心，该中心拥有包括转基因食品检测在内的8个先进实验室，有能力处理禽流感病毒和炭疽菌等危险病原体，每年可对约6万个食品样本进行近百万次的检验，被誉为全球最先进的食品检验中心之一。

4. 建立一支食品安全检查员队伍。由于食品药品安全监管的对象庞大，数以万计，必须拥有一支强有力的职业检查员队伍才能实施有效监管。目前，美国、英国、德国、加拿大、日本等发达国家，都已经建立起比较完善的职业化食品药品检查员队伍，专门负责一线食品药品监管。例如，美国FDA每年约使用近2 000名检查员，从事各类食品药品检查工作。同时，FDA对检查员要求相当严格，一名合格的GMP检查员要求有制药企业工作的经历，并且要完成伪劣药、化学、医学或药学等课程，并已获得M. D. 或Ph. G. 学位。

五、企业责任与社会共治

1. 实行食品药品召回制度，注重企业自律。企业自律是保障食品药品安全的首要前提。目前，发达国家普遍建立了缺陷产品的召回制度，鼓励企业主动召回问题产品，召回基本上是企业的自主行为。从实践看，美国、加拿大、欧盟、日本等绝大多数食品企业在食品生产和加工过程中都能严格自律，从原料加工到出厂每个环节都严格把关，出现问题后会在第一时间主动召回不合格产品。对在个别情况下，企业不能主动召回的，监管部门按照相关法律规定强制其召回。

2. 部分监管职能由行业组织承担，支持发展第三方检验检测。现代市场经济条件下，单纯依靠政府力量很难做到全方位监管，需要借助行业组织、协会等第三方力量参与监管。目前，社会组织已经成为发达国家食品药品安全监管体系的重要组成部分，起到了不可替代的作用。

3. 发挥媒体、社会公众在食药监管中的作用。一是通过媒体曝光食品药品安全违法行为。媒体报道对食品药品生产经营企业违法行为有"见光死"的作用。二是保障社会公众的监管参与权。社会公众作为消费者，鼓励其参与监管才是保障食品药品安全的最有效方式。例如，美国1946年《行政程序法》规定了非正式和正式两种程序保证公众、媒体等社会力量参与并主导食品相关法规、政策的制定与执行。

六、食品药品监管的法治化

1. 比较完备的法律体系。监管法治化是发达国家食品药品监管走向规范化、标准化的重要保障。无论是美国、英国，还是日本，都建立了比较完备的食品药品安全法律体系。

（1）形成食品药品安全监管的基础法律。基础法律是政府依法行政、依法监管的法律依据。例如，美国于1890年颁布实施《国家肉品监督法》，是美国第一部涉及食品安全监管的法律。1906年颁布实施《纯食品和药品法》，1938年颁布实施《联邦食品、药物和化妆品法》，成为美国食品药品监管的基本法；英国在食品安全方面的基本法律有《1990年食品安全法》和《1999年食品标准法》；日本形成以《食品卫生法》和《食品基本法》为基础的食品安全监管法律框架。

（2）出台一系列专项的法律法规。除了基础的法律规范，专项法律规划是食品药品监管精细化的重要保障，一系列专项法律法规的出台，成为发达国家食品药品监管法律体系的有益补充。例如，美国出台了《食品质量保护法》、《公共健康服务法》、《联邦肉类检查法》、《禽类产品检查法》、《蛋类产品检查法》、《纯净食品与药物法》、《联邦牛奶进口法》、《正确包装与标识法》、《婴儿食品配方法》（修正案）、《营养标识与教育法》以及《饮食增补剂健康与教育法》等与食品安全相关的专项法律。

2. 对食品药品违法行为实行严刑峻法。

（1）对食品药品安全违法行为实行重罚。例如，美国把惩罚性赔偿制度作为维护食品安全的三把利剑之一，对食品生产企业产生了威慑作用。法国无论是业内多么实力雄厚的企业，一旦违反食品安全相关法律，就会受到执法部门重罚。2015年，法国第一大猪肉制品生产商科普利信违规将感染沙门氏菌的猪肉卖给该公司在国外的法国客户，构成欺诈罪，判定没收该公司非法所得290万欧元，处以罚金15万欧元，相关责任人分别被判4个月到2年入狱服刑。

（2）对食品药品安全违法行为判重刑。例如，英国法律对食品安全犯罪课以重刑，一般的违法将被处以5 000英磅的罚款和2年监禁，严重违法可以处以无上限的罚款和终身监禁，具有强大的威慑力。美国也对食品药品安全违法采取"零容忍"，在惩罚的同时施以重刑。2009年，美国佐治亚州一家企业因管理不善导致沙门氏菌爆发，这一问题食品导致美国46个州700多人生病，9人死亡，该公司于当年破产清算，公司前总裁于2015年被判处28年监禁。

（3）食品药品监管执法与司法相衔接。监管执法与司法相衔接是实现食品药品监管有效性的重要保障，也是威慑食品药品违法行为的重要保障。从发达国家的经验看，由于行政、立法、司法三权分设，监管机构执法过程发现违法行为立刻交由司法机关来处理，执法与司法之间的衔接比较顺畅，使得食品药品安全事故处理也比较及时。例如，美国宪法规划国家食品安全管理体系由政府的立法、执法和司法三个部门负责，FDA对食品药品违法行为可以采取行政处罚、民事处罚等措施，对于重大食品药品安全事故直接移交司法机关进行刑事起诉，监管执法与司法之间的衔接比较顺畅。

（摘自2016年11月中国（海南）改革发展研究院课题成果《完善统一权威的食品药品监管体制》）

第七篇

金融监管——市场风险的阀门

  2015年主板市场跌宕起伏，在半年左右的时间内，人们见证了疯狂的杠杆牛市和闪电熊市。创造了各种纪录频频刷新的"奇迹"，同时也暴露了中国资本市场甚至整个金融体系的制度性风险。真正解决问题的是，按照资本市场的逻辑与规律，从基础市场、运行机制、管理技术到监管模式，进行体制性重建或改革创新，最终形成结构合理、投资理性、运营透明、监管科学的市场体系。

监管理念转变是金融稳定的基石

吴晓灵[*]

2017年7月14日~15日召开的全国金融工作会议，提出了服务实体经济、防范金融风险、深化金融改革三项重要任务，这是今后搞好金融工作、促进经济稳健运行和顺利转型升级的重要保障。会议着重强调了金融监管在促进金融发展的同时防范系统性金融风险问题。"金融要把为实体经济服务作为出发点和落脚点"，"完善金融市场、金融机构、金融产品体系"。"要以强化金融监管为重点，以防范系统性金融风险为底线，加快相关法律法规建设，完善金融机构法人治理结构，加强宏观审慎管理制度建设，加强功能监管，更加重视行为监管"。"要完善市场约束机制，提高金融资源配置效率"。

怎样强化金融监管，减少重复监管和监管空白，提高监管的有效性，防范金融系统性风险。会议提出了一个新的理念：功能监管和行为监管。什么是功能监管和行为监管，与机构监管是什么关系？

机构监管就是金融监管部门对金融机构的市场准入、持续的稳健经营、风险管控和风险处置、市场退出进行监管。功能监管就是对相同功能、相同法律关系的金融产品按照同一规则由同一监管部门监管。比如银行销售基金产品要到证监会获得基金销售牌照。行为监管是针对从事金融活动的机构和人，从事金融业务就必须要有金融牌照，从事哪项业务就要领取哪种牌照。对有牌照的机构要监管，对没有牌照从事金融业务的更要监管，无照经营就要严厉打击。相同金融产品不按照同一原则统一监管是造成监管空白、监管套利的重要原因，也是当前金融秩序混乱的重要原

---

[*] 吴晓灵，全国人大常委会财经委副主任委员。

因。因而树立功能监管与行为监管的理念是金融稳定的重要基石。

落实功能监管和行为监管首先要统一对金融产品的法律关系和产品性质的认识,这样才能明确监管的主体和监管边界,才能监管追责。

当前金融秩序的混乱主要反映在资产管理市场(也称理财市场)和同业市场。银行、证券、保险、信托和基金管理公司都在发行各自的资管产品,其特点都是集合投资,法律关系是信托,产品属性是证券。但由于认识的不一致,资管产品无法实行统一监管,非法从事理财业务也没有一个部门去查处。尽管目前已责成人民银行牵头制定资管产品的规则,但如果不明确其产品属性和法律关系,不明确一个监管部门监管,还允许银监会、证监会、保监会对自己管的机构的资管产品制定监管细则,那么资管市场的监管套利是无法消除的。就像公路上,交通规则一致,但如果站了军方、政府、公众三个警察指挥三类车辆,能期望交通秩序改善吗?

因而金融稳定要从金融回归为实体经济服务做起,但金融秩序的维护要靠法制完善、监管责任明确和严肃追责。

从法制讲需要修改《证券法》,扩大证券的定义,把集合投资计划明确为证券,纳入《证券法》调整范围,由证监会统一监管。要修改《信托法》明确信托经营的原则。要把《证券投资基金法》改为《投资基金法》,将所有的公募、私募集合投资行为纳入调节范围,规范资产管理市场。

(本文原载于《金融时报》2017 年 7 月 19 日)

需要重视股票市场的财富管理功能

吴晓求[*]

资本市场的内在生存逻辑主要是因为金融需要具有一种对资产和风险进行定价的能力。缺少这种能力,这个金融体系就是落后的,也就很难进行资产重组和存量资源的再配置,也就意味着这个金融体系没有财富管理的功能。

投资者关注的是股票价格的变化,学者关注的是这种价格变动背后的原因和逻辑。资本市场资产价格的定价不是静态的,净值也好,利润也好,现金流也好,都只是股票定价的原始基础与起点,不是它的全部因素。市场定价的主要因素与投资者的市场预期有关,与其他金融资产收益率变量有关系,当然也与经济周期、产业周期有关。

如果市场信息披露是充分的(当然这个假定非常难以实现),我们就要认定市场的交易价格是合理的。只能在一种情况下可以怀疑价格,就是信息披露不完整,或市场被操纵。信息披露不完整,除了初始信息披露、公司信息披露以外,也包括市场信息,包括是否有内部交易,是否有操纵市场。当排除了虚假信息披露,排除了内幕交易,排除了操纵市场行为的时候,就应该认定这个价格是合理的。这个理念非常重要,否则会找不到大家评价市场的基石与准则。

从这个意义上说,我并不特别反对大股东或创始人股东的减持行为。我很少对大股东减持发表抨击性看法,除非有证据表明,这个大股东的交易是在虚假信息披露下进行的,或者违背了约定的交易规则,这时他违规了。如果市场真的完整地披露了信息,大股东在遵守减持规则下以一个适

---

[*] 吴晓求,中国人民大学副校长。

当的价格减持，那一定意味着在他看来，这个价格已经有某种泡沫化的成份，与其重置成本相比较，他认为这个交易价格能为他获得一个溢价收益。从这个意义上来说，它的减持有利于市场价格的理性回归。

资本市场存在，究竟为了什么？资本市场之所以在一百多年来，在全球都有一个非常蓬勃的发展，一定有其内在的生存逻辑。我想这个内在生存逻辑主要是因为金融需要具有一种对资产和风险进行定价的能力。缺少这种能力，这个金融体系就是落后的，也就很难进行资产重组和存量资源的再配置，也就意味着这个金融体系没有财富管理的功能。资本市场发展，对一个国家金融功能升级具有重要的推动作用。一个国家，特别是中国这样的大国，如果没有资本市场，其金融功能就会停留在比较原始的状态，即主要为实体经济提供融资服务的初始阶段。

金融要为实体经济服务，融资服务属于初级层次，之后是要升级的，逐渐变成融资和财富管理的并重。随着人们收入水平的提高，金融功能的发展重点是财富管理功能不断增强。一国金融工具或金融资产从融资服务到财富管理，是金融体系功能的升级。金融功能的转型靠什么机制来完成？靠发展资本市场服务来完成，靠金融脱媒的力量来实现。

在全球性的金融大国中，你会发现一个非常重要的特征，就是人们收入水平提高以后，收入不仅仅要满足当前的消费，也不仅仅要满足投资的无风险收益，更应满足收益与风险在较高层次的财富管理的需求。这就要求形成一种机制，以实现收益与风险在不同层次上的平衡。资本市场恰恰提供了这样一种制度和机制安排。

坦率地讲，我也认为，资本市场有一个天生的功能，就是财富的再分配，使社会财富能够通过这个渠道流向那些可以更好地让财富为社会服务的机制中去。这是一个趋势。当前中国的财富分化趋势非常明显，较短时间内就发生了显著变化。实际上，中国百亿富翁，除了极少数外，多数都似乎与资本市场有关系。

我们要通过一种什么样的机制，让这种财富再分配，变得至少从规则层面是合理的，而不能有寻租机制，像我们当年的高考改革那样。1977年之前，中国有一个推荐上大学的机制。两种制度从结果来看都会产生大学生，但是起点的公平性就完全不一样。我们歌颂小平同志恢复的高考制度，是因为这种高考制度具有公平竞争的机会。有了公平竞争，才有人才辈出。

第七篇　金融监管——市场风险的阀门

我非常反感股票发行的审批制度，这就如同当年推荐上大学一样，从身份上天生地就剥夺了发展的公平机会。无论哪个资本市场，结果都是不一样的，都会出现财富分化，但机会必须是公平的。我们要发展资本市场，一定要想到这一点。像我们要搞市场经济一样，分化一定会出现甚至相当严重。如果我们从结果上来看不公平，就会找不到出路，也找不到解决问题的办法。

只要起点是公平的，信息是透明的，就要相信通过竞争后的结果。这对一个国家的制度设计是极其重要的。在这个问题上要深刻理解，要接受机会公平后的现实。如果不接受现实，只能返回去，这可不行。透明度是资本市场的灵魂，资本市场能不能公平，能不能存在下去，首先在于信息透明，有了透明度，市场才会有公平。

我们的资本市场走到今天，为什么会出现一系列扭曲？我看是因为经济母体基因在深刻地影响着它。这个基因从政策、法律、规则上都突出体现了那种与现代资本市场不匹配的因素。

国际金融中心，一定是财富管理中心。财富管理要有高度流动性，人家才肯来。中国要成为世界性强国，要把人民币作为一个全球性的重要货币，没有一个强大的资本市场，没有人民币国际化的回流机制，人民币国际化难以实现。

目前关于中国资本市场监管，有一些批评声音。刘士余主席做得相当不错，他正在理解资本市场核心功能是什么，正在把握资本市场的灵魂。资本市场与商业银行的核心元素不一样。商业银行风险控制的基石是资本充足，控制不良率。但资本市场不是，资本市场最重要的是透明度。如果缺乏深度理解，监管的重点就会出现偏差。把重点放在信息披露上，非常正确。监管就是监管，不要赋予监管者太多的监管以外的职责和功能，否则监管就会变形，就会不堪重负。监管者没有推动市场发展的任务和目标，监管者对于市场发展指数变动、市值管理和市场规模都没有直接责任。监管者责任就是如何保证市场公平。保证市场公平的前提是透明度，所以，对信息披露和市场透明度的监管，是世界各国市场监管者的核心职责所在。

（摘自2017年7月8日作者在"中国投资50人论坛"上的发言）

大市场严监管

资本市场逻辑与体制构建

孔泾源[*]

自中国经济进入人们通常所称谓的"新常态"后，政府为缓解经济下行压力，采取了包括财税、金融、投资等一系列需求管理政策乃至资本市场发展政策。但资本市场的运行与发展有其内在规律，任何违背规律的体制扭曲、"创新"或揠苗助长，终究会对资本市场甚至整个经济发展，产生重大负面影响。2015年的股市波动便是资本市场规律的强制性表达，由此也将长期以来的体制弊端暴露无遗。股市波动之后，学界、业界对这场灾变过程的描述和经验教训的总结，付出了移山心力，积累了丰富的文献。但从近期市场监管动态来看，关于股市运行机理、宏观经济因素、制度完善要点等层面的综合审视，可能还需要透支一些心血和担当，甚至包括对相关责任方的某种并非主观故意的"伤害"。

一、股市波动及其极端现象

2015年主板市场跌宕起伏，在半年左右的时间内，人们见证了疯狂的杠杆牛市和闪电熊市。创造了各种纪录频频刷新的"奇迹"，同时也暴露了中国资本市场甚至整个金融体系的制度性风险。

发疯的牛市与趴地的熊市。2015年初，上证指数虽然开始进入上升通道，但依然还在3 200点左右。从此便开始坐上了惊险而刺激的过山车。6月12日，上证指数最高触及5 178.19点后，便开始掉头向下，并引发断崖式崩盘。股市下跌以多米诺骨牌式上演：先是机构主动降杠杆，

---

[*] 孔泾源，中国经济体制改革研究会副会长、国家发改委体改司原司长。

随后前期大涨的个股暴跌，导致高比例配资账户爆仓，配资平台为自保而强制平仓，使得更多的股票暴跌，最后甚至连非配资账户也开始抛售股票。千股跌停，反复出现。从6月19日到9月14日，短短三个月不到的时间，经历了16次千股跌停，其中2 000股以上的跌停三次，差不多平均每4个交易日就要碰到一次千股跌停。如此高频度的个股杀跌举世罕见。股市波动的后续效应也是惊人的。以2015年6月12日价格为基准，截至2016年5月31日，跌幅在50%以上的股票占比38.4%，共有1 053只。跌幅在40%以上的达到了61.2%，跌幅在30%以上的超过了75%。跌幅前10的股票均跌去了7成以上，这意味着这些股票要涨3.33倍以上才能回到最初的价格水平。由此可见个股暴跌的惨烈程度。

急剧攀升与缩水的股市行情。杠杆不仅让2015年股市坐上了过山车，成交量也创出全球之最。4月20日，沪深两市合计成交达到18 025亿元。其中沪市成交金额为11 476亿元，深交所成交6 550亿元。其后，沪市有14个交易日当日成交超万亿元，深市有6个交易日超万亿元。股市暴跌之后，上证综指从2015年6月12日的高位5 178点跌至最低2 638点，最大跌幅49%。创业板从高位4 037点跌至最低1 841.22点，最大跌幅54.4%。这个冰冷的数据背后是财富的灭失。流通市值距顶峰期缩水了近22万亿元。2015年三季度个人投资者占流通市值比为42%，由此估计个人投资者持有市值缩水了9.24万亿元。同期个人投资者账户数（剔除无股票市值的账户）为5 019万，这意味着平均一个账户损失了18万元。

急剧涨跌、近乎癫狂的市盈率。在经济下行、实体经济不振、基本面看弱的背景下，沪深两市却分别于6月12日和6月15日创出2015年行情最高点。高峰的时候，创业板的平均市盈率达到了150倍左右，中小板大概90倍左右，深证A股平均市盈率80倍左右，上证A股平均也达到了22倍，已经近乎癫狂。截至2016年5月31日，创业板市盈率回落至72倍左右，跌幅达52.5%；中小板估值回落至52倍左右，跌幅达44%；深证A股估值回落至45倍左右，跌幅达41%；上证A股回落至14倍左右，跌幅达38%。即使被认为估值较低的沪深300和上证50，也滑落了35%左右。

疯人、疯语、疯招催化成疯牛、疯市。在股市暴利的驱动下，投机炒股人数迅速增加，2015年初至6月份，新增股民达到1 824.2万，增幅为

大市场严监管

25.28%。一些业界知名人士和主流媒体也不顾专业常识、经济规律、思维逻辑甚至认知底线而疯话连篇。诸如："股市，从来没有被中国政府提高到如此的战略高度。国企改革、推行IPO注册制、降低企业杠杆率、提高居民财富收入、经济转型等等，这些战略任务的实施都需要一个繁荣的资本市场做基础。换句话说，国家需要牛市，经济转型需要牛市。""这轮牛市的启动，就是以银行等蓝筹股的发力作为重要标志。……股价无疑是高的。但是如果你把人民币想象成美元，把中国的银行看作是美国的银行，那么目前中国银行的市盈率仍然偏低，价值仍然被低估。……4 000点才是A股牛市的开端。"一时间所谓"国家牛"、"改革牛"、"发展牛"、"转型牛"、"政策市"、"资金市"、"人心市"等奇谈怪论甚嚣尘上。证券公司等金融机构也为利所趋，快速引入伞形信托、融资融券、配资杠杆及其技术工具，高峰时场内外配资超过2万亿元，加上高倍杠杆，如同火上浇油。当股市掉头下行时，这些金融机构又利用信息优势、专业知识、体制漏洞，或高点抛出，或做空套保，或裸空逐利，或平仓自保，将广大中小投资者拍倒在股市暴跌、损失惨重的沙滩上。疯人、疯语、疯招，必然造成疯牛、疯市成型。

近乎无奈、进退失据的救市行动。这轮股市波动中所经历的局部流动性风险和市场整体性恐慌，有可能向其他金融市场如商业银行、债市、期货市场等传递，导致金融局部性乃至系统性危机。如任由股价持续深幅下跌，参与配资的各家银行会因为债主亏损，资不抵债，而引发大量坏账，甚至有可能引发上世纪九十年代日本千家银行倒闭、破产之险景。政府不得不断然决定立即进行强力干预，全力以赴救市。短期内出台了40多项救市措施，甚至有一天内出台八项政策、几有手忙脚乱的罕见景象。监管手段也趋于严厉，2015年证监会共下发了59份行政处罚决定书，其中下半年截至11月5日就达46份，所查处的违法违规行为包括内幕交易、市场操纵、违规减持、信息披露不实等，强力部门也介入治理。但即便如此，也未能阻止股市快速下滑趋势。最严重时，从股市行情最高点（5 178.19点，6月12日）到最低点（2 850.37点，8月26日），深沪两市市值减少了近33万亿元，相当于当年GDP的一半。而且，国家队高点救市，不仅扭曲了市场运行机制、为投资者尤其是投机者做空离场提供机会，而且增加了相关企业和金融机构数万亿元的财务浮亏，恶化了其资产质量。

二、风险暴露与体制属性

2015年资本市场的剧烈波动,一方面表明中国股市虽然经过四分之一个世纪的发展,但仍然是一个行政干预突出、体制结构错位、创新治理失序、投机色彩明显、监管漏洞频出的初级市场。另一方面,也折射出金融体制改革开放滞后缺位与技术创新错位"超前"、金融抑制过重与风险管控能力薄弱的并存矛盾现象。

1. 一成不变的审批制自始至终都存在扭曲市场供求关系及其价格形成机制的内在逻辑。经过二十几年的发展,中国的资本市场无论是参与者数量、市值总量,还是社会流动性,都发生了巨大变化,没有发生变化的是审批式准入一以贯之。而近些年来日益膨胀的流动性与审批制下的有限供给,天然地存在扭曲资本市场供求关系和股价形成机制的内在机制。一旦时机到来,巨额的社会流动性便以各种方式间隙、潮汐式地涌入股市,竞价于经审批而有幸入市、为数不多的部分企业的股票,使股市价格不可避免地背离由实体经济盈利水平起决定作用的资本化价格而虚高离奇、大幅震荡。更有甚者,监管层似乎并未充分理解发行审批制的市场管制性质和审批制基础上的资本市场运行特点,在供给侧严格约束的前提下,居然默认、时而鼓励、甚至至今还在误读证券机构的"金融创新"性质,在审批制或供给侧几无任何松动的情况下,允许那些强烈刺激市场需求的场内外配资及其杠杆的引入与泛滥性运用。

2. 流动性迅速扩张及其对股市的巨大潜在性压力。2007年次贷危机以来,中国政府为应对经济下行,推出数万亿元的刺激政策,并打开了宽松货币政策的闸门。2008～2012年五年间,广义货币供应量翻了一番多。虽然短期内维持了增长速度,但造成房价高涨、产能过剩,国有企业和地方政府的负债率不断推高,原有的资本错配矛盾进一步加剧。其实,自20世纪90年代即证券市场恢复以来,我国M2就已经呈现"加速度"增长态势。1990年M2约为1.53万亿元,至2008年达到50万亿元。从2009年起,M2的增长每年跨越一个十万亿元级台阶,到2014年底达到122.84万亿元,25年间增长了80余倍。在实体经济不振、其他投资受限时，入市机会出现，尤其是政策面鼓励，或交易面、需求侧"技术创新"与"制度创新"，过剩的流动性不可避免地会在股市兴风作浪。

3. 景气诉求的需求管理目标与似是而非的供给侧直接融资错觉。长期以来，由于金融结构失衡，我国间接融资一直占主导地位。提高直接融资比重，既是高层久已明确的既定决策，又是微观层面的迫切期待。本届政府履新，面对的经济下行压力决不比数年前次贷危机来临时更轻松一些。有关方面对景气的诉求，对提振信心的期待，对直接融资以及对资本市场结构与规律的某些误解，在基本面不振的情况下，盲目刺激股市，以期扩大"直接融资"。结果是，股市虽然杠杆膨胀、泡沫严重，但与实体经济几乎没有什么关系，后者无从获得融资红利。这不仅是 IPO 审批制造成企业受益面过小，而且资本市场的基础性板块薄弱，大量的中小企业资产尚未股权化或股权无从市场化。即使在现有的市值分布中，金融板块占比过大，达 1/4 以上。至于股市打新的溢价，受益方也主要是二级市场的参与者、尤其是"庄家"。对有幸入市的"国家队"，也未必都是"利好"。因为在股市泡沫面临破裂时，它们还得承担"救市"责任，被迫入市拼搏、逆势做多，或逆难犯险、增持本股，继续向股市注水。结果只能是继续虚高股价，维持泡沫或杠杆，以及增加自己的市场风险，或进一步恶化企业的资产质量。至于为"救市"而暂停 IPO，实际上是变相中止了股市的直接融资功能。以此反观市场，这里除了投机资金的短期博弈场所、还有直接融资的长期价值投资功能吗？

4. 本末倒置的市场结构与舍本求末、次序失当的"体制创新"。历史地看，正常发展的资本市场，是由场外到场内、由基础市场到主板市场渐进推移的正态分布。作为体制转轨中的中国资本市场，最初是以审批制方式建立主板市场，场外市场至今尚在培育乃至严重滞后的试验之中。这不仅导致直接融资范围狭小、资本市场基础薄弱、实体资本证券化市场化程度低，而且人为地造成主板市场极其紧张的供求关系、以及投机偏好和心理预期所盲目推动的股票价格，反倒是实体经济的盈利水平及其价格导向机制往往无以发挥作用。相关制度建设，应当是加快推进股票发行制度改革和实体资本证券化、场外交易等基础性市场发展。遗憾的是，股市运营及监管层面谨慎有余包括理念、手段落后，"创新"错位甚至误读常识、风险，简单地模仿那些结构层次健全成熟、入市退市开放便利、信息披露充分透明、技术监测适时先进、监管体系已趋缜密的成熟资本市场,对这座近乎建立在沙滩之上的"倒三角"大厦,不断地进行"精装修"和追加上层建筑。举起概要,一如无视IPO管制、退市机制不畅,不思供给侧改革,而是草率地引入场外配资、非对称"双融"以及高倍杠杆等单边需求放大工具。另如在现金分红占比过低、股票价格形成与上市公司盈利关系模糊、投机心理极为普遍的情形下,试图通过股指期货等"高端创新"影响股指期货价格、进而引导预期甚至"调控"股票市场。再如经历股市波动后,仍然长梦不醒,忽视基本面、技术面、制度面乃至心理面等因素,在T+1、停板制依然如故的情况下,居然"东施效颦"式的引进所谓"熔断机制",结果是数日之内一熔、再熔,以至熔断自己而成为笑柄。此外,新近出台的新三板分层管理办法,又有创新次序倒置、体制本末错位之嫌。因为新三板市场不够活跃,便人为地区分企业品质优劣高低,试图通过确认部分优质企业以提高市场流动性,引导需求、激活市场,其初衷或许是好的。但须不知,新三板市场活跃与否,除上市企业的自身品质、资本潜质外,关键还是与发行制度密切相关的股票供求是否匹配、定价机制是否合理等问题。相对于主板市场长期管制过度、供给受限,新三板市场在经济下行压力加大、实体经济基本面不振、传统产业过剩衰退明显、挂牌企业"圈钱"期待过高的背景下,"疾风暴雨"般地增加供给,一时间市场当然难以消化。可以预料,新三板市场的人为分层,未必会能给所谓创新型企业带来人们所期待的市场流动性活跃,但使相当一部分所谓基础类企业陷于无从交易的僵死状态则是必然的。

5. 金融弄潮儿"野蛮成长"与监管层面应对失据、一触即溃的脆弱底线。传统体制下长期的金融压制和改革开放以来金融改革的相对滞后,以及数十年市场经济及金融国际化的发展,使我国金融创新的压力、潜力和爆发力空前加大,乃至以与时俱进的技术创新来突破因循守旧的体制瓶颈。此次股市波动之前,在流动性相对过剩背景下,监管层面因某种"提振信心"的期待或视而不见的"疏忽",近乎默认股市投资者运用伞形信托形式、在恒生电子系统上嫁接HOMS系统,以及场内外配资及其杠杆机制等,使各类机构投资者包括目前尚属严格控制范围内的境外个人投资者通过交易技术"创新",顺利地绕过监管屏障,"合法"地涌入股市、拉抬股价,创造泡沫,轻易地击穿了证监部门的监管底线。情急之

大市场严监管

下、"不教而诛"的应急性配资清理,必然以市场上的强行平仓、逃市踩踏、泡沫破裂,以及有关方面又不得不急匆匆、闹哄哄地在高点入场救市为结果,并承担规则、秩序、信用、财富、信心等多输损失。其实,早在证监部门的监管底线被击穿之前,银监部门的监管底线就已经被击穿。按照分业经营、分业监管要求,信贷银行及其类似机构是不可以兼营投行业务的,金融综合经营尚属于个别地区的先行试验。但是,在实际金融活动中,不仅早有通过类似于"特许"性内部分业方式、获得综合经营权限的若干"治外主体"从事金融投资业务,而且现有商业银行在逐利本能以及前者示范的背景下,"上有政策、下有对策",纷纷通过经营理财产品等形式,绕过监管规则,间接地从事非信贷投资业务,在获得稳定佣金收入的同时,毫无遗漏地将其风险转嫁到未必全部知情的理财产品购买者身上。当股市景气受到鼓励时,银行资金便通过理财渠道以及证券机构复杂的信托工具,间接地、其实类似于直接地进入股市,为其提供源源不断的流动性支持。此后股市下行时的平仓加速、踩踏逃市,不仅是直接配资机构、而且也是商业银行的股权信贷资产保全所必需的。此外,央行的货币政策底线也极其脆弱、甚至岌岌可危。某家著名的互联网企业通过第三方支付平台、迅速积累起巨额货币资本并用来发展其关联基金,使后者几乎在一夜之间成长为具有 7 000 多亿元资本的全球第二大货币基金。这笔巨额的货币资本,相对于央行每次调控货币市场时的几十亿元、几百亿元、最多时一两千亿元的公开市场操作来说,力量是何其悬殊。前者进入市场的影响力、冲击力无疑是巨大的。当央行规制第三方支付平台时,不明就里的普通百姓甚至一些专家学者,或基于自己的蝇头小利、或对其深层影响不甚明了,几乎众口一词予以责难。而一位著名媒体人与这家互联网企业巨头在微博短信中有一番耐人寻味的交流,则几乎将其底色或底牌透露无遗。一方是略感困惑、但犀利敏锐的提问,另一方则是心知肚明而又无可奈何、欲言又止的踌躇与苦衷。中国的货币市场管理肯定还有诸多需要完善之处,但央行基于市场现状进行的预防性、筑底性规制应对,至少在短期内还是有意义的。

三、市场逻辑与体制构建

2015年的股市波动乃至此前此后的股市波动,其风险暴露及其类型与性质,几乎使所有责任方都难辞其咎又不能简单地责难任何一个责任方,无论是投资者、金融机构、证券交易所还是监管层面,尽管我们做市场分析时似乎对所有责任方都有微词。事实上,真正解决问题的是,按照资本市场的逻辑与规律,从基础市场、运行机制、管理技术到监管模式,进行体制性重建或改革创新,最终形成结构合理、投资理性、运营透明、监管科学的市场体系。

1. 集中精力加快基础性场外市场建设,缓解实体经济直接融资困难和杠杆率过高等瓶颈问题。自上个世纪九十年代初建立主板市场以来,我国后来陆续建立了中小板、创业板以及新三板市场,基础性资本市场得到了一定程度的发展,但相对于整个社会的直接融资需要和产业资本证券化的需要,还有相当长的路要走。尽管已经错过了最佳时机,但加快推进实体经济证券化,仍然有利于改善股市供求关系,推动企业利润资本化、股市价格由实体经济决定以及股市、股价理性化,约束杠杆和市场泡沫,以及由"脱媒"压力推动间接融资及利率市场化;有利于解决中小企业融资难、融资贵、杠杆高以及资本市场结构倒置问题;有利于解决要素自由流动、资产并购重组、过剩产能淘汰、结构适时优化、尤其是杠杆率过高问题;有利于基础设施、市政公用设施及其他非经营性资产实现股权多元化,进而提高公共资产利用效率、效益,降低政府债务杠杆,以及社会资本顺利参与、PPP模式广泛发展问题,由此也约束一些不计成本、盲目扩张、贪大求洋、好大喜功、依赖杠杆的"政绩投资"行为;有利于推动土地要素资本化、证券化、市场化,释放城镇化发展尤其是"三农"发展潜力、甚至包括解决地方政府债务偿还问题。

2. 建立配资、杠杆工具引入与IPO注册制实施彼此同步的供给、需求两侧体制创新对称联动机制。股市发行机制改革,早已引起社会广泛关注,决策层给出了注册制改革的时间表,立法机构也做出了授权决定,为启动注册制改革提供了法律依据,监管层表示将按程序研究制定专门的部门规章、信息披露准则和规范性文件,系统构建注册制的规则体系,认为这项工作需要一个较长的时间过程。其实,这项改革的关键并不在于时间长短,而在于供给侧的注册制改革与需求侧的配资、杠杆等技术创新是否能够平衡对称,以及对市场供求关系进行有效、适时的调节。在监管过于审慎或能力不及、以致注册制长期难以推出的情况下,理应放缓、延迟甚至停止单纯在需求侧扩充能力的配资、杠杆等"创新"活动,而不应当为了市场景气而违背经济规律进行单边刺激。否则,市场泡沫将难以避免。正是由于资本市场内在运行机制与监管体制不同,才有美国允许使用金融杠杆工具、而德国至今不引入金融杠杆工具的差异所在。反之,如果追求市场活跃、期待景气状态而引入配资、杠杆等市场工具,就应该加快推进注册制改革,实现供求两侧创新对称、激励兼容,决不可以将注册制改革视为可快可慢的主观意愿,或以市场不成熟(其实某些方面已经早熟)为由,其实是监管能力滞后而久拖不决。此外,在IPO注册制改革之前,那些由IPO的行政性管制所派生的表面上具有"市场供给"特点、实际上属于资源掠夺性质的所谓"壳交易"以及垃圾股要坚决从市场剔除出去。

3. 建立上市公司生产经营状况与市盈率等股市表现双重信息披露制度。中国股市散户居多,其金融知识匮乏、风险识别能力薄弱、投机心理普遍、追涨杀跌的从众心理或"羊群效应"突出是有目共睹的。资本市场由散户为主过渡到机构投资者为主,还需要一个相当长的过程、尤其是相应的体制创新或制度建设。面对这种市场状况,公开透明、充分足够、简单直观的信息披露比什么都重要。在现有的上市公司经营业绩等信息披露的基础上,监管层面还可以考虑以此为基础,要求有关方面适时披露信息发布周期内公司股票的市场表现如市盈率等,实行"成绩单"与"市盈率"的双重信息披露制度,这在技术上也没有多大难度。其好处一是将资本市场的虚拟经济信号与上市公司的实体经济表现联系起来,进而推动由公司业绩形成股票价格的市场决定机制。二是用普通散户都看得懂的直观有效、简单明了的市场信号,简约地反映上市公司的赢利能力与增值潜力,避免流言惑众、扑风捉影式的市场信号误导和交易羊群效应。三是可以倒逼上市公司以经营业绩而不是炒作概念来赢得市场的价值评价,既避免各种"妖股"现象,又推动并购重组和优胜劣汰,用市场机制将那些垃圾股、"壳公司"扫地出门。四是能丰富监管层的监管工具,通过市场价值评价和公众参与，较大程度地提高大户坐庄难度和内幕交易风险，简化监管过程，提高监管效果。没有相应的监管工具创新，在散户铺天盖地的股市格局下，无论是拿着"党章"或其他什么东西冲入股市，都带有盲目和投机性质。等到资本市场过渡到以专业性机构投资者为主时，再视情况简化信息披露制度。

4. 在组合投资发展和引入股指期货背景下，通过完善股市 IPO 制度、信息披露和交易工具，考虑取消 T＋1、涨跌停板制等非平衡性市场交易工具，建立公平自由的市场交易秩序。在市场或个股剧烈波动以及股民从众效应频繁发生的情况下，实行 T＋1、停板制似乎是必要的，对所有投资者好像也是公平的。但组合投资及股指期货等对冲工具引入后，事情则发生了变化。在涨停板时，组合投资工具可以通过购买含涨股或做多继续逐利；当跌停板时，则可以通过抛售含跌股或做空迅速止损甚至盈利。而广大散户则无缘新型投资工具，只能受限于 T＋1 或停板制，措手不及而又无可奈何，甚至做出重大利好、利空的不切实际的误判。其应对方式无外乎是追涨杀跌其他股票，或者是在交易日到来时，更加猛烈地追涨杀跌相关股票，助长暴涨暴跌。另外，由于信息优势或专业知识，组合投资尤其是股指期货具有发现价格、引导预期的作用。但其作用的有效发挥，是以市场交易充分自由、做多与出清可随机选择为前提的。而 T＋1 和停板制恰恰限制了广大散户以此为信号的市场交易，影响了股市多、空转换的节奏，制约了股指期货等交易工具的价格发现和预期引导作用。因而在引进股指期货等市场工具时，资本市场的交易自由应当是其先行选项。因此，在完善股市 IPO 制度、信息披露和交易工具的基础上，有必要相应地取消 T＋1、停板制等既违背交易自由又背离平等原则的早期制度安排。

5. 坚持产品的市场化优先于资本的市场化原则，对那些具有自然垄断性质、带有政府定价成分、享受直接或间接补贴及政策优惠的企业，尽快完成市场化改革，或对其垄断业务如路网、线网、管网、频谱等垄断环节以及政府管制性业务，实行市场隔离制度，防止体制机制性的利益输送。虽然我国资本市场建设滞后，但是，也有一批大型企业还在产品实行政府定价、或多或少享有市场垄断地位或价格补贴阶段，由于种种原因而得到上市机会甚至海外上市的机会。即尚未实现产品市场化的企业，却优先实现了资本市场化。短期看或许使企业有了快速做大与迅速扩张的机会，"有利于"其发展。但从长远看，这类企业有可能一方面利用垄断地位或垄断价格从市场获取超额利润，抬高社会生产成本和人民群众生活成本，以及形成企业间不平等的竞争地位；另一方面，这类企业还利用信息不对称，以市场波动、价格管制为由向政府要价，寻求政策优惠或经营补贴。无论是哪一种情况，不仅意味着市场竞争秩序与规则的扭曲，而且还形成那种以全社会的利益牺牲为代价、对相关企业的持股者包括海外持股者长期性的体制性的利益输送。这是经常反复发生并持续了多年的非正常现象，在那些以人为定价方式引入"战略投资者"的领域，这种损失或利益流失则表现得尤为明显。当务之急是要杜绝类此企业今后通过各种渠道继续绕道上市，同时加快完成已上市的此类企业的市场化改造，将其垄断性业务与市场隔离、尽快止血。这无论是对保全社会利益、促成平等竞争，还是健全资本市场、乃至企业自身的健康发展，都是极为必要的。

6. 理顺金融深化、资产证券化的先后次序，加快实体经济的资产证券化过程。资产证券化是我国当前金融深化的重要领域，是充分发挥市场决定作用、尽快完善市场经济体制的必由之路。它对于缓解社会直接融资比重过低、实体经济杠杆率过高、部分资产泡沫过重具有重要意义。但在资产证券化过程中，必须先后次序得当、结构配置合理，坚持实体经济的证券化优先于虚拟经济的证券化，基础产品的证券化优先于衍生产品的证券化，股权基础市场的培育优先于二级交易市场的发展。而实际情况一是现有 A 股市值中，金融板块占比过大，最高时接近 30%，金融资产证券化的程度或比重远远超过实体经济。二是公开市场的发展次序、速度、比重、政策，明显优先于场外市场等基础性资本市场。三是金融领域"近水楼台"、杠杆"自我强化""自娱自乐"、资产证券化捷足先登，在社会资本尤其实体资本证券化程度极低的情况下，银行信贷资产、银行间债券市场信贷资产、基金公司资产、保险项目资产等证券化已率先启动，抢占先机。四是金融机构占用金融资源过多，2009 年至 2016 年，非银行金融机构的信贷增速达到实体经济的 3 倍左右，杠杆率或泡沫化程度绝不下于实体经济，同样存在产能过剩和结构失衡隐患。这些问题如不解决，资产证券化过程中将不可避免地会陷入"脱实向虚"的泥沼，甚至诱发金融系统性风险。

7. 充分利用资本市场信息透明和优胜劣汰、入市退市的市场决定机制，发挥其促进结构优化和产业转型升级的特殊作用。结构优化和产业升级是经济发展的必然要求，但在不同的发展阶段，优化升级的方式也是各不相同的。在资本市场相对发达的条件下，不再主要是企业资产物质形态的交易转换，而是通过资产股权化、股权市场化、企业间通过资本市场并购重组、优胜劣汰等方式实现。我国资本市场也在一定程度上发挥了类似作用。但要看到，由于发行制与退市制的局限，这种作用并不充分。不仅大量的优质企业难以适时通过资本市场直接融资、扩充发展能力，而且一部分早已因其经营不善、成为垃圾股或空壳的公司，仍然留在资本市场，或将垃圾股炒得尘土飞扬，或利用所谓"壳价值"继续攫取社会资本，加深资源错配程度。针对这些问题，有关方面应当尽快完善发行、退市制度，利用资本市场的信息透明优势，推动企业并购重组、优胜劣汰，出清过剩产能。此外，中国资本市场经过20多年的发展，早期上市的企业有相当大一部分属于传统产业甚至落后、过剩产能，在新产业、新业态日新月异的今天，通过资本市场的特有优势和进一步的制度建设和技术创新，加快推陈出新、实现产业升级换代，显得尤为重要。

8. 适应资本市场交易技术、操作工具及金融创新的发展变化，市场监管层面应当汲取既往的经验教训，迅速建立起市场主导、"三公"引导、反应灵敏、手段专业、开放有序、综合全面、底线牢靠的监管体系。其中，一是处理好金融深化、创新与监管能力适应问题，既不能漠视风险、创新过度或失序，也不能因为股市波动发生或害怕风险暴露而迟滞金融深化与创新开放。新近推出的深港通，表明监管层已经走出了股市波动的阴影。二是推动监管机构目标单纯化、监管独立性，即以界定交易规则、维持市场公平、防范违规风险等市场监管职责为主要目标，包括资本市场在内，不应赋予其"稳增长"、"救贫困"等不切实际的其他目标任务。三是深入研究资本市场发展规律、演进阶段和国情特色，准确把握供求逻辑、体制本末、先后次序、技术工具、产品业态、开放进展等，进行适应性、适时性监管体制创新。四是坚持市场决定优先、政府监管适度原则，重点理顺资本市场结构、股市供求关系、发行定价机制、信息披露体系、入市退市制度、监管点位精准等。五是建设风险全覆盖的协调性、综

大市场严监管

合性市场监管体系,重点协调市场基础规制、供给需求均衡、制度建设对称、资产证券化节奏、实时流动性管理、资产价格监控、金融创新动态、产品业态结构、市场开放步骤、内幕操纵防范、风险交叉识别与综合应对政策等。

(本文原载于中国改革网,2017年3月3日)

互联网金融的监管策略分析

谢 平　邹传伟　刘海二[*]

一、互联网金融的功能监管

功能监管主要是针对风险的监管，基础是风险识别、计量、防范、预警和处置。对于互联网金融，审慎监管、行为监管、金融消费者保护等三种监管方式也都适用。

（一）审慎监管

审慎监管的目标是控制互联网金融的外部性，保护公众利益。目前，互联网金融的外部性主要是信用风险的外部性和流动性风险的外部性。针对这两类外部性，可以借鉴银行监管中的相关做法，按照"内容重于形式"原则，采取相应监管措施。

1. 监管信用风险的外部性。对信用风险的外部性，可以参考银行业的监管方法。在 Basel Ⅱ 和 Basel Ⅲ 下，银行为保障在信用风险的冲击下仍具有持续经营能力，需要计提资产损失准备金和资本（其中资产损失准备金用来覆盖预期损失，资本用来覆盖非预期损失），体现为不良资产拨备覆盖率、资本充足率等监管指标，具体监管标准依据风险计量来确定。比如，8%的资本充足率，相当于保障在99.9%的情况下，银行的资产损失不会超过资本。

---

[*] 谢平，中国投资有限责任公司副总经理；邹传伟，中国人民银行金融研究所副研究员；刘海二，广东金融学院教师。

大市场严监管

在 P2P 网络贷款中，部分平台划拨部分收入到风险储备池，用于保障投资者的本金。风险储备池在功能和经济内涵上与银行资产损失准备金、资本相当。如果允许 P2P 平台通过风险储备池来提供本金保障，那么风险储备池的充足标准，也应该依据风险计量来确定。

2. 监管针对流动性风险的外部性。对流动性风险的外部性监管，也可以参考银行业的做法。Basel Ⅲ 引入了两个流动性监管指标——流动性覆盖比率和净稳定融资比率。其中，流动性覆盖比率已经开始实施，要求银行在资产方留有充足的优质流动性资产储备，以应付根据流动性压力测试估计的未来 30 天内净现金流出量。

按照类似监管逻辑，对"第三方支付＋货币市场基金"合作产品，应该通过压力测试估算投资者在大型购物季、货币市场大幅波动等情景下的赎回金额，并据此对货币市场基金的头寸分布进行限制，确保有足够比例的高流动性头寸（当然，这会牺牲一定的收益）。

（二）行为监管

行为监管，包括对互联网金融基础设施、互联网金融机构以及相关参与者行为的监管。

1. 对互联网金融机构的股东、管理者的监管。一方面，在准入审查时，排除不审慎、能力不足、不诚实或有不良记录的股东和管理者；另一方面，在持续经营阶段，严格控制股东、管理者与互联网金融机构之间的关联交易，防止他们通过资产占用等方式损害互联网金融机构或者客户的合法权益。

2. 对互联网金融有关资金及证券的托管、交易和清算系统的监管。一方面，提高互联网金融交易效率，控制操作风险；另一方面，平台型互联网金融机构的资金与客户资金之间要有效隔离，防范挪用客户资金、卷款"跑路"等风险。

3. 要求互联网金融机构有健全的组织结构、内控制度和风险管理措施，并有符合要求的营业场所、IT 基础设施和安全保障措施。

有必要说明的是，功能监管要体现一致性原则。互联网金融机构如果实现了类似于传统金融的功能，就应该接受与传统金融相同的监管；不同的互联网金融机构如果从事了相同的业务，产生了相同的风险，就应该受到相同的监管。

二、互联网金融的机构监管和监管协调

（一）互联网金融的机构监管

1. 对金融互联网化、基于大数据的网络贷款的监管。首先，在金融互联网化方面，网络银行、手机银行、网络证券公司、网络保险公司和网络金融交易平台等主要体现互联网对银行、证券公司、保险公司和交易所等物理网点和人工服务的替代。基于大数据的网络贷款，不管是以银行为载体，还是以小贷公司为载体，主要是改进贷款评估中的信息处理环节。与传统金融中介和市场相比，这些互联网金融机构在金融功能和风险特征上没有本质差异，所以针对传统金融中介和市场的监管框架和措施都适用，但需要加强对信息科技风险的监管。其次，对金融产品的网络销售，监管重点是金融消费者保护。

2. 对移动支付与第三方支付的监管。首先，对移动支付和第三方支付，我国已经建立起一定的监管框架，包括《反洗钱法》、《电子签名法》和《关于规范商业预付卡管理的意见》等法律法规，以及中国人民银行的《非金融机构支付服务管理办法》、《支付机构预付卡业务管理办法》、《支付机构客户备付金存管办法》和《银行卡收单业务管理办法》等规章制度。其次，对以余额宝为代表的"第三方支付+货币市场基金"合作产品，鉴于可能的流动性风险，应参考美国对货币市场基金的监管措施：①要求这类产品如实向投资者揭示风险，避免投资者形成货币市场基金永不亏损的错误预期。《证券投资基金销售管理办法》对此有明文规定。②要求这类产品如实披露头寸分布信息（包括证券品种、发行人、交易对手、金额、期限、评级等维度，不一定是每个头寸的详细信息）和资金申购、赎回信息。③要求这类产品满足平均期限、评级和投资集中度等方面的限制条件，确保有充足的流动性储备来应付压力情景下投资者的大额赎回。

3. 对P2P网络贷款的监管。如果P2P网络贷款走纯粹平台模式（既不承担与贷款有关的信用风险，也不进行流动性或期限转换），而且投资者风险足够分散，对P2P平台本身不需要引入审慎监管。

总的来说，我国P2P网络贷款更接近互联网上的民间借贷。我们认

为,要以"放开准入,活动留痕,事后追责"理念,加强对P2P网络贷款的监管。

(1) 准入监管。要对P2P平台的经营条件、股东、董监事和管理层设定基本的准入标准。要建立"谁批设机构,谁负责风险处置"的机制。

(2) 运营监管。P2P平台仅从事金融信息服务,在投资者和借款者之间建立直接对应的借贷关系,不能直接参与借贷活动。P2P平台如果通过风险储备池等方式承担了贷款的信用风险,必须符合与银行资产损失准备金、资本相当的审慎标准(见前文)。P2P平台必须隔离自有资金与客户资金,了解自己的客户,建立合格投资者制度,不能有虚假宣传或误导陈述。

(3) 信息监管。P2P平台必须完整、真实地保存客户和借贷交易信息,以备事后追责,并且,不能利用客户信息从事超出法律许可或未经客户授权的活动。P2P平台要充分披露信息(包括P2P平台的经营信息)和揭示风险,保障客户的知情权和选择权。P2P平台的股东或员工在自家平台上融资,也要如实披露,防止利益冲突和关联交易。

4. 对众筹融资的监管。目前,我国因为证券法对投资人数的限制,众筹融资更接近"预售+团购",不能服务中小企业的股权融资,但也不会产生很大金融风险。将来,我国如果允许众筹融资以股权形式给予投资者回报,就需要将众筹融资纳入证券监管。

(二) 互联网金融的监管协调

目前,我国采取银行、证券、保险"分业经营,分业监管"框架,同时金融监管权高度集中在中央政府。但部分互联网金融活动已经出现了混业特征。比如,在金融产品的网络销售中,银行理财产品、证券投资产品、基金、保险产品、信托产品完全可以通过同一个网络平台销售。又如,以余额宝为代表的"第三方支付+货币市场基金"合作产品就同时涉足支付业和证券业,在一定的意义上还涉及广义货币创造。

另外,互联网金融机构大量涌现,规模小而分散,业务模式层出不穷,统一的中央金融监管可能鞭长莫及。所以,互联网金融机构的牌照发放、日常监管和风险处置责任,在不同政府部门(主要是"一行三会"和工信部)之间如何分担,在中央与地方政府之间如何分担,是非常复杂的问题。

(摘自国家自然科学基2014年应急管理项目《互联网金融监管政策研究》和《第三方支付有效监管研究》的研究成果)

互联网金融行业自律任重道远

杨 东 文诚公[*]

在过去的两年多时间里,互联网金融在我国呈现爆发式的野蛮生长态势,为广大金融消费者,尤其是被排斥在传统金融体系之外的人群享受可负担的金融服务创造了有益条件,提供了诸多便利。但同时,P2P网贷平台、众筹平台、第三方支付平台倒闭、"跑路",涉嫌非法集资、非法吸收公众存款的案例屡有发生。由于互联网金融门槛低,缺乏监管,行业一度乱象横生。

一、全国性、区域性的互联网金融行业协会相继成立

从目前来看,监管规则的出台还需要一段时间,在监管层紧锣密鼓地筹划互联网金融的"紧箍咒"时,互联网金融行业的自律管理也应同步推进。

至今,数家全国性、区域性的互联网金融行业协会相继成立。自2013年下半年互联网金融飞速发展以来,国内已经陆续成立若干全国性、区域性的互联网金融行业协会。如由中国人民银行牵头组建的中国互联网金融协会;由中国支付清算协会发起组建,75家机构参与的互联网金融专业委员会;由中关村管委会和北京市民政局进行业务指导和监督管理的中关村互联网金融行业协会;由广东省民政厅与广州万惠投融管理有限公司牵头,召集广东省内诸多涉及互联网金融业务的公司成立的广东互联网金融协会;由山东省内8家互联网金融机构倡议发起的山东互联网金融行

---

[*] 杨东,中国人民大学法学院副院长;文诚公,中国工商银行总行人员。

业协会等。民间也自发形成了一些自律组织，如互联网金融千人会等。他们纷纷发布各自的章程、自律公约，倡导互联网金融行业健康发展，已初见成效。

二、全面发挥互联网金融行业协会的自律管理作用

基于第三方部门具有灵活性、专业性、广泛性等方面的优势，互联网金融行业协会的自律管理大有可为，总结起来，主要有如下几个方面。

1. 明确行业协会的法律地位。按照我国《社会团体登记管理条例》的规定，成立社会团体，应当经其业务主管单位审查同意。互联网金融行业协会需接受业务主管单位的指导和监督，但也应在一定程度上保持其独立性，代表来自市场与政府之外的力量，作为独立的第三方发挥作用。行业协会也不同于监管部门，没有行政权力，而是扮演社会公共管理的角色。

2. 规范自身的组织架构、职责和业务范围，明确入会条件、程序以及会员的权利、义务，切勿使企业以为加入了行业协会就等于进入了"保险箱"，就可以依靠会员身份胡作非为。目前互联网金融行业出现一定程度的混乱，很大原因是门槛太低，花几千几万元在电商网站上买一个平台就开始做P2P网贷、众筹，缺乏必备的资金、专业实力和风控体系，存在巨大安全隐患，不利于行业规范。对入会条件的设置，应具体化、有针对性、可量化，突出资金量、营业额、不良率等具体指标，"在行业内具有一定影响力"、"良好声誉"等难以衡量的抽象标准则不宜采用。

3. 推动互联网金融行业统一执业标准和自律规则的制定，并督促会员执行。行业标准的制定不仅是因为目前缺乏监管，更是因为互联网金融推动金融服务向信息化、流程化、智能化转变，建立健全标准体系已成为其自身发展进步的内在动力和基本需求。标准的作用也不局限于行业统一，它同时也能帮助形成竞争门槛和竞争优势，获取超额利润。形成具有公允性、正当性的内生规则，需要认真总结互联网金融行业的执业情况，近年来互联网金融广泛而深入的实践为此创造了条件。

4. 促进信息披露和信息共享，建立"黑名单"，防止同一借款人在不同P2P网贷平台多次借款，防止同一项目在不同众筹平台上多次众筹，

以降低风险。要注重互联网金融企业、平台信息的强制定期披露，站在保护金融消费者，促进行业长远发展的角度，确定信息披露的内容和程度，包括日常的事项公示、平台的交易状况、公司财务状况、经营状况等。同时，也要注意保护信息安全，在信息采集、信息处理、信息利用的全过程中保证公平、公开、规范、透明。当然，商业信息是各互联网金融平台的核心竞争力，信息披露、共享到什么程度，如何平衡企业的商业秘密、投资者隐私和信息公开值得深入研究。

5. 维护会员的合法权益，调解行业纠纷，协调会员间的关系，搭建行业资源交流平台，维持市场的良性、有序竞争。

6. 开展互联网金融行业研究，包括行业数据的统计分析、服务模式的创新研究、向监管部门建言献策、国际交流、人才培养等。

互联网金融有其自身的独特性，只有有效的自律管理同行政监管双管齐下，才能处理好鼓励支持与适度监管的关系。在互联网金融发展与分化组合的过程中，充分重视自律管理，才能实现行业自我管理、自我约束、自我监督、自我矫正、自我教育的良性发展。

（本文原载于《中国证券期货》2014年9月8日）

加快互联网金融征信体系建设的建议

张健华[*]

互联网征信主要是通过采集个人或企业在互联网交易或使用互联网各类服务过程中留下的信息数据,并结合线下渠道采集的信息数据,利用大数据、云计算等技术进行信用评估的活动。作为传统征信的有益补充,互联网征信的发展对完善我国征信体系乃至社会信用体系发挥重要作用。

一、我国互联网征信发展现状

1. 互联网征信活动日益频繁。一是以阿里巴巴为代表的电商平台对用户在网上交易的行为数据进行采集、整理、保存、加工,提供给阿里小贷或与其合作的商业银行,再经过深度挖掘和评估,形成对客户的风险定价,并用于信贷审批决策。二是以宜信、陆金所为代表的较大型的P2P网贷平台自建客户信用系统,并用于自身平台业务。三是以网络金融信息共享系统(NFCS)、小额信贷行业信用信息共享服务平台(MSP)为代表的同业信息数据库通过采集P2P平台借贷两端客户信息,向加入该数据库的P2P等机构提供查询服务。

2. 互联网征信平台初具规模。一是人民银行征信中心控股的上海资信有限公司开发的网络金融信息共享系统,截至2014年7月25日,共接入P2P平台203家,日均查询量达到2 000次。二是北京安融惠众征信有限公司创建的"小额信贷行业信用信息共享服务平台"于2013年3月正式上线。截至2014年9月15日,MSP征信平台会员机构已经达到405

---

[*] 张健华,中国人民银行杭州中心支行行长。

家，会员间信用信息共享查询量已达日均9 000余次，有信用交易信息记录的自然人信息主体数量突破100万人。此外，阿里巴巴、腾讯、平安集团等正在积极申请征信牌照。

二、互联网征信存在的主要问题

1. 信息标准和共享机制有待建立。一是当前个人和企业网络信息采集标准、信用报告格式规范、征信服务标准等缺乏，制约了互联网征信机构利用信息技术提高信息采集、加工和应用的效率。同时，缺少相应的接口交换标准来打通传统金融和互联网金融、线上和线下之间的信息壁垒。二是互联网征信条件下的信息共享问题尤为突出，互联网金融企业间的数据库由于涉及企业的核心竞争力，在没有建立起相应的利益激励机制的情况下，大多不愿意共享。

2. 合法合规风险凸显。当前，互联网征信活动存在违反《征信业管理条例》有关管理法规的法律风险。如，网络社交平台或电商平台等往往在用户不知情的情况下采集和使用用户数据或提供给第三方征信机构；又如，互联网征信机构可能有意或无意地采集并使用了用户的敏感数据，甚至存在采集法律规定不能采集的信息数据的情况；再如，一些互联网金融平台自身建立"黑名单"和"不良信息数据库"，并忽视履行告知信息主体本人的义务。

3. 信息安全风险突出。一是通过互联网采集、传输和提供网络征信服务，容易受到网络黑客和病毒的攻击，一旦出现信用信息被非法访问、截取和篡改，信息系统遭到不可逆的破坏性影响，将对个人隐私和客户权益保护构成重大威胁，而且网络风险的扩散性和破坏性更大。二是很多互联网金融平台将数据库防护网建设外包给其他技术公司，存在外包公司人员泄露信用信息的风险。三是商业化的个人征信机构才刚刚起步，信息安全体系建设和风险防控的经验相对不足，应急管理能力亟待加强。

4. 监管压力和挑战较大。传统的征信管理方式和技术手段难以适应互联网征信业务的发展。一方面主要针对传统征信业务的现场检查和非现场监测手段和措施应用在互联网征信上的效果可能会大打折扣。现场监管重在机构，对于弱实体化的互联网征信，缺乏相应的着力点。非现场监管则以各公司定期报送的数据为基础，缺乏对海量互联网信息的连续跟踪，时效性差，同时数据收集、分析难度也非常大。另一方面互联网征信的监管不仅需要征信业务专业人才，还需要精通计算机、网络通信等业务的复合型人才。

5. 失信惩戒力度不够。当前，互联网金融服务中对失信者的惩戒措施和手段比较少，阿里巴巴可以通过电商内部通告或关停网店等方式来进行惩戒，网络金融平台则一般通过"黑名单"进行惩戒，这样的惩戒力度都比较弱。由于目前互联网金融企业绝大多数未加入人民银行征信系统，因此个人或企业的失信行为并不影响他们通过传统金融渠道融资或享受其他公共服务，这必然增加网络借贷者的投机风险和信用风险。

三、推动互联网征信规范发展的建议

1. 建立健全信息标准和共享机制。一是支持互联网金融龙头企业根据互联网征信的特征制定自身的信用信息标准，管理部门在参考、借鉴这些企业标准的基础上，制定行业标准，并对相关标准进行维护和扩展，以提高标准的适用性、科学性和有效性。二是探索将符合条件的互联网金融企业征信数据接入人民银行征信系统，实现国家金融基础数据库信息在更大范围内的共享利用。三是支持互联网金融征信平台建设，探索建立与金融信用信息基础数据库存在映射关系的互联网金融征信系统。

2. 加强信息安全监管和信息主体权益保护。一是加大征信市场监管力度，严厉打击假借"征信"之名进行的非法信息采集活动，同时加大《征信业管理条例》及相关规章的宣传力度。二是明确互联网金融征信的数据采集方式、范围和使用原则，建立互联网金融企业信息采集、使用授权和个人不良信息告知制度。三是大力推进身份认证、网站认证、电子签名及数字证书等安全认证，落实信息安全等级保护制度；敦促互联网征信机构加快数据库系统建设，加强数据安全防范；完善内控制度，防止内外勾结导致信息数据泄露。四是加强信息主体权益的保护，强化部门间合作，建立多渠道的个人信息保障与救济机制，受理并及时处理信息主体的投诉，完善异议处理和侵权责任追究制度。

3. 完善互联网征信监管。一是探索建立符合互联网征信特点的监管方式和手段，改进监管理念，由机构监管转向行为监管，逐步弱化对征信机构场地、办公环境的要求，代之以符合行为标准、完善行为要素等要求。二是加大征信监管人才引进力度，尤其是具有技术和经济金融复合型专业背景的人才，不断充实监管队伍，同时在计算机、网络通信等方面加强对已有监管人员的知识培训，提高监管者的专业能力。三是强化监管的技术支撑，重视大数据、云计算等互联网技术的应用，探索实施全流程监管。

4. 加快失信惩戒机制建设。一是在法律允许范围内，建立健全"黑名单"制度，完善失信行为信息记录和有限披露制度，提高失信者的市场交易成本，形成市场化的惩戒机制。二是加强各类信用信息的共享，并在此基础上建立金融、行政、司法等多方面联合惩戒机制，如对失信者限制享受某些公共服务来进行惩戒；对于较严重的失信行为，要加大司法惩戒力度，追究失信者的民事和刑事责任。

5. 培育专业化数据公司。当前，我国还缺乏相应的公司及产品。为此，一方面要支持百度、阿里巴巴和腾讯等大型的拥有大数据和技术基础的互联网企业开展数据挖掘和信用评分服务；另一方面要鼓励和支持相关企业与国外先进公司开展业务合作，逐步培育我国的专业化数据公司。

（本文为国家自然科学基金 2014 年应急管理项目《互联网金融监管研究》的阶段性研究成果）

英国互联网金融监管的经验

郑联盛[*]

一、英国网络贷款的监管

1. 英国网络贷款的发展状况。从人人贷的发展看,英国是人人贷业务模式的鼻祖。2005年全球第一个P2P网络贷款平台Zopa于2005年2月在英国成立,经过近10年的发展,Zopa已经共计发放超过5亿英镑的贷款,拥有50万客户,是英国最大的网络贷款平台。

英国网贷平台产业发展大致呈现四个特点:一是成立非官方、非营利性的行业协会英国P2P金融协会,规范业内公司、促进市场发展;二是起源英国的P2P等基于互联网的信用业务被国际精算银行等认为是一种金融创新,利于解决中小企业融资问题;三是2012年12月英国财政部对网贷行业表示认可,认为其是替代性金融服务(Alternative Finance),同时宣布将进行监管;四是英国金融市场行为管理局主导推进监管立法进程,2014年3月正式出台监管政策框架。

截至2013年10月,英国P2P网络贷款平台共计提供了6亿英镑贷款。从英国网络贷款平台发展的历程和现状可以看出,虽然英国是P2P的发源地,但是,网络贷款规模相对于信贷规模和社会融资总规模而言仍然是非常小的。

2. 英国对网络贷款平台的监管框架。英国金融服务管理局(FSA)根据网络贷款平台及其业务的性质,将P2P界定为证券业务,P2P平台机

---

[*] 郑联盛,中国社会科学院金融研究所副研究员。

构被界定为证券经纪商，这与美国是一致的。为此，P2P 接受 FSA 的监管。FSA 要求 P2P 平台必须在其处注册登记。

虽然，P2P 平台从事借贷业务，还被认为是替代性金融服务，但是，P2P 在英国不被认为是银行，没有资格获得英国金融监察服务机构（FOS）或金融服务补偿计划（FSCS）的保护。FSCS 是英国版存款保险制度，可以为每个储蓄者在每个银行提供上限为 8.5 万英镑的保障。2013 年 4 月 1 日，英国金融市场行为管理局（FCA）正式运作以来，P2P 的监管职能从金融服务管理局转移至了金融市场行为管理局。但是，实际上，当时 FCA 并没有针对 P2P 的监管政策体系。

英国金融市场行为管理局为适应 P2P 等金融创新并应对潜在的监管漏洞，致力于出台 P2P 和股权众筹等的监管政策框架。2013 年 10 月 24 日，为保护金融消费者权益，推动众筹行业有效竞争，金融行为监管局发布了《关于众筹平台和其他相似活动的规范行为征求意见报告》，对规范众筹业务提出了若干监管建议。征求意见报告共得到了 98 条反馈意见，FCA 对反馈的相关意见进行了采纳，并正式出台了《关于网络众筹和通过其他方式发行不易变现证券的监管规则》，该规则于 2014 年 4 月 1 日起实施，FCA 计划在 2016 年对监管规则实施情况进行评估，并视情况决定是否对其进行修订。

英国《关于网络众筹和通过其他方式发行不易变现证券的监管规则》中关于 P2P 网络贷款的相关规范性指引主要涉及最低资本金要求、客户资金管理、争议处置及补偿机制、信息披露制度以及定期报告制度等。除了最低资本要求是定量指标之外，其他基本都是规范性要求。这是全球网络贷款平台监管的第一部较为规范的监管法规。

FCA 对 P2P 进行规范性监管最为核心的内容就是设置了最低资本要求（Financial Resource Requirement），最低资本要求是要根据静态最低资本金和动态最低资本金孰高法来确定。由于此前 P2P 平台基本都没有资本方面的要求，FCA 为此设置了过渡期，2017 年 4 月 1 日之前为过渡期。在过渡期内，静态最低资本金为 2 万英镑，在 2017 年 4 月 1 日后静态最低资本金为 5 万英镑。动态最低资本金是在每年会计参照日（accounting reference date）P2P 网络借贷平台根据平台借贷资产总规模的情况，采取差额累计制加总计算。

3. 英国 P2P 的自律监管。与英国金融监管体系的传统相似，P2P 在英国实际上是一个政府监管和自律监管相互支撑的体系。政府监管主要由英国金融市场行为管理局来负责，职责更多是负责 P2P 监管的政策制定、目标指引、指标设计和监督管理；实质性监管的任务更多是由自律组织——英国 P2P 金融协会（P2PFA）来完成。

P2PFA 成立于 2011 年 8 月，初始成员包括 Zopa、Rate Setter 和 Funding Circle 三家，是一个非官方、非营利性的行业协会和自律组织。英国 P2P 协会通过内部的协商和研究，制定相关的运作规范和基本原则，要求成员都遵守一套统一的严格规则，以促进高标准的经营行为和消费者保护，其主要工作是制定规范性原则和技术性指标。目前，在英国代表了超过 95% 的 P2P 金融服务市场，包括 P2P 贷款给消费者和企业及发票融资资金的小企业。

在规范性原则出台方面，英国 P2P 金融协会负责业内行为规范和基本准则，目前主要包括 P2P 协会的操作指引、协会章程以及协会会员审议规程，其中操作指引是最为关键的规范文件。该协会于 2012 年 6 月正式出台了《P2P 融资平台操作指引》，提出 P2P 融资协会成员应满足的九条基本原则，其后在 2013 年 7 月更新为 10 条原则：（1）设立高层管理架构，至少有一位董事；（2）公司应持有至少 10 万英镑以上的资本金；（3）将客户资金与自有资本金隔离存放与管理；（4）恰当的信用和负担能力评估；（5）恰当的反洗钱和反欺诈手段；（6）建立完备的公司章程以及规范的 P2P 贷款平台操作与管理体系；（7）建立公平、清晰的客户沟通和市场营销渠道；（8）具备安全、可靠的 IT 系统；（9）建立公平的客户投诉机制；（10）建立应急机制，在 P2P 贷款平台发生破产等紧急时期做到有序管理。

在技术性标准制定方面，英国 P2P 金融协会 2014 年 6 月出台新举措以提高 P2P 网贷市场标准，即新的违约率计算标准，该标准主要包括三个方面：一是关于不良贷款的定义。二是关于资本损失或违约的界定。三是违约状况的月度报告制度。协会规定所有 P2PFA 成员将使用上述标准清晰的方法来计算自己贷款的违约率，并对公众信息公开，以帮助消费者在不同平台之间进行有效的比较和选择，并增强透明度和加快行业公开的过程。新的违约率计算方法目前正在实施当中，而且将公开发布在每个

P2PFA 成员的网站上。

二、英国股权众筹的监管体系

英国将 P2P 网络贷款和股权众筹等都纳入众筹框架之内，将其分别区分为 P2P 网络借贷型众筹和股权投资型众筹，同时在 2014 年 3 月公布的监管框架中，两类众筹需要在英国金融市场行为管理局（FCA）进行注册，并分别适用于不同的监管政策。

英国对股权众筹的监管大致经历两个阶段，即 2014 年 3 月《关于网络众筹和通过其他方式发行不易变现证券的监管规则》颁布前后两个阶段。在《监管规则》颁布之前，英国主要通过现有监管框架来对股权众筹进行监管。对于股权投资型众筹的监管主要集中在中介机构、发行人和信息披露等三个领域：在中介机构的许可上，英国政府规定"证券投资的销售适用于金融服务市场法所规定的促进金融销售相关规定，原则上，仅限于取得金融监管当局的许可，或者取得许可机构的承认才能进行"。对于发行人的监管，英国政府要求"发行人必须编制招股说明书，并取得金融监管当局的批准。但是，对于集资总额在 12 个月内少于 500 万英镑的情况，可以免除招股说明书的编制义务"。在信息披露上，英国政府主要是提示投资者，众筹的信息披露是不完全的，可能存在较大的欺诈风险，并要求众筹中介机构要提供与证券发行相关公平、确切、无误导的信息。

2014 年 6 月《监管规则》颁布之后，英国对股权众筹投资的监管进入一个新的阶段，在延续原有监管框架的基础上，强化了三个领域：一是投资者限制。FCA 要求股权众筹的投资人必须是高资产人群，年收入超过 10 万英镑或者净资产超过 25 万英镑（不含常住房产、养老保险金），领取低收入保障等人群不得参与股权众筹投资；FCA 授权机构认证的成熟投资者亦可成为投资人。二是投资额度限制。非成熟投资者（投资众筹项目 2 个以下的投资人），其投资额度不超过其净资产的 10%，成熟投资者不受此限。三是投资咨询机制。众筹平台对项目提供简单扼要的信息说明。倘若众筹平台的项目信息说明可能构成投资建议，则需要再向 FCA 申请投资咨询机构的许可。

与 P2P 的监管相似，英国的股权众筹监管同样存在较为完善的自律监管机制。2013 年 3 月，众筹平台携手合作成立了英国众筹协会（UKCFA）。英国众筹协会根据英国金融市场行为管理局（FCA）的监管要求和众筹运作机制出台了众筹运作规范（Code of Practice），主要由 10 个基本规范所组成，所有会员必须遵守这些规范：一是隔离原则。股权投资众筹与捐赠型众筹必须与自身业务严格隔离，必须设立顾客账户或相似隔离机制。二是透明度原则。任何时候投资者或捐赠者都能知晓其资金信息，比如在何处保管、数额和交易情况等。三是保密原则。所有投资者或捐赠者的信息都将严格确保信息安全，即使在众筹平台无法运作的情况下投资者或捐赠者的信息都是可得。四是所有权原则。即使在众筹平台无法运作的情况下，众筹平台也要确保投资者在任何情况下都可以持续地拥有投资组合。五是冷静期机制。所有众筹平台同意设置一个冷静期，在整个期间内所有投资者或捐赠者可以改变业已作出的投资或捐赠决定。六是确切性原则。所有的条件条款必须清楚写明，并确切解释投资的过程，明确众筹平台的责任与义务，以及费用水平和付费时间等。七是专业性原则。众筹平台将雇用专业、诚信的胜任人才以确保义务安全进行。所有执行董事的详细介绍将会在协会网站上公布。八是基础设施要求。众筹平台需要确保 IT 系统和业务流程是安全、可靠的，能根据业务的性质、规模和复杂性进行动态调整，并适用于监管的要求。九是监管合规性原则。众筹平台要确保销售和市场活动等符合法律和监管的规定，确保所有会员的沟通是公平、清晰且无误导性的。风险和潜在收益应该平衡描述并确保所有投资者和捐赠人受到公平对待。十是投诉机制。投资者或捐赠者如果对会员的服务有任何不满意，可以通过协会进行投诉，协会将会在网站上公布投诉的处理情况。

三、英国对互联网支付的监管

在第三方支付的监管上，英国同样与欧盟的监管标准基本相似。一是实行机构监管。英国和欧盟都倾向于对第三方支付机构界定明晰，之后进行相应的机构监管。欧盟根据监管需要先后颁布了《电子签名共同框架指引》、《电子货币指引》、《电子货币机构指引》、《关于电子货币机构业务开办、经营与审慎监管的2000/46/EC指令》、《境内市场支付服务指令（2007/64/EC指令）》以及《关于电子货币机构业务开办、经营与审慎监管的2009/110/EC指令》。同时，欧盟还规定互联网第三方支付媒介只能是商业银行货币或电子货币，欧盟对第三方支付机构的监管亦是通过对电子货币的监管实现的。二是营业许可制。英国和欧盟要求第三方支付机构必须通过业务许可方可从事相关的业务，要求申请者初始资本金不得低于100万欧元（2009年指令将其降低为35万欧元），且申请者必须向所在会员国的主管当局提交一份包括拟设立的电子货币机构的商业计划、初始资本金证明、内控制度、管理层等申请材料。三是隔离制度。第三方支付机构在提供服务过程中所沉淀的资金属于支付机构的负债，沉淀资金的投资活动要受到相关的限制和监管。第三方支付机构其他业务活动所涉及的电子货币总额不能超过成员国的规定，任何情况下不能超过500万欧元。四是内控机制。欧盟要求第三方支付机构必须具有稳健和审慎的管理机制，恰当的行政管理以及会计监察安排和风险控制机制。最后是报告制度。第三方支付机构必须向成员国的主管当局定期提交财务报表、审计报告和其他相关信息。欧盟关于电子货币及支付机构的监管标准都适用于英国。

（摘自杨涛、程炼主编：《互联网金融理论与实践》，经济管理出版社2015年版）

美国对 P2P 网络贷款平台的监管

郑联盛[*]

一、美国网络贷款平台的发展状况

2005 年美国第一家 P2P 借贷平台 Prosper 成立，是美国互联网信贷业务发展的起点。2007 年美国最大的网络贷款平台 Lending Club 成立。Lending Club 和 Prosper 2013 年的成交量总计 24.2 亿美元，比 2012 年增长 177%，2013 年预计整个网贷规模大致是 50 亿美元（郑联盛等，2014）。另外一家大型 P2P 公司 Kiva 是非营利性的，交易规模较前两家小。从规模上讲，网络贷款占美国社会融资总量的规模极其有限。

二、美国对网络贷款平台的监管框架

人人贷在美国最主要的监管主体是美国证券交易委员会。在美国，一般的信贷业务监管主体主要是美联储和联邦储蓄保险公司（FDIC）。基于互联网的人人贷业务的监管主体与一般信贷业务不一样，主要是由美国证券交易委员会来监管。这其中原由在于美国两大网络贷款公司 Prosper 和 Lending Club 的运作模式。

Prosper 和 Lending Club 组建 P2P 平台，该平台具有两大功能：一是对借款人进行筛查和信用等级评定，由于美国信用体系发达，而且两个平台都要求借款人必须实名认证，P2P 平台可以容易地获得借款人的信用信

---

[*] 郑联盛，中国社会科学院金融研究所副研究员。

息，并据此进行信用等级的评定，以筛选出信用风险较好的借款人。二是对放款人进行基本的身份确认以及相关的资产及收入证明，同时对放款人发放与贷款申请相对应的收益权凭证（Notes）。而收益权凭证类似于债券，具有证券的本质属性，为此，接受美国证券交易委员会的监管。Prosper 和 Lending Club 在美国证券交易委员会进行登记，属性为证券经纪商。但是，两家机构刚开始并没有对其收益权凭证进行注册登记，其后被美国证券交易委员会认定为非法，即违反证券交易法第五章，出售未经注册的证券产品。2008 年 9 月 Prosper 的业务被暂停，直到 2009 年 7 月产品登记生效才重新开始进行网贷业务。同样，Lending Club 在 2009 年 4 月至 10 月亦暂停出售收益权凭证。

在联邦层面，联邦存款保险公司和联邦贸易委员会（FTC）对 P2P 业务亦存在一定的监管或管理职能。FDIC 的监管主要是通过对 Web Bank 的监管实现的。由于网络贷款平台涉及到借款人和贷款人的海量私人信息，FDIC 还要求 Web Bank 银行遵循金融隐私条例。同样，联邦贸易委员会指出，Prosper 和 Lending Club 所进行的金融活动尚未确定是否为《金融服务现代法案》中的金融机构活动，但是，如果这两家公司没有被其他监管部门管辖，那么根据联邦贸易委员会法案他们就归 FTC 管辖，主要观察其是否涉及不公平交易。

联邦层面针对人人贷的监管框架实际上也在动态变化之中。在弗兰克－多德法案实施之后，美国消费者金融保护局（CFPB）将逐步履行其消费者保护职能，可能通过现有法律或者新的法律规范来监管 P2P 平台及其贷款。消费者金融保护局将会根据弗兰克－多德法案对网络贷款平台所提及的"受保护人群"和"其他消费者金融产品和服务市场的大型参与者"进行界定，未来 P2P 平台和放款人等可能将是消费者金融保护局的监管对象。这样，将形成一个美国证券交易委员会为主要监管者，FDIC、FTC 和 CFPB 共同参与、协同监管的局面。

人人贷的监管同样是一个双层监管体系，与美国整个金融监管架构相一致。在美国证券交易委员会登记之后，网络贷款平台公司还必须在特定的州政府进行登记，并申请营业许可，特别是发售收益权凭证的业务许可。在州政府监管层面，主要遵循《1933 年证券法案》，如果不是在全国证券交易所上市的公司所发行的债券，就不能免除在各州登记的义务。由于两大网络贷款平台公司所发行的收益权凭证实际上是基于交易便利而创新出来的一种证券,必须在要开展业务的各州逐一进行登记。

持续信息披露机制是美国网络贷款平台监管的核心机制。作为人人贷的监管主体,美国证券交易委员会坚持动态信息披露原则,并依此作为监管的核心机制。

第一,SEC要求P2P网络贷款平台对所发行的收益权凭证和对应的借款信息做全面的披露,并且信息变更需要进行动态披露,从而形成一种"持续的信息公开披露机制"。这使得网络贷款平台业务透明化、规范化和合规化,从而提高了信用风险的定价基础,以利于放款人进行较为充分的风险识别。

第二,美国证券交易委员会对P2P网络平台的发行说明书及其相关的材料进行审核,以保障投资者能够获得决策的信息。如果网络贷款平台发行说明书的遗漏、错误、误导等引致损失,投资者可以对其进行追责。最后,监管部门要求借款人的信息真实性要高,同时,要求交易必须公平。

(摘自杨涛、程炼主编:《互联网金融理论与实践》,经济管理出版社2015年版)

大市场严监管

美国众筹融资监管的法律规定

胡 薇[*]

2012年4月5日,《创业企业融资法案》(Jumpstart Our Business Startups Act,以下简称《JOBS法案》)经美国总统奥巴马签署后正式生效。《JOBS法案》旨在为中小企业特别是初创企业的融资提供便利,扩大融资途径,倍受各方关注。

《JOBS法案》的第3篇(TITLE Ⅲ)被通称为"众筹法(Crowd Funding Act)"。这里被称作"众筹"的融资模式是指通过互联网平台向不特定多数投资者进行的小额集资,即特指通常所认知的股权式众筹。在《JOBS法案》出台之前,依据1933年证券法的相关规定,股权众筹一直被认定为违法行为。为此,《JOBS法案》在该章节中特别制定了"众筹豁免规定(Crowd funding Exemption)",即通过限定集资总额等方法设置一定程度的监管的前提之下,认可股权众筹的合法性,同时,为了防范基于互联网平台上的融资活动所发生的欺诈等违法行为,还专门制定了相关的法规。《JOBS法案》以针对众筹业务制定相关豁免规定的方式,有条件地认可了通过互联网平台向不特定多数投资者进行小额融资(即股权众筹)的合法性。为了突出《JOBS法案》对推进众筹发展所做出的重大贡献,也有将《JOBS法案》通称为"众筹法案"的情况。

具体而言,股权众筹与美国的现行证券法等相关法律规定之间相抵触的内容包括以下几个方面:第一,在美国,企业通过发行证券进行融资时,不论金额的多少,依据1933年证券法和1934年证券交易法的相关规定,都必须向SEC进行登记注册。而且,依据相关规定,企业还负有发

[*] 胡薇,中国社会科学院金融研究所博士后。

行时的信息披露（发行披露）以及此后的定期报告（持续披露）等相关义务。第二，无需向 SEC 进行登记也可进行证券发行的只限于针对"合格投资者（accredited investor）"的情况，或者只限于人数在 35 名以内的虽不是合格投资者，但具备足够的相关知识和经验的投资者（sophisticated investor）的情况。成为合格投资者必须要满足拥有 100 万美元以上的净资产等各项必要条件。第三，上述第二种情况中，严禁发行企业面向投资者进行一般性的宣传和推介行为。因此，利用互联网平台所进行的宣传和推介行为一旦被视为是具有一般性的宣传和推介行为的发行，则丧失了上述第二种情况所规定的可享受豁免的要素，需接受登记注册等各种监管。第四，依据证券交易法的规定，即使是非公开上市企业，当股东人数超过所规定的人数上限时，也要求企业负有持续披露义务。现行规定为资产超过 1 000 万美元的企业，当股东人数超过 500 人时，要求企业负有和上市公司相同的财务信息的持续披露义务。

2012 年颁布的《JOBS 法案》，特别是其中第 3 篇众筹条款的生效，针对 1933 年证券法的第 4 条重新制定了豁免规定，为处于困境的股权众筹融资打开了通道。在众筹条款颁布实施前，非公开发行企业只有以合格投资者为对象时，方可获准不必向 SEC 进行登记注册即可进行证券的募集和发行。但在众筹条款颁布生效后，以此法案为依据，为面向不特定多数的投资者进行小额资金的募集（以 12 个月内集资总额不超过 100 万美元为上限）提供了可能性。但同时，从保护投资者的观点出发，还依据投资者的年收入等条件，对单个投资者一年之内的投资额相应地设定了上限。具体规定为：对于年收入或净资产低于 10 万美元的投资者，以 2 000 美元和其年收入或净资产的 5% 之中较高的金额为其投资额上限；对于年收入或净资产超过 10 万美元的投资者，其投资额不得超过年收入或净资产的 10%，且最高上限为 10 万美元。

依据众筹条款进行融资的企业，作为募资之时以及其后的持续信息披露，必须向 SEC 和投资者披露其一定程度的财务信息和其他相关信息，具体所需披露的信息又依融资额度的不同而有所差异。

《JOBS 法案》还规定为了确保投资者知悉众筹的相关风险，中介机构应采取相应的措施以减少欺诈，要求中介机构必须提供包括风险揭示和投资者教育等在内的相关信息，至少提前 21 天向 SEC 及潜在投资者披露发行人的相关信息并揭示风险，此外，还要求确保投资者享有在一定期限内的反悔权，确保筹资只在满足条件下转移给发行人，确保投资者的隐私得到切实的保护等。

在众筹条款中规定，除了已经在 SEC 和自律监管机构登记注册的证券公司以外，还新追加了募集投资的网站作为"集资门户（Funding Portal）"可以作为满足豁免规定条件的融资活动中的中介机构。也就是说，基于众筹条款进行筹资的企业（证券发行企业）必须通过已在 SEC 和自律监管机构登记注册的证券经纪人以及集资门户网站为中介机构进行融资。

（摘自杨涛、程炼主编：《互联网金融理论与实践》，经济管理出版社 2015 年版）

"一带一路"促全球化转型发展

胡必亮[*]

随着贸易保护主义倾向抬头、恐怖主义肆虐、难民潮涌等现象近年来表现出不断升级的迹象,世界各国都对全球化的进一步发展表现出了极大的关注。特别是去年以来,几乎在所有与发展相关的重大国际论坛上,都会有与全球化未来发展相关的探讨。笔者前不久参加的在哈萨克斯坦首都举行的"阿斯塔纳经济论坛"也不例外,在"不确定的全球化未来"主题下,来自法国、波兰、吉尔吉斯斯坦等国的前政要以及一些重要国家现政要的顾问、大学教授等专场研讨了全球化的未来发展前景问题;而在其他主题的会场,譬如说在笔者参加的关于"新兴市场的新篇章:经济增长、金融稳定与结构改革的政策困境"专题研讨中,几乎每个人也都从不同角度提到了全球化问题,尤其是全球化未来走向的不确定性对于新兴市场国家未来发展的影响问题,笔者亦如此。全球化发展到今天,尽管其本身经历了许多挫折,人们对其认识也有过抵制和反复,但似乎都没有这次的问题严重。因此对这一问题进行深入讨论不仅十分必要,而且也很紧迫。

一、没人能阻止全球化发展,但进一步的全球化需实现转型发展

实际上,当人们谈到全球化问题时,有些基本的认识问题是没有太大分歧的,譬如说关于全球化发展的客观必然性问题、关于全球化发展给不

---

[*] 胡必亮,北京师范大学"一带一路"研究院院长。

同国家、地区和广大人民都带来了巨大好处的问题等，人们看法是基本一致的。其中很重要的一点在于，全球化发展的历史趋势是不可扭转的，谁也不可能扭转。既然如此，那为什么还经常有人会反全球化呢？主要原因在于尽管全球化发展给整个人类社会都不同程度地带来了许多好处，但同时也带来了许多问题。归结起来，主要问题通常表现在这样几个方面：

一个问题在于，全球化发展使有些国家、地区、群体和个人受益很多，而另一些国家、地区、群体和个人受益相对较少。经过一段时间的全球化发展后，国家间、地区间、群体间、个人间的收入差距就越来越大，造成了巨大的不均衡发展问题。譬如说，阿根廷上世纪初是世界上很发达、很富裕的一个国家，但由于全球化发展，市场开放，国内政策变化等各方面原因的影响，目前反而成为一个比较不发达的国家了；而韩国、新加坡等国则在第二次世界大战后的全球化浪潮中快速崛起。不少地区以及不同群体和个体的情况也是如此。

第二个问题在于，由于全球化发展带来了全球生产网络体系的构建，专业化生产体系在比较优势原则下形成并不断完善，于是就出现了一个产品的不同部件往往由不同企业在不同国家、地区被生产出来的情况，譬如说苹果手机的生产情况就是一个典型的例子——美国的公司只负责设计，其不同部件生产分别在不同地区的不同国家完成，最后主要是在中国进行组装。其他产品生产也都存在这样的情况，于是有些国家的制造业因为种种原因如土地价格高、劳动力成本高等原因，就转到别的国家了，形成了本国产业的空心化现象，基本上就没有制造业了。譬如说欧洲许多发达国家的制造业不同程度地转到亚洲、非洲的发展中国家去了，制造业占GDP的比重往往都只有10%左右。

第三个问题是与第二个问题直接相联系的，当许多制造业转出去后，就会带来一个十分重要的相关问题，那就是就业不足的问题，尤其是对于那些受教育程度不高的人而言，很难在高科技行业或者在高端服务行业找到工作，往往就会失业。

第四个问题在于，由于对高回报的追求，全球化导致资本集中流向少数几个行业如房地产、金融、IT等，形成资本在这些行业过度集中。当资本集中到一定程度后，往往会形成泡沫，泡沫积累到一定程度后，一旦出现资本市场波动，就容易引起金融危机、经济危机。譬如说阿根廷金融危机、亚洲金融危机、欧洲经济危机、美国与全球金融危机等。

以上都是由全球化发展所带来的一些问题，我们只是简略地举出这样几个方面，实际上还有许多。总之，全球化发展在造福人类的同时，也带来了许多问题，这就可以理解为什么伴随着全球化的每一步推进和发展，都会伴随着反全球化力量的出现与反弹，有时其反弹力量还是很强大的，目前的情况就是全球化发展到这一历史时期出现的一种反弹的结果。

在这样的情况下，有些人、有些国家就选择了反全球化的种种做法。但历史经验已经证明了这是行不通的，因为全球化发展代表了历史发展的客观要求，任何人都是不可能阻止的。其根本原因在于全球市场发展的力量是不可抗拒的，这样的力量必然带来生产要素包括原材料、资本、人才等在全球的自由流动。

如果趋势不可阻挡，全球化还会继续向前发展。那么另外的一种做法就不应该是试图阻止全球化了，而是促进目前带有很多问题的全球化向一种更好的全球化转化，我称之为促进全球化转型发展。通过促进全球化实行转型发展而继续发挥全球化之所长，限制和制约全球化之所短。

二、向什么样的方向转型

那么，我们所倡导的全球化转型，应该向什么方向转呢？要弄清楚这个问题，我们必须首先搞明白是什么原因造成了以上我们提到的因全球化发展所带来的种种问题，这样才可能有针对性地提出转型的基本方向。

在全球化过程中，为什么生产要素会高度地向某些地区、某些行业、某些人集中，而不是均衡配置呢？原因很简单，那就是市场的力量。在开放环境下，市场的力量导致各种生产要素在全球范围内自由流动，有可能为生产要素带来高回报的地区、产业和行业就可以得到更多的资源配置，而有能力组织这些生产要素在全球实行有效配置的人就更有可能获得更多的利益。正因为如此，我们以上所提到的种种问题也就自然而然地产生了。

当市场驱动的运行机制带来许多问题后，我们是否有办法解决问题呢？理论上讲应该是有的，那就是在出现"市场失灵"的情况下，政府就应该走上前台，通过各种政策、措施、行动计划来纠正"市场失灵"

的情况，尽可能保证社会各群体间的收入差距不至于过大，尽可能为人们提供更多的就业机会创造良好的环境与条件，通过实施有效的金融监管措施与政策而防范金融风险，等等。

由于全球化浪潮席卷世界每个角落，它给每个国家所带来的影响都是不一样的。有些国家因此而受益良多，有些国家受益很少，就会出现由于全球化而造成穷国和富国之间的差距，有时差距还很大。如何缩小这样的差距，仅仅靠一个国家的力量是不够的，全球治理机构或国际组织就应该出面发挥其独特的作用了，如世界银行就可以通过提供更多的优惠信贷甚至发展援助帮助比较贫穷的国家减缓和消除贫困，改善交通、能源等基础设施条件；国际货币基金组织就应该想办法为遭受金融危机打击的国家稳定金融秩序，通过合适的方式提供其急需的金融援助；联合国粮农组织和粮食计划署等则应尽力保障比较贫穷国家的粮食安全。

由此可见，引起我们以上所提到的种种问题的原因可能主要有三个：一种可能是因为"市场失灵"，市场自由发挥作用的结果引起了国家之间、地区之间、群体之间和个人之间的收入差距越来越大。但市场的本性就是如此，可能很难有什么办法来制约市场力量的自由发挥，或者说我们根本上就不需要限制和制约市场力量的自由发挥。

另一种可能就是本来在"市场失灵"的情况下，政府应该发挥重要的积极作用的，把"市场失灵"的负面影响抑制住，管理好，但由于种种原因也同时发生了"政府失灵"的情况。譬如说当没有受过良好教育的人由于产业的全球化布局而失去工作后，政府本应该对这些人进行培训，然后帮他们在其他行业尽快找到就业机会的，但政府并没有这么做；或者是政府本应对那部分在全球化过程中受益很少的群体通过改革税制等办法为他们提供更好的社会保障等办法而给他们适当补偿，政府也没有这么做或者做得很不够，等等。

还有一种可能的情况，那就是有些国家或地区由于管理不善而出现问题如发生金融危机、债务危机等，或者是由于资源禀赋比较差而天生不足，在全球化过程中处于比较被动的位置，但由于全球治理体系不完善或出于种种其他原因，这些国家或地区得不到国际组织的有力支持，逐渐成为全球化过程中的弱势群体。

弄清楚了以上所指出的三大原因，也就搞明白了全球化转型发展的三个主要方向,那就是首先要坚持在开放的前提下让市场充分地发挥作用,尽管可能会出现一些"市场失灵"的现象。

二是各国政府要充分发挥其克服"市场失灵"的作用,通过政府政策调整而解决市场无法解决的一些问题,譬如说通过国家扶贫计划而解决绝对贫困问题、通过税收政策而调整不同人群收入差距过大的问题、通过建立更好的社会保障而保护全球化过程中的弱势群体的问题、通过适当的培训计划而解决部分人由于经济结构变化所需要的再就业培训问题、通过完善金融监管而防范金融风险的问题,等等。这都是政府可以发挥重要作用的各个方面,以更好地克服和抵消全球化过程中的"市场失灵"问题。

三是当某些国家或地区由于种种原因而无法跨越"贫困陷阱"或"中等收入陷阱"时,或由于种种原因深陷金融或经济危机时,全球治理机构或国际组织应该采取有效办法帮助这些国家或地区克服发展瓶颈,走出所面临的发展困境。这就要求这些全球治理机构或国际组织能够为全世界提供更多的公共产品和更好的服务。

全球化转型发展涉及到各个方面,以上三个方面是我们需要密切注意的比较重要的三个方面。如果能够比较好地解决这三个方面的问题,全球化的进一步发展就不再会引起这么多人的反对,而是绝大多数人都可以更好地共享全球化发展的成果。而这样的好结果只有通过实施全球化转型发展战略才能够取得的。

三、"一带一路"有助于促进全球化实行转型发展

恰逢全球化又一次遭遇历史性巨大反弹的关键时刻,习近平主席代表中国提出了一个全新的倡议,即通过共商共建共享方式,世界各国在互利共赢基础上共同推进"一带一路"建设。那么,"一带一路"与全球化转型之间存在一种什么样的关系呢?总体上看,推进"一带一路"建设,将直接有利于促进全球化实现转型发展。为什么这样讲呢?

首先,"一带一路"倡议为全球化实现转型发展提供了一套很好的基本制度框架,包括基本目标、基本原则、基本理念等。如果新时期进一步的全球化能够依据这样的一套基本制度框架实行转型发展,全球化的红利将继续得以更好发挥,同时全球化的弊端也会得以限制与纠正,就会展现

出一个新的、更好的全球化，就不会有这么多人反对和抵制全球化了。

"一带一路"所提供的一套比较好的制度框架包括比较好的建设目标，也就是我们通常所说的"五路"目标，即要将"一带一路"建设成为和平之路、繁荣之路、开放之路、创新之路、文明之路。这样的目标当然是很好的，这也为全球化在新的历史时期实现转型发展提供了清晰的目标参考。如果新时期的全球化通过转型发展能够转到有利于促进和平、繁荣、开放、创新、文明发展的轨道上来，这就从根本上保证了全球化发展方向的正确性，因为"一带一路"建设的五个目标从根本上代表了世界和人类发展的基本方向。我们以上提到的三个方面的全球化转型发展的具体方向，也是服务于实现这五大总目标的，基本方向是一致的。市场是实现繁荣发展的基本保障，没有市场，就不可能有繁荣，而开放和创新是保证市场充分发挥其作用的基本条件。而我们上面提到的政府和全球治理要在全球化转型发展过程中发挥积极作用的最终目的，也在于促进世界和平与和谐，而不是冲突与对抗。

除了"五路"目标外，"一带一路"建设的基本原则也很值得全球化转型发展参考——在继承了中国老一辈领导人倡导的和平共处五项原则基础上，中国首倡的"一带一路"建设同时遵循这样"五不"原则，即不干涉他国内政、不输出社会制度和发展模式、更不强加于人、不重复地缘博弈的老套路、不搞破坏稳定的小集团。这主要传递出两个重要信号：一是实现开放、非歧视性合作，二是尊重不同的发展选择。因此"一带一路"建设合作是建立在平等基础上，实现互利共赢、共享繁荣与和平的合作。

还有，"一带一路"建设的基本理念在于实现共商共建共享；最终实现互利共赢；其基本合作方式在于务实合作，不仅要做好规划层面的合作研讨，形成共识，更重要的是抓好落实，将合作规划落到实处。

其次，从推进"一带一路"建设的主要内容来看，重点包括了政策沟通、设施联通、贸易畅通、资金融通、民心相通五个方面。概括而论，这些实际上说的就是一件事，那就是在各个方面都要实现更好的联通，包括政策、设施、贸易、投资、民心等各方面的联通。这实际上与全球化的本质是高度吻合与一致的，那就是最终实现各个方面的一体化，当各方面的联通达到很高程度时，就形成了一种一体化的情况。实现全球化转型发展的目的,就是希望能够形成一种更好的一体化发展状态,一种能够使各个国家和广大人民都能够比较均衡地享受到全球化好处的一体化状态。

再次,"一带一路"建设有利于直接促进全球经济增长,助力全球化转型发展。全球化转型发展的核心在于使世界上所有国家或地区的广大人民都能够从全球化过程中得到实实在在的好处,实现包容、普惠的发展,其中十分重要的一点就在于要促进全球经济可持续增长。目前反全球化势力回升,一个重要原因就是因为自2008年全球金融危机后世界经济长期处于低迷状态,人们得到的经济实惠不仅没有增加,许多国家反而比2007年的情况更差了。实施"一带一路",将直接有助于比较快地促进全球经济增长,譬如说通过增加对全球性基础设施建设的投资,有助于拉动投资增长;通过实施各种贸易便利化政策措施,有利于提升贸易增长;更好的全球贸易发展有助于促进消费的进一步增长;而在"一带一路"框架下实行更好的区域金融合作,有利于促进地区自然资源和人力资源的更好开发利用,促进产业更好发展;"一带一路"框架下的产业开发区、经济开发区、工业园区等建设,有利于促进发展中国家的工业化加速发展,等等。这些都将直接拉动全球经济增长,也有利于助力全球化实行更好的转型发展。

最后,"一带一路"建设有助于缓解目前世界所面临的和平赤字、发展赤字、治理赤字问题,直接有利于全球化转型发展的目标实现。

目前的和平赤字,主要表现为地区性动荡持续不断,恐怖主义呈蔓延之势,这与人们期待和平的强烈愿望形成了鲜明的反差。造成目前局面的一个重要原因就是因为缺乏区域合作,包括文化上缺乏交流与了解,经济上缺乏相互贸易与投资,政治上缺乏往来与协调等。通过在"一带一路"框架下开展务实合作,越来越多的国家将逐步认同"一带一路"所倡导的丝路精神,积极参与"一带一路"建设,共同努力把"一带一路"打造成为"和平之路、发展之路、开放之路、创新之路、文明之路",地区性的战乱与冲突就会减少乃至消除,和平赤字问题就会得到很好的解决。

目前的发展赤字,主要表现为一方面人民对美好生活的向往十分强烈,物质和精神财富也都达到了丰裕的程度;但另一方面的现实却是,许多人连温饱问题都没解决,贫困仍然是一个重大的世界性问题,在发展中国家尤其比较普遍的存在。随着"一带一路"建设的逐步实施与推进,经济发展动能增强,贸易与投资增长加快,资源开发与产业发展潜力得以更好发挥,就业机会增多,贫困问题得以缓解,发展赤字问题也将随之解决。

目前的治理赤字,主要是指经济全球化、社会信息化等为人类创新发展带来了巨大方便,而且全球化带来了世界不同国家、民族、文化等的深度交往与融合,人类依靠先进的科学技术水平,借助信息与数字技术,是可以管理好全球性问题的;但现实的情况却是,世界性的问题一大堆,而且都充满了挑战,譬如说全球经济增长缺乏新动能、民族主义和民粹主义抬头、全球贫富差别仍然很大、全球性的移民潮涌不断等,全球治理问题多多。"一带一路"将根据时代发展需要以及各参与国的现实需要,参与各方共同商议,共同提供一些新的公共产品,包括金融的、贸易的、投资的、基础设施建设的、消减贫困的等各个方面,既可以是区域性的,也可以是全球性的,如亚洲基础设施投资银行、金砖国家新开发银行等;也可能是积极参与现有全球或区域性治理体系的改革,将"一带一路"建设中的一些好的经验吸收进去,提升现有治理机构的能力与水平。这样,治理赤字的问题也会得以逐步解决。

总之,通过推进"一带一路"建设及其全球合作,目前存在许多问题的全球化将实现转型发展,为世界各国及其广大人民带来更多更好的福祉。

(本文原载于《经济参考报》2017年6月30日)

中国企业"走出去"的困难与解决建议

中国与全球化智库课题组

近几年,随着我国企业"走出去"步伐加快,企业在对外投资过程中也遇到形形色色的问题,突出表现在以下方面:我国参与国际标准制定的水平低;企业人才国际化水平不高;企业与国际非政府组织和工会沟通能力有待加强;企业品牌国际化战略受阻;以及应对法律风险和政治风险的能力不足。针对上述问题,本文从问题现状入手,分析其产生的原因,在此基础上提出合理化的解决建议。

一、国际标准制定参与度不高

1. 问题现状:国际标准制定参与度低。2015 年 10 月,我国发布了《标准联通"一带一路"行动计划》。标准化对于推动我国企业"走出去",促进与沿线国家和地区在双、多边务实合作,促进投资贸易便利化方面发挥着重要作用。与此同时,在全球科技竞争日益加剧的今天,能否掌握国际标准的制定权,已成为衡量一国实力的重要指标。

以国际标准化组织(International Organizationfor Standardization,ISO)为例,它作为国际标准化领域的一个重要组织,制定的 2 万多个标准已经被世界上绝大多数的国家和地区普遍采用。截至目前,中国共承担了 ISO 的 50 个技术委员会秘书处的工作,参与了 626 个 ISO 技术机构的活动,占所有技术机构的 89%。然而,我国参与国际标准化活动虽已取得长足发展,却与美、德、英、法、日本等国家存在差距。我国 GDP 总量 2015 年居世界第二,国际标准化参与度却名列第六,与 GDP 总量居世界第四、国际标准化参与度位列第一的德国形成鲜明反差。

参与制定国际标准的水平低会影响我国企业在海外的经营与发展。此外，对国外规范和标准不熟悉，对外投资项目实施和投标报价便会不断产生新的问题。再者，全球并没有硬性要求采用某一种标准，多使用才能成为"国际标准"，我国的一些装备制造技术十分先进，若不研究制定我国的标准并使之"走出去"，便会在海外投资中处于被动局面。

参与制定国际标准的水平低会影响我国企业在海外的经营与发展。此外，对国外规范和标准不熟悉，对外投资项目实施和投标报价便会不断产生新的问题。再者，全球并没有硬性要求采用某一种标准，多使用才能成为"国际标准"，我国的一些装备制造技术十分先进，若不研究制定我国的标准并使之"走出去"，便会在海外投资中处于被动局面。

2. 原因分析：人才、技术、资金不充足，标准内容和翻译有缺陷。

（1）中国标准研究人才缺乏，经费投入不足。我国从事标准化工作的人员基础薄弱，培养成本高、周期长，缺乏培育研究标准化人才的机制，无法建立梯队式互相衔接的标准化人才体系。因此无论从素质还是数量上，都难以满足技术标准战略实施的需求。一方面我国在标准研究工作中，对于标准的"走出去"、拓展"国际化"的研究不足；另一方面，财政部标准补助经费与标准编制实际所需经费仍有较大差距。

（2）中国部分标准的内容和结构不完备。部分标准中存在对同一标准化对象的技术要求参数设定不一致的情形。另外，一些属于导则、指南、手册、参考资料的内容也混杂在强制性标准中，增加了标准编制工作和执行实施的难度。

（3）中国部分标准缺乏完善的外文译本。我国部分标准的术语及其解释与国际不接轨，再加上我国从事标准中外文互译的专业人才不足，标准翻译外文版规范性不足，由此我国部分标准在国外的理解和接受程度不高。因此加强中国标准外文版的规范性则成为实现中国标准国际化的必要任务之一。

3. 解决建议。

（1）企业：纵深标准制定、翻译和对比验证，落实应用示范。继续制定并修订既有标准，同时扩大行业间技术交流，建立产业联盟标准。立足市场和客户需求，制定并修订产品标准，建立有效的标准体系。同时，把标准化向纵深推进，运用多种标准化形式支持产品开发。此外，企业间通过技术交流建立产业标准联盟，实现企业间的技术共享，实现效率化的合作共赢。由此推动行业技术发展，引领行业标准制定步伐。

提高中英标准互译的专业化，做好中外标准的对比验证，实现中国标准的主要条项与欧美日相关标准的对比。企业可以借助专业标准翻译机构，从而确保标准翻译的准确性和规范化；在标准对比验证的过程中，企业要与国外的商会、业主以及相关组织积极交流，讨论并判断标准的国别可比性，选出具体的对比项。扩大国际交流合作，积极参加欧洲、美国或日本等发达国家发起的技术标准化活动。

制定实施标准的应用示范，进一步加强对标准推广应用模式的研究。在标准投入应用层面，企业应制定详细的标准示范，在海外建设产品标准示范基地或示范工程，以"体验式"营销模式为主导，展示产品标准化成果。同时，也可通过产品捐赠的方式，将自身的产品标准向国外推广，增加外国企业对中国标准和产品质量的了解。

（2）政府：注重人才经费支持，完善翻译机制，推广中国标准。

首先，加大中国标准"走出去"的人才和经费支持力度。大力开展标准化教育，抓紧培养、引进熟悉国际标准模式的高端人才。建立可持续的标准化人才培养机制，培养出一批懂标准、会管理、善运作且外语能力强的国际复合型人才。同时多渠道标准化经费支撑，在合理增加经费渠道的同时，确保专款专用，确保经费使用的透明、公正、高效。

其次，扩大国际交流，建立标准化组织及研究机构，完善标准翻译机制。积极参与国际标准的提案，主持起草国际标准的活动，参加 ISO、IEC、ITU 等国际化组织相关会议，从而组织系统的标准专业翻译工作。通过国家对标准的翻译出版以及发布，使中国标准尽快"走出去"被国际认可，成为国际标准。

最后，推广涉外项目，带动中国标准"走出去"。利用"一带一路"契机，全面深化与沿线国家和地区在标准化方面的双多边务实合作和互联互通。在援外项目以及公路、铁路等对外投资、海外工程承包、对外援建中推广和运用中国标准，特别是我国具有特色优势的领域中，政府应牵头向外方推荐采用中国标准、按照中国标准设计、施工，或通过重大装备出口、服务等带动中国标准"走出去"。

（3）标准化相关机构：优化标准结构，开展标准学术研讨和推广实验。国家标准化管理委员会（以下简称国标委）：建立高效权威的标准化统筹协调机制；精简现行适用标准，逐步整合成强制性国家标准一级；优化完善推荐性标准，逐步缩减推荐性标准的规模和数量；设立团体标准，放开搞活企业标准；逐步实现到2020年建成政府主导制定的标准与市场自主制定的标准协同发展、协调配套的新型标准体系的目标。

中国标准化协会：通过组织国内外标准化专家交流，开展标准化、质量、认证等领域的学术理论研讨；开展标准化领域的方针政策、法律法规的研究与调查，向有关政府部门提供建议；承担或参与标准化科学研究、科技项目论证、标准化科技成果的鉴定等工作。

中国标准化研究院：进一步开展标准科学实验、测试等研发及科研成果的推广与应用工作；推动国家标准文献共享服务平台建设运行，以及标准化基础科学数据资源的应用工作。

二、企业人才国际化水平低

1. 问题现状：中国企业人才国际化程度低。现阶段，我国企业人才国际化程度低的问题十分严峻。根据麦肯锡发布的《应对中国隐现的人才短缺》报告，满足跨国公司所需技能要求的综合型管理人才严重不足。预计到2020年，中国将需要7.5万名具备国际经验的经理人，而目前中国仅具备5 000名此类人才。另外，中国企业家调查系统发布的《中国企业战略：现状、问题及建议——2010年中国企业经营者成长与发展专题报告》的调查显示，64.5%的企业经营者认为"缺乏合格的国际化人才"是企业国际化进程中的最大困难。同时，根据《2015年中国500强企业发展报告》和贸发会议发布的《2016年世界投资报告》，全球10大跨国公司国际化员工平均比例为93.2%；而我国10大跨国公司国际化员工平均比例仅为33.89%。可见，我国现阶段跨国公司员工国际化水平远不及国际平均值。

中国企业"走出去"困难与解决建议：

人才国际化水平不高严重影响企业对外投资的进程。根据中国与全球化智库2014年统计，我国央企高管中51~60岁的人占65%，平均年龄

53.83 岁，韩国上市公司高管平均年龄为 52.5 岁。海尔、华为这两家大型民企高管的平均年龄分别为 47.5 岁和 46 岁。绝大多数年龄偏大的领导者无论外语能力还是国外经验和对国际环境的熟悉程度都弱于年轻人才。由此，企业人才国际化水平低是中国企业进行对外投资、扩大国际化经营规模、提高国际化管理水平的主要制约因素。同时，中国现阶段的国际化复合型人才缺失更是企业"走出去"和跨国经营的短板之一，也是掣肘企业实现国际化的重要因素。

2. 原因分析：人力资源管理欠佳，人才引进机制缺失。

（1）企业人力资源管理未能与国际化对接。企业"走出去"人力管理的挑战首先体现在对海外劳动力市场和当地法律法规的不了解。另外，与海外市场相比，我国人力资源管理理念与体系存在显著差异。职级体系、人才评估的标准机制、薪酬管理理念、工作生活平衡观的不同等，都将会是用人单位与国际化复合人才产生沟通障碍的原因。

（2）我国人才机制对海外高层次人才吸引力不足。第一，缺少诸如世界级实验室、跨国公司全球性研发总部等会聚一流人才的世界级平台。第二，高等院校、科研院所以及国企仍是目前我国吸引海外高端人才的主要平台，但这些平台在分配使用科技创新资源、处置与激励研制科技创新成果、创新业绩评价等多方面所受束缚较大。第三，在政策上，开展国内外合作办学、合建技术研究院、建立人才国际组织等，政策约束较多，权限门槛较高。

（3）激励保障海外人才引进的机制不完善。海外人才的引进主要面临两大障碍：一是，对海外人才征收的现行税制税率高，缺乏激励调节机制。此外，企业采取的激励措施也不适用现行税制，特别是高薪、高奖励等政策不可避免地带来高税率问题，提高了人才激励的成本；二是，缺少外籍人才的社保和医保制度。目前外籍高层次人才主要通过购买商业保险和单位付费的方式，支付在华工作期间的医疗相关费用，但面对数额较高的医疗费用，经常与保险公司和工作单位发生分歧，成为制约外籍人才来华工作的主要原因之一。

3. 解决建议。

（1）企业：落实"本土化"、聘用国际人才，改革人力资源管理。

首先，推动企业"本土化"进程，整合企业文化。企业海外收购兼并之后，对于企业本土员工，尽量保持原企业人员结构本土化，注重文化异质性整合。中联重科并购CIFA时，承诺不裁员，不更换本土管理团队，通过注重企业内部文化整合以保持本土化员工的方式，成功整合了CIFA的跨文化异质资源。另一方面，企业也要加强本国人员工本土化。比如设立"管理学院"或"培训中心"来加快人才培养，同时也为投资目的地的合作伙伴、供应商、分销商、客户以及当地官员提供培训，以引导和培养企业内外部的文化认同。

其次，利用发挥外籍人士、海外华侨华人以及留学生的力量，扩大国际化人才在董事会、独立董事会的比例。研究表明，高层领导团队国际化是确保国际化战略实施的必要条件，从而摆脱地区狭隘观念束缚、建立有效的全球视野。同时，董事会拥有更多的国际化相关知识、技能和信息，并投入更多的时间参与国际化战略，有助于公司的国际化经营与管理。而目前，中国本土企业聘请外籍优秀人才担任高管的现象并不普遍，因此，中国企业走向全球市场并提供全球服务，管理层的全球化主义和国际工作经验是不可或缺的。

最后，人力资源管理国际化。引进国际人才势必带来改革人力资源管理的问题。中国企业内部工资有等级，体制内的有工资标准，但是这个标准应随着国际市场变化而更新。当国内进行全球人才招聘时，需要参考人才的国际定价，而不能仅依据"中国标准"。

（2）政府：改革绿卡制度、发挥驻外人才资源、推动土洋猎头交互发展。

首先，改革中国绿卡制度。为吸引更多海外人才来华，建议适当放宽绿卡的申请范围门槛，同时注重提供便利的途径，在全国多地设立绿卡办理机构，方便在华外国人士办理；并且建议在海外使领馆设立绿卡申请窗口部门。建立系统完善的外国人出入境、就业等方面的政策体系。

其次，充分发挥中国前外交官和商务参赞的作用。原驻外使领馆、外交官员、商会社团成员等外交人才不仅熟悉东道国情况，了解东道国政策法律环境、经济文化水平、产业政策以及优惠措施等信息，中国在海外有数百个使领馆的成千上万的驻外官员资源，我国政府应充分给予企业利用这一部分人才资源的机会和平台，发挥其在企业"走出去"过程中的咨询和参谋作用。

最后，扶持本土猎头海外发展，购买国际猎头服务。一方面，政府协助中国本土猎头"走出去"，打入国际市场；另一方面政府可以通过"购买服务"的方式与国际规范化的商业猎头机构进行合作。具体来说，鉴于大量难以承担引进高端人才及培训的"走出去"企业，政府可为其补贴部分猎头费用；鼓励本土猎头企业设立海外办事处，以税收住房补贴等优惠措施吸引跨国猎头企业入驻等。

（3）其他组织机构：猎头深耕细分市场、规范人才寻访经营。我国人才中介机构以及猎头公司在发挥中国"本土化"优势的前提下，应积极跟随中国企业"走出去"，在海外为"走出去"企业提供人才寻聘等服务。猎头公司应深耕细分市场，形成独到的业务模式和核心能力，以赢得客户的信任；成立以猎头企业为主体的人力资源联盟，加强人才寻访经营规范化，规范产业环境和执业环境。

三、与国际 NGO 协调欠佳

1. 问题现状：难沟通的第三方——国际非政府组织。国际非政府组织（INGO）主要指在特定法律系统下，不被视为政府部门的协会、社团、基金会、慈善信托、非营利公司或其他法人，不以营利为目的的国际民间机构。伴随着经济全球化，国际非政府组织的行动越来越影响公众的认知，越来越多的跨国公司都不同程度地开展与 INGO 的对话。许多中国企业重视与东道国政府沟通，但缺乏与 INGO 的良好沟通。鉴于此，如何正确地与 INGO 组织打交道成为"走出去"企业面临的问题。2005 年，中国石化（600028，股吧）在卢安果国家公园的勘探活动，遭到国际野生生物保护学会（Wildlife Conservation Society，WCS）和世界自然基金会（World Wide Fund for Natureor World Wildlife Fund，WWF）的谴责，对方认为中石化的环境影响评价不充分，且没有执行禁止采伐超过规定直径范围的树木等力图将环境损害最小化的措施。中石化不得不委托第三方对环境进行重新评估。可见，随着中国企业"走出去"程度的不断加深，企业与国际非政府组织打交道也越发频繁，然而如何有效、得当地与国际 NGO 沟通，却是"走出去"企业开拓海外市场时无法回避的问题。

2. 原因分析：意识淡薄，渠道不畅，缺乏媒介。

（1）部分企业在"走出去"过程中社会责任意识淡薄，未能满足 INGO 的公益诉求。部分企业可能由于环保、人权意识不强，在社会持续发展和维护劳工权益方面，容易引发与国际 NGO 的矛盾，比如，有些企业由于盲目节省人力资源成本，降低职工聘用标准和劳动报酬，在一定程度上忽视了职工的基本权益；再者，有些企业对环保问题没有引起足够的重视，或由于安全生产意识缺乏以及项目存在安全隐患，从而造成企业安全生产事故的发生等。

（2）企业项目宣传不到位，与 NGO 沟通渠道不畅，易引起本土 NGO 和国际 NGO 的误解。例如，柬埔寨村民曾向当地非政府组织申述，中国广西有色探矿区投资项目有"中国军人"活动，后经调查，只是穿着迷彩服工作的中国工人。可见由于前期项目宣传不足，导致当地人民以及 NGO 产生猜疑心理，增大双方隔阂，往往成为企业和国际 NGO 之间分歧的开端。

（3）缺乏中方 NGO 参与民间外交，协助解决问题。以 2010 年湄公河流域争端为例，中国在湄公河上游澜沧江修建的水坝被当地舆论指责为导致下游气候异常的主要原因。中国采取官方外交模式，通过外交部发言、中国驻泰国大使阐明中方的合作意愿、派官员参加"湄公河峰会"等来挽回民意，但收效甚微。在这种情况下，就特别需要中方 NGO 参与沟通和斡旋，而中国在当地缺乏自己的 NGO 和媒体，舆情只能是"一边倒"，利于对方。

3. 解决建议。

（1）企业：正面回应、承担责任、媒体公关。

首先，企业摆正心态，与 INGO 进行积极对话。企业要学会在平等互利的基础上加强沟通，消除疑虑，建立互信。NGO 的怀疑和抵触多源于对我国企业和相关投资项目缺乏全面了解。我国企业应重视开展公共外交工作，与相关民间组织举行研讨会，沟通民心。

其次，敢于承担责任，积极回应 INGO 的关切。2015 年 2 月，中国路桥蒙内铁路项目沿线附近一头大象掉进自然水坑被困，接到当地绿色组织求助信息后，中国路桥立刻启动应急预案，经过 5 小时谨慎营救，救出大象，同时与当地肯尼亚野生动物管理局和世界野生动物保护协会（World Society for the Protection of Animals）建立起紧密的合作关系。由此，我国企业就地经营时应重视承担资源、环境、劳工等社会责任；加强安全生产，强化基础管理；远离腐败和商业贿赂；认真解决涉及薪酬待遇、工作环境、加班时限等问题；严格遵守投资地相关规定，及时妥善处理纠纷事件等。

最后，做好媒体公关，扩大与INGO的沟通渠道。中国企业在海外要学会和媒体打交道，善于通过国内外媒体向INGO宣传我国企业互利合作的理念。例如，欢迎媒体到企业参观采访，了解企业的发展情况，间接地向INGO宣传中国企业的投资项目。当遭遇INGO的舆论压力时，中国企业应注意宣传引导，做好应对解释工作，尊重、信任媒体，以真诚、友好的态度与媒体建立良性互动关系，并借助媒体去促进危机化解。

（2）政府：引导企业建立社会责任意识，鼓励本土NGO"走出去"。

首先，引导企业社会责任意识与国际接轨。我国企业要真正实现"走出去"，还需要政府引导企业在海外承担好社会责任，比如通过提出明确的倡议与要求、发布指导性文件，加强企业社会责任培训等方式帮助企业熟悉国际规则，提高海外社会责任意识。

其次，培养发展中国NGO外交，促进本土社会组织的国际化。与政府之间的沟通相比，通过NGO去沟通，方式和手段都更具灵活性。再加上NGO在不同领域有专攻，能将工作做得更为专业细致。借鉴日本，自20世纪90年代以来，外务省设立了"NGO事业辅助金"和外务省及非政府组织的"定期协议会"，主要围绕非政府组织的国际协助活动以及政府扶持方向等问题开展活动，同时外务省通过举行"NGO研究会"，重视人才培养，将NGO的中坚力量派遣到国际NGO内部学习交流。中国政府也应积极培养中国本土NGO，支持NGO"走出去"，积极与国际NGO做好沟通和对话，为我国企业与INGO的协调沟通发挥作用。

（3）其他组织机构：助力实施，联结国际社会，树立典型、开展绩效评价。

首先，中国本土NGO应跟随企业一同"走出去"。中国本土NGO倡导中国企业海外负责任投资，一方面能够借助国际压力，为企业社会责任的倡导施以更大力度，打开更大空间；另一方面通过联结国际社会，中国本土NGO能够在国际舞台表达自己的态度和主张，提高在全球治理体系中的话语权。

其次，我国各行业商会应承担起对本行业企业社会责任进行监督、评价的作用。推广企业社会责任理念，形成行业共识；在行业中树立企业社会责任典型，使之能够和其他企业开展借鉴和交流；制定行业的社会责任标准，提供行为规范；开展企业社会责任方面的培训和企业履行社会责任的绩效评价。

四、与工会对话机制亟待完善

1. 问题现状：与工会沟通难，劳务纠纷持续。东道国的工会活动对中国企业的海外利益构成巨大挑战，与工会沟通不当导致海外利益受损的案例屡见不鲜。1992年，首都钢铁公司斥资1.18亿美元收购濒临破产的秘鲁铁矿，由于不了解秘鲁工会的特点和性质，20多年来遭遇无数次的罢工事件，深陷劳资纠纷中。2004年，上海汽车集团股份有限公司收购韩国双龙汽车公司，同样因为双龙工会持续、反复罢工，正常运营受到严重的影响，最后以损失惨重告终。2016年1月，中远集团购买比雷埃夫斯港67%股权的计划获得希腊政府批准，但随之而来的是希腊公共和私营部门工会以及海员工会的抗议。

工会是员工与企业高层联系沟通的纽带，旨在维护员工的福利待遇、工作环境等权利，同时培训教育员工，降低企业的生产成本，促进企业的长远发展。然而，从频发的罢工事件来看，中国企业"走出去"如何与工会相处成为一大问题。中国出口信用保险公司的《全球投资风险分析报告（2015）》统计显示，从劳动力风险各因素对企业的影响情况来看，罢工频繁对企业影响最大，其次是工会组织强大和劳工法保障。因此，企业是否具备与工会沟通的意识和能力，将成为能否成功解决劳资问题的决定性因素。

2. 原因分析："不了解""不重视""不会做"是难点。

（1）部分中国企业对东道国工会组织运作模式缺乏认知。与我国工会采取国家立法为主导不同，西方工会与政府间采取独立模式，有明确的权利、义务和责任并严格依法运作。在日本、美国等国家，企业工会是主要形式；在德国等西欧国家和澳大利亚，则没有企业工会，而是按产业原则建立工会。西方工会结构的复杂性和与我国工会运作的差异性，导致

"走出去"企业对东道国工会组织运作模式较为陌生。

（2）部分中国企业对东道国工会不够重视。对西方工会组织运作模式缺乏认知势必影响对工会的重视程度。在海外，企业管理模式之一是劳资共同经营。例如，法国劳工法规定，雇佣规模在50人以上的企业必须成立工会，其对企业管理变革拥有知晓权、参与权、否决权等权力；在并购交割前，交易必须征得工会的同意；交割后，新企业在进行劳务管理决策前也必须经过工会的首肯方能合法。2004年，TCL并购法国汤姆逊时，因与汤姆逊工会在裁员问题上的谈判僵持不决，严重阻碍并购进程。在首钢秘鲁投资案中，为控制秘鲁铁矿工人罢工局面，中方管理层不但忽视工会作为中间人的协调作用，还开除了矿区的工会领袖，从此双方矛盾更加激化。直到2015年，首钢秘鲁公司仍常因工人罢工而停产。可见，不重视甚至忽视工会的在企业运作中的作用，势必带来僵化的劳资问题，为整个企业不协调运作埋下隐患。

（3）由于跨文化经营带来的水土不服，部分中国企业与本土工会的沟通往往陷入被动局面。2005年，上汽集团（600104，股吧）收购韩国双龙汽车，由于韩商文化中特有的高度集权的组织结构和高层领导的权力体制，以及权威性管理行为，造成了双龙工会对上汽的并购自始至终地抵触和不信任，最终发展为蛮横的斗争，致使2009年上汽失去了对双龙汽车的控制权，收购最终以失败告终，资产减值损失超过30亿元人民币。可见，仅仅了解、重视东道国工会的作用是不够的，由于文化差异，难以与本土工会相互沟通增进信任，同样会掣肘"走出去"企业在海外的经营发展。

3. 解决建议。

（1）企业：认识工会、重视工会、与工会建立信任。

一是要认识工会，将工会调查列入尽职调查。将目标国企业的工会的传统、规模、活动方式和与工会有关的法律法规列入尽职调查；对并购企业员工的态度、关心的问题也要了解；对并购过程中可能遇到的问题充分估计，悉心研究应对策略。

二是要重视工会，积极开展企业公共外交。中国企业与工会对话困难源于企业软实力不足，加强公共外交能力建设便成为企业走出去的紧迫任务。有实力的企业可以在总部（国内决策层）把公共外交因素放进具体投资决策中去规划和考虑，配备相应专业人员，安排相关预算经费；在东道国经营时要有公共外交具体执行方案，落实慈善和公益事业，与媒体、非政府组织和当地社会建立广泛联络，此外注意与社区、媒体及公民社会组织的交流沟通等。

三是与工会建立信任关系，落实沟通有效性。企业在海外谈判中要对工会提出的问题予以重视并解答，寻找双方沟通的切入点并积极达成共识。北京第一机床厂（北一）收购科堡公司前，由于母公司对科堡公司的重组并要求科堡公司员工增加工作时间、缩短带薪假期等一系列问题，引起科堡员工与母公司之间的矛盾激化，最后企业职工委员会对母公司提起诉讼。在之后召开的全体员工大会上，北一厂长积极与工会组织沟通，赢得了工会委员及员工的信任，结果是工会同意每周增加2个工时，每年度取消2天假期，这在德国企业史上很罕见。中国企业投资海外时要充分认识到中西方文化的差异，尽量尊重员工，关爱员工，多与工会沟通协调，以期取得共识。

(2) 政府：积极对话高层，协助开展公共外交。

首先，应积极开展与东道国政府的高层对话，加强双边关系和友好往来，营造有利于中国企业"走出去"的舆论环境。政府的积极介入是化解工会压力的第一步。通过开展高层对话，我国政府积极地把我国赴海外投资的企业引荐给当地政府。特别是当我国企业颁布一些可能引发海外工会反弹的措施时，更容易得到当地政府管理层与本土民众的协调支持，为应对突发事件做好准备工作。

其次，应协助"走出去"企业积极开展公共外交。政府应加强对"走出去"公共外交的规划和指导，把企业公共外交纳入国家公共外交战略，努力为"走出去"企业开展公共外交创造有利的政策环境，同时加强企业公共外交人才队伍建设。

(3) 其他组织机构：建立境外商会组织，加强与当地工会和商会的联系。各行业商会应积极建立境外商会组织。商会组织可以最大化地保证企业，特别是民营企业"走出去"的安全和利益，可以与当地商会以及政府对话。此外，工商联应与海外商会及工商界广泛联系，搭建国际合作平台，加强与国外有关工会组织、商会组织的联系与合作，为促进中方企业与当地社会建立互惠互信夯实基础。

五、企业品牌国际化战略遇阻

1. 问题现状：制造大国，品牌小国。世界品牌实验室（World Brand Lab）发布的"2015年世界品牌500强"排行榜显示，从品牌数量的国家分布看，美国占据500强中的228席，英国以44个品牌入选位居第二，法国以42个品牌入选居于第三。中国虽有31个品牌入选，但相对而言，中国品牌仍处于"第三世界"。全球调研机构Millward Brown新发布的"2016年度BrandZ最具价值全球品牌100强"榜单显示，只有15个中国品牌上榜。"腾讯"是上榜的中国品牌中排名最高的价值为849亿美元，但仍未能挤入全球前10名，仅为排名第一的谷歌价值的1/3。

在企业全球化的大背景下，品牌战略缺失将会威胁企业的全球市场份额。品牌缺乏影响力势必将削弱我国企业"走出去"的国际竞争力，因此如何制定正确的国际化品牌战略，也成为我国企业"走出去"面临的问题之一。

在企业全球化的大背景下，品牌战略缺失将会威胁企业的全球市场份额。品牌缺乏影响力势必将削弱我国企业"走出去"的国际竞争力，因此如何制定正确的国际化品牌战略，也成为我国企业"走出去"面临的问题之一。

2. 原因分析：意识不强、内涵空泛、策略缺失。

一是我国部分企业品牌文化意识不强，自我保护意识薄弱。我国部分企业商标意识薄弱，缺乏品牌自我保护意识。中国企业对品牌战略的重视远远不够，相对来说更重视销售。近几年来，国际市场上屡屡发生我国驰名商标被外商抢注的事情。国有品牌在洋品牌的围攻中往往处境艰难，抢占国际市场份额受阻。

二是我国部分企业品牌内涵流于空泛。首先，我国在品牌定位上缺乏特定文化定义，缺乏来自于消费者体验层面的支持，最终导致品牌价值流于空泛。再加上因内涵差异化不强，我国部分品牌寓意趋同，在国外市场的形象定位模糊，导致消费者对产品印象不深。

三是中国部分企业品牌战略和营销策略缺失。通过企业内部品牌整合，构筑有效的销售网络，是迅速扩大品牌知名度的有效策略。但是在企业海外并购以后,如何沿用单品牌还是双品牌营销,却成为企业营销的难题。对于我国刚刚"走出去"的本土企业来说,双品牌战略是一把双刃剑。除了要克服品牌间知名度差距问题,实行双品牌战略,也会在研发和销售等环节上分散整体资源,可能会影响并购企业发挥整体优势。

3. 解决建议。

(1) 企业:建设品牌内涵,聚焦产品、宣传创新,构筑行销网络。

首先,要注重品牌文化内涵建设。企业要懂得确定品牌内涵,同时以差异化角度来显示品牌内涵。在确定品牌内涵方面,应通过详尽的内外部分析,特别是对行业内客户、领军企业进行访谈,定位行业发展中最具价值的品牌内涵特性。同时,要以最优的客户价值导向差异化地展示品牌内涵。区分用户需求类别,针对不同客户群提出并锁定独特的客户价值主张。以此为基础,通过单双品牌划分层级市场把不同的客户主张展现出来,从而实现对客户的承诺,保证品牌核心能力。

其次,品牌国际化战略应不断创新产品和宣传方式,保持传递一贯性的信息,形成既定模式与整体感。因此,在重视产品创新的同时,需要精心构思设计,做活产品广告,宣传策略要将各国文化背景的差异、语言、政府控制、广告媒介等制约因素全部考虑进来。

最后,构筑销售网络,加强品牌行销攻势。在全球化浪潮中,品牌并购、品牌联盟等方式,已成为企业扩大规模、增强实力、提高效率的重要手段之一。以日本九大企业集团为例,它们在全球设有150多个分支机构并拥有很多代理商,使日本产品遍布世界各地。中国企业也可以通过中外合资,直接利用当地品牌原有的销售网络迅速占领异国市场。2016年海尔收购美国GE及其子公司所持有的家电资产,可借助GE在美国的良好品牌形象、完善的销售渠道、零售商关系和一流的配送能力快速切入海尔短板北美和拉美市场,完成全球化布局。

(2) 政府:强化法制保障,打造民族品牌,加大海外推广力度。

首先,加强知识产权立法和品牌发展机构建设,为企业提供公平的竞争平台。在完善立法的同时,推动有条件的地区、行业和企业建立品牌推广中心。通过建立专门的国家品牌管理机构,形成品牌行业联盟,扩大中国企业之间的交流对话。

其次,打造优质品牌,用品牌形象推广中国形象。以华为为例,它的国际化品牌之路离不开政府的主动支持和推广。从国家领导人率领的企业家代表团出访开始,便有了华为的身影。高层出访引导和帮助华为在海外市场获得成功,对开拓当地市场起到了极大的推动作用。

最后,积极搭建行业会展平台,利用各种国际论坛、展览会等机会,加大对自主品牌的海外推介力度。在国际论坛、展览会、商品交易会上,我国自主品牌除展示新产品和先进技术外,也可以向国外媒体和消费者传递自身品牌理念。

(3)其他组织机构:商会抱团协同发展,跟进国际品牌战略。为协助企业推广品牌战略,各个行业的商会应抱团协同发展,共同成立研发中心或协作中心,在行业领域跟国际先进技术、先进标准接轨。同时,各行业商会也可同本土企业开展品牌建设国际交流与合作,学习海外的品牌管理机制和品牌塑造方法,以此推动全行业的品牌战略推广和实施。

六、法律风险规避遇瓶颈

1. 问题现状:"走出去"法律风险突出,本土法律服务欠佳。法律风险是指企业因经营活动不符合法律规定或外部法律事件导致风险损失的可能性,它是除政治风险外中国企业对外投资面临的最大风险。根据CCG统计,2015年,我国的对外投资事件中,约有16%是直接或间接由于法律原因导致投资事件终止或失利,其中1/3是因为不遵守东道国法律,以不正当手段获取项目所致,1/3则是因为不熟悉东道国的劳工法所致。

此外,一些企业由于合规经营不善所带来的法律问题也暴露出来。仅2012年一个季度,中国在美国上市的几十家企业便遭遇不断升级的合规经营危机,其中20多家被停牌或退市。2012年世界银行发布的因涉嫌欺诈和贿赂而在一定时期内被禁止承接世界银行资助项目的企业名单,我国企业有12家。因此,该如何安排境内外子公司或分公司的管理体制,在保证全球守法合规经营,已成为中国"走出去"企业需要深刻考虑的问题。

同时,与英、美等国家相比,我国律师事务所起步较晚,国际化平均程度不高,为企业对外投资提供的法律服务欠佳。企业在国际争议解决当中所面临的问题非常复杂,从适用法律、选择仲裁机构、选择解决方式到制定争议解决策略,都需要经验丰富的律师。然而,中国律师事务所从事涉外法律业务的律师数量总体上严重缺乏,并且多数集中于禁止外国律师在中国从事的法律业务和传统的货物进出口贸易法律服务,在为中国企业"走出去"提供法律服务方面明显不足。《2015~2016年中国企业"走出去"调研报告》显示,在涉及纠纷时,91%的受访对象会选择聘请当地律师。

2. 原因分析:企业法律意识不到位,国际化复合型法律人才不足。

(1)企业:法律意识不到位、尽职调查不完善。

首先,法律服务应用的意识不强。有些"走出去"的企业往往在签署框架协议的时候,才让律师或者法务人员介入。这种"法律后行"的理念导致企业在海外投资流程上的前后顺序,往往是技术队伍、商务队伍、法务队伍。法律意识的淡薄,海外投资组织方式的不科学,会巨大的风险,甚至成为最后全盘皆输的主要原因。

其次,忽视谈判签约规范化。在跨行业或脱离主业投资的过程中,部分中国企业可能因为对海外投资项目所涉行业不熟悉,再加上临时团队协作困难,难免会在谈判和签署合同的中忽略合规性的关键问题。此外,也有一些中国企业通过做出可行性不高的口头承诺,来达到尽快签署合作项目的目的,从而自设交易陷阱,埋下违约的风险隐患。

最后,缺乏审慎的前期尽职调查。部分中国"走出去"企业在进行海外投资过程中,由于缺乏风险意识和急于求成,不做深入的前期项目尽职调查。CCG的调查显示,70%左右的"走出去"企业在初选投资目标时,忽视当地工资水平、税收政策及与当地企业的业务往来等,为后期整合带来不良影响。尽职调查的缺失和不到位,不仅会给企业带来收购资产的合法性以及权属问题的风险隐患,更有可能面临收购公司的巨大债务或者诉讼风险,甚至,目标公司本身存在的合法性也难以保证。

(2)律师及律师事务所:语言障碍,结构单一。

首先,中国律师面临语言障碍,阻碍他们在中国企业"走出去"过程中发挥作用。熟悉国际通用的语言是从事国际业务的前提条件,许多中国律师尽管有着较好的英语或其他外语基础,但对于国际商事法律服务来讲,不仅要能够在短时间内使用外语完成大量的书面和口头表达工作,还需要在高度对抗的情况下,准确理解对方表达的意思并口头陈述或答辩。

再次,中国本土律师事务所起步较晚,国际化复合型法律人才严重不足。目前,中资所绝大多数是中国内地公民,外籍雇员和中国香港地区的雇员很少，造成人员构成比较单一，国际化不足，无法完全满足从事国际业务法律服务的要求，以致许多"走出去"企业未能得到中国法律服务业的有力支持。

3. 解决建议。

（1）企业：增强法律意识、审慎尽职调查。

首先，提高法律意识，重视购买法律服务。律师作为专业的法律服务人员，可以帮助企业规避风险和合规化生产经营。律师可作为企业的风险控制人员，参与修订买卖双方的交易合同，将风险控制在最小范围之内；可参与企业的制度化运作，让企业各部门及机构职权明确，提升企业运作效率；同时可定期对企业员工进行培训，提升员工法律意识，加快企业合法合规发展。

其次，对项目和交易对象进行全面深入的尽职调查。由于对投资地不熟悉。首先要将投资地法律情况详尽调研，否则会承担难以预料的投资风险。再者，要注重监管公告信息。全球监管公告更新数量已由2008年的8 000多条/年增至2014年的4万多条，企业必须及时监管与跟进这些信息。

（2）律师事务所：队伍配备国际化、加入海外律师联盟。

首先，律所人员配备要更加国际化。鼓励从事涉外法律业务的律师事务所吸纳外籍高素质的法律人才加入，鼓励在国外学习法律的留学生和从事法律职业的中国籍人才回国内律师事务所执业；鼓励港澳台同胞学习大陆法律，参加大陆的法律职业资格考试，在大陆律所执业。总之要通过多种方式改善中国律师事务所的人员构成，提高其国际化程度和国际竞争力，在中国企业"走出去"过程中发挥更大的作用。

其次，与外所建立联盟关系，深化与国际性行业组织的合作。2013年，金杜律师事务所与英国律师事务所SJBerwin结成全球法律联盟，极大提升了金杜的实力和全球影响力。再者要积极加入国际性的行业组织，扩大合作和信息分享。1997年，君合律师事务所率先加入顶尖国际律所协会LexMundi和Multilaw，与欧洲和亚洲主要国家最优秀的一些律师事务所保持着良好的合作伙伴关系。金杜律师事务所分别加入了环太平洋（601099，股吧）法律顾问联盟和世界律师联盟。大成律师事务所加入了世界服务集团。通过加入世界性行业组织，律所能够进一步扩大业务广度，拓展深度，在汇集全球顶级律师事务所、会计师事务所、投资公司、金融机构等专业性服务企业和公司的综合性平台上提高国际化水平。

（3）政府：加强海外投资立法、发展法律中介服务。

首先，加快制定《中华人民共和国海外投资促进法》，在该法中明确海外投资的主体行为、权利义务规范以及海外投资市场的经营秩序以及促进措施等。与此同时，为与该法配套，也应尽快颁布《国际经济合作法》《境外合资经营企业法》《境外投资企业所得税法》《海外投资管理条例》等相关法律法规，为建立以《海外投资促进法》为核心，各种单行法规相配套的海外投资法律体系。

其次，发展国际法律业务相关的中介服务。政府应鼓励和支持与国际法律业务相关的中介服务资源，如作为专家证人的专业咨询机构、仲裁员、鉴定机构、其他中介服务等，特别是涉及国际贸易、海事海商、国际工程等方面的专业机构，国内的这些相关机构应加快其国际化进程。同时，鼓励国内律师、学者、相关专业人员到国际商会仲裁院、斯德哥尔摩仲裁院等国际著名仲裁机构担任仲裁员等。

（4）律师行业协会：成立专门委员会、积极开展国际交流。律师行业协会成立相应的专业委员会，组织律师对相应的国际业务进行交流学习和业务培训；积极组织中国律师和外国律师交流，组织选派优秀中国律师到国外学习进修，提高涉外法律知识水平和业务技能，与国外的律师组织和当地律师建立联系，加强沟通交流。同时鼓励、规范有能力的中国律师事务所跟随中国企业一起"走出去"。

七、东道国政治风险应对能力不足

1. 问题现状：地缘政治事件频发，企业海外利益受损。企业海外投资的政治风险难以预见、影响范围较大，主要由东道国政治、政策或外汇制度不稳定而导致某一国际项目或企业预期经营成果无法达成，且不是由于市场因素所造成。它包括东道国政治制度和体制突变、政府倒台、战争、内乱、暴动、革命等，以及东道国政府由于各种原因而改变其制定的政策，导致国外企业蒙受损失。

政治风险是影响企业境外投资和国家经济安全的一项至关重要的因素。2001年我国投资利比亚的50多个大型项目因战争而无法履行，导致重大损失；2011年利比亚发生战乱后中资项目全部搁浅。中坤集团投资冰岛格里姆斯塔迪尔旅游项目和三一重工（600031，股吧）关联公司Ralls投资美国风电项目就是因东道国政治派系力量的阻挠而失败；2015年11月21日，中铁建三名高级管理人员在马里不幸遭袭遇难。

根据CCG统计，从2005年1月1日至2014年6月30日的对外直接投资事件中，中国企业海外投资由政治原因导致失败的投资事件占25%，其中8%是受东道国政治派系力量的阻挠而失败；17%是因东道国的政治动荡、领导人更迭等而遭受经营损失。海外政治风险不仅影响企业境外投资的信心，还增加了境外企业在建项目人力与财力成本的支出。因此，分析中国企业境外投资遭遇政治风险的原因并给出规避建议，是帮助企业在境外长期发展的重要任务。

2. 原因分析：情报预警能力差、安全保障法规制度不健全。

（1）企业对投资地政治环境情报能力不足。企业对投资国的政治环境监测不到位，直接影响企业投资项目的有效开展。再加上企业对购买咨询服务的意识不强，对东道国政治政策环境缺乏专业分析，由此导致对东道国地缘政治风险的情报能力不高。

（2）企业应对地缘政治风险方案缺失。我国企业"走出去"应对政治风险经验少，导致在制定化解危机方案方面能力不足。特别是在风险发生后，企业之间风险信息不能及时共享，不注重总结、学习并吸取应对危机的经验教训，从而忽视对预防和备案的制定以及修补工作。

（3）我国海外投资安全保障法规不健全。无论是1983年中国人民保险公司制定的《投资风险（政治风险）条款》还是1995年颁布的《保险法》，都没有对国内投资者赴境外投资的政治风险提供防范与保护措施，这就导致当跨国并购产生问题的时候，我国企业因为缺乏相关法律保护，往往蒙受巨大损失。

3. 解决建议。

（1）企业：投保监控预警，借力仲裁渠道。

一是建立健全的境外安全管理制度、境外安全突发事件应急处置机制、落实安全风险评估，筹划海外安保方案，保证境外安保资金支持，提高安全防护水平。

二是投保海外投资保险，积极购买安保服务。中国企业应认真选择保险公司，充分利用海外投资保险制度，同时要善于借助安保服务。比如中远航运（600428，股吧）将雇佣武装保安融入公司的安全管理体系中，要求下属船舶积极与武装保安合作，系统地进行安全管理。2011年，"乐里轮"在印度洋遭受海盗伏击后，中远航运随行武装保安立刻反击，成功击退袭击。

三是利用多边投资担保机构。政治风险可以通过多边组织提供担保的形式来降低。目前这一机制就是世界银行集团的多边投资担保机构（MIGA）。相较一般海外投资保险制度而言，MIGA对东道国的约束性强，能以多重预防的形式，对外商在投资过程中遇到的政治风险进行规避。同时MIGA作为一个国际经济组织，出面斡旋或调解不容易引起东道国的反感，利于化解政治风险。此外，MIGA承保的政治风险范围较一般海外投资保险要宽，可扩大到其他非商业风险。

（2）政府：健全法规制度，设立基金补助。

第一，建立健全企业海外政治风险的保险机制。支持鼓励我国不同种类的保险公司拓展对外投资的保险业务，形成为企业"走出去"建设全方位、多层次的保险体系；开发设立多种政策性和商业性的海外政治风险险种，同时借助政府牵头，设立专项对外投资基金项目；为进一步再分散对外投资风险，全球分保险和再保险业务也应相应开展。

第二，与东道国签订双边投资保证协定。目前已经有20多个国家与我国签订了双边投资保证协定，其中发达国家居多。由于近几年复杂的国际政治形势，今后我国更应在政局动荡的国家，重点依靠国内立法与国际双边和多边协定相协调，推动东道国政府为中资企业对外投资提供保护。

第三，要尽快建立亏损准备金制度。为促进本国企业海外投资，日本政府于1964年开始建立海外投资亏损准备金政策，特别针对向政治经济动荡的发展中国家或地区投资的企业，发放经济损失补助。1973年，日本对海外投资亏损准备金制度和资源投资亏损准备金制度进行合并，设立了海外投资亏损准备金制度。鉴于此，我国应积极筹建海外投资亏损准备金制度，以弥补我国"走出去"企业遭受海外政治风险造成的损失。

（3）其他组织机构：建立风险评级，参与全球合作，提供多元化风险管理服务。

中国保险监督管理委员会：制定保险行业信息化标准；建立保险风险

评价、预警和监控体系，跟踪分析、监测、预测保险市场运行状况。深入参与国际保险监督官协会（IAIS）的规则制定工作，加强与国际保险监管机构的交流合作，推进亚洲保险监督官论坛（AFIR）秘书处工作，提升我国在国际保险监管规则制定中的话语权。与发达国家和地区保险监管机构建立双边、多边监管合作机制。

中国出口信用保险公司：建设"全险种、跨板块"的全球追偿渠道，形成多元化风险的全面风险管理体系；同时优化升级产品服务体系，提高信息化建设和安全管理水平，完善电子商务平台服务功能等。

八、结语

在经济全球化的浪潮下，中国企业不断乘风破浪，在国际舞台上开始崭露头角。从投资区域、投资行业、投资方式等方面，中国企业都呈现多元化发展特点与趋势。站在世界的角度概览中国企业"走出去"的姿态，总结中国企业全球化发展的现状、分析中国企业全球化发展的规律、直面中国企业全球化发展的困难、提出相应的对策与解决方案，是我们不断努力的方向。

本报告中，中国与全球化智库（CCG）通过收集2858起中国企业海外投资的数据，以定量和定性两种研究方法，科学的分析了中国企业全球化发展的特点。为"走出去"和计划"走出去"的企业提供可参考性数据。另外，我们甄选了中国企业在海外发展中遇到的七个方面的困难与瓶颈，从问题现状、原因分析、解决对策三个层面展开论述，成为2016年度报告中的新亮点。

作为持续跟踪中国企业全球化发展的观察者、研究者和推动者，我们希望通过对中国企业全球化发展的深入研究，为企业提供参考与借鉴、为政府有关部门提供政策制定的依据，为研究机构提供专业的信息。我们也提供一个开放、包容、合作的平台，以智库为连接点，携手多方共同为中国企业"走出去"提供智力支持。

（本文节选自中国与全球化智库（CCG）编写的企业国际化蓝皮书——《中国企业全球化报告（2016）》）